대한민국의

길

대한민국의 길

한반도선진화재단 편

KSI 한국학술정보㈜

　우리는 지금 경제의 침체기를 겪고 있지만 역사적 시각으로 보면 성장과 발전의 세기를 살고 있다. 세계의 1인당 GDP 성장률은 1850년 이전에는 0.2% 미만이었으나, 1850~1950년 기간에는 0.9%, 1950~1990년 기간에는 2.2%, 1990~2010년 기간에는 4.1%로 증가해왔다. 이러한 경제의 성장과 생활 수준의 향상을 이끈 것은 생산성의 증가였고, 생산성의 증가는 자본축적과 투자확대, 과학·기술의 발전, 교육의 확산 등에 힘입은 것이었다. 그런데 주지하는 바와 같이 어떤 나라는 잘 살고 어떤 나라는 못 살며, 어떤 나라는 빠르게 성장하는데 어떤 나라는 정체하거나 후퇴하기도 한다.

　그러면 무엇이 어떤 나라에서는 투자, 연구·개발, 교육 등의 활동이 활발하게 이루어지도록 하고 어떤 나라에서는 이들 활동이 침체되도록 함으로써 국가 간에 소득수준과 성장률의 격차가 생기도록 하는가? 이와 관련하여 그동안의 역사적 경험과 사회과학적 연구는 제도와 정책이 중요함을 일깨우고 있다.

　우리나라는 그동안 고속의 경제성장을 이루었고 개개인의 생활 수준도 크게 향상되었다. 이제 우리나라는 중진국의 선두주자로 올라섰으며, 앞으로 성장·발전이 지속된다면 머지않아 선진국의 일원이 될

것이다. 그러나 선진국 진입은 시간이 지나면 저절로 이루어지는 손
쉬운 과제는 결코 아니다. 중진국까지는 갔으나 선진국 진입에는 실
패한 국가들이 많이 있음을 우리는 알고 있다.

이들 나라는 대부분 국민들이 열심히 일하고 열심히 배우고 열심히
투자하고 열심히 연구·개발할 인센티브를 지속적으로 제공하는 데 실
패함으로써 선진국 진입에 실패하였다. 최근 우리나라의 성장률은 세
계평균 성장률에도 미치지 못하는 수준으로 낮아졌다. 추격 성장의 단
계를 지나면서 자연스럽게 성장률이 낮아진다고 할 수 있겠지만, 제도
와 정책이 올바른 방향으로 가지 못하고 있는 것은 아닌지 우려되는
측면도 있다.

제도와 정책을 올바른 방향으로 정비한다면, 그리고 극명한 체제
실패의 사례인 북한을 자유민주주의와 시장경제가 지배하는 체제로
전환하고 이어서 남북한 통일을 이룩해낸다면, 통일한국은 세계에서
우뚝 서는 선진 일류국가로 발전해나갈 수 있을 것이다.

한반도의 선진화와 통일을 위한 비전과 정책을 연구·개발·교육·
전파하는 민간 싱크탱크인 한반도선진화재단은 2011년 『서울컨센서
스: 21세기 신발전패러다임』을 펴낸 바 있다. 2권으로 이루어진 도합
900여 페이지 분량의 이 책은 2009년 여름부터 40여 명의 학자, 정책
전문가들이 참여하여 1년여에 걸쳐 이루어진 연구와 토론을 담아낸
결과물이었다. 한반도선진화재단이 제시한 '서울컨센서스'는 개인의
창의와 선택을 중시하되 사회공동체, 역사공동체, 환경공동체의 가치
와 연대를 존중하는 '공동체자유주의'를 기본이념으로 삼고 있다. '서
울컨센서스'의 10대 패러다임을 여기에 소개하면 다음과 같다: (1) 정
신자본을 중시하라; (2) 지구촌과의 통합을 지속적으로 확대하라; (3)

세계화 부문과 비세계화 부문을 병진 발전시켜 이중구조를 축소시켜 나가라; (4) 교육투자의 효율을 높이고 세계지식생태계를 활용하라; (5) 투자가 선도하는 공생적 발전, 즉 성장 분배 환경 간의 조화를 도모하라; (6) 경제발전의 목표를 고용 극대화에 두어라; (7) 정부의 역할을 민관협치로 바꾸고 지방주권의 시대를 열어라; (8) 포퓰리즘을 극복하고 자유민주주의를 성공적으로 정착시켜라; (9) 통일한반도시대를 열어 세계공헌국가, 세계모범국가로 거듭나라; (10) 현장주의, 역사주의, 제도주의를 소중히 하는 국가전략을 가져라.

2012년 총선과 대선을 앞두고 한반도선진화재단에서는 『서울컨센서스』의 메시지를 국민과 정치권에 좀 더 접근하기 쉬운 형태로 제시할 필요성을 느꼈다. 이러한 문제의식하에 기획된 책이 2012년 한선재단 정책보고서 『대한민국의 길』이다.

따라서 이 책은 우리나라가 이 시대에 요구하는 제도·정책의 개선방향을 제시하는 데 주안점을 두었다. 실천적 정책방안 제시에 집중하기 위해 그리고 가독성·접근성을 높이기 위해 이론적 논의는 과감하게 줄였고 각주와 문헌제시도 생략하였다. 대신 모든 주제에 대해 편집위원회 위원 및 관심을 가지는 학자들이 모여 『서울컨센서스』의 내용을 참조하면서도 이 시대에 적합한 정책대안이 무엇일 것인가에 대한 토론을 열심히 벌였다. 따라서 이 책에 실린 글들은 집필자가 명시되어 있기는 하지만 편집위원회 등 재단 참여자들의 의견도 상당 정도 반영된 것이라 할 수 있다.

이 책은 5개 편 16개 장으로 이루어져 있다. 먼저 제1부 "통일, 국방과 세계공헌"에는 3개의 글이 실려 있다. 조영기·유호열·오승렬 교수와 최진욱 박사가 "한반도 통일과 번영을 위한 구상"을, 박휘락

교수가 "튼튼하고 효율적인 국방을 위한 전략과 과제"를, 그리고 모종린·강선주·김재천·봉영식·박시원 교수가 공동으로 "글로벌 거버넌스 시대의 세계공헌"을 집필해주셨다. "정치와 행정"을 다룬 제2부에는 김도종·박명호 교수의 "정치 선진화를 위한 개혁과제", 최창현 교수와 이용환 박사의 "좋은 정부를 향한 개혁과제", 그리고 신도철·이기우·김성배 교수의 "지방분권 강화를 위한 체제정비"가 실려 있다. "교육과 과학기술"을 다룬 제3부를 위해서는 홍후조 교수가 "우리나라 교육의 발전을 위한 제언"을, 그리고 정성철 원장이 "과학기술: 선진국 따라잡기에서 창조적 혁신으로"를 써주셨다. 제4부 "경제와 산업"에는 강석훈 교수의 "새로운 산업정책의 모색", 안준모 교수의 "벤처기업과 소프트웨어산업의 육성", 윤문섭 박사의 "지속 가능 발전을 위한 에너지 및 자원 안보전략", 김경만·조 만 교수의 "주택정책: '집값 안정'에서 '주택시장 정상화'로" 등의 글을 포함시켰다. 그리고 "고용, 복지와 문화"를 다룬 제5부는 조준모 교수가 "일자리 창출을 위한 노동시장체제 정비"를, 김원식·김태일·신의철·유길상·최 균·최성은 교수가 공동으로 "지속 가능한 복지·사회정책"을, 이종원 교수가 "문화·예술 정책"을, 손동현 교수가 "세계시민의 탄생과 국격의 고양"을 써주셨다.

이 책의 전반적인 내용을 개관하기 위해서는 각각의 글 앞머리에 실린 2~3장 분량의 요약문을 한 번 읽어보시기 바란다.

앞에서도 언급한 바와 같이 이 책은 2012년의 총선과 대선을 앞두고 이 시대가 요구하는 제도·정책의 개선방향을 제시하기 위해 기획되었다. 성장과 발전의 세기를 맞이하여 제도와 정책을 올바른 방향으로 정비하고 한반도 통일을 이루어낸다면 우리나라는 선진 일류

국가로 나아갈 수 있다. 역사적 경험과 사회과학적 연구에 기초하여 창의적인 제도와 정책을 개발해나갈 경우, 우리나라는 현재의 선진국들이 그동안 걸어왔던 과도한 국가부채의 누적 등의 잘못된 길을 회피하고 나아가 선진국의 선두에 서서 인류공영의 장도를 이끌 수도 있을 것이다. 그러나 우리를 안타깝게 하는 것은 과연 우리나라에 선진화와 통일이라는 시대적 과업을 추진할 정치주체가 형성되어 있느냐 하는 점이다. 우리나라 정치인들은 국가비전과 국가전략을 제시하기보다는 어떻게든 표를 얻어 권력을 얻고자 한다.

정치권의 포퓰리즘은 이미 수도분할을 초래한 바 있고, 앞으로 무분별한 복지지출의 확대를 가져올 공산이 크다. 정치권은 통일문제까지도 득표의 관점에서 접근하고 있다. 국민들도 성장과 발전의 세기를 연 것은 우리나라 헌법이 그 중심 가치로 채택하고 있는 자유민주주의와 시장경제였다는 점에 대한 인식이 부족하다. 나라를 자유와 번영으로 이끌 과학적·합리적인 제도와 정책을 제시하고자 한 이 책이 대한민국의 정치를 '가치의 정치', '비전과 정책의 정치', '국가경영의 정치'로 변화시켜가는 데 일조하기를 기대해본다.

이 책은 많은 분들의 헌신적인 기여에 힘입어 만들어졌다. 먼저 이 책의 문제의식은 기본적으로 한반도선진화재단의 박세일 이사장님께서 제시해 오신 선진화와 통일의 비전과 전략에 기초한 것이었다. 재단의 윤건영 정책위원회 의장님은 이 책의 기획, 주제와 필자의 선정, 편집위원회의 구성과 운영 등 모든 단계에서 나아갈 방향을 잡아주셨다. 김원식·박휘락·조영기·최창현·홍후조 교수님, 정성철 원장님, 이용환 선임연구위원님 등 편집위원회 위원들은 각 주제의 원고들을 읽고 많은 건설적인 제안을 해주셨다.

이들 모든 분께 심심한 감사의 말씀을 드린다. 출판을 기꺼이 맡아 주신 한국학술정보(주)의 채종준 대표님께도 감사의 마음을 드린다.

2012년 8월
편집위원장 신도철

목 차

제1부

통일, 국방과
세계공헌

제1장

한반도 통일과 번영을 위한 구상

조영기, 유호열, 오승렬, 최진욱

−요 약−

우리가 통일을 갈망하는 것은 영구분단의 '퇴행의 역사'가 아니라 통일한반도의 '영광의 역사'로 나아갈 시대적 책무 때문이다. 우리가 어떤 선택을 하는가에 따라 한반도의 운명은 '3류 국가'로 전락할 수도 있고, '세계일등국가'로 도약할 수도 있다. 한반도의 통일은 평화와 번영, 자유와 행복을 가져와 정신적·물질적 행복공간을 창조하는 시대적 과제이다.

우리의 통일여건은 ① 북한체제의 폭압, 개혁·개방 거부, 국제사회로부터의 고립 자초와 경제난의 지속 등으로 인한 북한장래의 불투명성, ② 남북한의 경제력 격차와 대북 자신감의 확대, ③ 미국과 중국의 한반도 현상유지 선호와 한반도 통일에 대한 미온적인 태도, ④ 중국에 대한 북한의 정치·경제적 의존성 심화 등과 같은 요인들의 복합적 작용으로 결정될 것이다.

'선진화 통일'은 남북이 함께 선진국으로 진입하는 것을 목표로 하는 통일이다. '선진화 통일'은 단순히 고토를 회복하는 재통일(re-unification)이 아니라 남북이 함께 선진국으로 도약하면서 동북아의 평화와 발전을 도모할 공존의 기틀을 다지는 신통일(new-unification)이다. 따라서 '선진화 통일'은 남북이 함께 새로운 국가를 건설(nation building)하는 과정이다. 이 과정에서 한국은 '선진화를 통해 선진국으로 도약'하는 것이며, 북한은 '국가정상화와 근대국가화'를 먼저 달성하고, 이를 발판으로 선진국으로 도약하는 것이다.

'선진화 통일론'은 북한체제의 변화와 속도를 감안하여 '자유·민주', '선린·평화', '자립·공영'을 중요한 가치로 하는 '새로운 목표와 가치 중심'의 통일론이다.

'선진화 통일'의 원칙은 ① 시민이 자신의 자유의사에 따라 민주적 방식으로 통일을 선택하고 결정해야 한다는 '민주통일의 원칙', ② 한반도의 통일을 전쟁이 아닌 평화적인 방법으로 실현해야 한다는 '평화통일의 원칙', ③ 통일이 한민족의 부강과 복리를 증진시켜야 한다는 '공영통일의 원칙'이다.

'선진화 통일'은 북한이 본격적으로 근대화에 진입하기 이전에 남북한 사이의 실질적 화해협력의 기틀을 마련하는 '북한근대화 준비단계(제1단계)' → 북한지역에서 산업화가 본격적으로 시행되어 남북한이 경제공동체를 형성하는 '북한근대화 1단계(제2단계)' → 북한지역에서 산업화를 발판으로 민주화가 본격적으로 시행되어 남북한의 이질성을 극복하여 코리아 연합을 완성하는 '북한근대화 2단계'(제3단계) → 한반도 전역에서 새로운 국가가 건설되는 '통일 코리아 단계(제4단계)'의 과정을 거쳐 이룩될 것이다. 그리고 '선진화 통일' 국가의 미래상은 새로운 통일국가에 대한 민주적 충성과 정체성을 확립하고 북한의 시장경제제도의 정착에 유용한 '분권형 국가체계'이다.

'선진화 통일'을 위한 대북정책의 원칙은 ① 북한의 개혁·개방 유도, ② 호혜주의의 견지, ③ 북한의 근대화 지원, ④ 남북 경제교류·협력을 통해 북한의 자생력과 경제공동체 기반을 마련, ⑤ 국민적 합의에 입각한 대북정책의 추진, ⑥ 북한의 배타적 행정권이 일방적으로 적용되는 현 조건 완화 등이다. 그리고 통일의지를 결집하기 위해 통일정신의 고양을 통해 '21세기 신국민' 육성, 통일의지를 결집한 '국민통일헌장' 제정, 민관 중심의 '통일추진위원회'를 결성하여 통일의 모든 예측불가능성에 대비한다. 또한 북한주민의 마음을 사기 위해 인도적 지원의 지속, 이산가족의 상봉, 북한인권법의 제정, 북한주민들에게 정확한 정보를 전달하기 위한 제도적 장치의 강구 등이 필요하다.

'선진화 통일'을 위한 통일외교의 기본원칙은 ① 남북한이 당사자로주도하는 '민족자결의 원칙', ② '동북아의 평화와 발전에의 기여원칙', ③ '복합적 연결망 외교추진원칙', ④ 통일의 당위성과 필요성에 대한 공감대 확산을 위한 '발신시스템 구축의 원칙'이다. 그리고 통일은 자동적으로 이루어지는 '운명적 결과'가 아니라 철저한 전략적 능동성에 바탕을 둔 통일외교를 통해 이루어짐을 명심하여야 한다. 통일외교의 전략은 ① 통일과정에서 주변국 이해관계의 균형을 보장함으로써 통일에 우호적인 국제환경의 조성 및 활용, ② 북한의 불안정한 미래와 급변사태 발생 시 대한민국의 관리 역량에 대한 국제사회의 신뢰 획득, ③ 통일과정에서 필요한 대한민국의 국제법적 지위와 대한민국 통일 및 대북 정책의 국제적 정당성, 그리고 북한지역에 대한 관할권 획득, ④ 한국 주도의 통일방안에 대한 주변국의 사전적 동의 확보 등이다.

1) 한반도 통일환경 진단

(1) 왜 통일인가?

왜 우리는 통일을 갈망하는가? 그것은 영구분단의 '퇴행의 역사'의 길로 갈 것인가, 아니면 통일한반도의 '영광의 역사'의 길로 갈 것인가의 기로에 우리가 서 있기 때문이다. 우리가 어떤 선택을 하는가에 따라 우리가 맞이할 한반도의 미래 모습은 엄청난 차이가 난다.

한반도의 '영구분단의 길'은 대한민국의 선진화를 저지하고 분단을 고착화시킴으로써 종국적으로 한반도를 동북아의 영원한 변방인 3류 국가로 전락시키게 된다. 영구분단은 북한에 '친중국 변방정권'이 들어설 수 있는 환경을 만들어 주고 북한은 오로지 해양세력의 완충지대로서의 역할만을 수행하게 될 것이다. 따라서 대한민국의 국경선은 38선으로 이동하고 한국은 섬으로 변모하게 될 것이다. 결국 한반도가 영구분단의 길을 가게 될 경우 동북아는 강대국들의 갈등과 대립으로 새로운 신냉전 시대로 진입하게 되고 한국은 선진화에 실패하여 3류 분단국으로 전락하게 된다.

반면 한반도의 '통일의 길'은 지난 시기 산업화와 민주화를 통해 이룩한 성공의 역사를 발판으로 한반도를 새로운 웅비의 길로 나아가게 할 것이다. 즉 '통일의 길'은 한반도의 선진화와 통일을 가져올 뿐만 아니라 동북아의 평화와 발전을 가져올 것이기 때문에 통일은 남북한을 세계일등국가의 반열로 도약할 수 있는 기회를 제공할 것이다. 통일은 한국의 기술과 자본, 북한의 인력과 자원을 합쳐 한반도 경제를 구축함으로써 경제의 시너지 효과를 극대화할 수 있기 때문이다.

한반도의 분단은 민족 모두의 아픔이었고 지금도 너무도 많은 희생을 치르고 있다. 또한 분단은 민족자주독립의 기회를 차단함으로써 국가의 자존과 자긍에 큰 상처를 입혔다. 그리고 분단은 북한독재체제를 강화하는 기제로 작용함으로써 북한 동포가 폭정과 폭압으로 인한 자유의 박탈과 빈곤의 고통에서 벗어나지 못하게 하고 있다. 따라서 통일은 민족의 고통과 아픔을 치유하여 인간존엄성을 회복하고 당당한 국가의 초석을 다지는 출발점으로서 민족의 시대적 과제가 아닐 수 없다.

한반도의 분단이 지속되는 한 지난 시기 이룩한 성공의 역사도, 미래의 새로운 웅비의 길도 절반의 성공일 수밖에 없다. 남북한의 통일이 없다면 선진일류국가로의 도약은 불가능한 것이 현실이다. 따라서 통일은 절반의 성공을 뛰어넘어 완전한 성공을 위한 시대적 과제이며, 통일은 선진일류국가로의 도약을 위한 시대적 과제이다.

통일한반도의 건설은 한반도의 구성원이 반목과 갈등, 불신의 장벽을 넘어 안정과 평화, 자유를 향한 공간을 창조하는 것이다. 안정과 평화, 자유의 공간은 인간이 행복하게 살기 위한 필요조건이다. 따라서 우리에게 통일은 정신적·물질적 행복한 공간을 창조하는 것이다.

(2) 통일여건의 평가

가. 폭압정치의 귀결

한국의 대북정책은 접촉을 통해 북한의 변화를 촉진하고 궁극적으로는 통일의 교두보를 마련하는 것이다. 그러나 그동안 한국의 대북정책은 북한의 변화를 촉진하는 데 실패하였다. 다시 말해 북한의 변화와 점진적·단계적 통일을 위한 우리의 노력은 수포로 돌아갔고 북한체제는 더욱 경직되었으며 경제사정은 더 악화되었다.

북한은 선군정치를 강조하면서 개혁·개방을 거부하고 있다. 선군정치란 무엇인가? 바로 군대의 힘을 빌려 정치를 하는 군사독재체제이다. 북한의 군사독재체제가 자행하는 폭압과 인권유린은 형언할 수 없을 정도이다. 그러나 독재체제가 폭압과 인권유린을 강화하면 할수록 결국은 붕괴된다는 것이 역사적 사실이다. 바로 북한의 폭정체제는 북한체제의 위기와 직결된다.

1990년대 중반 이후 북한체제가 주민들에게 보인 모습은 경제발전이나 주민들의 삶의 질 향상에 대해 무관심 내지 방치하는 폭정 그 자체였다. 북한은 1990년대 중반 250~350만 명의 아사자가 발생한 이후에도 지금껏 개혁과 개방을 거부하고 있다. 북한이 개혁과 개방을 거부하는 것은 개혁·개방이 북한체제유지에 부정적 요인으로 작용하기 때문이다. 실제로 북한의 인민경제는 폭정하에서 붕괴되었다. 하지만 북한의 수령경제, 당경제, 군수경제(제2경제)에는 부족한 자원을 집중적으로 배분함으로써 국가안보보다 정권안보를 중요시하고 있다. 또한 북한은 만성적인 경제난으로 엘리트들에게도 배급을 정량 지급하지 못한 지 오래됐다. 따라서 북한은 체제유지를 위하여 고립을 선호하며 외부의 지원이나 경제협력 역시 체제에 위협이 되지 않는다는 전제하에 제한적으로 허용하고 있다.

2005년 이후 장마당에 대한 통제강화에도 불구하고 장마당 세력이 증가하면서 체제위기감이 고조되자 2009년 11월 화폐개혁을 단행함으로써 당국과 주민 간의 갈등관계가 지속되고 있다.

북한은 2009년 4월 2차 핵실험을 통해서 핵보유국으로서 인정받기를 원한다는 점을 숨기지 않고 있다. 그러면서 북한은 비핵화에 앞서 평화협정이 체결되어야 한다는 주장을 반복하였다. 즉 북한은 평화협정을 통한 미·북 신뢰조성이 있어야만 핵시설 가동 중단을 넘어서 핵무기 문제까지 논의할 수 있다는 입장이다. 그러나 북한의 2차 핵실험은 국제사회의 제재를 자초함으로써 경제난을 더 악화시키고 있다.

한편 북한이 보유한 휴대폰은 80만 대를 상회하고 있다. 아직은 휴대폰 보유율이 초보수준에 머물고 있지만 휴대폰이 '재스민 혁명'의 단초가 될 수도 있다. 휴대폰이 외부세계의 정보전달 매개체로 활용될 수 있기 때문이다.

나. 북한 장래의 불투명성
북한은 군사적 위협뿐만 아니라 그 자신의 취약함으로도 한반도 긴장을 고조시키고 있다. 북한은 천안함 폭침 이후 남북경협의 중단과 미국의 추가 제재조치로 경제난이 악화되고 국제적 고립이 심화되었다. 이미 화폐개혁 실패로 혼란에 빠진 북한경제는 최악의 상황으로 치닫고 있다. 우리의 대북 제재조치 중 대내 차원에서 북한에 가장 큰 영향을 미치는 것은 교역중단이다.

경제난과 함께 김정일의 건강이상은 북한정권의 최대 불안정 요인이다. 인적 통치, 직할 통치, 분할 통치를 특징으로 하는 선군정치에서 컨트롤 타워 김정일이 제 기능을 발휘하지 못한다면 체제 전체에 문제를 야기할 수밖에 없다. 북한은 2010년 9월 김정은 후계체제를 공식화하고 대대적인 권력재편을 단행하였으나 계속되는 식량난과 화폐개혁 실패 등으로 주민들의 반응은 냉담하며 엘리트들의 사기도 떨어졌다. 최근 고위 엘리트들의 탈북이 이어지는 것은 체제위기의 가장 극명한 예라고 할 수 있다.

정보의 차단, 철저한 통제체제, 민중 봉기를 이끌 대안세력의 부재 등이 북한의 급변 가능성을 제약하는 요인으로 지적되기도 한다. 그러나 독재정권의 붕괴는 '재스민 혁명'이나 동구 사회주의권의 붕괴와 같이 예고 없이 갑작스럽게 온다는 것이 역사의 교훈이다. 경제적 궁핍과 같은 누적된 불만이 있는 상태에서 사소한 사건이 대규모 봉기로 이어지게 된다. 독재정권을 최전선에서 지탱하던 비밀경찰과 군부 등 권력 엘리트들은 위기가 도래하면 정권을 끝까지 사수하기보다는 독재정권의 와해 이후에 자신들의 안위에 대한 걱정으로 자신들이 충성을 다 바쳤던 정권을 배반하기 때문에 순식간에 정권이 와해되는 것이다.

다. 통일비전과 가치의 확산

남북한 간 경제력 격차는 점점 확대되어 왔고 앞으로도 격차는 확대될 전망이다. 이는 한국사회에서 대북자신감을 고취시켜 국민들의 통일의지를 점증시켜 주는 요인으로 작용하고 있다. 특히 김정일의 건강악화, 천안함 폭침과 연평도 포격으로 인한 북한에 대한 부정적 인식이 한국 주도의 통일논의를 고무시키고 있다. 최근 통일의 필요성에 대한 자각과 의지의 증대는 북한의 상황뿐만 아니라 G20정상회의 개최, 핵안보정상회의 주최 등 국제적 위상이 높아진 것에도 기인한다. 이러한 요인들이 복합적으로 작용함으로써 '통일이 되어야 한다'는 여론이 높아지고 있다(2005: 65.2% → 2011: 74.4%).

한반도선진화재단에서 실시한 2009년 통일의 필요성과 당위성에 대한 연구와 대국민 홍보는 국민들의 통일인식을 전환시키는 계기가 되었다. 그리고 2010년 광복절 기념사에서 대통령의 통일준비에 대한 언급은 통일인식을 확산시켰다. 통일준비에 대한 논의가 본격화되면서 통일이 가져다줄 무한한 비전과 가치가 새롭게 조명되고 있다. 즉 통일을 통해 북한주민들의 복지와 인권 개선, 남북한 경제통합으로 인한 경제적 시너지 효과의 제고, 한반도와 동북아의 평화와 발전 등의 가치를 창출할 수 있다. 이는 국민들로 하여금 종래의 부정적 통일인식을 긍정적 통일인식으로 전환시키는 계기가 되었다. 즉 통일은 비용이 아니라 새로운 기회를 창출할 수 있는 투자라는 인식이 확산되었다.

라. 미국과 중국의 현상유지 선호

미국은 2차 북핵위기가 시작된 이후 북한과의 양자회담을 거부하고 다자틀 속에서 중국에게 북핵문제 해결의 책임을 맡기는 소위 '중국우선정책(China first policy)'을 추진하였으며 오바마 정부 역시 중국우선정책하에 '전략적 인내(strategic patience)'를 선택했다. 미국의 입장에서는 중국이 북핵문제에 대해서 미온적으로 대처할 경우 한·미·일 동맹의 강화라는 대가를 치러야 한다는 것이며 이는 미국의 동북아 전략에 결코 나쁘지 않다는 것이다. 최근 미국은 한반도 긴장고조와 농축우라늄 프로그램의 공개로 야기된 위기를 관리하기 위해 북한과 대화를 모색하고 있으나, 미국의 대북 대화 시도는 일차적으로 위기관리를 위한 것이다.

미국의 대화모색이 보다 근본적인 정책 변화로 이어질 수 있다는 견해도 있다. 북한의 대륙간탄도미사일과 핵무기 개발이 미국에 직접적인 위협이 되고 있다는 판단하에 북핵문제의 근본적 해결 가능성을 탐색하기 위한 것이라는 주장이다. 이 경우 과거 클린턴 행정부의 대북 포용정책이나 오바마 행정부 출범 이전 대북 포용정책 구상으로 돌아갈 수 있다. 그러나 '중국우선정책'과 마찬가지로 한반도의 급격한 현상타파를 바라지 않는 미국의 입장은 변함없을 것이다.

중국의 입장에서는 2010년 천안함 폭침 이후 고조된 미국과의 긴장상태를 금년 1월 미·중 정상회담을 통해 일단 봉합하였으나, 미국과 미국을 축으로 하는 동맹으로부터 위협을 느끼는 상황에서 한국이 대중 봉쇄의 한 축이라고 인식하고 있다.

따라서 중국은 북한을 완충지대(buffer zone)보다는 전략적 자산(strategic asset)으로 인식하고 있다. 중국은 북핵문제 등과 관련 2008년까지 대체적으로 미국의 입장에 동조하였으나, 2008년 여름 김정일의 건강악화와 2009년 화폐개혁의 실패 이후 북한의 붕괴 가능성을 현실적인 우려사항으로 인식하고 북한의 안정을 최우선시하고 있다. 실제로 북·중 정상회담에서 후진타오 중국 주석은 '전략적 의사소통의 심화'와 '국가건설 경험교류의 강화' 등 2010년 북중정상회담 시 드러낸 중국의 대북 영향력 행사에 대한 의지를 다시 한 번 표명하였다.

한미동맹이 강화될수록 중국이 원하지 않는 한반도 통일의 가능성에 대한 우려로 중국은 북한정권을 유지하기 위해 모든 지원을 아끼지 않을 것이다. 북한이 남한에 흡수되는 형태의 통일이 가져다주는 비용과 북한을 유지하는 비용을 비교해 볼 때 아직도 중국은 유지비용을 부담하는 것이 더 낫다고 생각하고 있는 것으로 보인다.

요컨대 주변국들이 한반도 현상유지를 원한다는 냉정한 현실하에 우리의 통일 역량 강화 노력이 통일에 부정적인 영향을 미치지 않도록 해야 할 것이다. 예컨대 북한에 대한 흡수통일에 대한 우려로 중국이 북핵문제 해결에 미온적인 태도를 취하는 것에 대한 대처방법을 강구해야 할 것이다. 특히 통일 이후 주한미군의 한반도 주둔 문제, 중국 동북지방 등에 민감한 중국과 불필요한 마찰을 일으키지 않도록 주의하고 미국의 동북아 정책과 조화를 이루도록 해야 할 것이다. 궁극적으로 한미동맹을 강화하면서 중국과의 협력을 강화하는 것을 어떻게 조화시키느냐가 통일외교의 관건이다.

마. 중국의 대북 영향력 증대

천안함 공격 이후 궁지에 몰린 북한은 중국과의 관계강화를 통해 위기를 극복하고자 하면서 북한의 대중국 의존이 심화되고 있다. 김정일 위원장은 2010년 5월 이후 1년 만에 세 차례 중국을 방문하였다. 2010년 8월 북·중 정상회담 이후 저우융캉 상무위원과 다이빙궈 국무위원이 각각 10월과 12월 방북했고, 멍젠주 국무위원 겸 공안부장이 금년 2월 방북했다. 한편 북한 측에서는 12명의 지방당 책임비서들과 최영림 내각총리가 동북지역을 연이어 방문하였다. 2007년 19억 달러이던 북중교역은 2010년 34억 달러로 불과 3년 만에 두 배 가까이 증가하였다. 2010년 12월 「조·중 라선경제무역지대와 황금평경제지대 공동개발총계획요강」에 합의하였고, 6월 7일 장성택 국방위 부위원장과 리수영 합영투자위원회 위원장과 천더밍 중국 상무부장이 참석한 가운데 착공식이 개최되었다.

2011년 5월 김정일 위원장과의 정상회담에서 후진타오 중국 주석은 '전략적 의사소통의 심화' 등 5개 항에 합의하는 등 중국의 대북영향력 행사에 대한 의지를 표명하였다.

북·중관계 강화는 한국과 미국의 '전략적 인내'로 북한이 오갈 데가 없기 때문에 불가피한 선택이다. 그러나 북한이 정치, 경제적으로 북·중관계 강화에 만족할 수 없다. 우선 북·중교역의 확대는 북한이 중국으로부터 수입하는 원유가의 상승과 대중국 광물자원 수출이 급증한 결과이다. 북한의 대중국 수출 1~3위는 무연탄, 철광석, 비합금 선철로 북·중교역은 남북교역의 주 품목인 모래, 송이버섯 등에 대해 대체효과를 보여주지 못하였음을 알 수 있다. 2002년 5천만 달러였던 북한의 대중국 광물 수출은 2010년 8억 6천만 달러로 17배 증가하였다. 이는 북한의 대중국 수출의 63%에 달한다. 특히 중국은 2009년까지 북한의 수출금지 품목이었던 무연탄을 대량 수입하기 시작함으로써 북한의 전력난을 악화시켰다.

중국의 대북 영향력 확대는 필연적으로 북한의 대미 협상력을 약화시키게 된다. 미국은 북한을 직접 다루기보다는 중국을 통해서 북핵문제를 해결하려 할 것이기 때문이다. 따라서 북·중관계의 강화는 경제적으로나 정치적으로 북한에게 과히 유쾌한 일은 아니며 북한이 북·중관계를 바탕으로 대미 협상에 나서는 이유이다. 그러나 장기적으로 현 상태가 지속되면 북한의 입지는 더욱 약화되고 중국의 영향력은 더 커지게 될 것이다. 북한의 의도와 관계없이 북한은 중국에 종속될 것이며, 분단의 장기화로 이어질 것이다.

2) 선진화 통일방안

(1) '선진화 통일'이란?

'선진화 통일'은 남북이 함께 선진국으로 진입하는 것을 목표로 하는 통일방안이다. '선진화 통일'은 단순히 고토를 회복하는 재통일(re－unification)이 아니라 남북이 함께 선진국으로 도약하면서 동북아의 평화와 발전을 도모할 공존의 기틀을 다지는 신통일(new－unification)이다. 따라서 '선진화 통일'은 남북이 함께 새로운 국가를 건설(nation building)하는 과정이다.

그러나 과거의 단계적 통일론은 '동일한 체제로의 지향'이 통일의 출발점이 아니라, 통일의 출구 혹은 미래 어느 단계에서 이루어질 것이라는 막연한 가정을 전제하였다.

남북한은 상이한 국가건설과 발전단계를 밟아 왔기 때문에 정치·경제·사회·문화적 이질성은 단기간에 극복될 수 없는 난제이다. 이런 이질성을 평화적으로 극복하는 것이 통일의 가장 중요한 과정이다. 따라서 '선진화 통일'은 남북의 상이한 국가발전단계를 어떤 과정을 통해 선진화된 국가의 모습을 갖출 것인가에 초점을 두고 있다. 즉 한반도 전체를 선진화하는 통일방안은 서로 다른 단계를 밟아야 한다.

남한은 근대국가화를 완성하였기 때문에 선진화를 통해 선진국으로 도약하면 된다. 반면 북한은 국가정상화와 근대국가화를 우선 달성하여야 한다. 북한의 국가정상화는 북한이 핵 포기, 국제규범의 준수 등과 같은 행동을 통해 국제평화에 기여하는 일대 변신을 의미한다. 그리고 근대국가화는 경제적으로는 산업화를 달성하고, 정치적으로 민주화를 완성한 것을 의미한다. 산업화는 북한 동포들에게 '기아로부터의 자유'를 주는 것이며, 민주화는 '억압으로부터의 자유'를 부여하는 것이다. 바로 '선진화 통일' 방안은 남북한이 함께 선진국 진입을 위한 통일방안이라고 할 수 있다.

(2) '선진화 통일론'에 담아야 할 가치

기존 통일 논의는 통일가치로 '자주', '민주', '평화', '민족대단결'이 제시되었다. 그러나 기존의 통일가치는 시대와 상황변화를 무시한 과거의 '과정중심주의'를 벗어나지 못했다는 비판을 받고 있다. '자주'는 외세의 배제만을 강조하였고, '민주'는 통일의 과정이 '민주적'으로 이루어져야 한다고 하였으나 어떤 민주주의를 실제로 의미하는지에 대해서는 구체적으로 확인한 바가 없다. 그리고 '평화'는 '무력통일을 배제하고 남북이 상대 체제를 인정한다'는 한반도 내적 의미만을 지녔고, '민족대단결'은 배타적 민족주의를 강조하였다는 점이다.

왜 지금 '목표·가치지향'의 통일론이 제기되어야 하는가의 문제는 21세기 한반도 통일과 관련하여 근본적으로 상황이 변화하였기 때문이다. 상황의 변화란 북한지역을 이념대립의 완충지대(buffer zone)로 간주하는 20세기적 사고는 시대 상황에 부합하지 않고, 자폐적 수령체제로 인해 주민의 의식주를 해결할 능력을 상실한 북한체제는 지속적인 유지가 불가능하기 때문이다.

'선진화 통일론'은 북한체제의 변화와 속도를 감안하여 '새로운 목표와 가치 중심'의 통일론을 제시한다. '선진화 통일론'은 '자유·민주', '선린·평화', '자립·공영'이다. '자유·민주'는 통일 후의 개인, 집단, 정당이 의사를 표현하고(시민적 자유) 실현시킬 수 있는(민주주의) 틀로서 '정치체제'를 의미하며, 자유주의와 민주주의에 대한 보편적 이해에 기반을 두고 있다. '선린·평화'는 통일한국이 동북아시아에서 주변 국가들과 어떤 관계를 맺고 어떤 기여를 할 것이며, 또 어떠한 배경과 과정하에서 통일이 평화적으로 이루어질 것임을 천명한다. 그리고 '자립·공영'은 어느 일방이 다른 일방에게 완전히 의존하여서도 안 되고(自立), 또 완전히 독립되어서도 안 된다(共榮)는 원칙이다.

(3) '선진화 통일'의 원칙

'민주통일의 원칙'은 통일의 주체가 생명·자유·행복권을 갖는 시민(국민)이어야 하며, 시민이 자신의 자유의사에 따라 민주적 방식으로 통일을 선택하고 결정해야 한다는 것이다. 민주통일의 원칙은 자유민주적 '바른 통일'을 위해 북한의 민주적 개혁·개방을 촉진해야 한다는 의미 또한 함축한다.

'평화통일의 원칙'은 한반도의 통일을 전쟁이 아닌 평화적인 방법으로 실현한다는 원칙이다. 평화는 통일정책의 목표가 아니라 통일을 실현하기 위한 방법상 원칙이다. 그리고 평화적인 방법에는 대화나 교류·협력 같은 유화책뿐 아니라 강제와 압박 같은 강경책도 포함된다.

'공영통일의 원칙'은 통일이 한민족의 부강과 복리를 증진시켜야 한다는 통일목표에 관한 원칙이다. 다시 말해 통일은 민족의 상생과 공영의 방향에서 이루어져야 하며, 국제사회의 평화와 번영에도 기여해야 한다는 의미이다.

(4) '선진화 통일'의 과정

남북통합을 위해 유럽통합의 기능주의적 접근법에서 많은 시사점을 얻을 수는 있지만, 무엇보다 북한의 체제전환이 전제되거나 적어도 북한이 체제전환의 의지가 있을 때 그 성공 가능성은 높아진다.

'선진화 통일' 방안에서 제1단계는 북한근대화 준비단계이다. 북한의 선진화는 북한의 근대화에서 출발하여야 한다. 북한이 본격적으로 근대화에 진입하기 이전에 남북한은 실질적으로 화해협력의 기틀이 마련되어야 한다. 바로 선진화 통일방안의 전제는 화해협력제도의 정착이며, 이는 북한근대화를 위한 준비단계라고 할 수 있다. 따라서 북한근대화 준비단계－화해협력의 제도화－는 선진화 통일방안을 추진하기 위한 준비단계로서의 역할을 한다.

선진화 통일방안의 2단계는 북한지역에서 산업화가 본격적으로 시행되는 북한근대화 1단계이다. 본격적으로 북한의 산업화가 진전되면 남북한은 산업의 비교우위를 중심으로 산업구조의 재편과 한반도 전체 경제의 도약을 위한 코리아경제공동체(KEC: Korean Economic Community)를 마련하기 위한 기반이 될 것이다. 따라서 코리아경제공동체의 형성은 남북한 간에 북한근대화의 준비-화해협력의 제도화-가 상당히 진전되고, 실질적 성과를 거둔 후에 가능하다.

선진화 통일방안의 3단계는 북한지역에서 산업화를 발판으로 민주화가 본격적으로 시행되는 북한근대화 2단계이다. 북한의 민주화는 산업화 과정에서 축적된 남북한 간의 신뢰를 발판으로 북한지역에서 시민의식이 싹트는 기간이다. 즉 북한의 산업화과정에서 형성된 경제·문화적 동질성 회복을 통해 정치, 군사, 외교와 사회분야에서의 범위를 확대해 가는 과정이다. 다시 말해 남북한 간에 존재하는 이질성을 극복하여 코리아연합(KU: Korean Union)을 완성하는 것이다.

선진화 통일방안의 마지막 단계는 통일코리아(UK: Unified Korea) 단계이다. 통일코리아 단계는 코리아연합의 연장선에서 실현될 것이다. 통일국가의 정부형태는 연방정부든 단일정부든 선택할 수 있지만, 이는 근본적인 문제가 아니다. 통일코리아는 한반도 전역에 걸쳐 새로운 국가가 건설(nation-building)된다는 의미이므로 '新통일'이 되어야 할 것이다. 이에 따라 정부형태 또한 한반도 선진화 국가목표를 성공적으로 수행할 수 있어야 한다. 곧 한반도 통일은 과거로 회귀하는 '再통일(re-unification)'이 아니라 한반도 선진화를 위한 '新통일(neo-unification)'이어야 하는 것이다.

(5) '선진화 통일'의 미래상: 분권형 국가체계

남북한이 통일국가를 이루기 위해서는 남북한 사이에 현존하는 많은 격차가 해소되어야 한다. 현재의 상황으로부터 통일국가를 이루는 과정에서, 남북한 사이에 존재하는 격차를 축소하는 방법에는 두 가지의 길이 있다. 그 하나의 길은 북한이 스스로 비핵과 개방의 길을 선택하고, 적극적으로 내부 개혁과 경제성장 및 빈곤축소 정책을 지향해 나가는 길이다. 또 다른 하나의 길은 북한이 국제적 고립, 경제난 및 내부 정치 분란으로 인한 급변사태로 붕괴하는 경우이다. 이 경우는 한국이 직접 개입하여 북한의 복구와 체제전환을 성취하는 데에서 주도적 역할을 해야 한다.

두 가지 길 중에서 어느 것이든, 북한지역에 시장경제와 자유민주주의의 기반이 어느 정도 잡히고, 또한 경제성장을 통해 주민 생활수준이 일정하게 향상된 이후에, 남북한은 보다 긴밀한 통합을 위한 결단을 내릴 수 있다. 새로운 통일국가는 민주주의와 시장경제, 인권과 복지 이념을 바탕으로, 남북한이 시너지를 발휘하는 차원에서 공동으로 도와 가면서, 북한지역의 '민주화'와 '근대화'를 가속화하는 한편, 남한의 '선진화'를 촉진하여야 한다.

그런데 새로운 통일국가는 기본적으로 분권형 국가 체계에 기반을 두어야 할 것이다. 현재 지방분권의 강화는 세계적인 추세이다. 지방분권은 전국적 통일성과 지역의 자율성을 추구하는 가운데, 다양성, 현장성, 책임성을 높일 수 있기 때문이다. 이와 같은 분권형 체계는 통일국가 내에서 북한 주민이 스스로의 책임하에 자율성을 가지고 국가 사무에 참여하도록 함으로써, 새로운 통일국가에 대한 민주적 충성과 정체성을 확립하는 데도 매우 중요한 역할을 할 수 있다. 분권형 국가체계는 북한에 시장경제 제도를 정착하고, 경제성장과 빈곤감축을 촉진하는 데도 유용한 체계가 될 수 있다. 분권형 국가체계의 주역은 중앙정부, 광역지방정부, 상하 양원이다.

3) '선진화 통일'을 위한 국내·대북 정책

(1) 대북정책의 원칙

한반도 분단은 남북한 모두에게 불확실성을 증대시키는 요인이다. 따라서 한반도 분단이 야기하는 불확실성을 제거하기 위한 유일한 길은 통일이다. 바로 통일은 한반도에 상존하는 긴장을 해소함으로써 대한민국이 선진국으로 나아가기 위한 필요조건이다. 따라서 대북정책은 통일을 달성하기 위한 하위개념이어야 한다. 따라서 대북정책은 한반도 통일을 지향하는 과정에서 일정한 원칙하에서 추진되어야 한다.

첫째, 북한의 개혁·개방을 유도하여야 한다. 북한의 개혁·개방은 한반도의 안보와 평화증진에도 도움이 될 뿐만 아니라 북한의 정상국가화에도 절대적 요소이다. 또한 북한의 개혁·개방은 북한의 근대국가화의 기반을 마련할 것이다. 따라서 북한의 개혁·개방은 남북관계의 화해와 협력의 초석이 되며, 북한주민의 삶의 질 향상과 인권개선에도 기여할 것이다. 또한 북한의 개혁·개방은 국제사회와의 새로운 관계를 모색하는 전환점이다. 따라서 우리의 대북정책은 세계에서 가장 폐쇄적인 국가 중 하나인 북한이 국제화, 세계화의 길로 나설 수 있도록 적극 지원하여야 한다.

둘째, 호혜주의를 견지하여야 한다. 호혜주의는 조건 없는 일방통행이 아니라 남북한 모두의 이익을 증진시키는 양 방향의 관계를 확립하는 것이다. 조건 없는 일방주의는 북한의 개혁·개방을 유도하는 데도 실패했을 뿐만 아니라 북한의 일방적인 기대수준만 높였을 뿐이다. 물론 남북한 간의 호혜주의는 동시성과 등가교환을 의미하지 않는다. 호혜주의는 상호 존중의 정신과 신의성실의 원칙을 바탕으로 남북한의 교류와 협력이 이루어지기 때문에 남북한 모두가 이익이 되는 'Win-Win 전략'이다. 따라서 호혜주의는 통일과정에서 반드시 준수되어야 할 소중한 가치이다.

셋째, 북한의 근대화를 지원한다. 남북관계의 진정한 발전과 북한 동포들의 삶의 질 개선은 북한이 국제적 규범에 부합되는 국가가 되기 전에는 실현될 수 없다. 북한의 근대국가화는 정치적으로는 '민주화'를 의미하고 경제적으로는 '산업화'를 의미한다. 북한의 민주화는 '억압으로부터의 자유'를 가져다주며, 북한의 산업화는 '결핍으로부터의 자유'를 가져다준다. 따라서 북한의 개혁과 개방은 남북관계의 화해와 협력의 초석이 되며, 북한주민의 삶의 질 향상과 인권 개선에도 기여할 것이다. 그러한 측면에서 대북정책은 온건책과 강경책, 포용정책과 압박정책을 모두 병행하여 추진하여야 한다. 이러한 정책은 무엇보다도 우방제국과 문명국가들과의 협조와 공조를 통해 이루어지는 것이 바람직하고 효과적일 것이다.

넷째, 남북경제교류·협력을 통해 북한의 자생력과 경제공동체 기반을 마련하여야 한다. 한반도 통일과정에서 남북한 간의 격심한 경제력 격차는 통일의 장애요인으로 작용할 것으로 예상된다. 따라서 남북한의 교류·협력의 활성화를 통해 북한경제의 자생력을 배가하고 경제공동체의 기반을 마련하는 정책을 마련하여야 한다.

다섯째, 국민적 합의에 입각한 대북정책을 추진한다. 대북정책이 특정 정파나 특정 부처의 전유물이 되지 않도록 국민적 합의에 기초한 대북정책이 추진되어야 한다. 이를 위해서는 대북정책 결정 및 집행구조에 대한 수술, 국회의 사전통제체제의 강화 등이 요구된다.

여섯째, 북한의 배타적 행정권이 일방적으로 적용되는 현 조건을 완화한다. 북한의 변화를 유도하기 위해서 남북한 경제교류협력은 확대되고 지속되어야 한다. 그러나 북한의 경제특구가 모두 북한지역에 위치하고 있기 때문에 북한의 배타적 행정권이 일방적으로 적용되는 구조라는 것을 직시하여야 한다. 특히 남북한처럼 적대적 관계가 지속되고 있는 상황에서 북한의 배타적 행정권은 더 큰 위력을 발휘할 수밖에 없다. 따라서 북한의 배타적 행정권이 일방적으로 적용되는 구조를 완화하기 위해 컨소시엄을 강화해야 한다.

(2) 통일의지의 결집

한반도의 통일은 민족적 과제이자 시대적 소명이다. 그러나 통일은 국민의 통일의지가 결집되어야만 달성할 수 있다. 통일의지는 통일을 반드시 달성하겠다는 '통일정신'이 있어야만 가능하다. '통일정신'이란 통일을 위해 혼신의 노력을 다하는 의지와 열정이다. 바로 독립정신이 없다면 독립을 이룰 수 없듯이 통일정신이 없으면 통일을 이룰 수 없는 것과 같은 이치이다.

'통일정신'은 '자주독립정신'과 '호국애민정신'이 결합되면서 나온다. 바로 자주의식과 호국정신이 통일정신의 기반이다. 그러나 분단이 장기화되면서 분단을 기정사실로 받아들이는 세대가 증대하면서 통일을 해야겠다는 의지도 약화되었다. 즉 자주의식도 약화되고 호국정신도 약화되었다. 통일정신-자주정신과 호국정신-을 강화하는 것이 시급한 과제이다. 통일정신을 강화하기 위해 국민의식개혁운동이 절실한 상황이다. 이를 위해 초·중등 교과과정에 통일정신을 고양하기 위한 교육과정을 신설하고 일반시민을 대상으로 하는 민주시민교육을 강화하여야 한다. 바로 통일정신의 고양을 통해 '21세기 신국민'을 육성해야 한다.

주지하는 것처럼 통일에 대한 국민적 이해와 태도는 매우 분열적이고 대립적이다. 이처럼 분열적이고 대립적인 통일인식은 통일을 저해하는 요인으로 작용한다. 따라서 통일인식에 대한 국민적 합의기구를 통해 국민의 통일의지를 결집하는 것이 긴요하다. 이를 위해 국민대토론회를 조직화하여 밑으로부터 합의하는 절차를 통해 국민의 통일의지를 결집한 '국민통일헌장'을 만들도록 한다. 그리고 민관 중심의 '통일추진위원회'를 결성하여 통일의 모든 예측불가능성에 대비하고 통일과정과 통일 이후에 대비한다. 또한 '통일추진위원회'를 통해 통일과정에서 발생할 갈등을 해소하고 위기대처능력을 제고하도록 한다.

(3) 북한주민의 마음을 사는 방안

인도적 대북지원은 북한주민의 마음을 얻는 중요한 정책 중의 하나이기 때문에 지속되어야 한다. 그러나 인도적 대북 지원이 무조건적인 지원이어서는 곤란하다. 인도적 대북지원은 WFP, FAO 등과 같은 국제기구의 기준을 준용하여 남북한 상황에 맞는 지원규정과 절차를 마련한다.

인도적 대북지원의 3대 원칙은 '인도주의 존중의 원칙', '근본적 문제 해결 추구의 원칙', '상호 협조의 원칙'이다. '인도주의 존중의 원칙'이란 어떤 정치적 상황에서도 이산가족 교류협력사업을 추진한다는 원칙이며, '근본적 문제해결 추구의 원칙'은 일회성 상봉이 아니라 상시적 상봉이 가능하도록 하는 제도적 기반을 마련하는 것이며, '상호 협조의 원칙'이란 납북자, 국군포로 문제해결에 상호 협력하는 원칙이다.

따라서 인도적 대북지원과 관련하여 이산가족 상봉이 상시적으로 이루어질 수 있도록 정례화의 기반을 마련하고 서신교환, 영상통화 및 만남의 활성화도 이루어져야 한다. 특히 이산가족 상봉이 특정한 정치적 목적을 위한 일회성 이벤트로 되는 것을 경계하여야 한다. 그리고 납북자 및 국군포로의 생사확인과 송환에 대해서는 북한의 적극적인 협조를 촉구하는 동시에 대북인도적 지원과 연계시키는 방안도 적극 고려하여야 한다.

기존의 대북정책은 북한(김정일)정권에 이익이 되고 북한 동포에게 혜택을 주지 않았기 때문에 북한의 독재정권을 강화시켜 왔다는 비판을 받아 왔다. 예를 들면 우리의 대북지원 식량이 특권층과 군부에 할당됨으로써 지원 불필요성이 대두되기도 하였다. 따라서 우리의 대북식량지원이 북한 주민들에게 직접적인 혜택을 줄 수 있는 옥수수를 지원하는 것도 하나의 방안이다. 그리고 공개총살, 영아살해, 정치범수용소 등과 같은 북한인권문제에 대하여 국제사회와 협력하여 적극 대처하고 '북한인권법'을 제정하여야 한다.

북한 동포들에게 국제사회의 정확한 정보를 전달하기 위해 남북한 방송의 완전개방을 촉구하고 북한의 장마당을 활성화하기 위해 종합시장 건립을 지원해 준다. 그리고 북한이탈주민의 안정적 정착이 가능하도록 취업제도를 활성화하고 실질적 정착과정에서 성공사례를 발굴하여 이를 북한주민들에게 전달할 수 있는 제도적 장치를 강구한다.

4) '선진화 통일'을 위한 통일외교

(1) 통일외교의 기본원칙

통일은 국가적 민족적 차원의 문제뿐만 아니라 동북아의 질서재편과 평화와 공동번영 차원의 문제이다. 따라서 통일외교는 통일한반도를 건설하기 위한 필수적 과정이다. 통일외교의 기본방향은 다음과 같다.

첫째, 한반도 통일은 남북한이 당사자로 주도하는 '민족자결의 원칙'이다. 이는 정치적·법적으로 남북한이 당사자이며, 역사적으로 남북분단은 민족자결의 원칙에 반해 이루어졌으며, 국제정치적으로 주변 4국 및 국제사회가 한반도 통일의 당사자원칙을 지지하고 있다.

둘째, 한반도 통일은 '동북아의 평화와 발전의 틀'을 기반으로 한다. 한반도 통일은 한반도의 이익뿐만 아니라 동북아의 평화와 발전에도 도움이 되어야 한다. 이를 위해 장기적으로는 지역 내 안보협의체를 구성하는 것도 하나의 방안이다.

셋째, 한반도 통일을 위한 '복합적 연결망 외교(networking diplomacy) 추진원칙'이다. 동북아의 다자안보와 경제협력체 건설에 적극적인 역할을 발휘하여 유리한 통일환경을 조성한다. 동북아의 정치 및 경제환경의 변화를 감안하여 전략적 동반자관계를 발전시켜 나간다.

넷째, 한반도 통일의 당위성과 필요성과 공감대 확산을 위한 '발신

시스템 구축의 원칙'이다. 이를 위해 통일한국의 비전과 품격, 국제사회에서의 역할 등의 함축적 이미지를 구축하여 한반도 통일의 당위성과 필연성을 적극 홍보한다.

(2) 통일외교의 기본 틀

기존의 통일 논의는 주로 '통일방안'에 초점이 맞추어졌고, 그 내용은 정치, 경제, 사회 등 각 분야에서 남북한의 통합형식과 과정이 논의되었다. 이는 통일의 결정 요인이나 환경이 '외생적(exogenous)'이라는 전제 위에서 통일논의가 이루어져 왔기 때문이다. 그러나 한반도 문제와 관련하여 이해당사자인 주변국들이 '현상유지' 선호(選好) 게임에 주력하는 상황에서 통일의 '당위성'과 '외생성'은 점차 그 의미를 상실해 가고 있다.

통일은 결코 역사의 흐름에 따라 자동적으로 이루어지는 '운명적 결과'가 아니라 철저한 전략적 능동성이 바탕이 되어야 비로소 성취할 수 있는 일종의 '내생적(endogenous)' 특성을 가지는 명제가 되었다. 독일의 통일사례에서 보듯이 통일에 대한 관련 이해당사국들의 이해와 협력은 통일과정과 통일의 궁극적 완성을 위해 결정적인 중요성을 가진다. 적어도 '남북한을 국익 차원의 전략 대상으로' 삼는 주변국의 대한반도 인식으로 인해 통일이 지연되거나 또 통일과정에서의 주도권을 상실하는 일은 없어야 할 것이다.

통일의 당사자는 남북한이다. 한반도 통일을 위한 전략의 궁극적 귀결은 북한에 대한 전략일 것이다. 그러나 한반도 통일을 위한 전략은 구 사회주의권의 체제전환과 새로운 세계 경제질서의 탄생, 중국의 부상과 유럽의 통합으로 인해 다극화된 국제 정치질서 등과 같은 환경변화도 반드시 고려되어야 한다. 즉 한반도 통일 전략은 남북한 관계에 대한 고려뿐만 아니라 국제 환경과 국제적 파급효과를 감안해야 한다.

통일외교 전략은 (1) 통일과정에서 주변국 이해관계의 균형을 보장함으로써 통일에 우호적인 국제환경의 조성 및 활용, (2) 북한의 불안정한 미래와 급변사태 발생 시 대한민국의 관리 역량에 대한 국제사회의 신뢰 획득, (3) 통일과정에서 필요한 대한민국의 국제법적 지위와 대한민국 통일 및 대북 정책의 국제적 정당성, 그리고 북한지역에 대한 관할권 획득, (4) 한국 주도의 통일방안에 대한 주변국의 사전적 동의 확보 등이다.

(3) 한반도 통일과 주변 4국의 이해관계

가. 미국의 이해관계

미국의 대한반도 및 대북 정책은 ① 북한 핵 및 WMD 무장 및 확산 방지, ② 북한 권력 승계 및 경제난으로 인한 불확실성 관리, ③ 한반도 및 동북아지역에 대한 미국의 영향력 유지 및 확대, ④ 중국의 국력신장 및 중－대만 통합 움직임에 대한 견제 및 불안정성 관리, ⑤ 북한 급변사태 발생 시 대비, ⑥ 한반도 문제 개입을 통한 미국 국익 확보 등에 초점을 맞추고 있다.

미국은 한국 주도의 한반도 통일에 대해 긍정적 인식을 가지고 있다. 그러나 미국의 중단기 전략은 한반도의 현실적 상황을 세계전략 차원에서 관리하고, 북한 상황의 불확실성으로 인한 자국 이익의 위험요인을 최소화하며, 중국의 팽창 전략을 견제하려는 의도를 가지고 있는 것으로 평가된다. 미국이 북한 급변사태의 연장 선상에서 한국 주도의 한반도 통일 문제를 능동적으로 수용하기에는 한반도 통일과정과 통일 이후에 미국의 국익에 불확실성을 초래할 수 있는 변수들이 너무 많으며, 한국의 미래와 한미관계에 대한 확실한 믿음을 결여하고 있는 것으로 판단된다.

나. 중국의 이해관계

중국은 새로운 세계질서의 주요 이해당사자로 등장했다. 그러나 중국의 대한반도정책은 매우 모순적이다. 중국은 북한의 핵실험에 대한 유엔 및 국제사회의 대북제재에 동참함으로써 국제사회의 책임 있는 일원으로서의 위상을 정립했다. 반면 중국은 북한과 '전통적 우호관계'를 유지함으로써 포스트 김정일 정권의 친(親)중국적 성향을 기대하고 있으며, 북한경제에 대한 실질적 생명선 역할을 통해 북한지역에 대한 영향력을 유지하려고 한다.

중국은 한반도의 '평화와 안정 유지'를 최우선 정책목표로 삼고 있으며, 북한의 급변사태 발생 시 이를 계기로 한 미국의 대북 영향력 확산을 경계하고 있고, 한국의 적극적 대북정책 및 중국 동북지역 진출이 중국의 팽창적 대외전략에 부정적 영향을 미칠 수 있다는 점을 우려하고 있는 것이다. 따라서 중국은 비록 북한핵문제로 인해 중국의 대외전략이 딜레마에 빠져 있다는 점을 인식하고 있으나, 북핵문제를 계기로 하여 미국을 포함한 주변국이 한반도 문제에 적극적 영향력을 행사함으로써 북한체제의 급격한 변화를 유도하는 문제에 대해서는 거부반응을 보이고 있다. 또한 한국이 우월한 국제지위와 국력을 바탕으로 북한지역에 대한 일방적 영향력을 행사하는 것에 대해서도 우려하고 있다. 중국과 북한 관계의 역사적 변천과정이나 중국과 북한의 특수한 지리적 관계로 미루어 볼 때, 한반도의 '평화와 안정'이라는 현상유지적 전략이 결과적으로 포스트 김정일 시대의 친중(親中) 정권 탄생과 중국의 국익보호 및 영향력 확대에 기여할 수 있다고 판단하고 있다.

다. 일본의 이해관계

일본은 현재의 북한정권을 신뢰하거나 북핵문제가 순조롭게 해결될 것을 기대하지 않는다. 북한 급변사태와 한반도 통일의 가능성을 고려하여 일본은 한반도와 중국에 대한 경제적 영향력 확산, 문화 영역의 소프트 파워 네트워크 구축을 통한 영향력 확산과 군사적 정체성 확보에 초점을 두고 있다. 일본은 북한과 일본 간의 현안이 해결되지 않는 한 북한 상황 진전에 따른 대북지원 관련 경제부담은 수용하지 않을 것이며, 일본이 설정한 대북 경제제재의 기준 역시 완화하지 않을 것임을 분명히 밝혀 왔다.

이와는 달리 한국과 일본 간의 해저터널 건설, 한국 중소기업과 일본 원천기술 보유 기업 간의 수직적 분업체계 구축, 일본 문화의 확산(日流), 국제 경제 및 환경협력, 제3세계 빈곤문제 해결을 위한 기여, 일본의 절대적 기술우위 유지를 위한 투자와 시장 확보 등을 적극 추진해 왔다. 이는 일본이 북한문제를 중단기적 전략 차원이 아니라 한반도와 중국을 포함한 일본의 장기적 동아시아 전략의 일환으로 다루고 있음을 시사한다. 이와 같은 맥락에서 본다면, 미국이 북한에 대한 영향력을 투사(投射)하려는 전략을 구사하고 있음에 비해 일본은 북한에 대한 점진적이고 우회적인 저비용 정책을 통해 영향력을 확산(擴散)하려는 전략을 추구하는 것으로 파악할 수 있다.

라. 러시아의 이해관계

러시아는 중국과의 국경문제 해결과 상하이협력기구의 협력 강화 등을 통해 자국과 동북아시아 지역 간의 잠재적 갈등구조를 지양하고 광범위한 협력의 틀을 구축해 왔다. 그러나 북한문제에 대한 러시아의 이해관계가 미국이나 다른 주변국의 전략적 이해와 상충될 수도 있다는 점을 인식하고 있으며, 자원 무기화 및 일본과의 영토분쟁 격화 등 러시아의 잠재적 위협은 상존하는 상황이다. 러시아는 북한 핵문제와 북한 급변사태, 남북한 관계의 급격한 변화 등으로 인한 국익 위협요인의 발생을 원치 않고 있다. 한반도 분단으로 인한 북한지역의 완충기능과 6자회담 참여 권한 등을 최대한 활용하여 현상유지적 상황 속에서 자국의 국제적 영향력을 확대한다는 전략을 구사하고 있다. 특히 북한의 급변사태 발생을 포함한 한반도 정세가 불안정한 상황에서 한국의 일방적 통일이나 현존하는 동북아의 세력 균형에 급격한 변화가 초래될 수 있는 사안에 대해서는 유엔안보리에서의 거부권 행사나 중국과의 공조체제 구축을 통해 영향력을 행사할 수도 있을 것이다.

(4) 통일외교 전략의 게임(game) 구도

한반도의 향방에 대한 주변 4국의 이해관계 상충과 그 영향력을 감안할 때, 한국이 통일과정을 주도하기 위해서는 이들에 대한 면밀한 외교전략의 수립이 전제되어야 한다. 한국의 통일 외교전략의 핵심은 어떻게 이들이 추구하고 있는 '현상유지의 틀 속에서의 자국 이익의 극대화' 전략 및 한반도 주변국 간의 '이익의 균형'에 따른 전략적 정체(停滯) 국면을 타파하고 한국 주도의 통일을 실현할 것인가 하는 점이다.

북한문제와 한반도 통일문제는 비협력 게임(non-cooperative game)의 형태를 띠고 있다. 따라서 주변 4국은 협력적 결과를 기대하지 못하는 상황에서 차선(次善)적이며 방어적인 현상유지의 틀 위에서 각자의 국익 및 영향력을 극대화하려는 차선의 선택을 하려고 한다. 1993년 북한의 NPT 탈퇴 이후 16년간 답보 상태를 보이고 있는 북한 핵문제 해결과정은 주변 4국의 차선적 균형 선호를 보여 주는 대표적 사례이다. 즉 북한의 핵개발과 관련하여 이해 당사국들은 상호 간의 불신과 전략적 경쟁구도 속에서 북한의 잘못된 행위에 대해 일치된 상벌의 신호를 보여 주지 못함으로써 결국은 문제의 근본적 해결이나 결정적 파국 없이 차선적 균형(현상유지)에 이르게 된 것이다.

차선적 균형 상황에서 미국과 중국은 좀 더 적극적 게임 참여자이며, 일본과 러시아는 소극적 참여자이다. 특히 미국과 중국은 상대국의 정책 행위가 자국의 이익에 미칠 영향에 민감하며, 세계전략 경쟁국으로서 상대편의 행위에 대한 리스크 관리 차원에서 현상유지 전략과 제한된 경쟁에 의존하는 양상을 보인다. 이와 같은 관점에서 북한 급변사태 및 여타 한반도 통일 기회가 도래하는 경우, 주변국의 입장은 현재 이들 국가가 보여 주고 있는 차선적 균형 선호의 연장선상에서 결정될 것으로 전망된다. 한반도 통일 문제에 대한 주변 4국의 '차선적 균형 선호'는 전격적인 한국 주도의 통일 완성보다는 주요 전략적 현안에 있어서 자국의 이익 확보에 유리할 수 있는 포스트 김정일 정부를 북한 스스로 구성하기를 선호할 것이며, 한반도의 분단 상황을 지속시킬 위험성을 내포하고 있다.

이는 주변 4국이 한반도의 현상유지적 비협력게임을 지속하는 이유는 통일로 인한 한반도게임의 종료가 자국의 국익에 미칠 리스크를 최소화하고, 통일과정에서 얻어지는 실익(영향력)을 향유하기 위한 '차선적 정합게임(positive-sum game)화' 때문이다. 그러나 현상유지적 접근에 의한 주변 4국의 정합게임이 한국과 이들 간의 정합게임이 될 수 없으며, 적어도 한반도 통일문제와 관련하여 주변 4국과 한국 간에는 부합게임(negative-sum game)의 양상이 나타날 수 있다는 것이 문제이다. 따라서 한국 주도의 통일을 위한 전제조건은 주변 4국 간의 차선적 균형을 위한 비협력게임을 협력게임(cooperative game)으로 전환시키고, 한반도 통일이 주변 4국과 한국 간의 정합게임이 될 수 있는 전략을 모색하여야 한다.

(5) 통일외교의 실천방안

현시점에서 주변국들이 현상유지와 자국의 이익 확보를 위한 차선적 균형전략을 추구하고 있다면, 한반도 통일을 위한 우리의 전략은 이해당사자들이 현상유지적 게임의 전략 수단, 즉 '대화'와 '제재' 차원을 넘어 한반도 통일을 위한 공동의 비전을 가지고 한국과 협력하는 것이 가장 좋은 결과를 낳을 수 있다는 점을 인식시킬 수 있어야 한다. 더 이상 북한핵문제를 이용하여 북한과 주변국들이 이익 극대화를 위한 현상유지적 게임을 유지할 수 있도록 플랫폼을 제공하고, 한국은 부수적 역할을 담당하는 상황을 지속해서는 곤란하다. 바로 통일전략과 그에 따른 정책이 필요한 이유이다. 이와 같은 맥락에서 본다면, 핵문제 또한 통일전략의 부분적 영역으로 이해할 수 있으며, 성공적인 통일전략의 추진이야말로 가장 효율적인 북핵문제 해결방안인 것이다.

통일외교 전략의 실천방안은 다음과 같은 내용을 갖춰야 할 것이다. 첫째, 통일한국의 미래상은 ① 한반도 비핵화 원칙, ② 군사비동맹 및 군비 감축의 원칙, ③ 민주주의와 시장경제 및 자유무역 원칙, ④ 환경 및 기후 문제의 국제협력, ⑤ 탈냉전적 다자간 안보체제의 구현, ⑥ 역내 산업기술 및 표준 협력, ⑦ 열린 동북아공동체 구상, ⑧ 인도적 대외원조 및 세계적 문제에 대한 공정(公正)의 원칙 등을 명확히 함으로써 주변 이해 당사국의 우려를 불식시킬 수 있어야 한다.

둘째, 한국 주도의 통일을 구현하기 위해서는 ① 평화 통일의 원칙, ② 국제사회 동의 및 협력 획득 원칙, ③ 북한 주민의 기본권 및 선택권 존중, ④ 주변국의 한반도 관련 국익 존중, ⑤ 통일로 인한 한반도의 항구적 평화 편익(peace dividend)의 공정한 향유 및 국제적 기여, ⑥ 열린 남북공동체 형성을 위한 세부적 구체적 방안 제시, ⑦ 민족주의 및 군사대국화 지양 등에 대한 대한민국의 확고한 의지와 보장 방침을 통일방안에서 명확하게 밝혀야 할 것이다.

셋째, 북한 급변사태에 대비한 북한지역 관리방안은 주변국의 이해관계에 직접 영향을 미칠 수 있는 중대한 사안이므로 맹목적인 '비공개 밀실 입안'을 지양하고, 주변국의 신뢰를 얻을 수 있는 명확한 메시지 전달이 가능하도록 공개적이며 상호 협력적인 성격을 부여할 필요가 있다. 북한 급변사태 대응과정에서 미국과 중국 중 어느 한편이 일방적 영향력을 행사할 수 없도록 안전장치(한·미·중 협력에 의한 군사협력 기제, 인도적 위기 해소 협력 기제, 대량살상 무기 해체를 위한 협력 기제, 사회질서 유지 협력 방안의 마련)에 대한 사전적 협의 및 협력 방안 마련도 필요하다. 물론 이와 같은 안정장치 구축 과정에서는 한국의 주도적 역할이 보장될 수 있도록 유의해야 할 것이다. 만약 과도기적 상황에서 다국적 조직 또는 UN의 개입이 불가피하다면, 과도기 이후 대한민국의 북한지역 관리 주도권을 확보하기 위한 국제법적 합의의 틀을 마련해야 할 것이다. 한편 북한 급변사태 시 주요 국제금융 및 경제기구의 협력과 지원을 사전에 확보해야 할 것이며, 급변사태 관리, 통일, 남북한 통합 과정에서 소요될 재원마련 및 지출에 대한 한국의 주도적 권한 확보 및 국제적 승인 획득도 선행되어야 할 것이다.

넷째, 한국 주도의 통일은 북한 급변사태 대응, 통일과정, 통일한국에 대한 한국의 관리능력을 국제적으로 인정받아야 가능할 것이다. 통일비용의 조달, 통일 대비 외환보유고 및 자원 확충, 인적 자원 확충, 민주정치제도의 진일보한 발전 및 안정성 확보, 선진화된 사회복지제도 구축, 대한민국의 정체성에 대한 국가적 품격(dignity) 확보, 한국의 정책 효율성 및 공정성에 대한 인정 획득, 인도주의적 문제해결 능력에 대한 인정 획득 등이 전제되어야 한국의 관리능력을 인정받을 수 있을 것이다.

다섯째, 한국 주도의 평화적 한반도 통일이 주변국의 차선적 균형 게임보다 주변국 이익 증대에 도움이 된다는 이론적·실증적 모델과 그 근거를 제시해야 할 것이다. 주변 4국은 국익 확대 차원에서 한반도 문제를 인식하고 있으므로, '민족 통일'이라는 윤리적 관점에서의 통일의 정당성 주장은 이들에게 실질적인 의미를 가지기 어렵다. 그보다는 중·미 간의 불필요한 경쟁 및 견제 비용 감소, 한반도의 평화 편익이 가져올 세계경제 및 동아시아 경제 발전에 대한 기여(시장 확대 효과, 자원 공유 효과), 동북아지역의 불확실성 및 정책 리스크 감소, 한반도의 협력적 네트워크를 통한 동아시아의 발전 등이 주변국에 대해 막대한 편익을 제공하게 될 것이라는 관점을 확산시킬 수 있는 실증적 정책 파급효과 분석과 이에 대한 국제 홍보가 필요하다.

제2장

튼튼하고 효율적인 국방을 위한 전략과 과제

박휘락

-요약-

국방은 기본적으로 튼튼해야 함과 동시에 효율적으로 변신함으로써 국민들의 신뢰를 획득할 수 있어야 한다. 이로써 국방도 선진과 통일 시대의 주역으로 자리매김할 수 있다. 이러한 점에서 현재로부터 새 정부의 임기 동안에는 '북한위협의 안정적 관리', '한미동맹과 지역 안보협력의 강화', '안보의식 함양과 적정 국방재원의 보장', '전력의 선진화', '국방경영의 합리화'를 중심으로 국방 분야를 내실화·효율화할 필요가 있다. 지금까지와 다르게 접근해야 할 몇 가지 과제를 제시하면 다음과 같다.

첫째, '북한위협의 안정적 관리'에서는 북한의 핵무기에 대한 우리 군의 실질적인 대응 능력 구비를 최우선적으로 추진하는 한편, 북핵문제 해결을 위한 외교적 노력을 경주하면서 필요 시 자위권 차원에서 선제행동을 취할 수 있는 방안을 검토할 것과 북한의 탄도미사일 등 대량살상무기의 위협에 대한 거부 및 응징체제를 구축할 것을 강조하였다. 아울러 북한의 전면전이나 국지적인 무력도발에 효과적으로 대비하는 가운데 북한의 급변사태 발생 가능성과 유형을 냉철하게 분석하고 급변사태 발생 시에는 한국 주도의 한반도 통일로 승화시키기 위한 다양한 대책 마련을 강조하였다.

둘째, '한미동맹과 지역 안보협력 강화'에서는 2015년 12월 1일로 예정된 '한미연합사 해체'의 장단점에 대한 재분석 및 냉정한 정책 수립의 필요성을 강조하면서 '북한핵문제가 해결될 때까지' 현재의 한미연합사령부 체제를 연장하는 문제를 토론 및 검토할 것을 제의하였다. 이와 관련하여 지적한 것은 '전시 작전통제권 전환'이라는 애매한 용어 대신에 '한미연합사해체'라는 실제적 용어를 사용함으로써 국민들이 냉정한 판단을 할 수 있도록 해야 한다는 점이다. 또한 확장억제 보장을 위한 한미 간 실질적 협의를 강화해야 하며, 동북아시아지역의 다자안보협력체제 구축에 대한 관심과 적극적인 공헌, 군사외교의 시행도 필요함을 강조하였다.

셋째, '안보의식 함양과 적정한 국방재원 보장'에서는 10년 이상 시행된 대북 화해협력정책의 추진으로 국민들의 안보의식이 위험한 수준에 이르렀으며 국방예산은 지속적으로 감소되고 있다는 우려를 바탕으로, 이를 개선하기 위한 정부 차원의 시각 전환이 필요하다는 점을 제시하고 있다. 총력안보체제 구축을 위해 정부 차원의 다각적 노력이 있어야 하며, 상당한 규모의 전역비 지급 등을 통해 병역의무 수행의 장려책을 보강할 필요가 있고, 요구되는 수준의 군사대비태세를 보장할 수 있도록 충분한 국방예산이 책정되어야 한다는 점을 강조하였다.

넷째, '전력의 선진화'에서는 군대가 필요로 하는 무기체계를 체계적이면서도 신속하게 획득하는 방향으로 방위사업청을 비롯한 국방획득체계에 대한 보완이 필요하다는 문제를 제기하였다. 필요한 무기 및 장비를 조기전력화하기 위한 노력을 강화할 것과, 부정과 비리 척결 위주의 시각에서 탈피하여 의사결정의 책임성과 효율성을 강화함으로써 방위산업의 효율성을 강화할 것을 주장하였다. 또한 군구조의 경우 외형적인 개편보다는 운영 측면에서의 내실화가 필요하다는 점을 강조하였고, 군의 정예화를 통한 미래지향적 전력증강 투자 여력 확보 및 질적 군대로의 도약 노력과 정보, 인적 자원, 정신전력 등 무형적인 분야의 발전 노력을 중요시하였다.

다섯째, '국방경영의 합리화'에서는 모든 장병들은 국민의 세금으로 이루어진 국방예산을 최대한 효율적으로 사용하고자 노력해야 한다는 전제하에 덜 필요한 분야에서 과감하게 절약함으로써 필수적인 분야에 집중하고자 하는 노력이 필요함을 강조하였다. 군수와 동원 문제에 관해서도 현대적 상황에 맞는 시각과 수행방법의 변화가 절대적으로 요구되고 있음을 강조하였다. 국방부 차원의 대량구매, 민간물품 사용 확대 등으로 원가절감 노력을 강화하고, 국방경영의 효율성을 계획·추진·독려·평가하는 조직을 설치할 것을 제안하였다. 국방은 외부의 위협으로부터 대한민국의 독립과 국민의 생명과 재산을 보호하는 국가의 실질적인 힘을 기르는 활동으로서, 튼튼한 국방이야말로 대한민국의 선진화와 평화, 그리고 온 국민의 염원인 통일의 위업을 달성할 수 있는 초석이다.

현재 세계는 경제・자원・종교・인종・영토 분쟁 등으로 혼란과 위험이 점증하고 있는 상황이고, 그 중에서도 동북아시아 지역은 탈냉전 이후 미국의 주도권이 쇠퇴하는 가운데 중국의 부상으로 강대국들 간의 세력경쟁과 군비경쟁이 재현되고 있고, 영토문제 등으로 각국 간의 이해가 제대로 조정되지 못하고 있다. 북한은 2010년 천안함과 연평도 사태에서 보듯이 모험적 군사도발을 자행하고 있고, 핵무기를 개발하고 있으며, 구조적인 빈곤으로 내부 정세가 불안해질 가능성이 적지 않다.

한국은 세계 및 지역 정세의 불안정에 효과적으로 대응하면서 북한의 위협을 안정적으로 관리할 수 있도록 국방태세를 지속적으로 강화 및 정비해 나가야 할 과제를 안고 있다. 그럼에도 불구하고 충분한 국방재원을 보장하는 것이 쉽지 않고, 징집대상의 축소 등 국방여건상의 제한사항도 적지 않다. 따라서 국방분야에서도 효율성을 중요시함으로써 최소한의 재원으로 최대한의 성과를 달성할 수 있어야 한다.

이러한 차원에서 현 정부와 차기 정부가 노력하여야 할 국방분야의 발전을 위한 핵심 전략과 과제를 제시하면 다음과 같다.

1) 북한위협을 안정적으로 관리한다

한국은 당연히 중·장기적인 관점에서 주변 안보질서의 변화와 다양한 형태의 갈등 가능성에 대비해야 하지만, 현재의 상황에서는 북한의 무력 도발을 억제하는 것이 최우선 과제이다. 북한 내부 상황의 불확실성이 증대되고 있고, 천안함과 연평도 사태에서 보듯이 내부적 문제를 외부적 위기조성 즉 대한민국에 대한 군사적 모험으로 전환할 가능성이 적지 않기 때문이다. 또다시 6·25전쟁과 같은 군사적 충돌이 발생할 경우 한민족은 공멸의 위기에 처할 수 있고, 작은 국지도발도 남북관계를 경색시킬 수 있다는 차원에서 한국은 북한이 전쟁이나 도발을 생각조차 하지 못하도록 확고한 군사대비태세를 갖추는 한편, 도발 시에는 철저하게 반격 또는 응징할 수 있는 국방태세를 구비해야 한다.

(1) 대량살상무기와 운반수단 대응

북한은 2006년과 2009년 두 차례에 걸쳐 핵실험을 실시하였고, 언제 제3차 핵실험을 실시할지 예측할 수 없다. 핵실험 이후 상당한 시간이 경과되었기 때문에 핵무기를 미사일에 탑재할 정도로 소형화하는 데 성공하였을 가능성도 배제할 수 없다. 6자회담과 같은 외교적 노력을 통하여 북한의 핵개발 중단 및 폐기를 유도하는 동시에 북한이 핵을 포기할 가능성이 높지 않다는 현실을 감안하여 북한의 핵무기 사용을 억제할 수 있는 거부 및 응징 방법과 수단 개발에 배전의 노력을 기울일 필요가 있다. 북한 핵과 관련하여 한국이 절대로 수용할 수 없는 한계선(red line)을 설정한 상태에서 내부적으로 그의 구체적인 내용과 구현 방법을 면밀하게 토의할 필요가 있다. 한계선을 넘었다고 판단될 경우 예방적 자위권 차원에서 선제행동을 실시할 수밖에 없다는 의지와 역량을 구비하고, 이를 공표하여 북한에 알릴 필요도 있다.

세계 모든 국가가 화학무기를 폐기하였음에도 불구하고 북한은 2,500~5,000톤의 화학무기를 보유하고 있고, 다수의 생물학 작용제도 생산 및 보유하고 있다. 이러한 화생무기는 다양한 수단을 통하여 투발할 수 있을 뿐만 아니라 민간인까지 무차별로 살상할 수 있다는 점에서 위협이 매우 심각하다. 북한이 보유하고 있는 화생무기의 양과 종류에 대한 정보 수집과 분석을 강화하고, 국제적 공조노력으로 폐기를 유도하며, 북한이 화생무기를 사용할 경우 응징할 수 있는 수단과 방법의 발전뿐만 아니라 미국과의 공조체제도 더욱 강화할 필요가 있다. 이 또한 상황이 극단적으로 악화될 경우 선제행동의 가능성도 검토하여야 한다.

북한은 80년대부터 집중적인 노력을 통하여 800발 이상의 탄도미사일을 확보하고 있다. 북한의 탄도미사일은 수도권은 물론이고 한반도 전역을 사정거리 내에 두고 있어 위협이 심각하며, 탐지 및 요격을 위한 대책 마련도 쉽지 않다. 따라서 북한의 탄도미사일 위협과 한국군의 대응능력을 정확하게 평가하고, 시급한 대책을 강구할 필요가 있다. 한국의 경우 북한 미사일을 요격할 수 있는 능력이 매우 미흡한 현실을 냉정하게 진단한 상태에서, 한국의 상황과 여건에 부합되는 미사일 방어망의 장기적 청사진을 마련하고, 당장의 위협에 대한 단기적인 보완책을 시급하게 강구할 필요가 있다. 한국의 특정한 지역을 공격할 경우 그것을 방어하는 데 관한 책임소재를 명확하게 설정하고, 다층적 대비책을 강구할 필요가 있으며, PAC-3과 같은 직격파괴(直擊破壞, hit-to-kill) 가능한 무기체계를 신속하게 확보하여 전략적이거나 핵심적인 시설 및 장소에 대한 최소한의 방호를 제공할 수 있어야 한다. 실질적인 미사일 방어망이 구축되기 이전에 북한이 공격할 징후가 농후할 경우에는 과감한 선제행동을 취할 수 있는 만반의 준비를 갖추어야 하고, 한미 간 협력을 통하여 한국의 미비점을 보완할 수 있어야 한다. 북한이 탄도미사일에 탑재할 정도로 핵무기를 소형화할 경우를 대비하여 서둘러 대비책을 강구할 필요가 있다.

(2) 무력 도발 대비

2010년 북한의 천안함 폭침과 연평도 포격에서 입증되었듯이 북한의 국지도발 위험은 상존하고 있고, 이를 억제 및 예방하지 못할 경우 남북한 간의 화해협력이나 통일은 점점 어려워질 수 있다. 북한 내부 상황의 불확실성이 증대될수록 한국에 대한 도발의 유혹은 커질 것이다. 따라서 북한에 대한 경계태세를 강화하는 한편 예상되는 다양한 도발 유형을 면밀하게 판단하고, 유형별로 적절한 대응방법을 구상한 상태에서 훈련을 통하여 숙달하여야 한다. 국지도발일수록 대응시간이 촉박하다는 점에서 신속한 대응을 위한 세부적인 조치들을 명시하고, 조치의 이행권한을 가능한 한 현장부대에 위임할 필요가 있다. 장병들에게 자위권의 개념을 명확하게 이해시킴으로써 즉각적이면서 단호한 대응을 보장하면서, 자위권의 행사를 제한하지 않으면서도 확전을 방지할 수 있도록 교전규칙(交戰規則, rules of engagement)을 전반적으로 정비할 필요가 있다.

과거에 비해서 전면전의 위협이 낮아졌다고 할 수는 있지만, 북한이 언제 어떤 상황에서 극단적인 선택을 할지 알 수 없다. 북한위협의 정도와 현 대비태세를 정확하게 평가하고, 미흡한 부분은 지속적으로 보완하여 나갈 필요가 있다. 휴전선에서 40km 정도밖에 떨어져 있지 않는 수도권을 방어하기 위한 계획과 수단의 확보가 중요하고, 한미동맹에 근거한 미국의 지원을 적시에 확보 및 활용할 수 있도록 긴밀하게 협의할 필요가 있다.

북한은 전통적으로 사용해 오던 통일전선전략과 전술을 계속 구사하여 남한의 남남갈등이나 사회혼란을 부추기고자 노력할 것이다. 또한 컴퓨터에 대한 한국사회의 의존도가 높다는 점을 활용하여 다양한 방법의 사이버 공격 및 테러를 자행할 가능성도 높아지고 있다. 북한의 통일전선전략에 대한 취약성을 감소시킬 수 있도록 국민들의 안보의식을 강화하고, 국민적 불만을 해소하며, 사회의 통합성을 강화할 필요가 있다. 또한 북한의 사이버공격을 효과적으로 차단하거나 방어할 수 있는 대책을 강구함과 동시에 필요 시 그들의 공격사이트를 무력화시킬 수 있는 공격수단과 방법도 개발할 필요가 있다.

(3) 북한 급변사태 대비

악화되고 있는 북한의 경제상황과 권력층 내부의 암투 가능성을 고려할 때 북한 내부에 돌발 사태가 발생하여 북한사회가 일시적으로 혼란해질 수 있다. 한국은 북한의 급변사태가 한반도 전체의 불안정으로 연결되지 않도록 일정한 영향력을 확보해야 하고, 예상되는 다양한 각본을 상정하며, 각본별로 한국이 취해야 할 조치방향을 발전시켜 둘 필요가 있다. 필요할 경우 급변사태 대응에 관하여 미국과 공동협의를 추진하는 한편, 한국 주도의 사태 해결에 대한 국제적 공감대와 지원세력을 증대시키는 노력을 강화해야 한다.

남북한은 동시에 유엔에 가입한 상태이기 때문에 북한에 급변사태가 발생하였다고 하여 한국이 임의로 개입하기는 쉽지 않다. 그렇지만 북한의 정세가 한반도의 평화공존이나 통일과 배치되는 방향으로 전개되는 것을 마냥 방관할 수도 없다. 북한에서 급변사태가 발생하였을 경우 군사력 사용까지도 포함하는 한국의 실제적 개입에 대한 국제법적 측면을 충분히 검토하고, 이것이 가능하도록 하는 방향으로 국제적 여론을 조성할 수 있는 방안을 강구할 필요가 있다. 북한 정부의 일부 또는 전부가 요청할 경우 국제법적인 개입의 정당성이 보장된다는 측면에서 유사시 그것을 보장할 수 있도록 북한 지도층과의 접촉을 강화하고, 비밀리에 인맥을 형성하는 등 사전 준비를 강구할 필요가 있다. 한국 이외에 다른 국가들이 일방적으로 개입하지 못하도록 국제적 공조체제를 형성하는 방안도 중요하고, 그것이 실패할 경우의 대응책도 실제적으로 마련할 필요가 있다. 한국군의 경우 정부에서 군사적 개입을 결심하였을 경우 신속 및 정확하게 시행하여 문제점을 최소화할 수 있도록 예상되는 다양한 상황을 가정하여 계획을 마련하고, 비무장지대 극복 및 북한 안정화를 위한 대책 등 필요한 과제의 구체적 시행방안을 마련 및 준비할 필요가 있다.

북한에서 발생한 급변사태가 민족의 통일로 연결될 경우 한국은 지금까지 겪어 온 분단의 고통과 비용을 크게 줄임은 물론 우리의 민족적 염원인 통일을 달성할 수 있다. 기회가 주어졌을 때 통일로 연결시킬 수 있도록 치밀한 계획을 사전에 준비하고, 외교적 역량을 배양하며, 국제사회, 국민, 그리고 북한 주민의 동의를 확보할 수 있는 방안을 마련할 필요가 있다. 북한 내에 다수의 친한 인사를 확보하고, 통일 후 그들의 지위를 어느 정도 보장함으로써 협력을 유도하는 방안도 적극적으로 고려할 필요가 있다.

(4) 정부의 대북정책 지원

남북한은 1950년 발발된 6·25전쟁 이래 휴전선을 중심으로 남북한의 대규모 군사력이 대치하고 있기 때문에 남북관계의 개선을 위한 제반 조치에는 군사적 지원책이 포함되지 않을 수 없다. 국방 차원에서도 정부의 대북정책을 적극적으로 지원한다는 정신을 바탕으로 바람직한 대북정책 수립에 적극적으로 참여하고, 남북한 간에 시행되는 다양한 협력 및 인적 교류 사업을 군사적으로 지원하거나 보장할 필요가 있다. 군사적 고려사항과 정치적 판단 간의 절충점을 찾고자 노력하고, 유사시 북한지역에 체류하고 있는 한국 국민들의 안전을 보장할 수 있는 대책도 강구할 필요가 있다.

지금까지 한국은 을지연습의 북한 참관 초청 등 남북한 군대 간의 신뢰구축을 위한 다양한 조치들을 개발하고 제기하였으나 북한은 이를 수용하지 않거나 악용하는 태도를 보여 왔다. 그러함에도 불구하고 이것이 전제 또는 병행되지 않고는 남북관계의 근본적인 개선은 기대하기 어렵다. 초보적인 군사적 신뢰구축 조치를 지속적으로 제의하고, 필요할 경우 그 위험(risk)을 정확히 평가한 후 선도적이면서 일방적인 군사적 신뢰구축조치 시행도 검토할 필요가 있다. 형식적인 회담이나 조치보다는 쌍방 군대 간의 신뢰를 실질적으로 향상시킬 수 있는 내용의 순수성을 중요시할 필요가 있다.

2) 한미동맹과 지역 안보협력을 강화한다

한미 양국은 2015년 12월 1일부로 한미연합사령부를 해체하고(대부분의 경우 '전시작전통제권 전환'이라는 용어를 사용하고 있으나 그에 따른 위험을 정확하게 이해시키기 위하여 '한미연합사령부 해체'라는 용어를 사용하고자 한다), 각각의 지휘체제를 운영하기로 합의하였다. 자주성 측면에서 그 필요성은 충분히 이해하지만 현재 및 가까운 미래 안보상황의 불확실성을 감안할 때 합의하였다고 하여 그대로 이행하는 것이 최선이 아닐 가능성도 있다. 북한정권은 어떤 행동을 할지 예측하기 어렵고, 핵개발을 더욱 가속화할 것이며, 동북아시아 정세의 불확실성도 증대될 것이기 때문이다. 이제는 '자주'라는 감성적 측면에서 탈피하여 국가의 백년대계 차원에서 무엇이 바람직한 것인지를 냉정하게 분석해 볼 필요가 있다. '북한도발 억제 및 한반도의 안정적 관리'를 위하여 최소한 '북한핵문제가 해결될 때까지' 현재의 한미연합사령부체제를 연장하는 문제를 검토할 필요가 있다.

(1) 한미연합방위체제 공고화

2015년 12월 1일부로 한미연합사령부가 해체될 예정이고, 한미 양국군은 이에 대비하는 다양한 계획과 조치를 강구하고 있다. 그러나 연합사 해체 결정 자체가 '자주'라는 감성적 슬로건과 '전시 작전통제권 전환'이라는 용어의 모호함에 기인한 측면이 큰 만큼 냉정한 시각에서 이 사안에 대한 전반적인 재검토가 필요하다. 먼저 '전시 작전통제권 전환'으로 사용하고 있는 용어부터 '한미연합사령부 해체'로 변경함으로써 국민들로 하여금 그 내용과 미칠 영향을 정확히 인식하도록 해야 한다. 한미연합사령부 해체를 그대로 시행했을 경우의 득실과 문제점을 냉정하게 판단하고, '북한핵문제가 해결될 때까지 한미연합사령부 체제를 연장'하는 문제에 대한 검토가 필요하다.

한미연합사령부가 해체된다고 하더라도 한반도에서 전쟁이 발발할 경우 한국군과 주한 미군, 그리고 증원되는 미군에 대한 지휘통일(unity of command)을 보장하기 위한 조치는 반드시 강구되어야 한다. 한미 연합사령부가 해체된 이후에도 유사시 한미 양국군의 효과적 연합작전을 보장할 수 있는 새로운 한미연합지휘체제를 구상하고, 그에 맞춰 양국군의 책임과 역할을 분담하며, 필요 시 이견 조정을 위한 기구를 설치할 필요가 있다. 이때 작전계획, 교리, 훈련, 장비의 상호 운용성(inter-operability) 보장을 강구해야 한다. 또한 새로운 한미 연합지휘체제로 이행하는 데 필요한 연습을 실시하고, 신속한 전시체제 전환을 보장할 수 있는 연합지휘체제의 골격구조(skeleton structure)를 사전에 구성해 둘 필요도 있다.

2015년 12월 한미연합사령부가 해체될 경우 유엔군사령부가 수행해야 할 임무와 기능 및 조직을 새로이 설정할 필요가 있다. 또한 유엔군사령부가 부여받은 정전협정 유지를 위하여 소요되는 인원과 물자를 누가 어떤 절차에 의하여 제공할 것인지에 대한 법적 검토와 대책을 강구하고, 유엔군사령부와 한국군 간 협력관계의 내용을 명확히 해야 한다. 일본에 있는 7개 유엔사 후방기지를 효과적으로 활용할 수 있는 방안도 구체화해야 하고, 한반도에서 대규모 군사적 충돌이 재발할 경우 유엔사령부가 어떤 역할을 할 것인지에 대한 토의와 확인도 필요하다.

(2) 한반도 안보에 관한 한미 간의 실질적 협의 강화

한미연합방위체제의 존속 여부와 상관없이 한반도에서의 전쟁억제와 유사시 승리에 대한 책임의 대부분은 앞으로 한국이 부담할 수밖에 없기 때문에 그에 따르는 국민들의 이해와 책임의식을 강화할 필요가 있다. 즉 한국이 주도하고 미국이 지원하는 관계에 근거하여 한반도의 안보는 우리의 힘과 우리의 손으로 보장하여야 한다. 미군의 힘을 빌리더라도 주체성이 바탕이 되어야 할 것이고, 한미 간의 호혜성을 강화함으로써 주고받는 동맹관계로 발전시켜 나가야 한다. 미군 지원의 가능성이 낮아질수록 한국군의 전력증강 수준과 속도를 높일 필요가 있고, 후방으로 주한미군 기지가 재배치됨에 따라 장기적이면서 호혜적인 한미군사관계를 재정립하며, 근거 없는 반미감정이 분출하지 않도록 주의할 필요가 있다.

'전략동맹' 또는 '다원적 전략동맹'이라는 용어가 제시되기는 하였으나 내용의 구체성은 크지 않다는 차원에서 한미동맹의 내실에 더욱 매진할 필요가 있다. 수사(修辭)에서 벗어나 동북아시아 및 한반도의 제반 문제를 한미 양국이 긴밀하게 협의하고, 상호 보완적으로 해결하기 위한 실제적인 협의와 협력에 중점을 두어야 한다. 이를 위해서는 양국 지도자 간의 신뢰성을 강화하고, 정책협의를 내실화하며, 호혜성을 강화할 수 있어야 한다. 지도자들의 이벤트가 아니라 실무 차원의 주기적이면서 성과 있는 협의와 협약을 중요시할 수 있어야 한다.

한미동맹의 핵심은 한국에 대한 공격을 미국에 대한 공격으로 간주하여 거부 및 응징한다는 동맹 간의 안보 공약이다. 과거에는 핵에 대한 응징 차원에서 핵우산(nuclear umbrella)만 제공되었으나 최근에는 '확장억제(extended deterrence)'라는 개념을 통하여 모든 분야로 확장되었다. 다만 이러한 확장억제가 과연 이행될 것인가에 대하여 불안감이 상존하는 것도 사실이다. 한미연례안보협의회(SCM)와 한미군사위원회회의(MCM)에서 지속적으로 토의하고 있는 바와 같이 확장억제의 현실성을 강화하기 위한 한미 양국군의 협의와 제도화에 지속적으로 노력할 필요가 있다. '확장억제 정책위원회'를 조기에 활성화하고, 미국 전략사령부(STRACOM)에 한국 대표단을 파견함으로써 대량살상무기 대응에 관한 한미 양국군의 실질적 협력을 보장할 필요가 있다.

전면전에 대한 확장억제 개념은 국지도발에도 적용될 필요가 있다. 2011년의 제43차 한미 연례안보협의회의에서 합의한 대로 국지도발 시에도 미군의 전력을 최대한 활용할 수 있는 체제를 강화하고, 한미 양국군의 역할 분담을 체계화하며, 협조체제를 구성하고 연습할 필요가 있다. 이를 통하여 북한의 도발을 억제하고, 북한으로 하여금 협상 테이블로 나오도록 유도할 수 있어야 한다. 다만 미국의 지원을 활용할수록 국지도발에 대한 한국군의 재량권이 제한될 수 있다는 점은 유념할 필요가 있다.

(3) 동북아시아 다자안보협력체제 형성 노력

동북아시아는 독자적으로 공동관심사를 해결해 가는 대화체를 마련하지 못하고 있는 상태이다. 비록 2008년 이래 한·중·일 정상회의가 매년 개최되고 있지만 기대만큼의 성과를 도출하려면 상당한 노력이 추가되어야 할 것이다. 한국은 이를 비롯한 동북아시아 안보협력체제 형성에 적극적으로 참여함으로써 '선의의 중재자(a good coordinator)' 역할을 자임할 필요가 있다. 한·중·일 정상회의의 지속적 개최를 위하여 노력하고, 사무국의 운영을 적극적으로 지원할 필요가 있다. 이를 동북아시아 국가들 간의 유일하면서도 유용한 협의 메커니즘으로 격상시켜 나가고자 노력할 필요가 있다.

이러한 동북아시아 국가와의 관계 증진은 한미동맹과 조화를 이룰 수 있어야 한다. 지역적 이해관계와 한미동맹이 상충되는 경우도 발생할 수 있기 때문이다. 한국은 한미동맹을 근간으로 하는 가운데 이러한 상충요소를 최소화할 수 있어야 하고, 그러한 방향으로 외교적 노력을 경주할 필요가 있다. 주변국들과 두루두루 우호적인 관계를 유지하고자 노력하는 가운데, 정경분리 원칙에 입각하여 경제적 교류와 협력을 계속하여 활성화할 필요가 있다. 아세안을 중심으로 한 다양한 안보협의체, 유럽국가들과의 안보협력 메커니즘 등을 활용함으로써 간접적 지역국가 간 협의를 모색한 후 점진적으로 직접적인 안보협의로 이행하는 전략을 사용할 수도 있다.

(4) 적극적인 공헌 군사외교

군사 분야에서의 교류와 협력은 국가 간의 상호 신뢰가 성숙되어 있음을 알리는 상징이지만, 한국의 경우 대미 동맹외교에 치중함으로써 군사외교의 다변화가 미흡한 점이 있다. 외교적 역량 확대는 물론 방위산업 수출 등 경제적 측면을 위해서도 군사외교의 다변화가 중요하다는 인식을 바탕으로 군 수뇌부들은 군사외교 활성화에 관심을 가질 필요가 있다. 해외 공관에 있는 무관부의 활동을 강화하되 군사외교의 역할이 큰 국가일수록 무관부의 규모를 증대시키고, 고위 장성들의 상호 교환방문을 활성화하며, 국방대학교 학생들을 비롯한 학생들의 상호 방문이나 교환교육의 범위를 확대시킬 필요가 있다.

개발도상국의 상당수는 군부의 영향력이 커서 군사외교의 효과가 결정적일 수 있다는 점에서 한국군의 발전된 군사 제도, 군사 이론, 무기 및 장비들을 적극적으로 지원함으로써 실질적인 지원과 협력관계를 강화할 필요가 있다. 군사외교의 성과가 클 것으로 판단되는 국가들을 분류하고, 해당되는 국가들의 군 지도자들을 적극적으로 초청하며, 군사학생 상호 교환을 활성화하고, 그들의 요구를 파악하여 필요한 사항을 적극적으로 지원해 줄 필요가 있다. 국내 초청된 외국 고위장성과 학생들의 편의와 복지를 적극적으로 지원하고, 사후 관리를 체계적으로 시행함으로써 친한 인맥을 형성할 필요가 있다. 미국이 다른 국가에 시행하는 것과 같은 대외군사판매 차관을 제공하는 문제도 검토할 필요가 있다.

사상자 발생을 우려하여 유엔 및 국제사회 일원으로 파견되는 활동에 지나치게 소극적일 경우 국제적인 인식이 좋지 않게 형성될 수 있어 장기적으로는 국익에 손상을 초래하게 된다. 6·25전쟁 시에 다수의 국가들이 한국을 지원하였다는 점에서 한국은 더욱 적극적으로 국제평화를 위한 활동에 공헌하고자 노력할 필요가 있다. 이미 창설된 '국제평화지원단'(온누리 부대)의 임무수행능력을 지속적으로 향상시키면서 국제사회가 요구할 경우 적시적으로 파견할 수 있는 태세를 구비할 필요가 있다. 또한 소말리아 해적 대응을 위한 참여에서 보듯이 국제적 범죄에 대한 공조체제에도 적정한 범위 내에서 참가할 필요가 있다. 이러한 평화유지활동을 근거로 다른 국가 군대와의 작전 및 군수에 관한 협력체제를 강화하거나 정보공유를 활성화할 수도 있다.

한국은 6·25전쟁 참전 국가 및 군인들, 그리고 그들 후손들과의 우정을 지속함으로써 은혜를 잊지 않는 국민들임을 알릴 필요가 있다. 6·25전쟁 시 16개국이 전투부대를 파견하였고, 5개국이 의료지원 및 시설을 파견하였다. 지금까지 시행하고 있듯이 해외참전 용사들의 한국방문을 적극적으로 추진하고, 참전 국가들의 무관이나 특사 파견 등을 통하여 해당 국가의 6·25전쟁 관련 기념행사에 적극적으로 참여하거나 지원할 필요가 있다. 6·25전쟁에 관한 참전 역사를 그들의 언어로 번역하여 제공하고, 해당 국가들의 참전기념비와 참전 용사들의 묘지에 대한 관리에도 관심을 기울여야 한다. 6·25전쟁을 통한 인연이 과거−현재−미래까지 지속될 수 있도록 참전국별로 영어, 참전국어, 한국어로 인터넷 사이트를 운영함으로써 참전국과 참전용사와 그 자손들과 '대화의 장'을 마련하고, 이를 통해 한국 주도의 통일을 지지하는 기반을 마련할 수도 있다.

3) 안보의식을 함양하고 적정한 국방재원을 보장한다

우리의 과거 역사에서 알 수 있듯이 국민들이 철저한 안보의식으로 단결할 경우 외침을 성공적으로 물리칠 수 있지만, 그렇지 못하면 치욕적인 피해를 입은 후 후회하게 된다. 국민 모두가 한반도의 냉엄한 안보현실을 올바로 이해한 바탕 위에서 총력안전보장을 위한 의식을 구비하고, 적극적으로 참여하는 것이 중요하다. 국민들 스스로 국가안보, 전쟁, 군사에 관한 상식을 구비하고자 노력할 필요가 있고, 군은 국민들을 존중하면서 총력안보체제를 선도할 필요가 있다. 또한 경제성장과 복지를 위한 예산 소요와 균형을 유지하는 범위 내에서 국회는 군대가 필요로 하는 수준의 예산을 보장해 주고, 군대 역시 배분된 예산을 효율적으로 사용함으로써 국민들의 신뢰를 확보할 수 있어야 한다.

(1) 국민 안보의식 제고

10년 이상 시행된 화해협력정책의 후유증으로 인하여 상당수 국민들이 북한의 위협에 둔감해진 현실을 개선하기 위한 범정부적인 노력이 필요하다. 국가의 안보현실에 대한 홍보 및 교육활동을 강화함으로써 총력안보의식을 고양할 필요가 있다. 이 경우 의도적인 안보교육은 반감을 초래할 수 있다는 점에서 외세침략에 대한 한국의 투쟁 역사, 지속적 경제번영을 위한 안보의 가치, 상무정신의 중요성, 한민족 통일의 당위성과 방향, 세계 및 지역 정세의 변화 등으로 일반화된 내용을 중심으로 홍보 및 교육을 확대할 필요가 있다. 민주시민 의식 및 문화 증진을 위한 교육도 포함시킴으로써 거부감을 최소화할 수 있어야 한다.

한국의 경우 국방의무에 대한 노블레스 오블리주가 지켜지지 않는 사례가 적지 않고 이것이 국민들의 안보의식에 심각한 영향을 준다는 측면에서, 국가의 지도층과 그 자녀들을 중심으로 국가를 위한 희생을 솔선수범하는 분위기를 조성할 필요가 있다. 국가지도층에게 안보정세 및 대응방향에 관한 교육을 주기적으로 실시하는 프로그램을 개발하고, 요청할 경우 군사에 대한 이해와 경험을 제공할 필요가 있다. 인터넷을 활용하여 일정한 직위 이상의 지도층에게 군에 관한 자료를 정기적으로 제공하는 방법도 검토할 수 있다. 지도층과 그 자제들부터 군 복무를 포함한 국가에 대한 봉사의 의무를 수행하도록 하고, 그 수행 여부를 정확하게 공개할 필요가 있다.

국가기관, 교육기관, 기타 요청하는 기업이나 사회조직들에게 안보교육을 실시할 경우 그 내용과 질, 수행방법을 시대적 요구에 부합되도록 향상시킬 필요가 있다. 이를 위해서는 정부 차원에서 국민들에 대한 안보교육을 통제하는 부서를 지정하여 대국민 안보교육 소요를 식별 및 종합하고, 통일부, 국방부, 교육과학부 등을 비롯한 안보 관련 부처들의 노력을 효과적으로 통합할 수 있어야 한다. 권위 있는 전문가들을 동원하여 안보교육 교재와 매체를 작성하고, 대상의 성격에 맞도록 다양한 교육 프로그램을 만들 필요가 있다. 교육방법 측면에서도 현장 체험식 답사 교육을 확대하고, 군부대 안보 체험 프로그램 운용을 확대하며, 인천상륙작전이나 서울수복 등과 같은 전쟁 관련 기념행사들을 적극적으로 개최함으로써 국민 스스로가 자부심을 갖도록 할 필요가 있다. 통일의 당위성과 방향에 관한 사항도 충분히 포함시킬 필요가 있다.

(2) 병역의무 수행에 대한 다양한 장려책 시행

당분간 징집제를 유지할 수밖에 없는 것이 현실이지만, 군복무로 인한 손해를 최소화함으로써 국민들의 적극적 동참을 보장할 필요가 있다. 군복무에 따른 희생을 보상할 수 있도록 가산점을 비롯하여 사회에서 혜택을 줄 수 있는 다양한 방안을 지속적으로 검토하고, 상당한 수준(예를 들면, 1개 학기 대학평균 등록금 정도)의 전역비를 지급하여 금전적 보상을 실시하는 방안도 고려할 수 있다. 모병제의 장점을 부분적으로 도입하여 간부들의 숫자를 증대시키고, 특별한 영역부터 지원병 제도를 시험적으로 실시할 수도 있다. 여성의 적극적 활용을 통하여 출산인구 감소에 따른 문제에도 대처하면서 남녀평등의 국방의무 기반을 조성할 필요가 있다.

앞으로 국가재원의 효율적 분배나 징집 가능 인원의 감소 등으로 군대 규모의 조정이 불가피할 경우 예비군의 활성화와 정예화가 불가피하다. 예비군의 훈련일수를 증대시키면서 그에 따른 보상을 강화하고, 유사시 예비군이 동원되었을 경우 직장 등에서 불이익이 없도록 보장하는 법적인 장치를 마련할 필요가 있다. 국가에서 지정하는 예비군 이외에도 자발적인 국민들이 준예비군을 구성할 경우 이들의 조직과 훈련을 국가가 어느 정도 지원할 수도 있다. 사격장이나 유격훈련장을 비롯한 군대의 훈련시설을 민간인들이 사용할 수 있도록 개방함으로써 민군관계도 강화하면서, 국민들의 자연스러운 훈련기회가 되도록 유도할 수도 있다. 국민 모두가 다양한 형태로 병역의무를 수행하는 풍토를 조성하고, 이로써 시대적 상황에 부합되는 총력안보태세를 보장할 수 있어야 한다.

(3) 적정 국방재원 보장

국민들은 국방비의 상당한 부분이 방만하게 사용되고 있는 것으로 인식하고 있고, 그러한 사례도 일부 노출된 것이 사실이다. 한국군은 스스로 국민들의 세금인 국방비를 최대한 효율적으로 사용하겠다는 각오를 다진 상태에서 그를 보장할 수 있는 다양한 조치들을 시행하여야 한다. 국방부 내에 국방비의 합리적 사용을 점검하고 평가하는 기관을 설치하는 한편, 모든 장병들에게 국민들의 세금인 국방비를 절약하여 사용해야 한다는 점을 강조하고, 낭비가 발생하지 않도록 강조할 필요가 있다. 꼭 필요한 분야에는 충분한 예산을 할당하고, 그렇지 않은 분야는 과감하게 줄이는 '집중과 절약'으로 국방비 사용의 효율성을 높여야 한다.

국민들에 대한 복지가 지속적으로 확대될 수밖에 없는 현실에서도 적정 수준의 국방비를 확보할 수 있도록 한국이 대응해야만 하는 잠재적인 위협, 당면한 위협, 미래에 대두될 수 있는 위협을 국민들에게 설명하고, 그러한 위협에 대응하기 위한 군사전략 개념과 그러한 개념을 구현하는 데 필요한 군사력 소요를 체계적으로 도출하여 가능한 범위 내에서 국민들에게 공개할 필요가 있다. 이러한 노력을 통하여 군인들에 의한 국방이 아니라 국민들에 의한 국방으로 전환시켜 나가야 한다. 국민의 군대로서 매사에 봉사 및 헌신함으로써 국민들이 국방비를 아깝다고 여기지 않도록 만들어야 한다. 국민들의 지지 없는 국방은 존재할 수 없다는 인식으로 국민들에게 다가가야 한다.

국민들의 세금으로 구성된 국방비가 어떻게 사용되는지에 대한 투명하면서도 구체적인 설명이 필요하다. 미래지향적으로 군대를 어떻게 발전시키고, 그를 위해서는 무엇이 어느 정도 필요한 것인지에 대한 비전을 마련하고, 이를 국민들에게 설명할 수 있어야 한다. 예산을 담당하는 정부부처 및 국회를 대상으로 예산사용을 위한 계획을 상세하게 설명할 수 있어야 한다. 군대 스스로 군별 또는 부대별 중복과 낭비를 식별하여 조절함으로써 국방예산 요구에 대한 정부 예산 편성 부서의 신뢰를 획득할 필요가 있다. 국방비를 많이 획득하는 것이 중요한 것이 아니라 국민들의 신뢰를 받는 가운데 투명하면서도 바르게 사용하는 것이 중요하다는 점을 인식할 필요가 있다.

4) 전력을 선진화한다

군대의 전력은 단기간에 집중적으로 증강할 수 있는 사항이 아니다. 안정적 예산이 확보된 바탕 위에서 미래전의 양상을 예측하고, 미래전에서 승리할 수 있는 전략·작전수행개념을 도출하며, 그러한 개념을 구현할 수 있는 전력 소요(requirements)를 도출한 후 체계적인 절차에 의해 획득(acquisition)해야 한다. 이 중의 어느 과정도 소홀해서는 곤란하다. 최근 방위사업청을 중심으로 획득분야의 중요성이 강조되고 있으나, 더욱 관심을 둘 필요가 있는 분야는 미래전 수행개념을 체계적으로 발전시켜 적정한 전력 소요를 도출하는 것이다. 따라서 군사이론 및 작전수행에 관한 지식을 강조하고, 이에 바탕을 둔 합리적 소요도출을 촉구하여야 한다.

(1) 국방획득체계 개선

획득은 무기 및 장비를 실질적으로 구입하는 활동이고, 예산이 실제로 사용되는 단계이기 때문에 대부분의 관심이 집중되고 있고, 이 단계에서 전력증강 사업 전반에 대한 재검토가 이루어지고 있다. 그러나 획득기관에서 군대가 필요하다고 판단하여 소요제기 및 결정한 사항에 대하여 지나치게 간섭할 경우 무기체계나 장비의 확보가 계속하여 지체되고, 결과적으로 가격이 상승하거나 군대의 전투력이 계속하여 낙후될 수 있다. 각 군에서는 미래에 전쟁이 발생하였을 경우 승리할 수 있는 무기체계 및 장비를 식별하여 합리적인 소요를 제기하고, 국방부와 합참에서는 이를 종합하여 가용예산에 기초하여 우선순위를 부여하여 결정하며, 획득기관에서는 결정된 사항을 최단시간 내에 최소한의 비용으로 획득한다는 기본적 역할분담을 준수하는 것이 중요하다. 다만 방위사업청이 중심이 되어 효과적으로 획득활동을 전개하더라도 제기 및 결정된 소요가 타당성이 약할 경우 전체 사업의 타당성도 약해진다는 점을 인식하여, 각 군의 소요제기 활동과 합참의 소요결정 활동의 합리성을 강화하기 위한 조치는 계속해 나가야 한다. 특히 합참과 각 군 본부는 미래의 전쟁에서 "어떻게 싸울 것인가(How to Fight)?"에 관한 개념을 발전시킴으로써 제기된 소요의 논리적 근거를 제공하고, 합동소요결정위원회를 통하여 군별 소요의 중복을 최소화할 필요가 있다.

유사시 무기 및 장비 확보의 신뢰성 보장과 국가경제 활성화 차원에서 주요 무기체계의 국산화는 필요하기 때문에 국가적 수준에서 국방과학기술 발전 체계를 재정립하고, 산·학·연의 협력을 강화하며, 비교우위를 가진 기술을 중심으로 투자를 활성화할 필요가 있다. 그러나 국산화의 경우에는 규모의 경제를 달성하기 어려워 상대적으로 많은 비용이 들고, 기술적 한계로 인해 사업이 실패할 위험성도 존재한다. 필수적인 분야를 설정하여 전략적으로 국산화를 추진하는 이외에는 성능과 가격에서 우위가 있을 경우 해외구매를 통하여 무기체계 확보의 적시성을 보장하는 것을 적극적으로 고려해 볼 필요가 있다. 감정적 차원에서 국산화를 고집해서는 곤란하고 특정한 무기체계 및 장비를 획득해야 할 경우 국산화와 해외구매의 장단점을 면밀하게 비교할 수 있는 준거(비교요소나 의사결정 체계)를 마련하여 합리적으로 결정할 필요가 있다. 지금까지 방위사업보호 차원에서 추진해 온 국산화의 성과와 비용을 분석하여 교훈을 도출할 필요도 있다.

전력증강 사업의 경우 예산의 규모가 워낙 방대하다는 측면에서 부정부패가 발생할 여지가 많은 것은 사실이다. 이로 인하여 지금까지 대부분 정부는 이 분야에 대한 부정부패 방지를 위하여 다대한 노력을 경주하고, 예방을 위한 다양한 조치들을 개발하였다. 그 결과 전력증강 사업의 추진절차가 점점 복잡해지고 있고, 소신 있는 의사결정과 적극적인 사업추진이 어려워진 점도 있다. 지금까지의 노력으로 기관 및 개인의 청렴성이 상당할 정도로 향상되었다는 측면에서 이제는 부정부패 발본색원이라는 재래적인 접근방식에서 탈피하여 특정한 기관이나 책임자가 자신에게 부여된 임무를 얼마나 적극적이면서 성과 있게 수행하는지를 감사하는 정책감사로 전환할 필요가 있다. 필요한 결정을 위원회에 미루거나 명확한 이유 없이 순연시킴으로써 획득의 시간이 지체되어 전력공백이 발생하고, 비용이 증대되는 측면이 국가에는 더욱 큰 손해임을 이해할 필요가 있다. 특정한 무기체계를 대상으로 소요제기 및 결정-획득-전력화의 전 과정을 감사함으로써 어디에서 지연 및 낭비가 발생하였는지를 식별하여 책임소재를 가리고, 동일한 시행착오가 반복되지 않도록 조치를 강구할 수 있어야 한다.

획득의 원래 목적은 소요 제기 및 결정된 무기체계를 확보하여 군대에 제공하는 것이므로 방위사업청의 경우에는 군인들의 전문성이 더욱 필요할 수 있다. 군인들의 경우 소속군의 입장만을 대변할 수 있는 위험성이 없는 것은 아니나 전문화 인사관리 등으로 보완해 나갈 수 있을 것이다. 현역의 비율을 일정한 숫자로 정할 것이 아니라 직책의 성격을 검토하여 현역이 필요한 정도를 판단할 필요가 있고, 방위사업청장을 비롯한 수뇌부의 경우에도 현역과 민간인을 적절히 교대로 보직함으로써 사용자의 입장과 획득요원의 입장이 동시에 충족되도록 할 필요가 있다. 소요제기 및 결정부서의 현역과 획득전문부서 요원들의 순환보직을 장려함으로써 소요와 획득의 연결성을 강화할 필요도 있다.

(2) 군구조 개편

한미연합사령부가 해체될 경우 한미군 간에는 더욱 긴밀한 협의 및 협조를 보장할 수 있는 체제가 마련되지 않을 수 없다. 기존의 한미안보협의회(SCM)와 군사위원회회의(MCM)의 전략적 채널은 유지한 가운데 원활한 작전협조를 위한 정보, 작전, 군수 등 각 기능별 협조기구의 운영을 효율화해야 한다. 뿐만 아니라 각 작전사령부도 필요시 미군부대와 직접 협조할 수 있는 기구를 포함할 필요가 있다. 그리고 한국군 단독으로 전쟁을 수행해야 할 경우를 대비하여 한국군의 전반적인 구조 또한 발전시킬 필요가 있다.

육군, 해군, 공군의 전통적인 3개 군종이 병존함으로써 서로의 특성을 살릴 수 있는 이점도 적지 않으나 이들의 역량을 제대로 통합하지 못할 경우 제 전장기능의 정교한 통합이 요구되는 현대전에서는 효율적 전력발휘가 제한될 수 있다. 육군, 해군, 공군의 노력이 효과적으로 통합되어 시너지를 극대화할 수 있도록 합참의 권한과 기능을 증대시킬 필요가 있다. 특히 합동교리의 발전을 활성화함으로써 모든 군인들이 동일한 방식으로 전쟁을 수행하도록 하고, 이러한 통일된 지적 기반에 의하여 자동적인 합동작전이 보장되도록 할 필요가 있다.

이명박 정부에서 추진하는 바와 같은 국방부-합참-각 군 본부를 포함한 상부지휘구조의 변화에 대해서는 신중을 기할 필요가 있다. 이명박 정부가 변화의 명분으로 내세운 천안함이나 연평도 사태의 경우 제대로 대처하지 못한 원인은 상부지휘구조가 아니라 당시 상황을 처리해야 할 사람들의 전문성 미흡이다. 1990년에 시행되어 상당 부분 정착되었을 뿐만 아니라 결정적인 문제점이 없는 현 상부지휘구조를 변화시킬 경우 그 변화와 적응을 위한 비용과 혼란이 매우 클 수 있다. 대부분 국가의 경우 구조의 변화를 최소화하는 가운데 운영상의 노력을 통하여 문제를 해결하고 있다는 점에서 책임과 권한을 세부적으로 규정하거나 책임자들의 전문성을 향상시키는 등 현

구조의 내용을 보강 및 발전시키는 데 중점을 둘 필요가 있다. 상부 지휘구조의 변화에 대한 토론 자체가 군대를 혼란시키고, 다른 분야의 개혁 노력을 등한시하도록 만들며, 토론 과정에서 오히려 각 군 간의 갈등을 증폭시키는 부작용이 있음을 고려할 필요가 있다. 상부 지휘구조와 같은 구조의 변화 자체를 성과로 판단하는 자세를 탈피할 필요가 있고, 그러한 논의와 시행이 초래하는 예산소요를 중요하게 고려하며, 다른 방법으로 문제를 해결할 수 있는지를 더욱 면밀하게 검토할 필요가 있다. 구조의 변화를 최후의 불가피한 수단으로 고려하는 풍토를 조성함으로써 국방체제와 전통이 장기간 정착되도록 하는 측면을 중요시할 필요가 있다.

(3) 전력구조 개선

합동성(jointness)은 각 군 전력이 충실하다는 전제에서 비롯된 용어로서 각 군 전력이 제 기능을 발휘하지 못할 경우에는 의미가 없다. 육·해·공군의 통합과 시너지만을 강조할 것이 아니라, 미래전을 어떤 방향으로 수행해야 할 것이냐를 기준으로 각 군의 적절한 비중, 합동군사력의 형태 등을 결정하고, 그것을 기준으로 전력을 증강해 나가야 한다. 이를 위해서는 합참에서 미래전을 어떻게 수행할 것이냐에 대한 개념을 명확하게 정립하여 공개하는 것이 중요하다.

북한은 핵, 미사일, 화생무기 등 비대칭무기를 통하여 전반적 국력의 열세를 보완하고자 시도하고 있다. 북한은 국제적 규범을 위반하면서 이러한 무기들을 개발 및 보유하고 있기 때문에, 국제규범을 준수해야 하는 입장인 한국으로서는 대응이 매우 어렵다. 한국은 비대칭 위협 중에서도 핵 위협에 대한 대응력에 우선적인 비중을 두고 거부와 응징을 위한 역량을 확보할 필요가 있다. 한국에 대한 핵이나 화생무기의 사용이 임박하였을 경우 이를 타격하여 무력화시킬 수 있는 의지와 태세도 구비할 필요가 있다. 북한이 미사일에 탑재할 수 있을 정도로 핵무기를 소형화하였을 가능성을 고려하여 북한 미사일을 공중에서 요격시킬 수 있는 능력을 확보하는 데 긴급한 노력을 기울일 필요가 있다.

천안함 및 연평도 사태 이후로 한국군은 북한대비에 우선을 둔 전력증강 방향을 설정하고 있다. 그러나 북한위협의 경우에는 기본적으로는 보유하고 있는 전력을 효과적으로 운용하여 대응하면서, 장기적인 차원에서 주변국들의 군비증강에 대응할 수 있는 태세도 중요시하지 않을 수 없다. 세계의 다른 지역에 비해서 동북아시아 지역의 군비증강 속도가 매우 가파르기 때문이다. 한국군은 주변국의 군사력 증강 정도를 면밀하게 분석한 상태에서, 그러한 위협에 효과적으로 대응할 수 있는 방향으로 군사력 증강 소요를 도출하여 증강할 필요가 있다. 주변국에 대응하기 위한 전력은 대부분 고성능과 고가의 무기 및 장비라는 측면에서 장기간에 걸친 지속적인 투자가 필수적이다. 주변 강대국으로부터 공격받을 경우를 가상하여 고슴도치와 같이 최소한의 응징을 할 수 있는 전력을 보유할 필요가 있다.

네트워크 중심전 수행을 위한 능력은 북한에 대한 한국의 비대칭적 우위일 수 있고, 장기적인 차원에서 주변국의 잠재적 위협에 대응하는 데 필수적인 요소일 수 있다. 모든 부대들이 네트워크로 연결된 상태에서 실시간에 필요한 정보를 공유하고, 이를 통하여 의사결정의 신속성과 정확성을 향상시키며, 결과적으로 적정규모의 군사력으로 집중과 분산을 효과적으로 실시함으로써 상대적 우위를 거두는 등 군사력의 효율성을 극대화할 수 있어야 한다. 분산과 집중을 자유롭게 구사할 수 있는 기동성, 정보, 화력, 효과적인 지휘통제 능력도 구비할 수 있어야 한다. 한국의 발전된 정보화 능력을 최대한 활용하며 모든 부대와 전투원들을 네트워크로 연결하는 한편으로, 네트워크를 통하여 자유롭게 보고 및 명령을 하달할 수 있는 개방된 의사소통의 문화를 확립하고, 부대 및 개인별 권한과 책임한계를 명확하게 설정할 필요가 있다.

현대의 무기 및 장비는 물론이고 국가의 제반 기본시설들이 컴퓨터 네트워크에 상당 부분 의존하고 있기 때문에 사이버공간의 보호와 자유로운 활용은 국가수준에서도 물론이고 군사적으로도 매우 중요하다. 또한 최근 북한이 자행하고 있는 사이버공간에서의 각종 범죄적 행위를 고려할 때 이에 대한 대비는 절대적으로 필요하고, 주변국들과의 잠재적 경쟁에서도 필수적인 분야로 부상할 가능성이 높다. 미래전에서는 사이버공간에서의 공격을 통하여 대응력을 무력화하고자 하는 시도가 일반화될 것이다. 한국군은 사이버공간작전(cyberspace operations)에 대한 개념을 충분히 이해한 상태에서 이를 위한 부대를 조직하고, 공격과 방어의 개념을 정립하며, 이의 효과적 수행에 필요한 다양한 수단과 방법을 개발하고자 노력할 필요가 있다. 사이버공간작전의 수행을 담당하는 독립된 기관을 설립하고, 우수한 인재를 확보할 필요가 있다.

(4) 인적 자원 육성

　사회의 전반적 발전으로 직업군인에 대한 선호도가 떨어지고 있어 우수한 인재의 확보는 쉽지 않은 반면에 군대가 요구하는 전문성의 정도는 점점 높아지고 있다. 바람직한 국방인력 확보와 육성에 관한 전반적인 개념과 청사진의 재정립이 없이는 미래의 우수간부를 확보하기가 어려운 상황이다. 군대 인적 자원 확보 및 육성과 관련하여 한국군이 처한 상황을 정확하게 진단하고, 그러한 상황과 문제점을 해소할 수 있는 장기적이면서 근본적인 대책을 강구할 필요가 있다. 군대가 요구하는 전문성의 내용과 수준을 설정하고, 그러한 자원을 확보하는 데 필요한 조건들을 개발할 필요가 있다. 민간분야의 전문가들을 효과적으로 활용할 수 있는 방안도 적극적으로 개발할 필요가 있다.

　초급간부의 질은 미래 한국군의 질을 결정하는 중요한 요소이다. 그러함에도 불구하고 사관학교 이외에는 우수한 요원을 확보하기 위한 제도적 보장책이 미흡한 실정이고, 확보한 요원들을 군사전문가로 양성하기 위한 노력도 미흡하다. 초급간부의 질을 보장하고 지속적으로 확보할 수 있는 근본적이면서 종합적인 대책을 강구할 필요가 있다. 초급간부 정예화 차원에서 양성교육체계를 전면적으로 재검토하고, 전투 위주 훈련과 병영실상에 대한 체험을 강조하며, 야전의 복무요건을 개선하고, 양성교육의 질을 향상시킬 필요가 있다. 사관학교의 경우 정원을 늘이면서 위관급 시절에 전역할 수 있는 융통성을 강화함으로써 우수인재를 영입함과 동시에 국가인재를 양성한다는 방향으로 목표를 확대할 필요가 있다. 학군장교나 학사장교들의 경우 현역병 근무보다 불리하지 않도록 복무기간을 조정함으로써 우수요원이 지원하도록 할 필요가 있다. 기타 다양한 임용제도를 유지하되, 임용구분에 따른 위화감이 조성되지 않도록 능력에 근거한 공정한 경쟁의 룰을 정립 및 적용할 수 있어야 한다.

한국군은 진급에 따라 부여되는 직무를 효과적으로 수행할 수 있도록 재교육체계를 정립하여 시행하고 있으나 전통적인 소집교육에 치중하고 있고, 교육 내용에서도 시대적 요구를 적시에 전달하지 못하는 문제점을 노정하고 있다. 장교의 경우 소위로부터 장군에 이르기까지 필요한 군사지식을 주기적으로 교육해 나가는 현 보수교육체계의 타당성을 전면적으로 검토할 필요가 있다. 소집교육 위주에서 인트라넷 등을 활용한 원격교육을 강화할 필요가 있고, 교육성과에 따라 특정 분야의 전문자격을 부여함으로써 자발적으로 학습하는 분위기를 조성하여야 한다. 특히 고급장교들에 대한 수시 직무교육을 강화할 필요가 있다. 전문분야에 대한 교육의 경우 해외 및 민간 위탁교육을 과감하게 시행할 필요가 있고, 일반 간부들의 경우에는 능력개발 교육(야간 대학 및 대학원)을 활성화하여 부수병력 소요를 최소화하면서도 간부들의 군사적 전문성을 고양시킬 필요가 있다.

현대와 같이 상황이 급하게 변화되는 시대에서는 군간부들의 재교육을 통한 전문성 함양에는 한계가 있을 수밖에 없다. 특수한 분야일수록 민간 사회에서 이미 육성된 요원을 군대로 충원함으로써 비용을 절약하고, 활용의 적시성도 강화시킬 수 있다. 정책부서를 중심으로 전문성을 구비하고 있다고 판단되는 민간인들을 손쉽게 고용 및 해고할 수 있는 제도를 도입함으로써 전문가 운용의 융통성을 강화할 필요가 있다. 전투와 연관성이 직접적이지 않은 분야일수록 민간 전문가의 활용을 확대해 나가야 한다. 군인들의 경우에도 전역 후라도 군무원이나 특수 계약자의 신분으로 정책수립, 교육, 전투발전, 예비전력, 특수기능 직위 등 다양한 직책에 복무할 수 있는 제도적 장치가 필요하다.

(5) 정신전력 극대화

한국군의 경우 정신전력을 향상하기 위한 교육내용이 북한군에 대한 대적관이나 민주주의의 우월성에 치중함으로써 거부감을 자극해온 측면이 있다. 정신교육의 내용을 확대하여 자유민주주의 사상, 한민족 통일의 당위성, 책임, 봉사, 배려, 절제의 윤리와 사생관 등을 비롯한 민주시민으로서의 기본적인 윤리와 가치관 확립까지 포함할 필요가 있다. 모든 장병들이 자신의 직무에 관한 충분한 전문성을 지니도록 하는 것도 정신전력의 향상과 관련이 있다. 이러한 바탕 위에서 전투에서의 승리를 위한 군기, 사기, 단결에 관한 사항을 고양시킬 수 있어야 한다.

정신전력의 주체는 당연히 지휘관이기 때문에 지휘관은 우선 자신의 언행을 통하여 휘하의 장병들을 감화시키면서, 부대 정신전력의 방향과 수준을 결정하고, 미흡한 부분을 판단하여 고양시켜 나가야 한다. 군대의 모든 활동이 정신전력과 관련되어 있다는 점에서 과거 특별한 상황에서 비롯된 정훈병과의 적절성을 재검토하고, 모든 간부들이 부하 및 동료들의 정신전력 향상에 대한 책임을 공유하여야 한다. 지휘관과 간부, 병사들이 평소부터 상호 신뢰하는 부대 분위기야말로 강한 정신전력 함양의 기초이다. 지휘관은 부대의 임무와 여건에 부합되도록 예비역과 민간인사를 포함한 다양한 전문요원들을 군 정신전력 함양에 활용할 수도 있다.

한국군의 모든 장병들이 공통으로 암송하고 체질화하는 슬로건이나 가치관이 존재하지 않는다는 측면에서, 국방부가 중심이 되어 '국군의 가치'나 '국군의 신조'를 짧으면서도 함축적으로 정리하여 공포하고, 이의 생활화를 강조할 필요가 있다. 그러한 내용은 국민을 위한 군대로서의 사명감과 훌륭한 전사로서의 덕목을 강조하는 사항이 되어야 할 것이다. 이를 생활화할 경우 모든 장병들의 일체감도 강화되고, 합동성도 자연스럽게 고양될 것이며, 모든 장병들이 자부심을 갖고 부여된 임무에 충실하게 될 것이다.

군대도 국가사회의 일부분이기 때문에 군의 정신전력은 국민들이 군을 어떻게 생각하느냐에 영향받지 않을 수 없다. 국민들이 군대를 신뢰하고, 군인들과 유사한 국가관과 책임감을 지니도록 하는 간접적인 노력을 경주할 필요가 있다. 이러한 점에서 예비군 교육은 친군의식을 함양할 좋은 기회이다. 다양한 국민친화적 교육방법 적용이나 주민참여 프로그램을 개발 적용함으로써 자연스럽게 국민들에게 국방의 중요성과 필요성을 체험하도록 할 필요도 있다. 예비군 사격장이나 과학화훈련장과 같은 군대 훈련시설을 개방하여 국민들이 군대에 친숙해지도록 하는 것도 좋은 방법일 수 있다.

(6) 정보태세 발전

알지 못하면 조치를 하지 못한다는 차원에서 정보의 중요성은 아무리 강조해도 지나치지 않다. 지금까지는 미군이 제공해 주는 정보에 의존하는 경향이었으나 이제는 독자성을 강화하고, 호혜적으로 협조할 수 있어야 한다. 미군이 전략적 수준에서 수집 및 분석한 정보와 한국군이 현장에서 수집한 전술적 정보와의 상호 보완을 통하여 대등한 정보교류 및 협력을 보장할 수 있어야 한다. 한국군은 북한과 북한군에 대한 현장 및 인적 정보를 적극적으로 수집 및 분석함으로써 그 분야에 관한 정보의 비교우위를 확보할 필요가 있다. 한미 양국군 정보요원 간의 교류와 협력도 강화하고, 정보교류회의도 활성화하며, 정보요원 간의 상호 신뢰를 강화할 수 있도록 지원책을 강구할 필요가 있다.

한국은 북한에 대한 정보 수집의 우선순위를 판별하되, 북한의 핵무기와 미사일의 개발 수준과 양, 화생 무기의 보유량과 은닉 장소, 기타 비대칭 전력의 양과 수준, 도발의 징후 등에 최우선순위를 둘 필요가 있다. 특히 북한 핵에 대한 정보는 국가안보의 근간을 좌우할 정도라는 점에서 이에 모든 정보활동의 중점을 부여해야 한다. 한국은 북한과 동족으로서 외모, 언어와 문화가 동일하다는 점에서 다양한 형태의 인간 정보자산을 활용하는 데 유리하다는 점을 최대한 활용해야 한다. 전문성 있는 정보요원을 육성 및 활용하고, 그들의 사명감을 고양하며, 그들을 체계적으로 관리하여야 한다. 국가 정보기관들 간의 정보융합을 강화하여 정보활동의 중복을 최소화하고, 활용도를 극대화할 필요가 있다.

군대의 경우에도 정보의 중요성과 정확한 정보수집의 어려움을 체험하도록 할 필요가 있다. 모든 지휘관들은 정보는 상급부대에서 주어지는 것이 아니라 자신이 수집 및 분석하여 사용한다는 인식을 바탕으로, 필요한 현장 정보를 수집 및 분석하는 데 노력을 집중할 수 있어야 한다. 군대 전체 차원에서는 제대별로 정보 수집 및 분석한 사항들을 효과적으로 융합 및 전파할 수 있는 체제를 확립할 필요가 있다. 현대의 첨단 정보수집 수단 및 기술을 최대한 활용하고자 노력하여야 하고, 특히 북한의 국지도발에 효과적으로 대응하기 위해서는 더욱 표적에 대한 정보수집 능력이 절대적으로 필요하다는 점에서 무인항공기 등의 첨단 정찰 및 감시수단을 획기적으로 증강하여야 한다.

5) 국방경영을 합리화한다

궁극적인 승리를 보장하는 것이 절대적으로 중요하기 때문에 군대의 모든 무기와 장비는 최악의 상황에서도 완전한 가동을 보장해야 하고, 따라서 추가적인 예비품이나 부품을 충분히 확보하고, 극한상황에서도 기능이 보장되도록 요구조건을 강화할 수밖에 없으며, 결과적으로 효율성을 고려하는 것이 쉽지 않다. 그럼에도 불구하고 국방예산의 제한 가능성과 예산 사용의 합리성에 대한 국민들의 우려를 고려할 때 한국군의 모든 부대와 장병들은 준비태세를 약화시키지 않는 범위 내에서 제반 사항의 효율성을 강화하고자 최선을 다해야 하고, 그를 통하여 국민들의 요청에 부응함과 동시에 미래지향적 무기체계에 대한 투자액을 증대시킬 수 있어야 한다. 군 경영의 합리화는 선택할 수 있는 것이 아니라 수용하여 실천해야 하는 절대적 과제임을 명심할 필요가 있다.

(1) 국방예산의 효율성 제고

어느 한 분야에 많은 예산이 투자되면 다른 분야에 투입할 재원이 제한될 수밖에 없다는 차원에서 현대의 군대는 모든 일에 있어서 효과성과 함께 효율성도 고려하지 않을 수 없고, 이로써 동일한 예산으로 최적의 전투태세를 유지할 수 있어야 한다. 우선 전투와 직접적으로 관련되지 않는 분야부터 철저한 비용 대 효과 분석을 실시한 후 최선의 대안을 선택하도록 함으로써 예산 소요를 최소화하고, 이로써 전투분야에의 투자를 보장할 수 있어야 한다. 모든 장병들은 자신이 담당하는 업무를 더욱 적은 재원, 인원, 시간으로 달성하거나 동일한 조건으로 더욱 많은 일을 하고자 노력해야 하고, 그렇게 함으로써 제한된 국방예산이지만 최대한의 전력을 확보할 수 있다는 점을 유념하여야 한다. 전 세계적으로 국방예산이 감축되는 추세임을 명심하여, 국방예산의 증대를 요구하기 이전에 최선의 효율성으로 사용하고, 이로써 국민들의 신뢰를 획득할 수 있어야 한다.

어떤 조직을 창설하게 되면 그보다 더욱 필요한 조직을 유지하지 못하는 기회비용이 발생하고, 어떤 사업을 추진하게 되면 그보다 더욱 중요한 사업을 추진하지 못하는 기회비용이 발생하며, 잘못된 방법을 사용하게 되면 바람직한 방법을 사용하지 못하는 기회비용이 발생한다. 따라서 국방의 모든 분야에서는 조직의 변화, 사업의 결정, 방법의 선택에 있어서 그 자체의 필요성에 추가하여 다른 조직, 사업, 방법에 대비한 우선순위 즉 상대적 효용성을 고려하도록 제도화할 필요가 있다. 그 유용성에 대한 검증이 불충분할 경우에는 타당성을 재점검한 후 시행하는 것을 습성화해야 한다. 정책실명제를 추진하여 실패한 사업의 경우 그 책임 소재를 가리고, 잘된 정책에 대해서는 포상할 수도 있다. 전체적으로 덜 필요한 조직, 기능, 사업은 과감하게 절약함으로써 더욱 필요한 조직, 기능, 사업을 보장하고자 노력할 필요가 있다.

경제적 군 운영이 바로 전력증강을 위한 전제조건이라는 차원에서 군 운영 전반에 걸쳐 효율성을 강조해야 한다. 전투준비태세를 저하시키지 않고도 효율성을 향상시킬 수 있는 방책을 찾아내기 위하여 전 장병들의 지혜를 모아야 하고, 특히 행정분야에서 불필요한 예산 사용을 최소화하여 전투분야에 대한 투자를 증대시킬 수 있어야 한다. 전군 차원에서 표준화하여 사용하는 무기, 장비, 물자의 범위를 확대하고, 구매단위를 대량화함으로써 원가를 절감하여야 한다. 정보화시대의 이점을 최대한 활용하여 군 업무수행의 효율성을 향상시키고, 현대의 발전된 행정기법 및 도구를 활용함으로써 인력을 절약할 수 있어야 한다. 미 국방부의 업무변혁국(Business Transformation Agency)을 참고하여 군 운영의 효율성 향상을 담당하는 조직을 설치하고, 이 조직으로 하여금 전반적인 군 운영의 경제성 정도를 파악하여 필요한 개선사항을 도출 및 실천하도록 하며, 전군적인 동참을 강제하고, 그 성과를 종합하여 발표하도록 하는 것도 유용할 수 있다.

민간분야와의 협력과 교류를 통하여 물품과 용역의 단가를 낮출 수 있는 방법을 적극적으로 모색하여야 한다. 군이 요구하는 규격을 다소 조정하거나 어떤 경우에는 다소 미흡함을 감수하더라도 사회의 물품 및 용역과 표준화 또는 상호 교환을 가능하도록 함으로써 원가를 절감할 수 있어야 한다. 장비의 성능이 다소 미흡한 정도와 예산을 절약하여 다른 무기 및 장비의 획득에 사용하는 정도를 면밀하게 비교하여 선택할 필요가 있다. 행정과 전투근무지원 기능의 경우 군 나름의 특수성을 가급적 최소화함으로써 효율성을 극대화하는 것이 중요하다. 민간사회에서도 군 필요성까지 고려하여 설계함으로써 군대를 지원해 줄 수도 있다.

(2) 장병복무여건 보장

계속된 준비태세 강화로 인한 장병들의 피로감 해소에 관심을 갖고 '근무와 휴식'을 적절하게 조화시키기 위하여 노력할 필요가 있다. 휴식 자체도 전투력의 중요한 일환이라는 인식하에 모든 장병들의 일과시간을 정상화하고, 휴일과 휴가를 보장함으로써 장병들의 사기를 고양하며, 군 발전을 위한 자발적 참여의욕을 고취할 필요가 있다. 비상(非常) 위주의 단기적 전투준비태세 강화보다는 지속 가능한 적절한 강도의 근무를 요구함으로써 장기적인 군대의 발전과 사기 유지를 보장할 필요가 있다. 단기간에 열심히 노력하는 지휘나 복무태도보다 꾸준하게 정상적으로 부대 전투준비를 유지하는 지휘풍토를 고양하고, 모범으로 채택할 필요가 있다.

한국군 병사들은 대학재학 이상이 85%에 달할 정도로 세계에서 최고의 학력을 갖춘 우수한 집단이다. 그러나 우리 군에서는 과거의 습성대로 병사들에게는 어떠한 독립적 행동이나 임무도 부여하지 않고 있다. 병사들에게 책임과 역할을 부과할 경우 많은 간부소요를 절약할 수 있고, 그 여유로 전력발전에 매진할 수 있다. 병사들도 신뢰할 만한 전투원임을 인식한 상태에서 그들에게 책임과 권한을 과감하게 부여하고, 이를 위한 법규 및 제도를 발전시킬 필요가 있다. 이로써 간부들의 소요나 피로도를 줄여 주고, 보다 중요한 업무에 매진하게 할 필요가 있다. 건전한 판단력을 갖춘 책임 있는 인격체로 병사들을 인정하고 교육시키는 분위기가 확산되어야 할 것이다.

한국군의 경우 그동안의 근절 노력에도 불구하고 잘못된 병영문화가 여전히 존재한다. 간부들이 솔선수범하는 가운데 병사들의 일상생활을 세심하게 관찰하여 병영생활 실상을 정확하게 파악하고, 근본적인 개선책을 강구하는 것이 중요하다. 사회적 환경 혹은 의식의 변화에 부합되도록 군의 교육, 훈련, 병영생활방식을 변화시키고자 노력할 필요가 있다. 지금처럼 통제 위주의 교육훈련, 그리고 가혹행위가 수반되는 수동적인 병영생활 방식을 고수할 경우에는 근본적인 문제의 해결이 어렵다. 민주화시대에 부합되는 자유로우면서도 책임을 지는 병영으로 변모시켜야 한다. 국방 옴부즈맨(ombudsman) 제도를 도입하여 병영문화 전체를 정확하게 진단하거나 병사들의 심리적·육체적 스트레스를 해소할 수 있는 과학적 치유프로그램을 도입함으로써 과학적이면서 체계적으로 병영문화를 개선할 수 있어야 한다.

병사들과 함께 간부들의 군기, 사기, 단결에도 관심을 투입할 필요가 있다. 간부들이 군 발전을 위하여 자발적이면서 적극적으로 나서도록 근무환경, 생활환경, 휴식환경을 제공할 필요가 있다. 다양한 휴양시설을 구축하여 간부들의 여가생활을 보장하고, 주거단위를 대규모화 및 최신화함으로써 편의시설이 충분히 구비되도록 하며, 근무환경도 지속적으로 향상시켜 나가야 한다. 그러나 간부들의 군기, 사기, 단결에 가장 중요한 것은 합리적인 지휘와 규정에 의한 업무수행이다. 독선적이거나 비민주적인 행태의 지휘관은 국가가 수많은 예산을 들여서 끌어올리고 있는 간부들의 사기를 개인적 감정이나 욕망에 근거하여 갉아먹고 있다고 할 수 있다. 간부들의 군기, 사기, 단결을 끌어올리려는 노력에 앞서서 저하시키는 행동부터 근절하는 것이 시급한 상황일 수도 있다.

(3) 군수정책 발전

전쟁에서의 승리에는 군수가 차지하는 비중이 절대적임에도 한국군의 경우 군수는 자동적으로 충족되거나 미군의 지원으로 해결될 수 있다는 인식이 아직도 상존하고 있다. 정부 및 군 수뇌부들은 작전 위주 준비실태 유지에 관한 시각을 군수 중심의 시각으로 전환시킬 필요가 있다. 상당한 경우에 있어서 군수가 작전을 선도하는 점을 이해할 필요가 있다. 전구(戰區)작전계획을 수립하거나 야전부대에서 각종 계획 수립 시 전투근무지원 가능성을 심도 있게 고려해야 하고, 지원이 가능한 범위로 계획을 조정할 수 있어야 한다. 이를 위해서는 전문군수인력을 양성하고, 체험 위주의 교육체계로 개선해야 하며, 특히 군수에 관한 개념과 용어를 보편화시키는 노력이 필요하다.

한국군의 전쟁수행능력 향상을 위해서는 장비, 탄약, 유류, 수리부속, 전투식량 등 비축장비 및 물자를 적정수준으로 확보하여야 한다. 이 중에서 적정 전투예비탄약의 확보는 핵심과제라고 할 수 있는바, 미래전의 양상을 고려하여 새로운 개념으로 비축목표를 설정하여 확보할 수 있어야 한다. 작전계획을 충족시킬 수 있을 정도의 비축수준을 충족시키든가, 아니면 가용한 수준에서 시행할 수 있는 작전계획으로 조정하든가 선택을 하여야 한다.

한국군이 필요로 하는 무기와 장비를 획득해 온 후부터가 군수, 즉 운영유지의 시작이다. 따라서 무기체계 개발단계부터 운영유지의 측면을 고려하여 그 편의성과 충분성을 보장할 수 있어야 하고, 생산업체에서 그것을 전담하는 제도로의 발전이 필요하다. 선진국에서 시행하고 있는 성과기반군수(PBL: Performance Based Logistics)의 내용과 사례를 우리 실정에 부합되도록 도입 및 적용할 필요가 있다.

군 보유장비의 전투력 발휘 보장을 위해서는 원활한 수리부속 보급과 노후장비의 교체가 절대적이지만, 전체 국방예산의 제한을 고려할 때 필요한 정도의 조치가 불가능하고, 결과적으로 전투력 발휘를 제한할 가능성이 높다. 따라서 적정 및 실현 가능한 수리부속의 수준을 설정하고, 컴퓨터 네트워크를 통한 신속하면서도 정확한 청구와 보급을 보장함으로써 재고의 수준을 낮출 수 있어야 하며, 노후 장비의 수명연장과 점진적 교체를 조화시킬 수 있어야 한다. 이를 위해서는 적정 장비유지비의 설정과 보장이 중요하다.

군수 소요가 다양할수록 획득비용과 물류비용이 증대된다는 차원에서 부대의 전투준비태세 완비 요구와 군수의 경제성을 조화시킬 수 있는 다양한 방책을 개발하고, 시험을 통하여 검증한 후 지속적으로 확대해 나갈 필요가 있다. 군수품목의 다양성을 최소화하고 표준화를 통해 상호 운용성을 증대시킴으로써 생산비용 및 지원의 복잡함을 감소시켜야 한다. 부대별 군수지원체제보다는 지역별 군수지원체제를 발전시킴으로써 물류비용과 시간을 절약할 수 있다. 육·해·공군의 공통사용물자는 가장 많이 사용하는 군에서 합동으로 소요제기하고 획득하여 분배하도록 하는 것도 비용을 줄이는 방법이다. 또한 소량 군수품을 보급할 경우 민간 물류시스템을 활용할 수도 있다.

야전부대 전투전념 여건보장을 위해 군에서 다양한 조치들을 강구하고 있으나 현재와 같이 대대 및 중대단위 등으로 분산된 군사시설에서는 한계가 있을 수밖에 없다. 이를 해소하기 위해서는 육·해·공군의 부대들을 상당한 규모를 갖춘 대형기지로 상호 또는 자체적으로 통합하고, 이로써 기지운영을 위한 노력과 비용을 최소화할 수 있어야 한다. 특히 동일한 울타리 내에 하나의 부대 또는 하나의 군종만 존재해야 한다는 인식에서 벗어나 유사한 지역의 부대를 가능한 한 많이 동일한 울타리로 통합할 필요가 있다. 특히 육군의 경우에는 최전방 부대를 제외하고 최소 여단급 단위 또는 사단급 단위별로 통합되도록 종합적인 차원에서 군사시설 재배치 계획을 작성하고, 종합적으로 추진할 필요가 있다. 군사시설 재배치가 이루어지면 보급, 급양, 수송, 물자정비, 공사, 환경보전활동 등 상당한 기능을 민간분야로 전환할 수 있고, 이로써 장병들은 전투에서 승리하기 위한 훈련과 대비에 집중하게 될 것이다.

(4) 동원체제 발전

세계적 강대국들에 둘러싸여 있는 지정학적 위치로 인하여 한국은 언제나 총력방위태세를 유지하지 않을 수 없고, 앞으로 상비전력의 규모가 감소됨에 따라 예비전력의 역할을 증대시키지 않을 수 없다. 지금까지 현역 위주로 유지되어 오던 국방사상과 체제는 현역과 예비역의 균형체제로 전환해야 하고, 국민들의 총력방위태세는 더욱 강화되어야 한다. 현역은 적의 침공과 도발에 우선적으로 대응하는 최초 대응자(first responder)이고, 예비역이야말로 주된 대응력이라는 인식 하에서 예비역의 질을 강화할 필요가 있다. 현역과 예비역을 통합적으로 인식하는 가운데 훈련 및 전투태세, 자원관리 및 물자준비, 근무 및 복지 등의 차별을 최소화하고, 이를 제도화할 수 있도록 인식, 법규, 관행을 개선할 필요가 있다. 평시부터 필요에 따라 예비역들을 부분 동원하고, 임무의 긴급성을 기준으로 예비역을 세부적으로 구분하여 필요한 수준의 훈련을 실시함으로써 동원됨과 동시에 최소한의 훈련으로 전투에 투입시킬 수 있어야 한다. 주말을 활용한 예비군의 훈련을 보장하고, 부분 동원 시 직장생활에 지장이 없도록 법적 및 재정적인 지원책을 강구할 필요가 있다.

예비역의 역할 증대를 위해서는 제반 동원계획의 현실성이 핵심적이다. 조기에 대규모 동원을 계획하는 것이 중요한 것이 아니라 현실적 가능성(feasibility)을 중심으로 동원 가능한 정확한 시기와 규모를 판단하는 것이 중요하다. 실상에 대한 냉정한 분석을 바탕으로 긴급성에 따라 부대 및 개인별로 동원의 수준을 설정하고, 긴급한 동원을 위한 보완책을 강구해야 할 것이다. 물자분야 또한 현실적 동원 가능성을 최우선시하면서 평시에 민군 간 물자의 표준화를 고려함으로써 유사시 동원된 물자 및 장비가 최소의 노력으로 군사력으로 전환될 수 있도록 보장할 필요가 있다. 군사적 요구(규격과 절차)만을 강조하는 대신에 동원부담을 최소화하면서도 효과를 극대화할 수 있는 다양한 방안을 모색할 수 있어야 한다.

현재와 같이 제한된 훈련기간(동원훈련 2박3일, 향방훈련 1일) 동안, 전국 시·군별로 산재되어 있는 소규모 훈련장에서 실시하는 훈련으로 군이 기대하는 정도의 예비군 훈련성과를 기대하기는 어렵다. 임무에 부합되도록 훈련수준을 설정하고, 그러한 훈련수준을 달성할 수 있도록 훈련시간을 보장할 필요가 있다. 훈련장의 경우에도 교통

중심지에 권역별로 훈련장을 대형화하고, 과학화 장비 등을 도입하여 훈련관리의 효율성을 높일 필요가 있다. 예비군의 다수가 직장인임을 고려하여 주말을 활용하는 방법도 검토할 필요가 있다. 인터넷 소집 제도 확대, 사이버 원격교육, 훈련 보상비(도시근로자 평균 노임수준) 지급 등 예비군 훈련에 대한 국민들의 부담을 최소화하면서 적절한 보상을 제공하는 노력도 지속해야 한다. 예비군 훈련장을 지역주민, 학생, 동호인 등에게 개방하여 마일즈(MILES: Multiple Integrated Laser Engagement System), 서바이벌, 시뮬레이션 사격 등 과학화 훈련이나 실제 사격 등을 체험하거나 주차장이나 강당 등 주요 시설을 이용할 수 있도록 함으로써 지역주민과 일체감을 높이면서 자연스럽게 총력 방위태세를 강화할 수도 있다.

제3장

글로벌 거버넌스 시대의 세계공헌

모종린, 강선주, 김재천, 봉영식, 박시원

-요약-

지구촌은 현재 리더십의 공백으로 홍역을 치르고 있다. 2008년 글로벌금융위기의 여파로 미국, 유럽, 일본 등의 경제가 불안정하고 앞으로의 전망도 불확실하다. 현 상황에서 국제사회가 리더십 강화를 위해서 할 수 있는 일은 두 가지다. 첫째, 특정 국가나 국가군에 의지하기보다는 모든 국가가 참여하고 기여하는 글로벌 거버넌스 체제를 강화하는 일이다. 둘째, 상대적 경제 상황이 양호하고 국제사회에 기여할 수 있는 능력이 있는 중견국들이 전면에 나서는 것이다. 캐나다, 호주와 더불어 한국을 그러한 국가로 들 수 있다.

그러나 한국의 국제공헌은 아직까지 미흡한 것이 현실이다. 현재 우리나라의 공적개발원조(ODA), 평화유지군활동(PKO) 참여수준은 우리 국력에 상응하는 수준에 미치지 못하고 있다. 앞으로 한국은 지구적 차원의 지역공공재를 제공하면서 물질적 측면(하드파워)뿐만 아니라 공공재 생산에 필요한 지식, 리더십, 참여, 협치, 섬김 등 소프트파워를 공급하는 국가로서 자리매김해 나가야 할 것이다.

이 장에서는 세계공헌 정책의 양대 축이라고 말할 수 있는 ODA와 PKO, 그리고 전 세계적으로 확산되고 있는 민주주의와 환경 보호 개선 분야에서 새로운 글로벌 거버넌스 시대에 부응하는 세계공헌 방안을 제시한다.

먼저 ODA 분야에서 한국은 OECD 개발원조위원회(DAC) 규범에 부합하는 ODA를 제공하는 것과 더불어 새로이 등장하는 글로벌 원조구조의 특성을 고려하여 역할을 준비해야 한다. 개발 경험을 가진 DAC 회원국으로서 한국은 개발협력 네트워크의 허브가 될 수 있다. 또한 한국은 성장 지향적인 개발 패러다임 확대를 위한 중재자 역할을 담당할 수 있다. 개발 경험을 가진 DAC 회원국으로서 한국은 서구의 규범적인 관점과 비서구의 실용적인 관점을 모두 포용하기 때문에 ODA와 개발과 관련된 선진국과 개도국의 갈등적 입장을 중재할 수 있다.

또한 한국은 평화유지군 활동(PKO)을 통해 국제사회의 안정과 발전에 공헌할 수 있다. 국제 평화활동(PO)에 관한 국민적 공감대를 형성하고 PO는 군사작전이 아니라 국제평화 사업이라는 인식의 전환이 필요하다. 정부는 국민들이 평화활동을 이해하고 이에 참여하도록 적극적인 홍보를 해야 한다. 세계 평화활동 참여는 예산과 인명 희생이 불가피하다는 점을 국민에게 분명히 알려 주어 일관적인 정책을 유지할 수 있도록 해야 한다.

이와 더불어 한국은 산업화와 민주화를 실현한 국가로서 민주주의와 인권적인 측면에서 국제사회에 기여해야 한다. 한국이 국제사회에서 민주주의와 인권분야 세계공헌 국가로서 위상을 확립하기 위해서는 원칙에 기반을 둔 외교를 추진해야 한다. 국제제도와 국제법 질서에 적극 참여함으로써 정치적·제도적 변화와 여론의 관심을 유도해야 한다. 또한 한국의 고유한 강점을 최대한 활용하여 독자적인 이미지 개발과 신뢰성 구축을 위해 노력해야 한다. 한국의 고유한 전략 모색 차원에서 우수한 한국 IT 기술, 질병퇴치, 보건을 연계하는 전략을 생각해 볼 수 있다.

마지막으로 한국은 환경협력 분야에서 다양한 국제 공헌 노력을 펼쳐야 한다. 효과적인 환경협력을 위해 녹색성장 정책의 정확한 원칙과 개념을 정리하고 인력과 조직의 육성을 통한 국내역량을 강화해야 한다. 환경외교 개선을 위한 정책대안으로 한국은 글로벌 환경 레짐의 참여와 기여를 들 수 있다. 조정역할, 대안제시 등을 통해 선진국과 개도국 간의 가교역할을 담당해야 하고 이를 위해서 중재역과 안건 발굴 등 다방면의 시도가 필요하다. 한국의 제도나 정책을 발굴하여 이를 개도국에 소개하고 이전하는 등 한국만의 독창적인 환경협력 사업을 개발해야 한다.

1) 서론: 글로벌 거버넌스와 세계공헌

　지구촌은 현재 리더십의 공백으로 홍역을 치르고 있다. 2008년 글로벌금융위기의 여파로 미국, 유럽, 일본 등의 경제가 불안정하고 앞으로의 전망도 불확실하다. 1930년대와 같은 공황까지는 이르지 않는다고 해도 2000년대의 고성장은 당분간 보기 어려울 것이라는 전망이 지배적이다. 세계경제가 불안한 상황에서 금융불안, 테러 및 대량살상무기 확산, 빈곤과 실패국가, 기후변화, 자원고갈, 식량문제 등 국제사회가 직면한 문제군은 오히려 악화되고 있다.

　국제사회 거버넌스 위기의 일차적인 원인은 제2차 세계대전 이후 국제사회 질서를 이끌어 온 미국과 유럽의 경제위기다. 단기적으로 경제위기 극복에 집중해야 하고 장기적으로도 지배적인 영향력을 회복하기 어려운 미국과 유럽에 리더십을 기대하기 어려운 상황이다. 신흥국들이 미국과 리더십을 대신할 수 있지만 이들 국가가 국제사회가 요구하는 책임을 수행하기까지는 상당한 시간이 필요할 것이다. 글로벌 리더십에 익숙하지 않고 아직도 경제개발, 내부 안정 등 국내문제에 치중해야 하기 때문이다.

　현 상황에서 국제사회가 리더십 강화를 위해서 할 수 있는 일은 두 가지다. 첫째, 특정 국가나 국가군에 의지하기보다는 모든 국가가 참여하고 기여하는 글로벌 거버넌스 체제를 강화하는 일이다. 2008년 이후 등장한 G20, 핵정상회의 등이 글로벌 거버넌스를 강화하기 위한 노력의 결과다. 둘째, 상대적 경제 상황이 양호하고 국제사회에 기여할 수 있는 능력이 있는 중견국들이 전면에 나서는 것이다. 캐나다, 호주와 더불어 한국을 그러한 국가로 들 수 있다.

그러나 한국의 국제공헌은 아직까지 미흡한 것이 현실이다. 공적개발원조(ODA) 공여분의 확대와 함께 우리 발전경험의 후진국 전수를 통한 빈곤탈출 등 다양한 국제적 지원 및 서비스를 적극적으로 전개할 시점이다. 한국의 세계공헌 목표를 간결하게 표현하면 '평균공헌+알파'가 될 것이다. 현재 우리나라의 공적개발원조, 평화유지군 활동(PKO) 참여수준은 한국이 아직까지 우리 국력에 상응하는 수준, 즉 평균수준의 기여를 하지 못함을 명백하게 보여 준다. 따라서 우리나라는 평균공헌 수준을 달성하는 것이 급선무일지 모른다. 하지만 '플러스 알파' 부분도 평균공헌만큼 중요하다.

한반도선진화재단은 2010년에 한국의 차별적 세계공헌 전략으로 중견국 소프트파워 공헌의 전형을 제시한 바 있다. 한국은 지구적 차원의 지역공공재를 제공하면서 물질적 측면(하드파워)뿐만 아니라 공공재 생산에 필요한 지식, 리더십, 참여, 협치, 섬김 등의 소프트파워를 공급하는 국가로서 자리매김하는 것이다. 이명박 정부하에서 우리나라는 이미 소프트파워형 세계공헌 전략을 실천하기 시작했다. 이명박 정부가 G20정상회의 등 다자간 기구에서 보호무역 저지와 개도국 개발 어젠다를 위해 리더십을 발휘하기 때문이다. 한국은 또한 한·중·일 정상회의 등 동아시아 지역주의 발전을 위해서도 중요한 가교 역할을 수행한다. 한국 세계공헌에 주어진 또 하나의 숙제는 글로벌 거버넌스와의 조화다. 한국의 차별적인 기여와 더불어 글로벌 거버넌스 강화에 기여하고 동시에 다자기여, 정부-민간 협력 등 글로벌 거버넌스 스탠더드에 충실한 공헌 정책과 방식을 개발하는 것이다.

본 보고서는 세계공헌 정책의 양대 축이라고 말할 수 있는 ODA정책과 PKO, 그리고 전 세계적으로 확산되고 있는 민주주의와 환경 보호 개선 분야에서 새로운 글로벌 거버넌스 시대에 부응하는 세계공헌 방안을 제시한다. 먼저 ODA 분야에서 한국은 OECD 개발원조위원회(DAC) 규범에 부합하는 ODA를 제공하는 것과 더불어 새로이 등장하는 글로벌 원조구조의 특성을 고려하여 역할을 준비해야 한다. 개발 경험을 가진 DAC 회원국으로서 한국은 개발협력 네트워크의 허브가 될 수 있다. 또한 한국은 성장 지향적인 개발 패러다임 확대를 위한 중재자 역할을 담당할 수 있다. 한국의 개발 경험과 DAC 회원국으로서 한국은 서구의 규범적인 관점과 비서구의 실용적인 관점을 모두 포용하기 때문에 ODA와 개발과 관련된 선진국과 개도국의 갈등적 입장을 중재할 수 있다.

또한 한국은 평화유지군 활동(PKO)을 통해 국제사회의 안정과 발전에 공헌할 수 있다. 이명박 정부의 국제 평화활동(PO)정책은 소극적이고 일관성이 결여되어 있다. PO에 관한 국민적 공감대를 형성하고 PO는 군사작전이 아니라 국제평화사업이라는 인식의 전환이 필요하다. 정부는 국민들이 평화활동을 이해하고 이에 참여하도록 적극적인 홍보를 해야 한다. 세계 평화활동 참여는 예산과 인명 희생이 불가피하다는 점을 국민에게 분명히 알려 주어 일관적인 정책을 유지할 수 있도록 해야 한다.

이와 더불어 한국은 산업화와 민주화를 실현한 국가로서 민주주의와 인권적인 측면에서 국제사회에 기여해야 한다. 한국이 국제사회에서 민주주의와 인권 분야 세계공헌 국가로서 위상을 확립하기 위해서는 원칙에 기반을 둔 외교를 추진해야 한다. 국제제도와 국제법 질서에 적극 참여함으로써 정치적·제도적 변화와 여론의 관심을 유도해야 한다. 또한 한국의 고유한 강점을 최대한 활용하여 독자적인 이미지 개발과 신뢰성 구축을 위해 노력해야 한다. 한국의 고유한 전략 모색 차원에서 우수한 한국 IT 기술, 질병퇴치, 보건을 연계하는 전략을 생각해 볼 수 있다.

마지막으로 한국은 환경협력 분야에서 다양한 국제 공헌 노력을 펼쳐야 한다. 효과적인 환경협력을 위해 녹색성장 정책의 정확한 원칙과 개념을 정리하고 인력과 조직의 육성을 통한 국내역량을 강화해야 한다. 환경외교 개선을 위한 정책대안으로 한국은 글로벌 환경 레짐의 참여와 기여를 들 수 있다. 조정역할, 대안제시 등을 통해 선진국과 개도국 간의 가교역할을 담당해야 하고 이를 위해서 중재역과 안건 발굴 등 다방면의 시도가 필요하다. 한국의 제도나 정책을 발굴하여 이를 개도국에게 소개하고 이전하는 등 한국만의 독창적인 환경협력 사업을 개발해야 한다.

2) 글로벌 원조구조 2.0과 한국 ODA

(1) 한국의 ODA 현황

1961년에 설립된 OECD 개발원조위원회(DAC: Development Assistance Committee)는 공적개발원조(ODA: Official Development Assistance)를 제공하는 국가들의 포럼으로서 ODA에 관한 규범을 제정한다. 한국은 2010년에 23번째 DAC 회원국이 되었다. DAC 회원국 지위는 비록 법적 구속력을 결여하고 있을지라도 ODA 규모, 비구속성(untying aid), 규범적 가치(normative values) 제고 등 DAC에서 제정된 ODA에 관한 다양한 규정들을 자발적으로 준수해야 함을 의미한다.

이를 배경으로, 한국의 ODA는 2010년도에 총 11.68억 달러로 GNI 대비 0.12%의 규모였다(그림 1). 이것은 2009년도의 총 8.16억 달러, GNI 대비 0.10%와 비교하여 25.7% 증가한 것이나, DAC의 목표치 GNI 대비 0.7%, DAC 회원국 평균 0.32%와는 큰 차이가 있다. 한국은 다른 DAC 회원국들과의 격차를 완화하기 위해 GNI 대비 ODA 규모를 2012년까지 0.15%, 2015년까지 0.25% 수준으로 확대할 계획이다.

〈그림 1〉 한국의 ODA/GNI 비율 및 1인당 ODA(순 ODA)

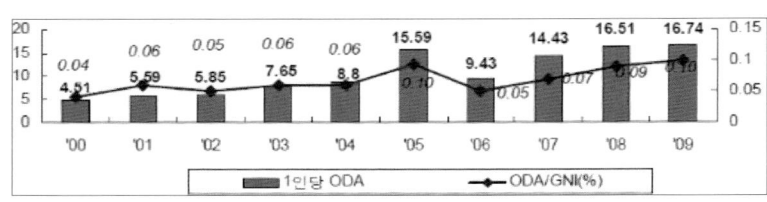

ODA의 내용 면에서, 한국은 2009년에 전체 8.16억 달러의 ODA에서 양자원조로 5.81억 달러(71%), 국제기구를 통한 다자원조로 2.35억 달러(29%)를 제공하였는데, ODA의 약 30%를 다자원조기구를 통해서 전달하는 것은 다른 DAC 회원국들과 유사하다. 양자원조 내에서는 무상원조가 3.67억 달러(63%), 유상원조가 2.14억 달러(37%)로 나뉜다. 그리고 한국은 정치·경제적으로 긴밀한 아시아 지역에 중점적으로 ODA를 제공하고 있다(3.04억 달러, 전체 양자원조의 52%). DAC의 최빈국 우선 지원 규범에 따라 아프리카 지역에 대한 무상원조는 2005년 1,572만 달러에서 2010년 6,770만 달러(잠정)로 약 4.3배 증가하였다. 한국은 대(對)아프리카 ODA 규모를 2012년까지 약 2억 달러로 증

가시킬 예정이다.

DAC 가입 후에 한국은 ODA 선진화를 위해 「국제개발협력기본법」 제정을 통해 ODA 제공의 법적·제도적 기반을 구축하고, 「국제개발협력 선진화 방안」과 「분야별 국제개발협력 기본계획」에서 전반적인 ODA 전략과 향후 5년간의 ODA 활동 계획도 수립하였다. 이에 따라 한국의 ODA 정책은 개발협력 콘텐츠 개발, 원조시스템의 효과적 개편, 국제활동 참여 강화를 3대 축으로 삼고 있으며, 무상과 유상원조를 통합하여 26개국에 집중적으로 ODA를 제공하려고 한다.

(2) 한국의 ODA의 문제점

가. DAC 규정 불충분 이행

DAC 회원국으로서 한국이 ODA에 관한 DAC의 규정을 충분히 이행하고 있지 못하다는 점에는 이견이 있을 수 없다. GNI 대비 ODA 비율, 무상 대 유상원조의 비율, 최빈국 우선 지원, 비구속성에서 DAC의 권고 수준 또는 회원국들의 평균과 격차를 보인다(그림 2). DAC 회원국이자 국제사회에서 일반적으로 중견국가로 여겨지는 호주, 네덜란드, 노르웨이, 스웨덴과도 GNI 대비 ODA의 비율에서 높은 차이를 보인다(2010년에 각각 38.49, 63.51, 45.82, 45.27억 달러, GNI 대비 0.32, 0.81, 1.10, 0.97%).

둘째, 한국의 ODA는 분절화 정도가 심하다. 원조 분절화(aid fragmentation)는 프로젝트 숫자와 규모 사이 반비례 관계를 의미한다. 무엇보다도 한국의 ODA 분절화는 ODA 대상국 수에서 뚜렷하다. 즉 한국은 ODA의 규모에 비해 많은 개도국에 ODA를 제공하는 것이다.

26개 중점지원국 지정으로 분절화를 완화시키는 것처럼 보지만 실제
로는 이보다 더 많은 국가에 여전히 소규모 ODA를 제공하고 있다.
ODA 대상국 선정에 관해 더 명확한 기준을 설정하고 선택과 집중 전
략에 충실할 필요가 있다. 그리고 한국의 ODA의 분절화는 대상국 차
원에서뿐만 아니라 ODA에 관여하고 있는 국내 기관 차원에서도 나
타난다. 가장 심각하게는 무상원조와 유상원조가 각각 외교통상부
/KOICA와 기획재정부/수출입은행으로 이원화되어 있는 것이며, 2009
년에 총 41개의 중앙정부 부처, 공공기관, 지방자치단체가 무상원조
를 제공하였다. ODA 분절화는 개발 효과 발휘에 필요한 규모의 ODA
제공을 저해함으로써 한국의 ODA를 비효과적으로 만들 수 있다.

〈그림 2〉 2010년 ODA/GNI 비율(순 ODA)

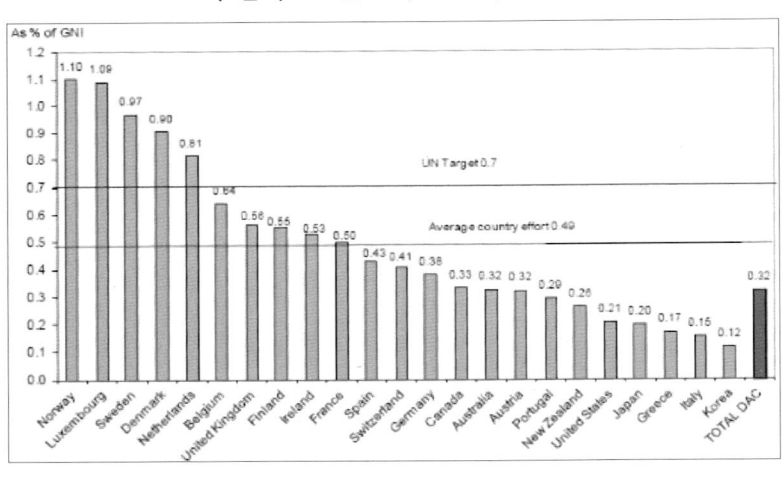

나. 글로벌 원조구조 2.0 대응

한국의 ODA가 DAC 규정을 이행하지 못하는 것보다 더 심각한 문

제는 변화하는 원조구조에 적응할 준비가 되어 있지 않다는 것일 수 있다. '원조구조(aid architecture)'는 개발을 위해 선진국에서 개도국으로 자금, 기술 및 인적 자원의 이전과 관련된 국제 차원에 존재하는 제도, 수단의 총체를 말한다. 좀 더 쉽게 표현하면, 원조제공 주체, 개발 패러다임과 규범, 그리고 그의 결과로서 원조 규모와 배분으로 이루어진 구조물이다. 현재 한국의 ODA 정책은 DAC의 규정을 이행하는 것에 집중하고 있는데 원조구조는 DAC 외부에서 급속히 팽창하고 있다. 1960~1990년대에 원조구조는 DAC 회원국과 다자원조기구(세계은행, UN 등)를 주요 원조제공 주체로 하여 서구가 제시하는 개발 패러다임에 따라 원조를 제공하는 정부 간 원조구조(government-led aid architecture)였다. 2000년대에 DAC 회원국과 다자원조기구는 여전히 중심적인 위치에 있었지만 민간원조단체(private donors)와 DAC 비회원국의 상대적 부상과 함께 글로벌 원조구조(global aid architecture)로 바뀌었다. 글로벌 원조구조로의 전환은 개발에 필요한 재원을 증가시키고 개발에 관해 다양한 관점과 경험을 도입한다는 긍정적인 측면이 있는 반면에 DAC의 ODA 규정을 잠식하고 원조를 분절화시킨다는 부정적인 측면도 있다.

이러한 글로벌 원조구조는 2008년 글로벌 금융위기 이후 다시 변화하는 상황에 있다. 즉 DAC 회원국, 다자원조기구, DAC 비회원국, 민간원조단체 등 다양한 원조제공 주체들이 수평적으로 공존하면서 그들 사이의 상호작용 방식과 개발 패러다임이 다양화하는 '글로벌 원조구조 2.0'이 등장하고 있는 것이다. 이러한 변화의 이유는, 첫째, 글로벌 금융위기 이후 서방 선진국들이 ODA를 제공할 수 있는 능력에 제약을 받고 있는 반면에 DAC 비회원국과 민간원조단체들의 원조를 제공하려는 의지와 능력은 증가하고 있다. 둘째, 서구가 제시하는 개발 패러다임이 정당성을 인정받을 근거가 약화되었다. 최소한 1980년대부터 개발 패러다임을 변화시키는 계기를 제공한 경제위기들은 개도국에서 발생하였고, 미국과 유럽 국가들은 위기 해결책(패러다임)과 자금(ODA)을 제시하는 위치에 있었다. 그러나 이번 글로벌 금융위기는 서구 선진국에서 발생하였고, 개도국들은 불의의 피해자가 되었다. 셋째, 밀레니엄개발목표(MDGs: Millennium Development Goals)로 대표되는 2000년대의 빈곤퇴치 패러다임에 대한 실망이다. 완료 시한을 5년 남겨 두었던 2010년까지 MDGs는 절대 빈곤층 감소에 만족할 만한 효과를 내지 못하였다. 반면에 빈곤퇴치 자체보다 경제성장에 더 비중을 두었고, 경제성장을 달성하여 실제로 빈곤층을 감소시키는 데에 성공한 신흥개도국들의 예가 존재하기 때문에, 개도국들은 경제성장을 중심으로 한 개발 패러다임으로의 이동이 바람직하다고 보고 있다.

이러한 '글로벌 원조구조 2.0'의 등장은 한국에 새로운 도전을 제기한다. 한국의 소규모 분절화된 ODA 활동의 효과는 다른 원조제공 주체들의 조율되지 않은 원조활동 때문에 쉽게 상쇄될 수 있다. 그리고 한국은 소위 ODA 시장에서 현재보다 더 많은 경쟁에 직면하게 될 것이다. ODA 시장에서의 경쟁은 유사한 원조활동을 전개하는 다수의 원조제공 주체들 가운데에서 수원(受援) 개도국이 신뢰하는 개발 협력자 지위를 확보하는 것을 의미한다. 수원 개도국의 원조제공 주체에 대한 신뢰는 ODA 규모와 개발 효과성에 기초할 것인데, 과거에는 경쟁 상대가 다른 DAC 회원국들이었다고 한다면, 이제는 DAC 비회원국과 민간원조단체들과도 경쟁해야 한다.

그러나 '글로벌 원조구조 2.0'이 한국에 도전만을 제기하는 것은 아니다. 원조제공 주체가 다양화되고, 각각의 주체가 재원 동원과 정보화에 기초하여 자율성을 확보한 '글로벌 원조구조 2.0'에서 각각의 원조활동이 개발 효과성을 발휘하기 위해서는 다양한 원조제공 주체들 간의 조율과 협력이 절실하기 때문이다. 이러한 필요를 배경으로 비교적 최근에 개발 경험을 가진 DAC 회원국으로서 한국의 특수한 위상이 유용할 수 있다.

(3) '글로벌 원조구조 2.0'과 한국의 공헌국가 전략

가. DAC 규정 이행

기본적으로 ODA를 통한 한국의 세계공헌 국가 전략은 DAC의 ODA 규정과 관련하여 한국의 과제들을 해결하는 것에서부터 시작한다. 한국은 DAC 회원국들의 평균 수준으로 ODA 규모 증대, 원조의 비구속화, 규범적 가치 제고를 위해서 지속적으로 노력하여야 한다. ODA의 규모와 운영방식 등에서 다른 DAC 회원국들과 수준을 맞춤으로써 한국은 전체적인 ODA의 질(質)이 일정 수준 이상으로 유지되는 데에 기여할 수 있다. 동시에 한국은 ODA의 분절화를 완화하기 위해서 국내 제도적 개혁을 더 추구하여야 한다. 유·무상 원조의 이원화와 다수의 정부기관이 중복적으로 무상원조활동에 참여하는 것은 한국의 ODA에서 효율성과 개발 효과성을 저해할 수 있으므로 원칙에 근거한 ODA 대상국 선정, 국내의 ODA 관련 조직과 업무의 일괄화(streamlining), 전문화가 필요하다.

이에 더하여 한국은 네트워크화된 세계와 새로이 등장하는 '글로벌 원조구조 2.0'의 특성을 고려하여 다음과 같은 소프트파워 기여를 준비하여야 한다.

나. 개발협력 네트워크 허브

'글로벌 원조구조 2.0'은 분산된 구조로 인해 발생하는 비효율, 정보 비대칭성, 원조활동의 부정적인 외부효과(negative externalities)에 대처할 뿐만 아니라 원조활동의 효과성을 유지하기 위해서 다양한 원조제공 주체들이 네트워크를 형성하고 새로운 협력방식을 도모할 것이 요구된다. 이것은 개발 경험을 가진 DAC 회원국으로서 한국이 개발협력 네트워크의 허브가 될 가능성을 열어 준다. '글로벌 원조구조 2.0'에서는 특히 남·남·남 협력과 삼각협력(북·남·남)이 유용할 것인데, 한국은 이 모두에 적합하기 때문이다. 남·남·남 협력은 물론이거니와 한국은 개도국 경험을 가진 DAC 회원국으로서 다른 DAC 회원국들의 삼각협력 대상이 되기도 용이하다. 한국은 서로의 강점을 결합하여 비용 효과적으로 개발 효과성을 달성할 수 있도록 삼각협력 포럼을 DAC에서 적극적으로 추진하여야 한다.

다. 성장 지향 개발 국가 패러다임 제시

'글로벌 원조구조 2.0'의 콘텐츠, 즉 개발 패러다임은 긍정적으로 보면 다양화, 부정적으로 보면 혼돈의 시대라고 말할 수 있다. 이러한 상황에서 한국은 '글로벌 원조구조 2.0'의 개발 패러다임 설정에서 촉매자와 중재자 역할을 담당할 수 있다. 한국의 개발 경험과 DAC 회원국 위상은 서구의 규범적인 관점과 비서구의 실용적인 관점을 모두 포용하고 있어서, 개발 패러다임 설정과정에서 일어날 수 있는 선진국과 개도국의 갈등적 입장을 중재할 수 있는 위치에 있다.

'글로벌 원조구조 2.0'에서 한국이 제시할 수 있는 개발 패러다임은 단순 빈곤퇴치가 아닌 개도국 전체 시민의 복지를 향상시킬 수 있는 신속하고도 지속 가능한 경제성장을 달성하여 개도국이 개도국 지위로부터 벗어나는 것을 촉진하는 것이다. MDGs를 달성하는 것은 중요하나 대부분 개도국은 2015년까지 MDGs를 달성할 가능성이 낮고, MDGs를 달성한다고 하더라도 빈곤퇴치에는 충분하지 않다. 빈곤퇴치는 고용과 소득의 확장을 필요로 한다. 그러므로 '글로벌 원조구조 2.0'에서 강조되어야 할 개발 패러다임은 빈곤퇴치 그 자체가 아닌 빈곤퇴치를 가능하게 하는 경제성장이다. 경제성장은 자본 축적, 기술적 진보 및 구조적 변화라는 세 가지 상호 연결된 과정을 통해서 일어난다. 그러한 이유에서 한국은 개도국에서 생산시설과 인프라 건설, 원자재 수출 및 저(低)기술 제조업에 고착하지 않고 생산역량의 선순환(virtuous circle)을 촉진하며, 개발 필요와 역량에 맞추어 글로벌 경제에 통합을 아우르는 개발 패러다임의 설정을 촉진하여야 한다.

다른 한편, 한국은 경제성장을 위한 거버넌스 요건으로서 ODA로 '개발국가(developmental state)' 지원을 제시할 수 있다. 개발 국가는 사유재산, 시장과 같은 자본주의 원칙 위에 장기적 관점에서 국가가 경제개발의 방향을 설정하고 경제를 전환시키는 것이다. 개도국 지역에서 개발 결과의 차이는 거버넌스의 차이였다고 말할 수 있다. 대부분 개도국에서 경제개발의 실패는 거버넌스 실패, 즉 잘못된 정책 선택, 지도력 부족 및 취약한 제도의 결과였다. 반면에 정부가 국가발전전략 수립을 주도하고 개발 목표를 향해 민간부문을 지도, 조정 및 자극한 소수의 개도국은 개발과 관련된 선순환을 성공적으로 달성하였다. 빈곤퇴치를 수반한 생산역량의 개발과 생산적인 고용의 확장은 시장 기능만으로는 가능하지 않다. 경제개발을 위한 국가 전략에서 정부와 시장이 맡아야 할 역할이 균형을 이루고, 정부는 국가발전 전략을 주도적으로 개발할 수 있는 정책 공간을 확보하여야 한다. 원조제공 주체의 관점에서 보았을 때, 개발 국가는 원조제공을 용이하게 하여 원조 및 개발 효과성을 높이는 장점을 갖고 있다. 개발 국가는 경제개발을 설계할 수 있는 국가의 역량에 관한 것이고, 국가 역량을 확충하기 위해서 무엇이 필요한지, 원조가 그것을 어떻게 지원할 수 있는지에 대한 판단을 보다 용이하게 하여 원조제공국과 개도국 양측에게 만족스러운 결과를 생산할 수 있다.

그러나 개발 국가를 개발 패러다임화함에 있어서 그 모델이 갖고 있는 장점과 한계를 분명히 인식할 필요가 있다. 첫째, 개발 국가가 특히 동아시아에서 성공적이었던 것은 그 지역의 특수한 역사적·정치적·사회적 여건과 밀접한 관련이 있고, 다른 개도국들이 경제개발을 시도하는 21세기는 20세기와는 다른 국제 정치·경제 환경을 갖고 있다. 둘째, 개발 국가 모델은 경제개발 명목하에 권위주의 체제와 결합하였다는 약점을 갖고 있다. 개발 국가와 권위주의 체제의 결합이 필연적이 아니며 동아시아의 개발 국가가 권위주의 체제를 극복할 수 있었다고 할지라도, 개발 국가와 민주주의 체제가 결합된 예가 없다는 것은 개발 국가와 권위주의 체제의 결합을 정당화하는 논리로 악용될 가능성이 있다. 현재 세계에는 비민주적 개도국보다는 불완전하지만 민주주의를 표방하는 개도국들이 더 많다. 21세기의 개발 국가는 민주주의 틀 내에서 작동할 수 있어야 한다. 이것은 개도국이 경제전환 과정에서 발생할 수 있는 갈등을 관리하여 정치적 안정을 통해 경제성장을 지속하기 위한 필요한 조건이다.

이러한 배경에서 한국의 개발 국가 경험은 양면으로 유용할 수 있다. 즉 한국은 개도국에게는 국가개발전략 수립을 위해 정부가 무엇을 할 것인가를, DAC 회원국들에게는 ODA가 개도국에서 개발 국가 창출을 어떻게 지원할 수 있는지를 보여줄 수 있다. 중국과 달리 한국은 경제개발에서 국가와 기업이 민주주의 틀 내에서 관계를 형성하는 것에 대해 실행 가능한 정책들을 제시함으로써 개도국뿐만 아니라 국가 개입주의에 유보적인 DAC가 성장 지향적인 개발 국가 패러다임을 수용하는 것을 촉진할 수 있다.

3) 국제 평화활동 트렌드와 한국

(1) 한국의 국제 평화활동(PO: Peace Operations) 참여의 역사와 현황

한국은 1991년부터 2011년까지 24개국 33곳에 연병력 34,345명을 파견하여 평화활동을 수행해 왔다. 2011년 7월 12일 현재 부대단위 UN PKO(Peace Keeping Operations)로 레바논 동명부대와 아이티 단비부대 등 597명, 개인단위 UN PKO로 인도파키스탄 정전감시단 9명 등 38명이 파견되어, 총 635명이 UN PKO 일원으로 활동하고 있다. 다국적군 평화활동(Multinational Peace Operations)은 부대단위로 2개 부대(청해부대, 아프간 오쉬노부대)와 개인단위로 16명 등 총 671명의 다국적군이 평화활동에 참여 중이다. 또한 UAE 아크부대 147명은 알 아인 지역에서 국방협력 차원에서 활동 중이다(여기에서는 UN이 주도하는 평화유지활동, 즉, PKO와 UN이 주도하지는 않지만 UN의 승인하에 몇 개의 국가나 AU(Africa Unity)와 같은 지역협의체가 주도하는 다국적 평화활동을 모두 총칭하여 국제 평화활동(Peace Operations)이라고 한다.

〈표 1〉 현재 해외파견 현황(2011.7.12.)

구분			현재 인원	지역	최초 파병	교대 주기
UN PKO	부대 단위	레바논 동명부대	359	티르	2007. 7.	6개월
		아이티 단비부대	238	레오간	2010. 2.	
	개인 단위	인·파 정전감시단(UNMOGIP)	9	라왈핀디	1994. 11.	1년
		라이베리아 임무단(UNMIL)	2	몬로비아	2003. 10.	
		수단 임무단(UNMIS)	7	카르툼	2005. 11.	
		수단 다푸르 임무단(UNAMID)	2	다푸르	2009. 6.	
		레바논 평화유지군(UNIFIL) 사령부 참모	5	나쿠라	2007. 1.	
		서부여단 참모	5	티브닌	2008. 3.	
		코트디부아르 임무단(UNOCI)	2	아비장	2009. 7.	
		서부사하라 선거감시단(MINURSO)	4	라윤	2009. 7.	
		아이티 안정화지원단(MINUSTAH)	2	포루토프랜스	2009. 11.	
	소계		**635**			
다국 적군 평화 활동	부대 단위	청해부대	305	소말리아해역	2009. 3.	6개월
		아프간 오쉬노부대	350	바그람	2010. 6.	
	개인 단위	연합해군 사령부 참모장교	3	마나마	2008. 1.	1년
		협조장교	1		2009. 3.	6개월
		CTF-151 참모	1			
		CJTF-HOA 협조장교	3	지부티		
		참모장교	1		2003. 2.	
		아프간 CSTC-A 참모장교	4	카불	2009. 6.	6개월
		미국 중부사령부 협조단	2	플로리다	2001. 11.	1년
		참모	1			
	소계		**671**			
국방 협력	부대 단위	UAE 아크(Akh)부대	147	알 아인	2010.12.	6개월
	소계		**147**			
총계			**1,453**	**17개 지역**		

<table>
<thead>
<tr><th colspan="4">UN PKO</th><th colspan="4">MNF PO</th></tr>
<tr><th>파견지역/
부대</th><th>기간</th><th>규모</th><th>연인원</th><th>파견지역/
부대</th><th>기간</th><th>규모</th><th>연인원</th></tr>
</thead>
<tbody>
<tr><td>소말리아
(공병)</td><td>1993~1994</td><td>250</td><td>516</td><td>걸프전
(의료/수송)</td><td>1991.1.~4.</td><td>314</td><td>314</td></tr>
<tr><td>서부사하라
(의료)</td><td>1994~2006</td><td>40</td><td>542</td><td>아프간
해상수송</td><td>2001~2003</td><td>350</td><td>1,269</td></tr>
<tr><td>앙골라
(공병)</td><td>1995~1996</td><td>200</td><td>600</td><td>아프간
동의다산부대</td><td>2002~2007</td><td>220</td><td>1,704</td></tr>
<tr><td>동티모르
(보병)</td><td>1999~2003</td><td>400</td><td>3,328</td><td>이라크
서희제마부대</td><td>2003~2004</td><td>700</td><td>1,141</td></tr>
<tr><td>레바논
동명부대</td><td>2007.7~</td><td>359</td><td>2,461</td><td>이라크
자이툰부대</td><td>2004~2008</td><td>3,150</td><td>19,032</td></tr>
<tr><td>아이티
단비부대</td><td>2010.2~</td><td>240</td><td>474</td><td>소말리아
청해부대</td><td>2009.3.~</td><td>300</td><td>1,812</td></tr>
<tr><td rowspan="2">개인단위
(참모/협조장교)</td><td rowspan="2">1994~</td><td rowspan="2">1~10</td><td rowspan="2">425</td><td>아프간
오쉬노부대</td><td>2010.6.~</td><td>232</td><td>448</td></tr>
<tr><td>개인단위
(참모/협조)</td><td>2001~</td><td>1~10</td><td>274</td></tr>
<tr><td>소계</td><td></td><td></td><td>8,346</td><td>소계</td><td></td><td></td><td>25,994</td></tr>
</tbody>
</table>

(2) 한국 PO 정책의 현주소

한국사회에서 ODA(Official Development Aid)를 통한 세계공헌 전략의 필요성에 대해서는 어느 정도 국민적 합의가 도출되고 있다고 할 수 있다. 국제사회의 원조를 받아 성장한 만큼 한국도 국제사회에 돌려줄 수 있어야 한다는 논리가 나름대로 국민들에게 설득력 있게 제시되고 있다. 물론 한국의 ODA 규모는 약 11.7억 달러이며 이는 경제협력개발기구(OECD: Organization for Economic Cooperation and Development)의 개발원조위원회(DAC: Development Assistance Committee)

회원국 중 18위 정도에 불과하다. 하지만 적어도 ODA참여에 관한 국민적 거부감은 그렇게 심한 편이 아니다. 이에 비해 평화활동 참여에 관한 국민여론은 여전히 호의적이지 않다. 경제적 비용이 수반되는 공헌전략에 비해 인명 희생이라는 비용지불이 필요한 공헌전략에 국민적 거부감이 강한 것은 당연하다고 할 수 있다. 이러한 국민적 거부감으로 인해 평화활동 참여의 효과와 방안에 대한 연구는 ODA에 관한 연구에 비해 절대적으로 부족한 편이고, 최근 ODA 전문가들이 양산되고 있는 데 비해 평화활동 전문가는 극소수에 불과하다. 이러한 제약으로 인해 국가적 차원의 국제 평화활동 참여전략 개발이 매우 미흡한 상황이다.

이명박 정부는 인수위 때부터 '글로벌 코리아' 47개 국정과제를 제시하면서 평화유지활동 강화를 해외개발원조 확대 등과 함께 국가의 '중점과제'로 제시한 바 있다. 이명박 정부는 성숙한 세계국가(Global Korea)를 대한민국 외교의 미래 비전으로 제시하고 있다. 성숙한 세계국가가 되기 위해서는 한반도나 동북아를 초월해 전 세계적으로 한국의 능력과 의사를 투사하고 국제사회의 안정과 발전에 동참하는 역할을 담당해야 한다. 이를 위해서는 일정한 비용을 지불하고 국제사회에 공헌하는 정책이 필요하다. 국제사회에 공헌하는 전략은 인명 희생이 수반되는 국제 평화활동에 적극 참여할 때 그 효과가 극대화될 수 있다. 국방부는 이명박 대통령 인수위 시절 '유엔평화유지활동 파병 특별법 제정 지원', 'PKO 상비부대 지정 운영', '국가 차원의 PKO 센터 설립 검토' 등의 계획을 제의했었고, 이명박 정부는 이러한 제안을 받아들여 2009년 12월 29일 유엔 평화유지활동 참여에 관한 법률을 제정했고, 2010년 7월 1일에는 PKO 상비부대(파병 전담부대)를 창설했다.

2009년 12월 29일 우리나라는「국제연합 평화유지활동 참여에 관한 법률」(이하 'PKO 참여법')을 국회 본회의에서 채택했다. PKO 참여법은 유엔 PKO의 정의 및 임무수행 원칙, 상비부대 설치 근거, 파견에 대한 국회 동의 방식, 파견절차, 기간 연장 및 종료, 대국회 보고, 부처 간 정책협의회 구성 및 운영 등에 관한 법규를 포함하고 있다. 괄목할 사항은 정부가 국회의 동의를 전제로 총 1,000명 규모 내에서 유엔과 파견지 선정, 파견부대의 규모, 파견기간 등에 대해 '잠정적' 합의를 할 수 있게 되었다는 것이다. 이로 인해 보다 신속하고 효율적인 파견이 가능하게 되었다.

2010년 7월 1일에는 PKO 상비부대(파병 전담부대)가 창설되었다. 공식명칭은 '국제평화지원단'(온누리부대)이며 1,000여 명의 장병으로 구성되어 있다. 이들은 임무수행 명령 1개월 이내에 해외에 파견돼 유엔 평화유지활동(PKO) 또는 다국적군 평화활동 임무를 수행한다. 국제평화지원단과 별개로 특전사 예하의 4개 대대로 구성된 1,000여 명의 '예비지정부대'와 1,000여 명의 공병·수송·의무 등 군별 기능부대로 구성된 '별도지정부대'가 편성되었다. 예비지정부대는 파병전담부대가 파병되면 이를 교대하거나 추가 파병에 대비하게 되며, 분기별 1주간 파병임무와 관련된 집체교육을 받는다. 이들 3개 부대가 지정됨에 따라 우리나라 해외 파병 상비부대 규모는 3,000여 명이 되었다.

PKO 파병법과 파병 전담부대의 창설은 우리나라가 UN 평화유지활동에 적극적으로 참여하겠다는 의지의 발현이다. PKO를 포함한 PO활동을 통한 공헌전략의 정책목표는 다음 세 가지 관점에서 정리해 볼 수 있다.

첫 번째는 '국가가치 실현론'이다. 국가가 수호하거나 보호하고자
하는 가치와 궁극적 이익을 국제사회에서 실현하는 방안의 하나로
국제평화활동에 참여할 수 있다. 헌법에서 수호를 천명하고 있는 자
유민주주의, 인권, 국제평화, 시장경제 등이 이러한 가치에 포함된다.

두 번째는 '장기적 국가안보 확보론'이다. 한국의 평화활동 참여는 국
제사회를 상대로 한국의 국가안보에 대한 일종의 장기보험을 드는 것과
같다는 견해이다. 한국의 국가안보는 동북아의 국제정치 환경이 악화되
면 취약해질 수 있다. 한국이 남북 간 군사갈등이나 여타 국제분쟁과 같
은 국내외의 물리적 갈등에 연루되었을 때 한국의 국제 평화활동 참여
는 협력안보의 국제보험 메커니즘으로 작동할 수 있다는 것이다.

세 번째는 소프트파워 증진을 통한 '국가 이미지 강화론'이다. 냉
전의 국제질서 아래에서 국가의 생존과 경제근대화가 급선무였던
대한민국의 외교는 행태(行態)적으로는 주변국을 대상으로 한 양자
주의적일 수밖에 없었고, 공간(空間)적으로는 동북아에 머물러 있을
수밖에 없었다. 수단(手段)적으로는 경제력과 군사력으로 대표되는
하드파워만 중시하는 외교정책을 추진해 왔다. 하지만 냉전의 국제
질서가 종식된 지 20년이 지난 작금의 국내외 환경은 한국에 보다
창의적인 외교 전략을 요구하고 있다. 한국은 하드파워적 관점에서
세계 10위권의 국가지만 미·중·러·일 등 강국이 위치한 동북아
의 역학관계 안에서는 아직도 상대적인 약소국이다. 일정한 영토와
인구의 수는 강대국이 갖추어야 할 중요 조건이다. 영토와 인구의
크기를 고려한다면 한국은 강대국이 될 수 있는 조건을 갖추고 있
지 않다. 하드파워를 증진하여 강대국의 지위를 추구하는 전략은 한
국에게 태생적으로 어울리지 않는다. 강대국들은 세계질서를 창출

하고 운영하는 전략, 즉 '판을 짜는' 전략을 구사할 수 있다. 한국은 '판을 짜기'보다는 짜인 판의 틈새를 공략할 수 있어야 한다. 이미 짜인 판에서 의제설정(agenda setting)을 선점할 수 있는 영향력을 증진할 수 있어야 한다. 이러한 영향력 증대가 기존의 안전과 번영의 국가목표와 함께 중견국가 한국이 추구해야 할 새로운 목표로 설정되어야 한다. 국제사회에서의 영향력은 군사력과 경제력과 같은 하드파워를 증진함으로써 확대될 수 있다. 하지만 피라미드형 위계질서에 비해 거미줄형 네트워크 질서의 세계 환경에서는 하드파워에 비해 소프트파워를 증진함으로써 영향력을 확대할 수 있는 여지가 넓어진다고 할 수 있다. 국제 평화활동에 적극적 공헌은 한국 소프트파워의 첨병역할을 할 수 있다. 증진된 소프트파워는 한국의 국제사회 영향력 확보로 이어질 것이다.

(3) 한국 PO 정책의 문제점

한국의 평화활동 정책의 가장 큰 문제점은 호의적이지 않은 국내여론으로 인해 국가 전략적 관점에서 일관된 정책을 확립하여 추진하기 어렵다는 데 있다. 모든 국가 정책은 어느 정도 여론의 향배에 영향을 받는다. 하지만 국제 평화활동 참여 정책은 한국군의 인명 희생이 수반될 수 있는 사안이기 때문에 특히 여론에 민감하게 반응해 왔다. 따라서 한국의 평화활동 정책은 일관성이 결여되고 제한적이라는 평가를 받고 있다. 정부의 PO정책은 정책적 합리성보다는 정치적 적합성을 먼저 고려해 왔기 때문에 일관성이 결여되고 소극적이다. 파병규모를 최소화하고 파병의 임무 또한 한국군의 안전을 고려해

비전투 역할에 편중되어 있다. 즉 비교적 안전한 지역에 공병·의무·수송 등 전투지원 병과 위주의 파병이 이루어지고 있는 것이다. 한국의 파병정책은 병사들의 안전을 우선적으로 고려해야 한다. 그러나 지나치게 소극적인 파병정책은 자칫 한국 파병정책의 취지에 어긋나는 결과를 가져올 수 있다.

한국은 'PKO 참여법'의 채택으로 인해 UN PKO 활동에 적극적으로 참여할 수 있는 법적 근거를 구비했다. 하지만 'PKO 참여법'은 국제 평화활동(PO) 중 유엔 주도 PKO(UN PKO)에만 적용된다. 국제 평화활동은 유엔이 직접 주도하는 경우도 있고, 때에 따라서는 유엔안보리가 EU, AU, NATO 등과 같은 지역기구 또는 동맹국에 위임되어 실행되기도 한다. UN의 재가하에 국제 연합군이 결성되어 진행되는 경우도 있다. UN의 승인하에 지역기구나 연합군이 주도하는 국제 평화활동을 다국적군 평화활동이라고 한다. 하지만 'PKO 참여법'은 UN PKO에만 적용되므로, 한국이 다국적군 평화활동에 주도적으로 참여하는 데는 많은 제한이 따르고 있다. UN이 승인한 다국적군 평화 활동은 취지와 정책목표에 있어 UN PKO의 그것과 다를 바 없다. 다국적군의 평화활동에도 적극 참여하여 국제 평화활동 참여 정책의 정책목표를 극대화할 필요가 있다.

(4) 개선방안

PO에 관한 국민적 공감대 형성을 위해서는 국민 인식을 전환하는 노력이 가장 우선시되어야 한다. 최근 PO는 임무의 성격과 활동 유형이 매우 다양해지고 있다. 이를 반영하여 PO는 군사작전이라는 인식에서 탈피하여 '민관합동 국제평화사업'이라는 인식으로 전환해야한다. 지금까지는 PO 활동이라고 하면 군을 파견하여 하는 군사활동으로만 인식함으로써 파견 결정 시 많은 부담이 되었다. 하지만 향후 한국의 PO 참여 확대 방향은 군대 파견으로 한정되지 않고 다양한 민사활동으로 확대하고 시민사회의 창의성과 참여가 동원되어야 할 것이다. 이를 위해 정부 관계기관, 전문가, 시민단체가 모두 참여하여 한국의 건설적인 PO 참여 방향을 논의하는 정책협의체를 구성해 볼 만하다. 국방부가 추진하고 있는 '국가급 PKO 센터'보다는 반관반민의 성격을 띤 PO 전문 연구교육기관 수립도 검토해 볼 만하다.

정부는 국민들이 '파병 장병의 안전'에 관한 정확한 인식을 가질 수 있도록 홍보해야 한다. 세계 평화활동 참여는 예산과 인명 희생이라는 일정 비용을 지불하고 무형의 이익을 확보하는 전략이다. '무형의 외교안보자산'을 창출하는 PO 임무의 특성상 어느 정도의 희생은 불가피하다는 점을 국민에게 분명히 알려 주어 나중에 예기치 못한 희생이 따르더라도 흔들림 없는 정책을 유지할 수 있도록 해야 한다. 또한 다국적군 평화활동에 대한 명확한 이해를 도모함으로써 유엔 결의에 의한 다국적군 활동은 PKO 활동과 다를 바가 없다는 점을 인식시켜야 한다.

한국은 중견국가로서 PO 활동에 주도적 역할을 해야 한다. 우리의 주변국가 역시 세계평화에 기여하려는 노력을 기울이고 있다. 국가주권이나 내정불간섭과 같은 원칙을 앞세워 왔던 중국도 최근 아프리카 등지에서 UN PKO 외교에 박차를 가하는 모습이다. 일본은 유엔 안보리 상임이사국이 되고자 많은 국가역량을 결집하고 있다. 또한 2007년 방위청을 방위성으로 승격시키면서 국제평화협력활동을 자위

대의 우선임무 중 하나로 선언하고 있다. 전범국이라는 역사적 오명을 가지고 있는 일본이나 패권적 야심을 의심받는 중국에 비해 한국은 PO 활동 참여에 이념적 또는 정치적 제약이 덜한 편이다. 경우에 따라서는 일본과 중국 등의 PO 정책을 우리와 비교하고 상호 인적 교류 및 의견교환을 중견국인 우리가 주도해 볼 수도 있을 것이다.

어떻게 보면 ODA보다 평화활동 참여가 한국의 특수한 위상과 역사적 경험을 감안했을 때 한국의 세계공헌 전략으로 더 적합할 수 있다. 우리는 한국전쟁 당시 국제사회의 평화활동에 힘입어 국가의 안전을 지켜 낼 수 있었다. 미국을 포함한 16개국 19만여 명이 한국전에 전투 병력으로 참전했으며, 전쟁으로 전사·부상 또는 실종되거나 포로로 끌려간 UN군 인원은 15만 4,000여 명에 달한다. 만약 그들이 세계평화의 기치하에 한국전쟁에 개입하지 않았다면, 지금 우리가 누리고 있는 자유와 평화는 결코 존재할 수 없었을 것이다. 이제는 이러한 경험을 기억하고 국제사회의 안전과 평화에 적극 공헌할 수 있어야 한다.

4) 가치외교와 민주주의와 인권 증진

(1) 한국의 민주주의 및 인권 현황

세계공헌 국가란 전 지구적 차원의 공공재(global public goods)를 다른 국가들에게 제공하는 국가이다. 즉 모든 국가들이 원하고 필요로 하나 쉽게 제공되지 않는 재화 및 서비스를 공급하는 국가이다. 지역 안보, 환경여건의 개선, 자유무역원리의 실현, 인권보호 등 국제관계의 규범적(rule-based), 가치 지향적(value-driven) 측면을 도모하고 장기적인 복지와 안정을 제고하고자 하는 노력이 세계공헌이다.

세계공헌의 가장 큰 딜레마는 집단행동을 통한 지구공공재 제공에 있다. 패권안정이론에 따르면, 지구공공재는 패권국가가 강제력을 바탕으로 집단행동을 주도하여 공급된다. 그러나 탈냉전 이후 유일한 초강대국이었던 미국의 지위가 상대적으로 실추됨에 따라, 집단행동을 통한 문제의 해결방식이 얼마나 효과적이고 지속 가능할 것인지에 대한 학문적·정책적 차원의 의문들이 제기되고 있다. 이에 더해, 구성주의 국제정치 학자들과 공동체 협력 분야를 연구한 경제학자들은 지구공공재의 제공은 패권국의 영향력 행사가 아닌, 공동가치의 확산과 공유의 문제로 접근해야 한다고 주장하고 있다. 지구공공재의 효과적 제공은 강대국의 흥망이 아닌, 공감대의 지속적 확산에 달려 있다는 견해인 것이다. 이와 같이, 글로벌 거버넌스가 패권국의 부침에 의해 전적으로 좌우되는 문제가 아니라면, 중견국들이 지구공공재의 생산과 공급, 그리고 기본 규범 정립에 기여할 수 있는 여지와 역할은 더욱 커질 수 있다.

글로벌 시대의 세계공헌 논의에서 한국은 막대한 중요성을 가진다. 한국은 산업화와 민주화라는 양대 과제를 동시에 실현한 유례없는 성공 사례이다. 한국은 20세기 초 일제의 약탈과 1950년 6·25전쟁 이후 국가 분단, 뒤이은 이데올로기 대립과 같은 극심한 반목과 갈등 속에서도 빠른 경제성장을 이룩하였다. 이를 바탕으로 한국은 서구의 발전 모델과 아시아적 가치를 조화롭게 추구하는 한편, 민주주의와 인권 분야에서도 괄목할 만한 신장을 보였다. 2008년도에 시작되어 세계경제의 근간을 뒤흔든 미국과 유럽발 경제위기는 서구 경제개발

모델의 한계를 극명하게 노정하였다. 한편 중국경제의 지속적인 고속성장으로 인해 아시아 경제개발 모델에 대한 관심은 더욱 고조되고 있다. 국제테러, 이라크 전쟁, 중국의 부상, 그리고 최근 중동과 북아프리카의 내전 사태와 같은 전 세계적 위기는 그동안 의존해 왔던 서구 국제안보 모델의 한계를 드러내는 동시에 아시아 모델의 가치와 중요성을 생각해 보게 만드는 사건들이다. 따라서 자유민주주의 정치체제와 자유 시장경제를 근간으로 성공적인 경제발전을 이룩한 대표적인 아시아 중견국인 한국을 분석하고 연구하는 것은 향후 글로벌 거버넌스의 방향을 가늠하는 데 중요한 작업이라고 할 수 있다.

과거 사회통합과 화해 차원에서 국내정치적 문제로 다루어지던 민주주의 및 인권 증진을 위한 정책이 2008년 이후부터는 국가외교정책의 주요 목표로 새롭게 설정되어 추진되어 왔다. 한국은 민주주의 확산 및 민주주의 위협에 대한 공동대응을 모토로 2000년 6월 폴란드 바르샤바에서 출범한 '민주주의 공동체(CD: Community of Democracies), 아시아-태평양 지역의 민주주의 확산을 위하여 2008년 출범된 APDP(Asia-Pacific Democracy Partnership) 등에 참여하여 왔다. 또한 국가핵심기능을 수행할 능력이 약한 신생 민주주의 국가들에 재정 기여와 지원을 목적으로 2007년 창설된 PDG(Partnership for Democratic Governance)에서도 활발하고 적극적인 활동을 하고 있다. 2010년 12월 9일과 10일 이틀에 걸친 제3차 Bali Democracy Forum을 인도네시아와 공동으로 주재하기도 하였다. 제3차 회의에서 채택된 의장 성명서는 민주주의와 경제발전이 분쟁방지, 평화정착, 지역안정에 기여하는 측면을 주목하고, 민주주의의 혜택(democratic dividends)을 극대화하기 위한 각 참가국들의 협력을 촉구하였으며, 한국 정부는 이에 대해 지속적이고 적극적인 지원을 할 것임을 밝혔다.

한국은 인권보호 및 증진을 위하여 적극적인 외교를 펼쳐 왔다. 현재 '시민적-정치적 권리규약'을 비롯한 7개 핵심 인권규약 당사국으로서 이 국제규약들을 국내에서 성실히 이행하기 위해 노력하고 있으며, 그 결과 여성, 아동, 장애인 등 다양한 분야에서 실질적인 인권개선을 이룩하여 왔다. 유엔 인권이사회 이사국으로서 여성, 아동, 장애인 등 주제별 인권 사안과 북한, 미얀마 등 국가별 인권사안 논의에 적극 참여하여 전 세계 인권보호와 증진을 위한 국제사회 협력에 활발하게 참여하고 있다.

이명박 정부 출범 이후 한국 정부는 북한인권 상황의 심각성에 대한 국제사회의 우려에 공감하고, 여타 사안과 분리된 인류 보편적 가치로서 인권정책을 수립해 나간다는 기본 입장을 강화하였다. 과거 한국 정부는 남북관계의 특수성으로 인해 2006년 유엔 총회의 찬성 표결을 제외하고는 2003년 이래 유엔 인권위원회와 유엔 총회에 상정된 북한인권 관련 결의안에 기권표를 던져 왔다. 그러나 2008년 제63차 유엔 총회, 2009년 제10차 인권이사회에 상정된 북한 인권 상황 결의안에 공동제안국으로 참여하고 찬성투표를 하였다.

(2) 한국의 문제점

한국의 세계공헌 외교는 현재 정부 주도하에 한국의 국제적 위상 제고 및 소프트 파워 강화와 같은 국익 증진을 목적으로 한 일종의 실용외교 성격을 띠고 있다. 한국의 세계공헌 외교는 목표실현에 필요한 기본요소들(개념정립, 우선순위제고 및 조화, 사례연구, 전략선정 등)의 구체적인 검토가 아직 초보적인 단계에 머물러 있는 수준으로 보인다. 특히 민주주의와 인권 분야에 있어서 한국의 세계공헌 전략은 홍보성 구호에서 크게 벗어나지 못한 상태이다.

민주주의와 인권외교의 선두주자로서 한국의 국제적 이미지는 아직 대단히 미약한 것으로 보인다. 벤자민 페이지(Benjamin Page) 교수팀이 연구한 '아시아 국가들에 대한 미국인의 호감도' 조사에서, 국제안보환경의 변화와 아시아 국가들의 괄목할 만한 경제성장에도 불구하고, 한국에 대한 미국인들의 기본 이미지는 지난 25년 동안 거의 변하지 않았으며, 호감도 또한 그다지 높지 않은 것으로 나타났다. 연구에 따르면, 중국, 인도, 한국, 대만에 대한 미국인의 호감도는 아프리카, 중동, 동유럽, 그리고 남미 국가들에 대한 호감도 수준과 비슷하며, 아시아 국가 중 유일하게 일본만이 지속적으로 높은 호감도를 보이고 있다.

비근한 예로 김형국 교수는 2009년 2월부터 3월까지 진행된 갤럽 조사의 결과를 인용하면서 외국인들이 한국에 호감을 느끼는 이유를 분석하였는데, 응답자별로 한국의 정보기술(34.9%), 경제(13.2%), 과학과 기술(13.0%) 순으로 가장 많았고, '문화와 예술'은 8.8%에 지나지 않았다. 민주주의, 인권, 평화의 증진과 같은 요소로 인해 한국에 호감을 표시한 응답률은 극히 소수에 지나지 않았다.

이러한 조사 결과는 한국이 민주주의와 인권 분야에서 아직 고유한 매력(power of attraction)을 개발하지 못했음을 지적하고 있다. 최근 한국의 민주주의와 인권외교를 다른 국가들의 사례와 비교 분석한 일련의 학술회의 결과에 따르면, 서구 산업국가들 대다수가 민주주의와 인권 분야에서 주요 국가로 자리 잡을 수 있었던 이유는 그들 고유의 매력을 지속적으로 개발·유지해 온 데서 기인한다. 이를테면 호주와 뉴질랜드는 주요 인권 국제 조약의 회원국이거나 그 조약의 출범에 지적·법리적 기여를 한 바 있다. 또한 호주는 2007년, 2008년, 2010년 유엔 총회에서 사형집행중지 결의안(Death Penalty Moratorium Resolution)을 공동 발의(2009년에는 발의가 없었음)한 바 있다. 한국은 아직 이렇듯 독자적인 의제를 설정하여 국제적인 공감대와 신뢰를 얻은 사례가 없다.

한국이 국제사회에서 민주주의와 인권 분야 세계공헌 국가로서 위상을 확립하기 위해서는 원칙에 기반을 둔(principled) 지속적(persistent)인 외교정책 수립이 시급하다. 첫째, 민주주의와 인권외교의 지속성 확립은 세계공헌 국가 한국의 이미지 구축에 필수적이다. 한 국가의 이미지 형성은 단기간에 이루어지지 않는다. 돌발적(sporadic) 행위나 일시적 유행(fad)보다는 과거행적(track record)과 장기적 행동유형이 그 국가의 이미지를 결정한다. 제2차 대전 종전 이래 서독과 통일 독일이 유태인 학살(Holocaust)과 과거 만행에 대해 지속적으로 사과하고 반성하는 모습을 보여 줌으로써 독일의 위상과 권위를 확립한 사례가 여기에 해당하겠다. 둘째, 민주주의와 인권외교의 전개는 원칙에 입각한 것이어야 한다. 민주주의와 인권외교가 단기적인 국익 증진을 위한 수단이 아닌, 한 국가의 기본 가치와 원칙이 반영된 국가정책의 산물이라는 사실을 명확하게 인식할 필요가 있다. 일본의 세계공헌 정책이 국내 건설업 활성화에 직접적으로 도움이 되는 수혜국의 인프라 확충에 선별적으로 집중되었던 것은 주지의 사실이다. 이러한 일본식 세계공헌은 장기적인 관점에서 봤을 때 일본의 국가 이미지 제고에 반드시 순기능적 역할을 했다고 보기 어렵다. 최근 이란과 리비아에서 정치적 돌발 사태가 발생하였을 때, 한국 정부가 국내 건설업계의 이익을 보호하기 위하여 소극적인 인권외교정책을 취한 것도

인권선도국가로서의 장기적 이미지 제고 작업과는 상충되는 경우라
고 하겠다.

(3) 민주주의와 인권 분야 정책대안

민주주의와 인권 분야의 세계공헌과 한국의 소프트 파워 확대는
동전의 양면과 같다. 소프트 파워의 강화는 한국이 보다 효과적이고
적극적인 리더십을 발휘할 수 있는 능력의 확대로 이어지고, 동시에
글로벌 거버넌스에 대한 한국의 공헌이 증대될수록 한국의 소프트
파워는 더욱 강화될 것으로 기대되기 때문이다.

한국이 민주주의와 인권분야에서 세계공헌으로 자리매김하는 데
필요한 전략 중 한 가지는 국제레짐에 적극적이고 지속적으로 참여
하는 것이다. 국제제도와 국제법질서에 적극 참여함으로써 국내 정치
적, 제도적 변화를 유도하고, 이를 통해 국내여론과 관심을 활성화시
키는 선순환적인 분위기 조성이 필요하다. 둘째, 한국의 고유한 강점
을 최대한 활용하여 독자적인 이미지 개발(image – building)과 신뢰성
구축을 위한 정책적 노력이 시급하다.

적극적인 국제제도 참여를 통한 선순환적 효과증대를 위하여 한국
정부가 현재 참여하고 있는 민주주의와 인권 관련 국제회의에서 보다
중심적 역할을 수행할 것을 제안한다. 우리나라가 공동준비국(Convening
Group)으로 출범에 기여했고, 2002년 제2차 회의의 주최국이기도 했던
민주주의 공동체회의(Conference of the Community of Democracies), 루마
니아가 공동으로 의장국을 맡고 있는 민주주의 지역협력 강화를 위한
국제회의(International Conference on the Strengthening of Regional

Cooperation to Promote Democracy) 등을 적극적으로 활용하여 민주주의와 인권 분야에서 리더십을 발휘할 필요가 있다. 2014년 한국이 개최지로 확정된 제3차 세계헌법재판회의(The World Conference on Constitutional Justice) 또한 한국의 위상을 제고할 수 있는 좋은 기회이다. 마지막으로 인권 관련 세계 7대 조약 중 한국이 비준하지 않은 장애인 권리협약 선택의정서(Optional Protocol to the Convention on the Rights of Persons with Disabilities)의 비준을 고려해 볼 필요가 있다.

한국의 고유한 전략 모색 차원에서 우수한 한국 IT 기술과 질병퇴치 및 보건을 연계하는 전략을 생각해 볼 수 있다. 이명박 대통령은 지난 7월 13일 청와대 대국민 담화를 통하여 아프리카 국가들에 대한 한국외교의 확대를 강조하면서 2011년을 한국의 아프리카 외교 강화의 원년으로 선포한 바 있다. 국제금융기구(IMF)에 따르면 아프리카의 경제성장률은 2015년 이후에는 아시아를 능가할 것으로 예상된다. 이 대통령은 2010년 G20 서울 개발컨센서스에 충실하면서 중국의 대아프리카 정책과는 차별화된 한국 고유의 아프리카 외교를 약속하였다. 게이츠 재단은 이 대통령의 이와 같은 대아프리카 외교선언을 환영하면서, 아프리카 내 질병 퇴치에 한국이 직접적으로 기여하는 방식의 하나로 한국 IT기업들의 원조와 기술/시설 제공 가능성을 제시하기도 하였다. 질병퇴치와 같은 기본적 생존과 직결된 문제의 해결 없이 민주화와 인권을 생각할 수 없다는 사실을 미루어 보아, 이러한 방식의 아프리카 원조외교는 한국의 위상과 이미지를 제고하는 데 장기적으로 상당한 효과를 발휘할 것으로 보인다.

5) 녹색성장전략과 환경협력

(1) 국제환경협력을 통한 세계공헌

세계공헌에 이바지할 수 있는 국제환경협력 형태는 크게 환경외교와 환경분야 대외원조로 나눌 수 있다. 환경외교는 국제기구 및 국제환경회의, 네트워크 참여 등을 통해 다양한 글로벌 환경레짐 형성 및 발전에 이바지하는 것을 중시하며, 환경분야 대외원조는 환경분야의 개도국 지원 강화를 의미한다. 환경협력의 효과는 다양한데 먼저 글로벌 환경문제 대응 및 지구의 지속 가능한 발전에 이바지하며, 환경선진국으로서 국가 위상 제고와 국가브랜드 가치 증진을 실현할 수 있다. 또한, 국민의식 증진 및 환경정책 선진화를 통해 환경과 자원의 가치에 대한 국민 관심을 증대시키고, 다양한 환경 관련 국제교류를 통해 우리나라 환경정책의 국제화 및 발전 기회를 얻을 수 있다. 그리고 녹색산업을 선도할 수 있는 기회창출과 한국 녹색 기술 기업의 해외진출 교두보를 마련할 수 있다.

(2) 한국의 국제환경협력 현황

이명박 정부의 기본 방향은 2009년 수립된 '녹색성장 국가전략 및 5개년 계획'의 10대 정책방향 중 '세계적인 녹색성장 모범국가 구현'에 기술되어 있어 이를 통해 현 정부의 환경협력 정책에 대해 알 수 있다. 정부는 녹색성장 모범국가 구현을 위한 네 가지 실천방안을 제시했는데, 첫째가 글로벌 녹색성장 실현에 협력하는 국가로 성장하는 것이다. 둘째는, 국내적으로 환경성과지수 개선, 환경 관련 주요 정상급회의 유치 노력 등을 통해 환경 친화적인 사회를 구축하여 녹색성장의 모범으로 인정받는 국가가 되는 것이다. 셋째로, 개도국 녹색성장을 도와주는 국가가 되고자 하는 것이다. 이를 위해 녹색 ODA 비중을 2009년 14%에서 2013년 20%로 증대하는 것과 지구환경기금(GEF: Global Environment Facility) 공여도(공여액/GEF 목표액)를 2009년 0.23%에서 2013년 0.25%로 인상하는 것을 목표로 삼고 있다. 넷째로, 녹색성장 허브국가를 구현하려고 한다. 기후변화 분야의 국제기구를 창설하여 세계적 연구기관을 유치하려고 한다. 2010년 글로벌 녹색성장연구소(GGGI: Global Green Growth Institute)를 설립하였고 2011년 아시아 산림협력기구(AFoCO: Asian Forest Cooperation Organization) 설립 계획을 가지고 있다.

외교부는 2008년 이후 다양한 양자 및 다자 차원의 환경협력을 본격화하기 시작했다. 지역 다자외교를 위해 동북아 지역 환경협력을 위한 한·중·일 환경장관회의(TEMML: Tripartite Environment Ministers' Meetings), 한·일 환경협력 공동위원회, 한·중 환경협력 공동위원회, 동북아환경협력계획(NEASPEC: North East Asia Sub—regional Programme for Environment Cooperation, 한·중·일, 러시아, 몽골 참여), 북서태평양보전실천계획(NOWPAP: Northwest Pacific Action Plan, 한·중·일·러 참여) 등 지역협의체에 참여하고 있다. 또한 국제 다자외교로서 범지구적 차원의 대기, 생태계, 해양, 유해폐기물 및 화학물질 분야의 환경문제 대응을 위해 다양한 국제환경협약 및 환경 관련 유엔 기구에 참여하고 있다. 예를 들어 생물다양성협약, 멸종위기종의 국제 거래에 관한 협약, 습지보전을 위한 람사르협약, 유해폐기물의 국가 간

이동에 관한 바젤협약, 잔류성 유기오염물질에 관한 스톡홀름협약, 유엔기후변화협약 등에 관여하고 있다. 그리고 국제회의유치노력으로 세계자연보전연맹(IUCN) 제5차 세계자연보전총회(2012.10.) 제주 유치, 유엔 사막화방지협약 제10차 당사국총회 경남 창원 유치(2011), 제7차 세계물포럼 유치(2015) 성공 및 유엔기후변화협약 제18차 당사국총회 (2012) 유치를 위해 노력하고 있다.

정부는 대외경제협력기금(EDCF)을 활용한 개도국 환경분야 지원방안을 제시하고 있다. 이를 위해 녹색성장 산업에 대한 지원 규모를 당초 1.2조 원에서 1.7조 원으로 확대하였다. 무상자금 '기후변화동아시아 기후파트너십'을 통해 2008부터 2012년까지 동아시아 10개국에 수자원, 저탄소도시, 산림, 저탄소에너지, 폐기물처리 분야를 위해 2억 달러 지원을 약속하였다. 한국 정부의 환경협력 분야 정책목표의 적극성과 방향성은 선진국의 환경분야 국제공헌 트렌드와도 일치하며, 국제협력이 절실한 분야인 환경협력에서 한국의 새로운 적극적인 협력자로서의 역할은 국제사회에서 긍정적인 평가를 받고 있다.

(3) 환경협력 문제점

우선 환경외교 부분에서 많은 지구적 환경레짐이 개발형평성을 둘러싼 선진국과 개도국 간의 대치구도를 띠고 있기 때문에 적극적 가교역할을 위한 한국의 협상 중재력과 아젠다 발굴 능력 등이 미흡함을 보이고 있다. 또한 전반적인 환경외교의 철학과 원칙의 부재를 문제점으로 볼 수 있다. 예를 들어, 국내적으로 녹색성장의 개념과 원칙에 대한 이해 및 토론이 부족하며, 국제적으로 한국의 원전수출, 석유·

가스 개발, 광물자원개발 등의 적극적 자원외교가 상대국의 환경자원 보호 노력과 상충하여 한국의 개입이 상대국에서 비판의 대상이 되기도 한다.

환경분야 대외원조 부분에 있어서는 첫째, 환경협력의 경험이 미진하고 전문가가 부족하다. KOICA는 최근 기후변화 관련 국제협력 사업 추진을 위해 관련 부서를 키우고 있으나, 아직 국내에서 기후변화 협력사업의 유경험자를 찾기가 어려운 실정이다. 뿐만 아니라 환경협력을 주도하는 추진체계가 미흡하다. 최근 핫이슈로 떠오른 환경협력을 주도하기 위해 경쟁하듯 각 정부부처는 다양한 협력 안건을 발굴 중인데 비슷한 프로그램이 체계 없이 진행될 우려가 있다. 현재 한국의 녹색성장 경험을 전파한다는 목적 아래 다양한 국내 기관에서 국제협력 프로그램을 개발하고 있으나, 한국의 정책도 아직 초기 단계이고 정책 성공을 평가하기에는 역사가 짧아 자칫 구호에 그치는 홍보성 협력이 될 우려가 있다. 또한 환경협력의 대상국가가 주로 선진국들에게도 인기가 많은 대외원조 거점국가로 몰리는 경향이 있어, 한국만의 환경협력을 차별화하기 어렵다. 마지막으로 녹색 ODA에 대한 정확한 정의가 없는 것이 문제가 될 수 있다. 국제사회는 기후변화 등 환경 관련 대외원조 증가 추세에 대해 전통적인 빈곤해소, 여성, 교육, 보건 등을 위한 개발원조 지원이 감소하는 것을 우려하고 있으며, 이러한 원조전환에 대한 비판과 논란에 대한 대응과 원칙을 마련할 필요성이 있다.

(4) 환경협력 정책대안

환경외교 분야의 개선을 위해, 첫째, 한국이 글로벌 환경레짐 형성 과정에서 적극적 역할을 해야 한다. 국제협상무대에서 조정역할, 대안제시 등을 통해 선진국과 개도국 간의 가교역할을 담당해야 한다. 이를 위해 환경다자외교 전문가 교육 및 아젠다 개발을 위한 전문가 집단을 육성할 필요가 있다. 또한 국내 녹색성장 정책의 정확한 원칙 및 개념을 정리할 필요가 있다. 특히 정부의 녹색성장정책이 환경 형평성 및 자연보전보다는 개발 분야에 집중하고 있다는 비판에 대한 대응을 마련해야 한다. 그리고 자원외교 등 여타 외교활동에서 환경선진국 국가브랜드가 손상되지 않도록 국내 및 대외 정책 및 홍보를 조율해야 한다. 동아시아 지역 내의 환경협력은 환경협력을 둘러싼 국제레짐의 축소판이라고 할 수 있는바, 선개도국 간의 가교역할을 수행하기 위한 중재력, 아젠다 발굴 등 다양한 경험과 시도가 필요하다.

환경협력 개선을 위한 정책대안으로는 일단 국내 역량강화가 필수적이다. 인력, 조직의 육성, 환경협력을 추진하는 다양한 주체들 간의 유기적이고 종합적인 추진체제가 필요하다. 이를 위해 녹색성장위원회의 국제협력담당부서가 다양한 정부부처의 환경협력 정책을 심의·조정·평가하는 역할을 수행하고, 각 부처는 구체적인 환경사업을 운영하는 분업구조가 적절한지 고민할 필요가 있다. 경험이 많은 유럽의 원조기관들과의 공동 사업 및 협조금융(co-financing) 추진 등을 통해 한국의 경험을 축적하는 것 역시 도움이 될 수 있다. 또한 개도국 환경협력을 개별 원조사업으로 다루는 것에서 벗어나 여타 개발원조사업을 추진함에 있어 환경영향을 고려하는 개발원조정책의 환경주류화(environmental mainstreaming)가 필요하다. OECD DAC가 발표한 환경주류화 가이드라인 등 선진사례를 참조하여 우리 정부의 개발원조 정책의 환경주류화 도입을 위한 가이드라인 수립을 고려해야 한다. 수혜국의 수요가 반영된 환경협력 안건 발굴 시스템을 구축하는 것이 중요하다. 외교관, 주재원, 전문 연구자들의 네트워크를 구축하고 협력대상국과 정기적인 대화채널을 개설해야 한다.

그리고 우리나라 제도 보급 확대를 위해 우리나라에서 성공적으로 실시되고 있는 제도나 정책을 발굴하여 이를 개도국에게 소개하고 도입을 장려하여 우리나라만의 독창적인 환경협력 사례 개발을 해야 한다. 폐기물통합관리시스템, 환경영향평가방법 및 제도 등이 예가 될 수 있으며, 최근 시작한 온실가스정보 인벤토리 구축 노하우, 온실가스 측정 및 모니터링 방법론 및 전문가 교육 등의 온실가스 저감정책이 성공적으로 정착된다면 이 분야의 제도 및 정책 또한 개도국 지원 사업을 위한 좋은 예가 될 수 있다. 이를 위해서 정부부처 이외에도 지방자치제, 기업, 연구기관, NGO 등 다양한 환경협력의 주체가 있으며 중앙정부 차원에서 적극적인 지원을 통해 다양한 민관협력(public-private cooperation) 방식의 환경협력이 가능하도록 장려하는 것이 필요하다. 마지막으로 환경분야의 대외원조 확대를 실현하기 위한 재원마련을 위해서 정부는 국민과의 적극적 소통을 통해 원조전환에 대한 우려를 불식시키고 환경협력의 중요성을 설명하고 설득할 수 있어야 한다.

제2부

정치와 행정

제1장

정치 선진화를 위한 개혁과제

김도종, 박명호

─요약─

지난 80년대 후반부터 우리 사회에 시작된 권위주의의 해체와
민주주의 공고화의 진행은 우리나라 민주주의 수준을 상당히 심
화시켰다. 그럼에도 불구하고 국회의원을 중심으로 하는 정치인
들과 국회 그 자체에 대한 국민들의 냉소주의와 불신은 오히려 높
아 가고 있는 것이 현실이다. 이같이 정치권이 국민들로부터 신뢰
를 받지 못할 경우, 정치의 가장 중요한 역할 중 하나인 국민통합
의 기능이 제대로 수행될 수 없다. 정치분야의 낙후나 퇴행은 여타
부분의 발전까지 발목잡고 있는 상황이며 정치 선진화 없이 우리
나라는 절대로 선진국이 될 수가 없다. 향후 정당들과 정부는 "특
권 없는 정치, 국민이 주인인 정치"를 약속하고 이를 실천하여야

한다. 이를 위해서는 수많은 과제가 있지만 우선 선거를 중심으로 한 제도개선과 국회운영의 개혁, 그리고 공직기강의 확립을 위한 주요 핵심과제를 제시하기로 한다.

(1) **공직후보 정당공천의 제도화:** 우리나라가 민주주의의 주요 기제인 선거와 관련하여 선거일 법정주의를 택한 이유는 정치의 예측성을 가능케 하기 위한 것인데, 이에 맞춰 정당들의 공천 시기가 정해지지 않는다면 그 예측성은 반감될 수밖에 없다. 따라서 "공천시점을 선거 몇 개월 전에 한다"와 같이 시점을 명확히 법제화함으로써 공천 잡음을 최소화시키는 동시에 그동안 선거에 임박해 공천 작업을 진행하면서 우리나라 정당들이 비난을 받아 오고 또 내부갈등의 요인이 되었던 사천(私薦) 논란에서 벗어나는 것이 정당에 대한 신뢰를 회복하는 필요조건의 하나라고 하겠다.

(2) **지역구의원 후보 공천과정의 민주화:** 대의민주주의의 취지를 살리기 위해서는 정당공천과정 자체가 민주성과 개방성을 확보하여야 할 것이다. 지역구 국회의원의 정당공천과정에서부터 국민 참여가 이루어져야 할 것이며, 이러한 제도의 정착을 위해 상향식 공천이 법제화되어야 할 것이다.

(3) **권역별 비례대표제 도입:** 맹목적으로 특정정당을 지지하는 기존의 지역주의에서 탈피하여 정당의 정책과 공약을 준거로 투표하는 정책정당화를 유도하고 정당정치의 활성화를 가져오는 단초를 마련하기 위해 선거제도를 개혁할 필요가 있다. 하나의 대안으로 권역별 비례대표제를 들 수 있다. 이 제도는 전국을 권역

으로 나눠 정당의 권역별 후보자명부에 투표하여 일정 수의 비례의석을 선출하는 제도이다. 권역별 비례대표제는 다시 득표율 적용에 따라 정당의 전국득표율을 권역 간 차등 없이 일정하게 적용하는 일률배분식과 해당권역의 정당득표율을 적용하는 권역별 제한식의 두 가지가 있는데, 이 중 일률배분식은 거대정당의 지역 간 의석편중을 상당 부분 완화시켜 지역주의 극복의 단초를 제시할 수 있을 것으로 예상된다.

(4) **국회 예결산 기능의 강화:** 우리나라 국회의 예결산 기능은 상임위원회와 예결위원회 간의 분화 및 전문화가 이루어지지 않고 있다는 점, 현재 국회의 결산심사는 정부가 제출한 결산안을 형식적으로 승인하는 절차 이상의 의미를 갖지 못하고 있다는 점 등의 상당한 문제점을 가지고 있다. 국회가 가지고 있는 예산심의기능의 강화를 위해서는 ① 예산안을 확정하기 이전에 경제 및 재정정책 전반에 대한 국회 주도의 공개적 논의를 활성화하기 위해 사전심의절차를 도입해야 할 것이며, ② 전문적이고 상시적인 예·결산 심사를 위하여 상설특위인 예결특별위원회를 일반상임위로 전환하고 예결위원회와 상임위원회 위원직 겸임을 금지시켜야 할 것이며, ③ 국회의 예결산 감시에 대한 전문성을 제고하고 좀 더 효과적인 국회의 정부에 대한 견제가 가능하도록 국회에 회계감사 전문기구 설치를 고려해야 할 것이다.

(5) **국회의원 자유투표제:** 우리나라 국회운영의 파행은 대부분 당명에 따라 무조건 표결해야 한다는 원칙에 따라 의원들이 집단

적으로 행동함으로써 빚어지는 경우가 대부분이며 국민들로부터 많은 지탄을 받고 있다. 선진국일수록 교차투표는 철저히 보장되고 있지만, 우리나라에서는 당론을 거부하고 소신에 따라 교차투표를 할 경우 소속정당의 각종 징계조치가 따르는 것이 현실이다. 각 정당들은 규정을 통한 의원의 표결에 대한 구속력을 제거해야 할 뿐 아니라 국회의원 스스로 독립적인 헌법기관 신분이라는 점을 충분히 인식하여 교차투표 내지 자유투표를 실현시켜야 할 것이다.

(6) **필리버스터 도입:** 법안처리과정에서 빚어지는 물리적인 충돌 사태는 점차적으로 줄어들기는커녕 오히려 더 증대되고 심화되는 현상이 나타나고 있다. 의회는 물리력을 철저히 배제하고 찬반 사이의 토론과 심도 있는 토의를 거쳐 사회적 갈등을 해소하고 사회적 합의를 정책입법하는 국민의 대의기관이어야 한다. 그러한 원칙에 크게 벗어나고 있는 우리 국회의 파행성을 없애기 위해서는 충분한 토론을 보장하는 필리버스터를 도입하여 국민의 신뢰를 받는 국회의 위상을 정립하는 것이 시급한 과제라 하겠다.

(7) **국회윤리특별위원회의 독립적 구성:** 역대 국회에서 의원의 윤리심사 및 징계 사례는 거의 없는데, 이는 대상 행위가 없었다기보다는 의원들끼리의 '제 식구 감싸기' 관행 때문에 윤리심사 자체를 하지 않았기 때문이다. 의원에 대한 윤리심사를 활성화하기 위해서 윤리심사나 징계를 요구할 수 있는 요건의 제도화 및 재정비가 필요하다.

(8) **주민소환제 확대 및 국민소환제 도입:** 현행법상 선출직 지방공
직자 중에서 자치단체장 및 지역구 지방의회의원만이 주민소환
의 대상이 되고 있으나, 비례대표 시도의원 및 비례대표 시군의
원과 교육감도 그 대상에 포함시켜야 할 것이다. 지방자치와 관
련하여 주민소환제가 시행되고 있다는 점을 고려할 때 중앙정치
에 대한 국민들의 견제수단도 마련되는 것이 형평성의 원칙에도
맞는다고 할 것인바, 적어도 국회의원에 대한 국민소환제는 도
입되어야 할 것이다.

1) 서론

(1) 현황과 진단

지난 80년대 후반부터 우리 사회에 시작된 권위주의의 해체와 민
주주의 공고화의 진행은 우리나라 민주주의 수준을 상당히 심화시켰
다. 권위주의 시대와는 달리 정치적 자유와 인권이 크게 향상되었고
또 일반 국민들의 정치참여도 대폭 확대되었다. 오히려 민주주의의
과잉이라는 우려 섞인 평가가 등장할 상황이다.

우리나라 민주주의의 수준에 대해서는 외국기관의 평가가 자주 언
급된다. 영국 『더 타임스(The Times)』의 연구기관(intelligence unit)에 따
르면 대한민국의 민주주의 수준은 최고 등급에 속해 있다. 세계 167
개국을 조사대상으로 한 그 기관의 '2008년 민주주의 지수(Democracy

Index 2008)'는 우리나라가 '완전한 민주주의'를 유지하고 있는 30개 국에 해당되고 있는 것을 보여 주고 있다. 참고로 '불완전한 민주주 의'는 50개국, '민주－비민주 혼합체제'는 36개국, '권위주의 체제'는 51개국으로 조사되었다. 우리나라는 10점 만점에 8.01을 기록하며 28 위를 차지한 것으로 나타났다. 참고로 1위를 차지한 스웨덴은 9.88을 기록하고 있다. 이러한 외국기관(특히 영미권의 기관)의 조사결과를 인용하는 것에 대해 일부 좌파학자들은 주체성을 결여한 자기만족이 라는 혹평을 하기도 한다.

민주주의 공고화의 목표는 절차적 민주주의의 완성을 넘어선 제도 화를 통한 대의민주주의의 확립과 우리나라 정치의 생산성 및 효율 성 향상이다. 지난 60년대부터 80년대의 군사권위주의 통치 기간 중 우리나라의 정치가 당면했고 해결해야 할 문제가 정통성의 위기였다 면, 그 정통성의 문제가 종식된 이후 민주화가 진행되는 과정에서 일 반 국민들이 목격하고 느끼는 현상은 급격한 생산성의 저하에 따른 효율성의 위기라고 해석할 수 있을 것이다. 민주화 이후 개혁담론이 등장한 지 20년 가까운 세월이 지났지만 아직도 그 개혁 또는 쇄신이 라는 용어의 정치적 활용도가 높은 이유는 우리 사회의 각 부분이 국 민들이 안심할 만큼의 생산적이고 효율적인 체제를 갖추지 못하고 있기 때문이라고 분석된다.

현재 대부분의 민주주의 국가들이 채택하고 있는 대의민주주의 실 행의 필수적 제도는 의회이다. 우리나라 국회는 지난 20년 가까운 기 간 동안 행정부를 견제하고 입법활동을 효과적으로 지원하기 위해 제도적 보완책을 부단히 마련하고 개선해 왔다. 그럼에도 불구하고 국회의원을 중심으로 하는 정치인들과 국회 그 자체에 대한 국민들의 냉소주의와 불신은 오히려 높아 가고 있는 것이 현실이다.

우리나라 국회에 대한 국민들의 불신은 심각한 수준을 넘어서 과연 존재의 이유가 있나 하는 의구심을 갖게 한다. '세계가치조사(World Value Survey)'가 국가별 의회에 대한 일반 국민들의 신뢰도를 조사하여 발표한 결과를 보면 주요 의회민주주의 국가들에 비해 우리나라 국회의 신뢰도가 현저히 낮은 것으로 나타났다. 주요 국가들의 경우 자국의 의회를 신뢰한다고 응답한 비율이 평균 39.7%인 반면 한국은 그 응답자의 신뢰율이 10.2%에 불과하였다.

국민들의 국회에 대한 불신은 정치권 전체에 대한 불신을 의미하며 이같이 정치권이 국민들로부터 신뢰를 받지 못할 경우, 정치의 가장 중요한 역할 중 하나인 국민통합의 기능이 제대로 수행될 수 없다. 또한 국민통합 없이는 국가의 발전은 전혀 기대할 수 없는 것이다.

물론 정치과정에서 나타나는 비효율성과 저생산성이 모두 정치인이나 국회를 중심으로 하는 정치권의 책임만은 아니다. 민주주의 공고화 과정에서 나타날 수밖에 없는 필연적인 요소가 내재되어 있다. 민주화과정은 일반 국민의 기대를 상승시켜 정치참여에의 욕구를 급격히 증대시키며 경제적 이해갈등과 분배갈등을 표출시키는 경향이 높다. 민주화에 따라 불가피하게 증대되는 분배갈등에 대한 해결과 복지에 대한 수요를 충족시키기 위해서도 일정 수준 이상의 경제성장이 필요하며 민주화와 더불어 새롭게 늘어난 지출을 통하여 해결하려고 시도할 때 그 비용을 부담하게 되는 기득권 세력의 반발이 발생할 수밖에 없다. 최근 논란이 지속되고 있는 감세-증세논란이 이러한 사례를 말해 주는 것이라 하겠다. 이와 관련된 논란은 국론을 분열시키고 정치적 안정을 훼손시킨다. 이 같은 현상은 지난 70년 이후 민주화를 경험했던 국가들이 보편적으로 겪는 이중전환의 어려움과 연관되는데 이는 민주적 공고화를 위한 정치개혁의 필요성과 동시에 경제위기를 극복하고 효율적인 시장경제의 확립을 위한 구조조정이라는 경제제도의 개혁을 동시에 추진해야 하는 어려움을 말해주는 것이라 하겠다.

우리나라는 초고속 압축성장을 통해 산업화에 성공하였으며 현재는 선진국 진입의 문턱에 도달한 상황이다. 지난 90년대 중반부터 시도하고 있는 선진국 진입 노력은 외환위기로 좌절되었으며 최근에는 전 세계적인 경제위기로 다시 한 번 지체될 상황에 처해 있다. 절차적 민주주의가 거의 확립된 시점에서 선진국 진입이 좌절되고 있는 이유는 경제적인 상황보다도 진정한 정치 선진화가 이루어지지 않고 있기 때문이다. 다른 사회분야의 발전과는 달리 정치분야의 낙후나 퇴행은 여타 부분의 발전까지 발목잡고 있는 상황이며 정치 선진화 없이 우리나라는 절대로 선진국이 될 수가 없다. 그런데 이러한 정치분야의 문제점은 대부분 정치권 스스로에 귀착되고 있다. 따라서 민주주의 위기를 극복하고 정치 선진화를 이룰 방안들은 제도적 개선을 통해 정치권의 효율성과 생산성을 높이고 도덕성을 확립함으로써 국민들로부터의 신뢰를 회복하는 방안들이 되어야 할 것이다.

(2) 정치 선진화를 위한 개혁방향

글로벌 경제위기가 지속되고 있는 가운데 우리나라가 G20 회원국 수준을 넘어 완전한 선진국에 진입하여 자주성을 갖는 국가의 위상을 구축하기 위해서는 정치 선진화가 필수적인 과제라고 하겠다. 민주주의는 심화되었지만 정치 선진화가 더딘 이유는 우리 정치권이 국민의 신뢰를 받는 모습과 행태를 보이지 못하고 있기 때문이다. 따라서 국민통합 → 국가발전 → 국민의 행복도 향상이라는 선순환 구조를 이루기 위해서 가장 시급한 문제는 정치의 신뢰 회복이다. 대의민주주의하에서 정치의 중심이자 핵은 의회이며 우리나라의 경우 국회에 대한 국민들의 불신을 해소하는 것이 일차적인 과제이다.

우리나라 국회는 국민의 대의기관으로 여론을 수렴하여 정책을 입안하고 국민을 대신하여 정부를 견제하고 감시하여야 한다. 이러한 본연의 기능을 수행할 수 있도록 국회의원 각자가 노력하는 한편 구조적이고 제도적인 개선을 통해 그 기능이 제대로 작동될 수 있도록 하는 지원이 필요한 것이다.

우리나라 정치는 언술과 행태가 이원화되어 있는 것이 문제의 시발점이다. 선거철마다 모든 정당과 정치인들이 국민의 공복이 되겠다고 반복하여 약속하지만 일단 선거가 끝나면 그러한 약속을 이행하려고 노력하는 모습을 보이지 않고 있다. 유권자들이 직접 선택하여 구성된 정치엘리트집단이지만 그 집단은 국민의 생활과는 전혀 별개의 모습을 보이는 특권층이라는 인식을 줄 뿐이다. 국민들로부터의 신뢰 회복은 통치엘리트들이 스스로 특권을 버리고 정치권의 개방성과 정치과정의 투명성을 높이는 노력에서 시작되어야 할 것이다.

이 같은 의미에서 향후 정당들과 정부는 '특권 없는 정치, 국민이 주인인 정치'를 약속하고 이를 실천하여야 할 것이다. 이를 실천하기 위해서는 수많은 과제가 있지만 우선 선거를 중심으로 한 제도개선과 국회운영의 개혁, 그리고 공직기강의 확립을 위한 주요 핵심과제를 제시하기로 한다.

2) 정치개혁과제

(1) 공직후보 정당공천의 제도화

우리나라는 선거일 법정주의를 채택하고 있다. 즉 주요 선거의 일자가 법으로 정해져 있다. 이는 정치일정을 법으로 정함으로써 정치의 예측성을 높이고자 하는 목적이다.

그러나 이 선거에 참여하는 주요 행위자인 정당들은 공천시기에 대한 명확한 규정을 갖고 있지 않다. 정당들은 선거를 앞둔 공천 때마다 정치상황 등을 고려해 공천시기를 정하는 게 관례였다. 제17대 총선(2004년)의 경우, 주요 정당들은 선거를 약 100일 앞둔 2003년 12월 말에 공천심사위를 구성하였고, 공천신청을 받은 후, 2004년 1월 말경 1차 공천자 발표, 선거 두 달도 남기지 않은 2월 말에 가서야 공천을 마무리하였다. 제18대 총선(2008년)의 경우는 더욱 심각하였다. 전해인 2007년 12월에 치러진 대선에서 승리한 한나라당은 당시 친이계와 친박계의 공천갈등으로 말미암아 총선후보 공천을 후보등록 마감일 직전에서야 완료할 수 있었다. 10년 만에 정권을 내어 준 민주당도 대선패배의 후유증에서 벗어나지 못한 채 내홍을 겪다가 한나라당과 비슷한 시기에 공천을 종료할 수 있었다.

이처럼 공천시기에 큰 편차를 보이는 이유는 각 정당들이 이에 대한 명확한 규정을 갖고 있지 않은 채 당지도부나 각 정파의 정치적 이해관계에 따라서 의도적으로 시기를 늦추거나 혹은 빠르게 하려는 각축이 선거를 앞두고 발생하기 때문이다.

정당들이 공천시기를 명문화하지 않음으로써 발생하는 정치적 폐해는 매우 크다. 우리나라가 민주주의의 주요 기제인 선거와 관련하여 선거일 법정주의를 택한 이유는 정치의 예측성을 가능케 하기 위한 것인데, 이에 맞춰 정당들의 공천시기가 정해지지 않는다면 그 예측성은 반감될 수밖에 없다. 그리고 공천시기가 일정치 않은 것은 우리나라 정당들의 후보공천이 민주성과 개방성을 결여하고 있다는 것을 반증하고 있는 것이다.

따라서 "공천시점을 선거 몇 개월 전에 한다"와 같이 시점을 명확히 법제화함으로써 공천잡음을 최소화시키는 동시에 그동안 선거에 임박해 공천작업을 진행하면서 우리나라 정당들이 비난을 받아 오고 또 내부갈등의 요인이 되었던 사천(私薦) 논란에서 벗어나는 것이 정당에 대한 신뢰를 회복하는 필요조건의 하나라고 하겠다.

원칙적으로 정당의 공직후보 선출방식은 각 정당의 재량에 속하는 것으로 보아야 할 것이다. 하지만 정치제도의 제도화 수준이 상대적으로 낮고 선거에 임박하여 후보가 선정되어 유권자의 정상적 판단을 저해하고 당내 갈등이 선거 진행과정의 정상성에 악영향을 미칠 수 있는 경우, 법제화를 통해 정당공천의 제도화를 유도하는 것이 바람직하다 하겠다.

정당 내부의 활동과 관련하여 우리나라 정당현실을 살펴볼 때, 정당이 후보자를 어떻게 선정해야 하는가와 후보를 공천한다면 언제까지 후보선정을 마무리해야 하느냐의 문제가 법제화 내용의 핵심이라 하겠다. 선거정치의 예측 가능성을 제고하고 정당의 책임성을 확보하는 데 공천방식과 시기의 제도화가 결정적 요인이기 때문이다.

공천시기의 제도화는 선거법에 공직자의 임기만료에 따른 공직선거일의 법정화와 같은 맥락으로 이해할 수 있다. 현행 통합선거법 제정 이전에는 '선거일 공고주의'에 따라 선거를 실시할 수 있는 기간만을 법적으로 정해 놓고 해당 선거의 구체적 선거일은 공고권자가 결정하여 공고할 수 있도록 했다. 즉 공고의 권한은 집권세력이 가지고 있었기 때문에 선거 시기를 둘러싼 정치적 논란이 반복되어 왔다. 선거를 언제 실시하느냐에 따라 정치적 이해관계가 엇갈렸기 때문이다. 이러한 논란을 최소화하고 예측 가능한 정치를 실현하기 위해 지난 1994년 통합선거법 제정 시 '선거일 법정주의'를 채택하게 되었다. 이 선거일 법정주의에 따르면 대통령 선거는 대통령 임기 만료 전 70일 이후의 첫 번째 목요일, 국회의원 총선거는 국회의원 임기만료 전 50일 이후의 첫 번째 목요일에 실시하도록 한 것이며 이들 선거일만은 예외 없이 지금까지 지켜져 왔다.

이렇듯 선거일을 법정화함으로써 선거출마를 준비하는 예비정치인들과 현직 정치인들 간의 선거운동 기회의 불균형을 줄일 수 있었다. 마찬가지로 불균형을 더욱 최소화하고 유권자들에게 선택에 필요한 충분한 정보를 제공한다는 의미에서 공식 선거운동 개시 일정기간 전까지 정당은 공직후보 선정을 마무리하도록 제도화해야 할 것이다.

(2) 지역구의원 후보 공천과정의 민주화

우리나라 공직후보 선정은 정당에 위임되어 있다. 정당법 제28조 정당의 운영에 관련된 조항은 "정당은 그 강령(또는 기본정책)과 당헌을 공개하여야 하며 공직선거후보자 선출에 관한 사항을 당헌에 명시"하도록 규정함으로써 선거의 핵심이라고 할 수 있는 정당공천의 구체적인 내용과 절차를 전적으로 각 정당의 당헌에 위임하고 있다. 지난 2004년 제17대 총선부터 주요 정당들은 공직후보자 추천과 관련하여 상향식 공천의 가능성을 내포하고 있는 규정을 두고 있으나 실질적으로는 하향식 공천 위주로 진행될 수밖에 없는 다양한 제한 규정을 두어 과거 권위주의시대처럼 여전히 당대표나 계파 간 합의에 의한 하향식 공천이 계속되고 있다.

우리나라의 정당구조가 양당정당체제임을 고려할 때 국회의원 인력풀은 정당이 독점하고 있는 것이며 국민들의 의사와는 상관없이 정당은 후보공천을 통해 유권자들에게 선택을 강요하고 있는 실정이다. 그렇다면 정당들의 후보공천과정에도 국민들의 의사가 반영되어야 할 것이며 그러한 과정을 거쳐 정당후보들이 결정되고 대의기관의 구성원들이 선출되었을 때 진정한 대의민주주의가 가능하다 하겠다. 국민들의 뜻이 전혀 반영되지 않은 후보들을 대상으로 한 선거를 통해 국회의 구성원들이 선출된다면 이는 진정한 대의민주주의의 취지에 어긋나는 것이라 하겠다. 대의민주주의의 취지를 살리기 위해서는 정당공천과정 자체가 민주성과 개방성을 확보하여야 할 것이다.

정당공천의 민주성과 개방성을 확대하기 위해서는 지역구 국회의원의 정당공천과정에서부터 국민참여가 이루어져야 할 것이다.

대의민주주의하에서 선출직 공직자들이 누구에 의해서 선발되어야 하는가 하는 질문에 대한 해답은 너무도 명확하다. 유권자는 공직후보들 중에서 누가 과연 민의를 잘 반영하고 수행할 수 있을 것인가에 대한 평가를 바탕으로 선택할 수 있는 제도적 장치를 지녀야 한다. 국회의원을 비롯한 모든 선출직 공직자들은 일차적으로 공천권을 가진 인물에게 종속될 수밖에 없다. 만약 정당공천권이 정당의 지도부나 1인의 정치보스에게 집중된다면 국민에 의한 민주적 정부를 구성하기는 힘들다. 이는 정당보스에 의한 정부일 뿐이며 국민의 지지나 관심을 받을 수 없다. 따라서 우리나라 헌법 제8조 제2항에서 규정된 바와 같이 "정당은 그 목적·조직과 활동이 민주적이어야 하며, 국민의 정치적 의사형성에 참여하는 필요한 조직을 가져야 한다"는 것이 실질적으로 작동될 수 있도록 정당의 공천제도도 획기적으로 개혁되어야 한다. 따라서 공직후보의 선출권도 국민들에게 돌려주어야 하며 이러한 제도가 정착될 수 있도록 법에 의해 공천이 상향식으로 진행되도록 제도화되어야 할 것이다.

(3) 권역별 비례대표제 도입

한국정치가 후진성에서 벗어나지 못하고 있는 가장 큰 이유 중의 하나로 지역정당체제가 지적되고 있다. 민주주의의 공고화가 상당한 수준에 이르렀다 하더라도 이를 해소하지 않고는 정치 선진화가 거의 불가능하다 하겠다. 현재의 우리나라 정치문화를 고려할 때 지역 유권자들의 정치의식에 획기적인 전환이 일어나기 전에는 특정지역을 기반으로 하는 지역패권정당체제의 해체는 요원한 일이라 하겠다. 근본적으로 정치의식의 전환이 이루어져야 가능한 일이지만 선거제도의 변경을 통해 지역정당체제에 내재되어 있는 완고성을 완화하는 방안도 검토되어야 할 것이다. 이의 한 방안으로 비례대표의원의 권역별 선출제도를 제안한다.

선거제도의 적실성은 유권자가 행사하는 투표의 의석전환이 얼마나 합리적으로 이루어지느냐에 달려 있으며, 그것은 투표의 대표성과 비례성의 구현이라는 선거의 기본원칙으로 귀결된다. 즉 유권자의 의사가 왜곡되지 않고 의석으로 정확하게 반영되는 것은 모든 선거제도가 본질적으로 지향하는 목표인 것이다. 그러한 점에서 우리의 현행 선거제도하에서 나타나는 특정정당의 특정지역 독점현상, 즉 지역주의는 선거의 근본원리를 훼손시키는 큰 문제가 아닐 수 없다. 그럼에도 불구하고 우리나라 정치권은 민주화 이후 20년 넘도록 이를 방치하여 왔다.

지역주의의 폐단은 무엇보다 정당과 후보가 제시하는 정책이나 공약에 근거하기보다는 지역연고가 선택의 기준이 된다는 점에서 문제의 심각성이 더욱 크다. 지역주의 극복을 위한 선거제도적 측면에서의 접근은 무엇보다 비례대표제의 확대실시와 선거구제의 개혁을 통한 정당스펙트럼의 다양화와 정당 간 민주적 경쟁구도의 확립에 그 목적을 둔다. 정당의 본질적인 기능을 사회 속에 내재하는 다양한 균열과 유권자의 선호 및 이해를 표출시키는 것으로 정의할 때, 그러한 기능은 정당의 균형적 의석분포가 실현되는 정당체제하에서 제고될 수 있다. 예컨대 비례대표 국회의원 선출을 위한 정당투표제가 도입된 지난 2004년 제17대 총선은 군소정당의 약진으로 미약하나마 정당체제의 재편(realignment)을 가져왔다. 이는 선거제도의 개혁이 정당체제의 변화를 초래했다고 볼 수 있다.

이러한 점에서 선거제도의 개혁은 맹목적으로 특정정당을 지지하는 기존의 지역주의에서 탈피하여 정당의 정책과 공약을 준거로 투표하는 정책정당화를 유도하고 정당정치의 활성화를 가져오는 단초를 마련하는 계기가 될 수 있을 것이다.

한국선거제도의 대안으로는 권역별 비례대표제를 들 수 있다. 이 제도는 전국을 권역으로 나눠 정당의 권역별 후보자명부에 투표하여 일정 수의 비례의석을 선출하는 제도이다. 명부의석을 선출한다는 점에서는 독일식 정당명부제와 동일하지만 지역구의석과는 별도로 고정수치의 비례의석을 선출한다는 점에서는 독일식 정당명부제와 대별된다. 권역별 비례대표제는 다시 득표율 적용에 따라 구분되는데, 정당의 전국득표율을 권역 간 차등 없이 일정하게 적용하는 일률배분식과 해당권역의 정당득표율을 적용하는 권역별 제한식 두 가지가 있다.

우리나라의 현실을 고려할 때, 일률배분식이든 권역별 제한식이든 권역별 비례대표제에서 가장 우선적으로 결정해야 될 중요한 문제는 권역설정의 문제이다. 권역의 범위를 어떻게 정하느냐에 따라 그 제도적 효과가 달라지기 때문이다. 권역설정 시 고려되는 방안들은 세 가지로 압축되는데, 첫째, 광역자치단체를 중심으로 하는 방안, 둘째, 이보다 확대하여 6개 광역시와 인근도시를 합친 방안, 그리고 마지막으로 가장 확대하여 서울, 경기, 강원, 충청, 전라, 경상, 제주 등 7개 권역으로 하는 방안이 제시될 수 있다.

이 중 일률배분식은 거대정당의 지역 간 의석편중을 상당 부분 완화시켜 지역주의 극복의 단초를 제시할 수 있을 것으로 예상된다. 물론 그 제도적 효과는 권역의 범위, 의석수 또는 지역구 대비 비례의석의 비율 등에 종속적일 수 있으나, 이들 요인들이 분석결과에 결정적인 영향을 미치는 환경변수라고 규정하기는 어려울 것이다. 또한 일률배분식이 전국득표율을 해당권역에 획일적으로 적용한다는 점에서 지역주민의 정당지지를 반영하지 않아 직접투표의 원칙에 배치된다는 문제점이 제기되지만, 비례대표제 개편의 본질적인 취지를 정당 간 균형적 의석배분을 통한 특정정당의 지역독점화를 극복하는 데 둔다면 이 제도에 직접투표의 원칙보다 우선적 가치가 부여되어야 할 것이다. 그리고 이러한 일률배분식과 결합하게 될 선거구제방식으로는 지역대표성과 지역주의의 극복효과 모두를 제고할 수 있을 것으로 보인다.

(4) 국회 예결산 기능의 강화

2011년부터 우리나라의 정부예산이 300조 원을 넘어섰다. 지난 2010년 조세부담률은 19.3%를 기록하였으며 일인당 평균 세금납부액은 600만 원 수준에 이르고 있다. 정부가 획기적인 감축예산안을 편성하지 않는 한 복지예산수요와 국가부채의 증가로 국민의 세금부담은 더욱 늘어날 것으로 전망된다.

국회의 가장 중요한 임무 중 하나는 정부의 예산편성을 검토하여 승인하고 그 예산이 적절히 집행되고 있나를 감시하는 일이다. 그러나 우리나라 국회의 예·결산기능은 상당한 문제점을 가지고 있다.

국회가 해마다 시행하는 예·결산 심사제도의 가장 중요한 특징은 상임위의 예비심사, 그리고 예산결산위원회의 종합심사라는 2단계 심사구조이다. 예산의결권은 국회가 가지고 있는 가장 중요한 권한 중 하나인데, 이러한 막중한 업무를 단일위원회에 전담하는 것은 부당하므로 예비심사라는 방식으로 모든 위원회의 참여를 허용한 것이다. 그러나 얼핏 안전장치로 보이는 이러한 2단계 심사구조는 원래 취지인 상임위원회와 예결위원회 간의 분화 및 전문화가 이루어지지 않고 있다는 문제점을 드러내고 있다. 상임위원회는 정책적 고려에 기초하여 소관부서의 예산안에 대한 검토를 수행하고 예결위원회는 전체적인 차원에서 국가재정 전반을 종합적으로 통합·조정하는 방식으로 예산안을 심사하는 통합조정의 기능을 발휘하는 바람직한 역할배분이 이루어져야 하는 것이 마땅하다 하겠다. 그러나 우리나라 국회의 예산심의는 그렇게 진행되지 못하고 있는 것이 현실이다.

이와 함께 2단계 심의과정에서 역할배분이 제대로 작동되지 못함으로써 오히려 상임위원회와 예결위원회의 업무가 중복되어 예산심의의 효율성이 떨어진다는 지적을 받고 있다. 비효율성의 구체적인 예를 들면, 상임위원회와 예결위원회의 심의과정 모두에서 관계장관의 설명, 전문위원의 검토, 정책질의, 부별 심의, 소위원회 계수 조정 등 거의 비슷한 심사절차가 중복되어 진행되고 있는 것이다.

예·결산 심사구조의 또 다른 특징이자 문제점으로는 담당위원회가 '겸임위원'으로 구성되어 있다는 점이다. 예결위원회 소속의원은 한시적인 특별위원회인 예결위원회 위원이면서 자신이 속한 상임위원회에서 예산심의를 하는 겸업을 하고 있다. 이 같은 겸임위원 허용은 위원회 간 균형유지라는 국회 내적 요인과 행정부 견제의 제한이라는 행정부 측 이해관계가 복합적으로 작용한 결과로 볼 수 있다. 예결위원회와 소속위원의 임기가 1년의 한시적 조직이라는 것도 문제다. 국민의 세금으로 짜인 방대한 예산을 심도 있게 심사해야 함에도 불구하고 임기 1년의 제한성은 예결위원회 위원들의 전문성과 계속성을 저해하는 한계를 드러낼 수밖에 없다.

그럼에도 불구하고, 이렇듯 임기를 1년으로 제한하는 것은 예결위원직이 국회의원들 사이에서 선호도가 매우 높기 때문에 정당들은 소속의원들의 요구에 맞춰 돌아가며 맡는 식으로 예결위원들을 빈번히 교체해 왔다. 예결위원회가 상설 특위체제로 운영되고 있는 것의 또 다른 문제점은 예결위원이 다른 상임위에 속한 겸임위원들로 구성되기 때문에 소속 상임위의 압력이나 관련 부처를 의식한 심의태도에서 벗어난 공정한 입장에 서기 힘들다는 것이다. 즉 예결위원으로서 국가 전체 차원의 재정운영이라는 관점에서 예산을 심의하기보다 소속된 상임위원회의 소관부처 입장에서 국가예산을 심의하게 되는 유혹을 버릴 수 없다는 점이다.

앞에서 지적한 예산심사과정에서의 문제점과 함께, 결산심의과정 또한 정부의 잘못된 예산집행결과를 통제하기 힘든 미비점을 가지고 있다. 우리나라 헌법에는 입법부의 결산에 관한 재정통제 조항을 명시적으로 규정하고 있지 않다. 이에 따라 현재 국회의 결산심사는 정부가 제출한 결산안을 형식적으로 승인하는 절차 이상의 의미를 갖지 못하고 있다. 적절한 나라 살림살이 계획을 세웠느냐와 함께, 과연 그 계획을 낭비 없이 제대로 집행했는가를 검증하는 것도 국민의 대의기관인 국회의 중요한 역할 중 하나이다.

그럼에도 불구하고 국회가 정부의 결산안을 형식적으로 승인하는 과정만을 거치도록 되어 있는 이유는 법률상 결산결과의 책임에 대해 추궁할 국회의 적절한 법적 규정이 없기 때문이다. 최근 국회는 국회법을 개정하여 결산 결과를 토대로 문제점이 발견되어 이를 지적하였을 경우, 해당 행정기관에 변상 및 징계조치 등의 시정을 요구할 수 있게 되었으나 시정요구를 받은 해당 행정기관이 이를 시행하지 않더라도 이를 제재할 강제규정이 미흡하여 실효성을 거둘 수 없는 것이 현실이다.

구조적이고 법적인 문제와 함께, 국회의 예·결산 심사기능이 취약할 수밖에 없는 이유는 앞서도 지적하였지만 국회의원들이 예·결산 심의에 필요한 전문성이 결여되어 있기 때문이다. 2010년 회계연도 우리나라 예산은 300조 원에 가까운 방대한 규모이며 이를 심의하기 위해서는 고도의 전문성이 요구되는 것이 당연하다 하겠다. 그러나 예결위원회가 한시적인 특위체제로 운영되었기 때문에 국회의원들은 예산편성의 적절성을 판단할 전문성과 경험을 축적하기 어렵다 하겠다.

국회가 가지고 있는 예산심의기능의 강화를 위해서는 먼저 사전심의절차를 도입하여야 할 것이다. 사전심의절차란 예산안을 확정하기 이전에 국회가 주도하는 경제 및 재정정책 전반에 대한 공개적인 논의를 활성화하는 것을 의미한다. 이러한 절차는 사전심의를 통해 예산의 내용을 국회에서 공개적으로 논의함으로써 사회적 합의를 도출할 수 있다는 장점이 있다. 사전심의절차를 거치기 위해서는 정부의 사전예산보고서의 작성을 제도적으로 의무화하여야 한다. 그리고 사전예산보고서를 기반으로 한 공개논의를 통해 정부예산안은 민의를 좀 더 충실히 반영할 수 있게 보강될 수 있다. 즉 사전예산심의와 본예산 심의라는 이중장치를 가짐으로써 보다 철저한 예산심의가 가능해지는 것이다.

현행 우리나라 국회가 드러내고 있는 결산심사의 문제점인 촉박한 일정과 시간부족의 경우는 먼저 결산심사 자체에 소요되는 노력과 시간을 국회 스스로 늘리는 방법밖에는 없다. 이를 위해서 제도적으로는 현 예결위원회의 상설화가 추진되어야 하며 이와 함께 교섭단체 간 합의에 의한 위원회 운용의 합리적 기준이 마련되고 이를 준수할 수 있는 관행이 자리 잡아야 한다.

미국, 영국, 일본, 프랑스, 독일 등 주요 의회민주주의 선진국은 예외 없이 예산을 심의하는 위원회를 일반 상임위원회로 설치·운영하고 있다. 특히 미국은 상하 양원에 예산위원회, 세출위원회, 세입위원회, 일반 상임위원회(지출승인위원회)를 각각 설치하여 예산심의과정을 다단계로 분권화할 정도로 예산심의에 심혈을 기울이고 있다. 사실 근대민주주의에서 의회의 출발이 정부 세입·세출의 규모 및 내용을 감시·견제하기 위한 것이었다. 그만큼 정부의 예산안과 결산안에 대한 철저한 심의와 검증이 필요하고 이는 의회의 가장 중요한 기능 중 하나이다. 그럼에도 불구하고 우리나라 국회는 그 기능의 수행에 있어 매우 느슨한 법적·제도적 장치를 가지고 있는 것이다.

따라서 전문적이고 상시적인 예·결산 심사를 위하여 우선적으로 상설특위인 예결특별위원회를 상임위로 전환하여야 하며 현행 국회법상 '상임위 예비심사 → 예결위 종합심사'의 2단계 예·결산 심사과정은 유지하되 예결위원회와 상임위원회 위원직 겸임을 금지시켜야 할 것이다. 구체적인 사항으로 예결위원의 임기는 2년으로 하고, 연임을 금지하며 예결위 소관 사항으로는 ① 기획재정부의 소관 업무 중 예·결산 관련 사항과 ② 감사원의 소관업무 중 회계검사에 관한 사항 등을 두어야 할 것이다.

이와 함께 심각하게 고려해야 할 것은 국회에 회계감사 전문기구를 설치하는 문제이다. 이러한 제안을 두고 감사원을 국회 산하에 두는 것으로 오해하여 헌법에 반하는 것이라는 반론이 있다. 그러나 국회 회계감사기구는 헌법기관인 감사원을 현행대로 존치하면서 국회에 정부의 예산집행을 감시하는 별도의 기구를 의미하는 것이다. 현재 국회에는 그 산하에 사무처, 국회도서관, 예산정책처, 입법조사처 등 4개의 행정보좌 및 전문기관을 두어 국회의원들의 의정활동을 지원하고 있다. 정부 예결산에 대한 감시 및 감독이 국회의 필수적인 업무 중의 하나임을 고려할 때 앞의 4개 부처와 함께 정부 예산집행의 적절성을 감시할 국회 회계감사처의 신설이 시급하다고 하겠다. 이러한 기구의 설치를 통해 국회의 예결산 감시에 대한 전문성을 제고하고 좀 더 효과적인 국회의 정부에 대한 견제가 가능하다 하겠다.

(5) 국회의원 자유투표제

2011년 11월 22일 국회 본회의장에서 한미FTA 비준동의안을 처리하는 과정에서 민주노동당 김선동 의원이 최루탄을 터뜨리는 사건이 있었다. 이는 토의를 통해 의사결정을 내려야 하는 의회민주주의의 근간을 흔드는 중대한 사안이라 아니 할 수 없다. 하지만 이 같은 국회 의사진행과정에서 발생하는 파행은 그 사건이 처음은 아니다. 거의 해마다 여야 사이에 합의를 못 본 법안의 처리나 예산안 통과와 관련하여 우리나라 국회는 여야가 물리적으로 충돌하는 사례를 반복하여 왔다. 그리고 그러한 충돌 모습은 국민들의 정치에 대한 실망을 가중시키고 정치불신의 근원으로 작동하고 있다.

이같이 국회에서 여야 극한대치와 충돌이라는 파행성이 반복되는 이유는 정당이 소속의원들에게 당론을 강요하고 이에 불복할 경우 정치생명마저 종식시킬 수 있는 불이익을 줄 수 있기 때문이다. 국회의원 개개인이 독자적인 헌법기관임에도 불구하고 그들의 자율성을 전혀 보장하지 않고 있기 때문에 국회의 원만한 의사진행이 파행성을 거듭하고 있는 것이다.

우리나라 주요 정당들의 당헌을 살펴보면 당원의 권리 및 의무조항과 관련된 주요 내용 중 당원은 결정된 당론과 당명에 따를 의무, 당무수행 중 알게 된 기밀을 지켜야 할 의무 등이 규정되어 있다. 그리고 현역의원은 국회 표결에 있어서 당명을 어기지 말 것을 명시하고 있다. 이 규정을 어길 경우, 출당까지의 징계도 가능하게 되어 있다. 국회의원은 소속정당의 후보공천을 받아 당선이 되어 국회에 진출하므로 당명에 따를 의무가 있다.

하지만 국회의원은 헌법이 그 고유권한을 보장하고 있는 독립적인 헌법기관이다. 그리고 헌법은 판결이나 표결은 양심에 따라 하도록 규정하고 있다. 독립적인 헌법기관이 자신의 양심에 반하거나 국민여론과 배치되는 당명에 무조건 복종해야 하는 것은 의회민주주의의 취지에 크게 벗어나는 것이다. 특히 그러한 당론이 토의를 충분히 거친 후 소속의원들의 총의를 모은 것이 아니고 당지도부의 일방적인 결정이나 여당의 경우 대통령의 의중을 따르는 것이라면 이는 심각한 문제가 아닐 수 없다.

우리나라 국회운영의 파행은 대부분 당명에 따라 무조건 표결해야 한다는 원칙에 따라 의원들이 집단적으로 행동함으로써 빚어지는 경우가 대부분이며 국민들로부터 많은 지탄을 받고 있다. 그것이 정치 불신의 원인 중 하나이기도 하다.

미국의 경우, 의원은 철저히 지역대표의 성격을 띠고 있어서 출신 선거구 유권자의 의사에 충실히 따르기 때문에 의원들은 선거구 유권자의 이익을 당론보다 우선시하여, 각 정당이 소속 의원에게 당론을 따르도록 구속하기가 사실상 불가능하다. 결국 의안표결에서 각 의원은 자기가 소속한 정당과는 관계없이 철저히 유권자의 여론과 자신의 소신에 근거해 투표하므로 소속 정당의 당론과는 반대되는 다른 정당의 당론에 찬성하는 교차투표가 보편화되어 있다. 이러한 교차투표에 의한 당론에 반대되는 표결을 '반란표'라고 하는데, 각종 의회표결에서 통상 20% 정도의 반란표가 나오고 있다.

1999년에 있었던 클린턴 대통령의 탄핵안이 부결된 것도 상당수의 공화당 의원이 탄핵에 반대하여 자유투표를 했기 때문이었다. 표결 이후 공화당에서는 반란표를 던진 의원들에 대한 징계 여부가 거론되지도 않았다. 이같이 당론에 반하여 의원 개개인의 소신에 따라 행하는 교차투표를 철저히 보장하는 것이 미국 의회를 떠받치는 근간이 되고 있다.

그 밖에 영국을 비롯해 선진국일수록 교차투표는 철저히 보장되고 있다. 그러나 우리나라의 경우, 각 정당의 당리당략에 따라 정해진 당론이 유권자의 여론이나 소신에 무조건 우선함으로써 정국경색을 가져오는 경우가 다반사이다. 다만 당론이 심하게 분열되는 몇몇 법안에 대해서만 사전 여야합의에 따라 교차투표가 부분적으로 인정되고 있을 뿐이다. 특히 국회의원이 되기 위해서는 유권자의 지지보다 소속정당의 공천이 절대적인 지역주의적 정치구조가 뿌리 깊게 형성되어 있고, 대부분의 국회 내 표결이 무기명 비밀투표로 진행되므로 국회의원들이 표결에 따른 정치적 책임을 지지 않는 정치현실은 의원들을 당론의 거수기로 만들고 있다.

이러한 상황에서 당론을 거부하고 소신에 따라 교차투표를 했다 하더라도 소속정당의 각종 징계조치가 따르므로 교차투표는 원천적으로 보장되지 않는 셈이다. 한 예로 1999년 5월 3일 「노사정위원회법」의 환경노동위원회의 표결에서 정치적인 이유로 표결불참을 선언한 한나라당의 당론을 거부하고 찬성표결을 한 전국구 출신의 이미경, 이수인 의원은 각각 '당권정지'와 '제명'이라는 징계조치를 받았다. 특히 이미경 의원은 1999년 9월 28일 '동티모르 파병'에 대한 국회표결에서도 표결불참을 결정한 한나라당의 당론에 맞서 찬성입장의 의사진행발언을 하고 찬성표결에 참가했다. 이러한 이미경 의원의 소신에 따른 교차투표에 대해 한나라당은 당론을 어겼다는 이유로 '출당'을 결정하기도 하였다.

따라서 상임위 중심의 의원 자율성 보장을 골자로 하는 형태의 변화가 필요하다. 그에 대한 세부정책으로 소위원회 의결 또는 상임위원 1/3 이상의 요구로 가능한 자료요구권을 개별의원에게 부여하거나 상임위원장 후보자를 해당 상임위원들 간 호선을 통해 선정하고, 본회의에서 선출하는 방법이 있다.

국회의원의 자유표결은 당헌과 당규를 통해 제약을 가하는 제도적 차원의 문제이기도 하지만 국회의원 개개인의 정치적 책임성과도 관련 있는 일이다. 각 정당들은 규정을 통한 의원의 표결에 대한 구속력을 제거해야 할 뿐 아니라 국회의원 스스로 독립적인 헌법기관 신분이라는 점을 충분히 인식하여 자유투표를 실현시켜야 할 것이다.

(6) 필리버스터 도입

현대민주주의에서 의회는 국민의 의사를 적극적으로 반영하는 대의기관이며 그 정당성의 본질은 선거를 통해 위임받은 권한을 국민을 대표하여 정책화한다는 대표성에서 찾을 수 있다. 지난 80년대 후반 민주화 이후 우리 국회는 2개의 거대정당과 1~2개의 소수당이 의회에 진입한 양태로 유지되어 왔으나 사실상 두 개의 거대정당이 국회운영과정에서 주도권을 행사해 왔다. 그러나 비례대표제의 도입으로 적실성 있는 3개 이상의 정당이 의회에 진입하는 가능성이 높아지면서 의사결정과정에서의 갈등은 더욱 복잡한 양상을 띠게 되었다. 양대 정당이 의사일정과 국회운영에 합의하더라도 제3당이 물리력을 동원하여 의사일정을 방해하면 국회 전체의 운영이 파행을 겪는 현상이 해마다 반복되어 왔다.

특히 법안처리과정에서 빚어지는 물리적인 충돌 사태는 점차적으로 줄어들기는커녕 오히려 더 증대되고 심화되는 현상이 나타나고 있다. 이러한 현실은 결국 국회에 대한 국민적 불신으로 이어지며 정치체제 전반의 안정성을 위협하는 심각한 상황에 이르고 말았다.

이러한 국회의 갈등구조는 비단 국민적 정치 불신의 차원에서만 중요성을 갖는 것이 아니다. 사실 의회는 사회의 다양한 이익들이 갈등, 조정, 통합 또는 타협되는 장소이며, 따라서 그 과정에서의 갈등은 전제되어 있다고 할 수 있다. 문제는 이러한 갈등을 조정하여 효율적으로 입법과정에 투영시켜 내는 것이 의회의 핵심적인 기능이라는 점이고 의회 본연의 존재이유라는 데 있다. 의회가 사회적 이해를 대표하는 기능과 이를 입법화하는 정책결정의 기능을 주요 임무로 삼는다고 할 때 이 두 가지 문제는 결국 원내에서 적절한 절차와 규칙을 통해 대표성과 효율성을 높여 주는 문제와 직결된다. 즉 원내 의사결정과정에서 각 정당의 대표성을 최대한 확보해 주고 입법과정에서 합의과정이 충분히 진행될 수 있는 기회를 제공해 줌으로써 가능한 수용범위가 넓은 합의의 결과물을 도출해 낼 수 있도록 하는 문제가 되는 것이다.

이러한 이유로 국회운영이 파행이 거듭되고 있는 우리나라 국회에 합의적 양식의 문제로 필리버스터(filibuster, 의사진행방해)의 도입에 대한 적극적인 논의가 필요하다고 하겠다. 우리의 제정국회법(1948.10.2.)은 국회의 결의가 있을 때 외에는 의원의 본회의 발언시간을 제한할 수 없다고 규정하였고, 삼독회(三讀會)에 기초한 본회의 중심제를 채택하였다. 우리 국회의 필리버스터 또한 미국의 경우와 마찬가지로 국회법의 제도적 틈새를 의원들이 전략적으로 활용하여 나타난 것으로, 1964년 4월 20일 김대중 의원의 5시간 19분에 걸친 발언은 우리나라의 의정사상 가장 긴 의사진행방해로 기록되었다. 김대중 의원의 발언은 당시 다수당이었던 공화당이 제출한 김준연 의원에 대한 제명동의안의 처리를 막기 위한 것으로, 본회의 마지막 날 수차례의 회의 중지 끝에 산회시간인 오후 7시 56분까지 계속 진행됨으로써 제명동의안을 자동적으로 폐기하였다. 하지만 우리 국회의 의사진행방해 제도는 제6대 국회 중반, 회기 계속의 원칙과 상임위원회 중심주의가 채택되고, 뒤이은 제7대 국회에서 의원 개인의 본회의 의사진행 발언을 30분으로 제한하면서 자취를 감추게 되었다.

이러한 상황에서 지난 2009년 4월 9일 박상천 의원을 포함한 82인의 의원은 필리버스터의 재도입을 골자로 하는 일명 '타협 추구형 국회법 개정'을 기조로 한 국회법 일부 개정 법률안을 발의하였다. 이 국회법 개정안은 그 제안 이유로 "우리 국회는 간헐적으로 다수 여당의 일방적이며 기습적인 의안처리시도와 이에 대한 야당의 물리적 대응으로 국회파행사태가 야기되어 국회와 정치권에 대한 국민의 신뢰를 저하시키고 국민적 에너지를 결집하는 국민통합을 저해하여 왔다"고 평가하고, "이러한 상황을 종식시키려면 대화와 타협의 당위성을 강조하는 것만으로는 부족하며 제도에 의해서 대화와 타협을 유도하고 강제하는 장치가 필요"하기에 국회법의 개정을 추진한다고 밝히고 있다.

따라서 원내 의사결정과정에서의 대표성 확보 문제는 필리버스터를 보장하는 등 입법과정에서 의사 발언권을 정하는 문제, 그 외 회의일정, 심의절차, 의사결정의 요건과 절차 등 국회운영제도의 다양한 측면에서 제도적 방안들이 모색될 수 있다.

무엇보다도 필리버스터 허용 및 표결처리 보장을 골자로 하는 방향으로 국회법을 개정할 필요성이 크게 대두되고 있다. 즉 상임위원회에 회부된 법안에 대하여 처리기한(상임위 처리기한: 180일, 본회의 처리기한: 60일)을 초과하지 않는 범위 내에서 쟁점법안에 대하여 소수당의 주장을 자유롭게 펼칠 수 있도록 그 기회를 허용한다. 다만 무제한 필리버스터를 허용할 수 없으므로, 필리버스터 요청의 조건으로 본회의 또는 상임위원회 재적위원의 일정 수가 찬성할 경우에만 허용하는 등의 제한조건을 두도록 한다. 이와 함께 미국의 경우처럼 필리버스터 개시 이후 재적위원 3/5 이상의 동의가 있을 경우 토론을 종결하고 쟁점법안을 표결처리를 하는 것을 원칙으로 하는 방향으로 개정되어야 할 것이다.

의회는 물리력을 철저히 배제하고 찬반 사이의 토론과 심도 있는 토의를 거쳐 사회적 갈등을 해소하고 사회적 합의를 정책입법하는 국민의 대의기관이어야 한다. 그러한 원칙에 크게 벗어나고 있는 우리 국회의 파행성을 없애기 위해서는 충분한 토론을 보장하는 필리버스터를 도입하여 국민의 신뢰를 받는 국회의 위상을 정립하는 것이 시급한 과제라 하겠다.

(7) 국회윤리특별위원회 독립적 구성

각자가 국민으로부터 위임받은 권한을 행사하는 대의기관이자 입법기관인 국회의원은 의정활동의 자율성과 독립성을 보장하기 위해 면책특권 등 여러 특권이 부여되어 있다. 이와 동시에 국회의원은 그 헌법적 위상에 맞는 엄격한 직업윤리와 품위유지가 요구된다. 그러나 적지 않은 국회의원들이 뇌물수수, 불법정치자금 수수 등의 혐의로 사법처리를 받고 있으며, 품위를 상실한 발언과 행동, 과도한 의사진행방해행위 등으로 여론의 지탄을 받고 있다. 그럼에도 불구하고 이들 국회의원에 대한 처벌이나 제재는 매우 미약한 수준이다.

현행 국회법상 국회의원에 대한 윤리심사 및 징계요구는 국회의장, 상임위원장, 그리고 국회의원 20인 이상의 찬성 내지, 모욕당한 당사자 의원과 윤리특별위원회 위원장 또는 윤리특위 위원 5인 이상만이 할 수 있다. 그러나 역대 국회에서 의원의 윤리심사 및 징계 사례는 거의 없는데, 이는 대상 행위가 없었다기보다는 의원들끼리의 '제 식구 감싸기' 관행 때문에 윤리심사 자체를 하지 않았기 때문이다. 실례로 제13대 국회 이후 윤리특위에 대한 제소건수는 전반적으로 증가하는 추세여서 제17대 국회의 경우 총 82건이 제소되었으나 실제 징계를 받은 의원은 한 명도 없었던 것을 보면 알 수 있다.

최근의 사례로는 2010년 7월 성희롱 발언으로 국회윤리위에 제소된 강용석 의원의 경우, 국민윤리위원회는 사건 후 10개월이 지난 2011년 5월에야 표결에 부쳐 제명안을 본회의에 상정하기로 의결하였다. 이에 국회는 8월 31일 본회의를 열어 강용석 의원 제명안을 무기명 표결에 부쳤으나, 가결 요건인 재적의원 3분의 2(198명)에 못 미쳐 부결됐다. 이 과정에서 일부 의원들은 소위 "누가 누구에게 돌을 얹으랴" 하는 요지의 발언을 통해 부결을 유도함으로써 '제 식구 감싸기' 행태를 노골적으로 드러내기도 했다.

국회법상 윤리심사는 국회의원이 「국회의원윤리강령」이나 「국회의원윤리실천규범」을 위반하는 경우, 윤리위원회가 심사를 거쳐 그 위반사실을 통고하는 제도이다. 국회의원에 대한 징계는 의원이 원내 질서를 문란케 하거나 국회의 위신과 품위를 손상하는 등의 경우, 국회가 자율적으로 해당 의원에게 내리는 제재이다. 따라서 윤리심사와 징계는 별개의 제도로 보아도 무방하다. 이렇게 국회법상 윤리심사와 징계가 이원화되어 있기는 하나 실효성은 없는 것으로 보인다.

또한 현행 「국회의원윤리실천규범」은 총 15개의 선언적이고 추상적인 조문으로 구성되어 있다. 그러나 '건전한 정치풍토의 조성', '품위유지', '성실한 감독' 등의 규정이 의원들의 현실적인 행동규범이 되기에는 구체성이 떨어진다. 따라서 의원에 대한 윤리심사를 활성화하기 위해서 윤리심사나 징계를 요구할 수 있는 요건의 제도화 및 재정비가 필요한 실정이다.

의정활동 및 국회운영과 관련한 국회의원의 실정법 위반에 가까운 잘못된 행위에 대해 국회 스스로의 제재가 거의 전무하다 보니 국민들은 국회의원을 국민의 대의자라기보다 국민과는 동떨어진 특권세력으로 인식함으로써 국회와 국회의원들에 대한 신뢰가 크게 실추해 있는 실정이다.

윤리특별위원회와 관련된 외국의 사례를 살펴보면 먼저 의원윤리심사를 담당하고 있는 위원회가 설치되어 있는 대표적인 경우로 미국하원의 '윤리위원회(Committee on Standards of Official Conduct)', 영국

하원의 '윤리 및 특권위원회(the Select Committee on Standard and Privileges)'가 있다. 양국 의회 모두 해당 위원회가 자료제출 요구권, 증인소환권, 조사권 등을 갖고 있어서 의원윤리심사기관으로 독보적인 위상을 차지하고 있다. 또한 미국과 영국 의회에서 윤리심사의 요청은 의원 1인만으로도 할 수 있다. 게다가 미국의 경우, 의원의 윤리위반 사실에 대한 고발이 없어도 위원회가 관련 정보를 인지하는 경우 윤리심사에 착수할 수 있도록 규정하고 있다. 심지어 영국의 경우는 의원뿐만 아니라 일반 국민도 의원의 윤리위반 사실을 고발하고 윤리심사를 요청할 수 있다.

이처럼 양국 모두 의원이 준수해야 할 윤리규범을 아주 구체적으로 명시하고 있으며, 윤리위원회의 주요 직무 중 하나가 의원이나 보좌진, 의회직원에게 특정 행위가 윤리위반에 해당되는지를 자문하는 것으로서 그 구성과 운영에 있어 매우 독립적인 형태를 지니고 있다.

미국 의회의 경우 윤리규정은 하원의사규칙, 하원윤리 매뉴얼(House Ethics Manual)뿐만 아니라, 정부윤리법(Ethics in Government Act), 미국 연방법(Foreign Gifts and Decoration Act, 5U.S.C.§7342)에도 포함되어 있으며 영국 의회의 경우 윤리규정은 하원의사규칙, 의원윤리규범(Code of Conduct)에 규정되어 있다.

우리나라의 경우도 「국회의원윤리강령」이나 「국회의원윤리실천규범」에 관련 규정이 명시되어 있으나 앞에서 구체적인 사례를 살펴보았듯이 그 실효성이 거의 없다고 할 수 있다. 따라서 윤리특별위원회와 관련된 명확한 규정이 필요하다. 국회의원에 대한 윤리심사를 활성화하기 위해서는 윤리심사나 징계를 요구할 수 있는 요건을 의원 20인 이상의 요구에서 10인 이상의 요구(현행 국회법상 국회의원의 법률안 발의요건)로 완화하는 것도 하나의 방법이 될 수 있다. 또한 이원화되어 있는 윤리심사제도와 징계제도를 통합하고 일원화하여, 의원에 대한 윤리심사 결과에 따라 징계 여부와 징계의 종류를 결정해야 한다. 이를 위해 현행 윤리심사 사유인 「국회의원윤리강령」 및 「국회의원윤리실천규범」 위반은 징계사유에 포함하고, 「국회의원윤리실천규범」을 보다 구체화하고 세분화하는 작업이 필요하다.

윤리특별위원회의 기능을 활성화하기 위해 제17대 국회에서 「윤리특별위원회 구성 등에 관한 규칙」이 개정(2005년 7월)되어, 윤리특별위원회에 의원의 윤리심사 및 징계에 관한 사항을 자문하기 위한 「윤리심사자문위원회」를 두도록 한 것은 매우 고무적인 방안이었다. 자문위원회는 학계·법조계·언론계 또는 시민단체가 추천하는 자 중에서 위원장이 간사와 협의하여 위촉한 9인 이내의 위원으로 구성하도록 되어 있다. 그러나 국회규칙 개정 후 윤리심사자문위원회가 실제로 구성된 사례는 2011년 4월 강용석 의원의 건을 처리하기 위한 목적의 한 차례밖에 없다는 사실은 국회가 이 문제와 관련하여 규칙 개정이라는 명분만 세우고 실제 규칙집행에는 매우 소극적인 이중적인 태도를 보이는 것이라 하겠다.

윤리심사자문위원회가 실제로 구성되지 않은 것은, 자문위원회의 소집 자체가 윤리특위위원장이나 자문위원장이 필요하다고 인정하는 때로 매우 제한적인 경우로 규정되어 있고, 자문위원회의 의견청취가 윤리심사 및 징계 과정에서 필수적인 절차가 아닌 것으로 해석하고 있기 때문으로 보인다. 이처럼 외부인사로 구성되는 '윤리심사자문위원회'의 구성과 운영을 강제하기 위하여 동 자문위원회의 설치근거를 현행 '국회규칙'에서 '국회법'으로 격상시키는 방법도 생각해 볼 수 있다.

더 나아가서는 국회의원으로 구성된 윤리특별위원회가 제 역할을 못하는 가장 큰 이유가 여야를 떠나 국회동료에 대한 징계에 소극적일 수밖에 없는 것이라면 윤리특별위원회의 중립성과 독립성을 보장하기 위해 위원들을 일반 유권자들의 직접투표에 의해 선출하는 방안도 검토되어야 할 것이다. 이 경우 위원장은 국회에서 선출하고 위원은 총선이나 지방선거와 병행하여 선거를 통해 선출하는 방식을 택해야 할 것이다. 위원들을 선출직으로 전환할 경우, 윤리특별위원회는 같은 동료가 아닌 국민의 입장에서 국회의원들의 윤리성을 판단하게 될 것이다.

(8) 주민소환제 확대 및 국민소환제 도입

가. 주민소환제의 확대 도입

지난 1995년 단체장의 선출을 골자로 하는 지방자치가 본격적으로 시행된 이후 우리나라의 지방자치는 여러 문제점이 노정되고 있지만 전체적으로 단기간 내에 상당한 발전을 이룩하였다고 평가되어야 할 것이다.

그러나 최근 지방자치단체의 재정악화가 큰 문제로 부각되어 있듯이 지방자치는 그 운영과정에서 문제점들이 심각해지고 있다. 자치단체장의 무분별한 난개발과 선심행정, 이로 인한 예산낭비, 부정부패 등이 지적되어 왔으며 이를 방지하기 위한 대안으로 제시되고 시행되는 것이 주민소환제이다.

주민소환제도란 지방의회나 지방의원, 지방자치단체의 장, 지방자치단체의 공무원을 임기 전에 해임 또는 해직할 수 있도록 하는 제도이다. 주민소환제는 주민의 청구에 의해 주민에 의한 투표로써 결정하는 직접참여제도이며 현재의 공적 신분과 권한으로부터 퇴출시키는 것을 의미한다. 대의제 민주주의에 내포되어 있는 위험요소인 선출직 공직자의 임의적 행태의 폐해를 막기 위한 대의제에 대한 보호장치라고 할 수 있다.

앞의 취지를 나타내는 주민소환법은, 주민소환제는 지방자치에 관한 주민의 직접참여를 확대하고 지방행정의 민주성과 책임성을 제고함을 목적으로 한다고 밝히고 있다. 이는 주민들의 지방행정에 대한 참여를 확대하고 선출직 지방공직자에 대한 통제와 주민의 의사에 부합하는 민주적 지방행정을 구현하기 위한 것임을 뜻한다. 이러한 측면에서 주민소환제의 실시는 우리의 지방자치를 한 단계 더 발전시키는 계기라고 할 수 있다. 그러나 대의민주제를 기본원칙으로 하는 현재의 지방자치제도하에서 주민소환제는 주민의 대의기관들 간의 견제균형수단, 지방자치법상의 다양한 주민통제수단 등과 조화될 수 있도록 운용되어야 할 것이다. 또한 주민소환제를 운용하는 과정에서 선출직 지방공직자들의 권리와 권한이 부당하게 침해되어서도 안 될 것이다. 주민들의 지방행정 참여와 지방공무원의 권한이 충돌하는 경우는 발생할 수 있으나, 주민소환제 그 자체가 지방행정에서 발생하는 모든 문제들을 해결하는 만능열쇠가 될 수 없고 되어서도 안 되기 때문이다. 그럴 경우 잦은 주민소환제의 시행은 행정의 안정성과 지속성, 그리고 중립성을 훼손함으로써 오히려 그 폐해가 발생하여 주민들에게 손해를 끼칠 수 있을 것이다. 따라서 대의민주제의 보완장치이면서도 비상적 상황에서 대의민주제의 정상화를 위한 최후의 수단으로 활용해야 할 것이다.

현행법상 선출직 지방공직자 중에서 자치단체장 및 지역구 지방의회 의원만이 주민소환의 대상이 되고 있으며, 비례대표 시도의원 및 비례대표 시군의원은 제외되어 있다. 또한 교육감도 현행법상 주민소환의 대상으로 되어 있지 않다. 주민소환제가 선출직 지방공직자에 대한 주민의 직접통제장치인 점에서 본다면 현행 지방자치법과 주민소환법에서 소환대상을 좁게 제한하고 있는 것이 과연 타당한가의 문제에 직면할 수밖에 없다. 비례대표 지방의원의 경우 지역구 지방의원과 마찬가지의 권한과 의무를 지고 있으며 교육감도 주민의 직선에 의해 선출된다는 점에 비추어 볼 때 이러한 주민소환 대상의 확대는 필수불가결한 요소라고 할 수 있다.

미국의 경우 애리조나 주는 선출 또는 임명에 관계없이 선거직을 점유하고 있는 모든 공직자는 주민소환의 대상이 되며 알래스카의 경우 사법부 공직자를 제외한 주 내의 모든 선거직 공직자를 주민소환의 대상으로 삼고 있다.

독일의 경우 대부분 지방자치단체는 직선제 대의기관을 주민소환의 대상으로 하고 있지만 일부 자치단체에서는 간선제 자치단체장과 지방의회의원, 지방자치단체장이나 지방의회가 임명하는 명예직 공무원 등 비선거직까지 그 대상으로 하는 등 점차 대상을 확대하고 있다.

일본의 경우도 지방자치법에 지방자치단체의 장과 지방의회의원, 공무원에 대한 해직청구권을 규정하고 있으며 지방의회에 대한 해산청구권도 제도화되어 있다.

따라서 우리나라 지방비례대표의원과 지역구 지방의회의원은 그 선출방식에만 차이가 있을 뿐 동일한 권한과 의무를 가지고 있기 때문에 그 책임을 묻는 방식을 달리 규정할 이유가 없다. 교육감의 경우도 주민소환법의 제정 당시에 학교운영위원회를 통한 간선제를 택하고 있었기 때문에 입법 당시 논의는 되었으나 주민소환의 대상으로 포함시키지 않은 것으로 보인다. 그러나 교육감은 교육, 과학, 학예 등에 있어서 지방자치단체장과 같은 지위와 권한을 행사하고 있을 뿐만 아니라 교육에 대한 지역주민의 지대한 관심을 고려할 때, 주민소환제의 대상으로 교육감을 포함시켜야 하는 것은 자명한 논리이다.

나. 국민소환제의 도입

현행 헌법은 대의제를 근간으로 하는 민주적 국가질서를 구성하는 내용을 담고 있다. 즉 국민이 국회의원을 선출함으로써 입법부인 국회를 구성하고, 국민들이 대통령을 직접 선출함으로써 집행부를 구성하도록 되어 있다. 또한 그 밖의 중요한 국가기관은 국회와 대통령에 의하여 구성될 수 있도록 하고 있다. 이처럼 선거를 통한 직접적인 국민적 정당성의 부여 또는 대통령이나 국회를 통한 간접적인 정당성의 부여에 기초하여 국민의 대표자로 선임된 공직자들은 자유위임의 원칙에 따라 국민의 의사에 직접 구속되지 않으며 독자적인 판단에 기초해서 정책을 결정하고 집행하게 된다. 즉 헌법과 법률에 위배되지 않는 범위 내에서는 국민 다수의 의사에 반하는 정책도 추진될 수 있는 것이다.

그러므로 현행 헌법하에서 인정되고 있는 책임정치란 헌법과 법률을 위반할 경우에는 법적 책임으로 나타날 수 있지만, 그렇지 않은 경우에는 임기를 마친 후 국민으로부터 선거를 통한 재신임을 받는 것과 같은 정치적 책임을 의미하는 것으로 보아야 할 것이다. 그러나 이러한 자유위임의 원칙으로 인하여 대표자들이 국민의 의사를 무시하는 일이 빈번해지고, 결과적으로 국민주권이 유명무실해진다는 비판도 적지 않다. 오히려 국민주권의 실질화를 위하여 자유위임의 원칙에 대해서도 일정한 제한이 필요하다. 따라서 선출직 공직자에 대한 국민소환제의 도입이 검토되어야 할 것이다.

대표자의 정책결정이 전문적이고 합리적이며 광범위한 대화와 토론에 기초하여 이루어진 결정이라면 그 결정이 설사 국민의 상대다수의 현실적 의사와 다르게 나타난다 할지라도 그 결정에 대하여 법적 책임을 물을 수 없지만, 국민 대다수가 신중한 대화와 토론을 거친 후에도 반대하여 명백히 합리적이지 않은 독단적인 결정 또는 정략적인 결정을 할 경우에는 일정한 법적 책임을 추궁하는 것도 대의민주주의에 모순되는 것은 아니라는 것이다.

이러한 견해는 상당한 설득력을 가지고 있지만, 현실적인 판단의 문제에 들어가면 여전히 해결 곤란한 문제들을 안고 있는 것도 사실이다. 국민소환제도를 도입할 경우에는 소환의 대상이 될 수 있는 공직자들이 중요한 정책결정에 앞서서 항상 국민의 여론에 초점을 맞추게 되어 포퓰리즘에 빠지게 된다는 우려가 있을 뿐만 아니라, 국민소환제도 자체가 사실상의 신임투표로 작용할 수 있다는 문제를 안고 있다.

그러나 지방자치와 관련하여 주민소환제가 시행되고 있다는 점을 고려할 때 중앙정치에 대한 국민들의 견제수단도 마련되어야 하는 것이 형평성의 원칙에도 맞는다고 하겠다. 특히 현재와 같이 국회와 정당이 스스로의 자정능력을 상실한 채 국민의사와는 관계없이 의정활동을 전개시킴으로써 정치불신을 고조시키고 정치의 생산성을 저하시킴으로써 국민의 세금을 낭비하고 국력을 소진시키는 상황의 반복을 막기 위해서는 적어도 국회의원에 대한 국민소환제는 도입되어야 할 것이다.

국민소환제가 성공적으로 뿌리내리기 위해서는 무엇보다도 정쟁을 위해 국민소환을 오·남용하지 않는 정치문화의 확립이 전제되어야 한다. 그렇지 않을 경우에는 정책적 대립이 심화될 때마다 국민소환이 거론될 것이며, 작은 정책적 실수에 대해서까지 국민소환을 남발할 경우에는 오히려 공직자들의 복지부동을 초래할 수도 있을 것이다.

제2장

좋은 정부를 향한 개혁과제

최창현, 이용환

-요약-

본고에서는 우선 좋은 정부를 향한 기본 방향으로 ① 경제적 효율성 제고, ② 분권화, ③ 책임성 확보 등을 제시하였다. 또한 이러한 방향에 기초하여 좋은 정부가 갖추어야 할 6가지의 조건을 구체적으로 제시하였다. 좋은 정부의 6가지 조건은 ① 자기조직화적 정부, ② 전략적 정부, ③ 지혜로운 정부, ④ 안전한 정부, ⑤ 지속 가능한 정부, ⑥ 강한 정부 등이다.

정보통신기술을 이용해 시간과 장소의 제약 없이 업무를 보는 체제인 스마트워크의 도입은 공공부문에 있어서의 조직·행태 등의 변화를 요구한다. 먼저 새로운 형태의 조직 모형으로서 본고에서는 ① 팀조직, ② 프로세스 조직, ③ 네트워크 조직, ④ 모래시계형 조직, ⑤ 클러스터형 조직, ⑥ 무봉형 조직, ⑦ 탈현대형 조직 등 조직모형을 제시하였다. 또한 스마트 정부를 주도할 정보화 책임관의 역할로서 ① 정보기술 거버넌스 조정, ② 행정업무의 개혁, ③ 정보화 투자효과의 증진을 제시하였다. 공공 부문의 제도개선과 사회적 인식 개선 노력이 더해진다면, 스마트워크 도입에 있어서 보다 현실적응력이 뛰어난 대응이 이루어질 수 있을 것이다.

정부의 조직개편은 급변하는 국내외적 환경에 효과적으로 대처할 수 있고 정부조직이 변화를 주도할 수 있도록 설계되어야 한다. 이러한 거시적 변화대처능력을 강화시키기 위해 정부조직에 ① 국가전략원(가칭) 신설, ② 각 개별 부처에 전략기획실 설치 등을 제시하였다.

한편 본고에서는 대통령직 인수위원회를 구성하기 위해서 ① 조직 단순화, ② 비서실을 상정한 인수위원회 구성, ③ 전문가 중심의 팀워크 운영 등 세 가지 원칙을 제시했다. 마지막으로 청와대 조직의 개편에 대해서는 ① 리더십 관리기구 강화, ② 정책기획수석실 활성화, ③ 과정관리 기구의 구성, ④ 선거공약 검증 팀의 구성 및 운영 등 네 가지 원칙을 제시하였다.

본고에서는 공기업 개혁의 중요성을 강조하고 추진방향으로 ① 경영여건이 형성되어 있거나 향후 경쟁 가능성이 높아 민간수행이 바람직한 경우, ② 업무가 상호 유사·중복되는 경우, ③ 여건변화로 기관의 기능 또는 역할의 재정립이 필요한 경우에 민영화, 통폐합, 역할 재조정 등의 조치를 제시하였다. 또한 공기업 선진화의 일환으로 모든 공공기관에 대한 경영효율화를 지속적으로 추진할 것을 강조하였다.

이와 함께 공기업 개혁의 주요 내용으로 ① 경쟁력 강화와 책임경영체제, ② 규제완화와 경영감시제 확립, ③ 정치권의 배제를 중심으로 한 운영실체의 변화, ④ 사적 소유제한의 해지 등을 제시하였다. 공기업 개혁의 큰 방향으로는 민영화와 경영효율성 제고를 통한 국민부담의 감소를 제시하였다.

1) '좋은 정부'의 기준 정립

(1) '정부'에 대한 시각

국가란 정당한 권위를 행사하고 결정을 행하는 것에 의해 공동체를 보호하고 그것에 적용하는 개인들의 집단이다. 이러한 국가에 대한 시각으로서 두 가지가 있는데 하나는 기계론에 입각한 시각이며, 다른 하나는 유기체론에 근거한 시각이다.

기계론에 입각한 정부에 대한 시각에 의하면 사회는 경쟁적이고 상호작용하는 이익들로 구성되며, 이러한 경쟁적인 이익들은 갈등을 발생시키게 된다. 따라서 정부는 이러한 갈등을 완화시키고 해결자의 역할을 하는 조정기제로써 간주된다. 또한 갈등이 있을 때에만 역할을 하게 되는 소극적인 정부의 역할을 암시하고 있다. 이러한 시각은 서구 민주주의 정부에 가장 잘 반영되어 있으며 특히 자연법에 근거한 사유재산권과 제한된 정부를 강조했던 로크의 자유주의 사상에 기초한다.

반면 유기체론에 입각한 시각은 정부의 적극적 역할을 강조하게 된다. 이와 같은 시각에 의하면 개인의 역할보다 공동체의 역할을 더욱 중요시하게 된다. 이는 인간을 더욱 완성적으로 만드는 도구로서의 공동체를 의미하게 된다. 따라서 유기체적 입장에서는 개인의 자유나 권리보다 그것을 초월하는 '공공'의 의미를 강조하게 되며 이와 같은 공동체를 더욱더 나은 방향으로 이끌어 나가는 것이 정부가 해야 할 가장 중요한 역할로써 간주된다. 따라서 정부는 사회를 변화시키는 원동력이며, 사회의 많은 것이 정부에 의해서 결정된다. 이러한 시각의 사상적 기초는 공동체의 중요성을 강조했던 플라톤과 아리스토텔레스의 정부에 대한 시각이다.

반면 두 시각 모두 공통적으로 '법의 지배'를 강조하고 있다. 최소한의 정부 역할을 요구하는 기계론적 시각에서는 정부의 조정자의 역할과 권리침해에 대한 처벌권을 개인들로부터 위임받았으며, 이를 성문화한 법에 근거하여 권한을 행사해야 한다는 것을 주장한다. 이에 반해 유기체적 입장에서는 정부의 강력한 역할을 강조하는 반면 이와 같이 강력한 권한을 행사하는 정부에 대한 견제장치로서 법에 의한 지배를 강조한다.

한편 최근의 급변하는 정치·경제·사회적 환경에서 좋은 정부를 위한 전략으로써 고전적인 두 가지 시각은 한계를 가질 수밖에 없다. 따라서 유기체적 정부론과 유사하지만 조금은 변형된 정부에 대한 시각으로써 복잡계적 사고에 근거한 창조적 정부론을 제시할 수 있다. 격심해지는 국제경쟁에서 생존하기 위해서는 유동적이고 창조적인 국가로 탈바꿈해야 한다.

창조적 정부론은 국가가 급변하는 복잡한 환경 속에서 생존하기

위해 다음과 같은 전략을 제시한다. 첫째는 '적응하기보다 창조하라'
이다. 둘째는 '안정적 평형을 회피하라'이다. 마지막으로 '복잡적응계
로서의 국가를 만들라'이다. 복잡성이론의 관점에서 보면, 기존의 관
점과는 달리 안정적이고 응집력이 강한 조직은 오히려 쇠퇴하는 반
면 긴장과 역설 그리고 갈등이 공존하는 역동적인 조직은 보다 발전
적이고 창조적이다. 혼돈 상태하에서 자기 조직성이 발현되어 창조적
조직이 될 수 있는 것이다. 따라서 혼돈의 경계에서만 자기조직화가
가능하다. 즉 적응이 가능한 것이다.

 이상과 같이 좋은 정부는 시간의 흐름에 따라 혹은 주장하는 구체
적인 내용에 따라 상이함을 알 수 있다.

<표 3> '좋은 정부'의 의미

	기계론적 정부론	유기체론적 정부론	창조적 정부론
차이점	- 최소한의 정부 역할 - 사유재산제도의 절대적 보장 - 개인의 자유 보장 및 정부의 개입 최소화	- 주도적인 정부역할 - 사유재산제도의 제한 - 부패방지 - 시민참여	- 혼돈의 경계상황 - 정부의 적극적 역할 - 고도의 적응국가 - 전문화, 수평·수직적 분권화 정부
공통점	법의 지배		

(2) '좋은 정부'를 위한 정부개혁의 현황

 앞서 제시되었던 좋은 정부에 대한 대조되는 시각을 기초로 세계
적인 정부개혁의 흐름을 살펴보면 크게 정부역할의 강조에 따른 큰
정부로의 개혁과 정부역할의 축소와 작은 정부로의 개혁으로 나누어

볼 수 있다. 전후 신생독립국을 중심으로 국가발전전략의 효율적인 달성을 위한 정부의 역할이 강조되었으며, 미소 양 강대국들의 냉전체제라는 국제적인 정치 환경 속에서 미국을 비롯한 선진국들은 민주주의의 확산이라는 정치적인 목적을 위해 후진국들에게 정부의 역량강화를 위한 지원을 아끼지 않았다. 따라서 이 시기의 신생독립국을 비롯한 후진국들은 정부의 역할에 매우 많이 의존을 하였으며 그만큼 발전전략의 수행자이자 문제해결자인 정부의 역량은 매우 중요하게 인식되었다. 따라서 정부개혁 역시 이를 위해 관료제화된 정부의 조직구조와 엘리트들의 역량강화가 주요 내용이 되었다.

반면 이러한 발전국가 혹은 복지국가를 위한 정부역할의 확장과 정부역량의 강화에 초점을 둔 정부개혁의 방향은 80년대에 들어오면서 차츰 그 변화를 가져오게 되었다. 특히 이는 복지국가의 위기와 함께 선진 OECD 국가들을 중심으로 강하고 비대해진 정부의 비민주성과 비효율성에 대한 반응으로 나타났다. 따라서 과거 강조되었던 확장된 정부역할과 이에 따른 큰 정부에 대한 수용은 점점 작은 정부로의 변화를 강조하게 되었으며 이러한 현상은 신자유주의 혹은 보수주의 이념에 기초한 정부개혁으로 이어졌다. 이와 같은 정부개혁의 방향은 90년대 들어 더욱 강하게 나타났으며, 권위주의 정권이 붕괴되고 민주화의 경험에 이어 그 이후 경제위기를 경험한 국가들에서 이와 같은 정부개혁의 흐름에 동참하면서 전 세계적으로 확산되었다. 또한 '신공공관리'라는 이론적 근거를 기초로 하여 정부의 축소, 경쟁을 통한 시장화, 민영화, 규제 완화 등을 강조하고 있다. 이는 곧 과거 일반적으로 수용되었던 좋은 정부 혹은 정부역할에 대한 근본적인 인식의 변화가 수반된 것이었다.

이렇게 80년대 이후 전개된 정부개혁의 주요 내용이 민영화와 시장화, 정부규제의 축소 등 자율성과 정부개입의 최소화 그리고 시장원리에 따른 경쟁의 강조 등을 포함한다. 이는 신자유주의적인 정부개혁의 노력은 로크의 시각으로 대표되는 기계론적 정부론에서 주장한 정부의 역할과 좋은 정부의 핵심내용을 주로 포함하고 있음을 알 수 있다.

(3) 정부개혁 과정에서 나타난 문제점

60년대부터 시작되었던 정부개혁은 정부 역할의 강화를 위한 관료제의 효율성을 추구하는 개혁이었다. 이러한 정부의 확대된 역할과 정부중심의 발전전략의 수행은 그로 하여금 강력한 통제 혹은 규제를 기반으로 한 정부 행위를 정당화시켰다. 이와 함께 서구 자본주의 국가들을 중심으로 한 복지국가의 발전 역시 정부역할의 확대를 가져온 계기가 되었다. 그러나 지속적으로 확대되어 온 정부의 역할은 비대해진 관료제를 생산하였으며 이는 곧 정부의 비효율성을 수반하였다. 결국 70년대 후반부터 서구 선진국들의 경제위기의 가장 큰 요인으로 이렇게 비대해진 관료제의 비효율성이 제기되었다. 그 결과 80년대부터 이루어진 정부개혁은 신자유주의에 입각한 작은 정부를 강조하는 방향으로 전개되었다.

그러나 이러한 작은 정부를 강조하며, 민영화, 시장화 등 경쟁을 통한 시장원리만을 강조하는 신자유주의적인 정부개혁은 공정성과 형평성 등 공익의 관점에서 많은 문제점을 나타내었다. 따라서 정부의 공정성과 부패의 척결 등을 강조하는 정부의 책임성 역시 시장 중심적인 정부개혁과 함께 균형적으로 추구되어야 할 정부개혁의 주요 내용으로 대두되었다. 이러한 주장의 핵심은 정부의 공정성과 형평성 그리고 부패방지의 문제이다.

(4) '좋은 정부'를 향한 제언

위의 논의를 기초로 전 세계적으로 유행처럼 번져 왔던 좋은 정부를 위한 정부개혁의 주요 내용과 향후 개혁의 방향을 살펴보면 다음과 같다. 첫째는 경제적 효율성으로 이는 비례성의 원리가 적용된다. 정부개혁의 주요한 개념적 내용 중의 하나는 효율성, 특히 경제적 효율성이다. 경제적 효율성에 포함되는 정부개혁의 구체적 내용으로는 정부의 간섭을 최소화하는 규제완화, 민영화, 시장화를 비롯하여 정부규모 감축 등이 있다.

둘째는 분권화이다. 이는 정부의 복잡성을 관리하기 위한 중요한 전략이 될 수 있으며 정부의 반응성과 책임성을 더욱 강화하기 위한 방법으로 사용된다. 분권화는 두 가지 유형으로 나누어질 수 있는데 하나는 정부 조직 내부의 관리적 분권화와 다른 하나는 정부 간 관계에 해당되는 분권화이다. 후자는 중앙정부에 집중되어 있는 권한을 지방정부에 대폭 위임하는 것을 그 내용으로 한다.

셋째는 책임성의 확보이다. 책임성의 목표는 세 가지 측면으로 볼 수 있는데 그것은 첫째, 공적권위의 남용이나 오용에 대한 통제, 둘째, 법과 공공 서비스의 가치를 준수하는 것, 그리고 마지막으로 거버넌스와 공공관리에 있어서의 계속적인 개선이다.

법의 지배를 확립하는 것은 선후진국을 막론하고 매우 중요한 국가운영 원리 중의 하나이다. 정부의 부패는 매우 오래전부터 정부 역기능을 유발하여 좋은 정부의 실현에 방해가 되는 가장 핵심적인 요소 중의 하나로 인식된다.

이상의 논의를 통해 좋은 정부에 대한 논의는 국가마다 혹은 시대적 상황에 따라 달라질 수 있음을 알 수 있었다. 과거부터 오랜 시간 동안 각 국가의 정부는 좋은 정부를 이룩하기 위한 다양한 노력을 개혁이라는 이름으로 시도하여 왔다. 그러한 노력의 과정에서도 좋은 정부가 의미하는 것이 무엇인가에 따라 구체적인 개혁의 방향과 내용이 달라져 왔다.

그러나 과거의 경험을 반추해 보면 좋은 정부의 의미와 개혁의 내용이 다양함에도 불구하고 좋은 정부를 위한 공통적인 조건을 도출할 수 있다. 그것은 정부의 효율성, 권한의 분배, 책임성 등이다. 향후 좋은 정부를 위한 노력 과정에서도 이러한 내용들이 조화롭게 시도될 때 비로소 국민들이 만족할 수 있는 질 높은 정부가 이룩될 수 있을 것이다.

이러한 방향을 기초로 구체적인 좋은 정부의 내용으로 본고에서는 '6S 정부'를 제시한다.

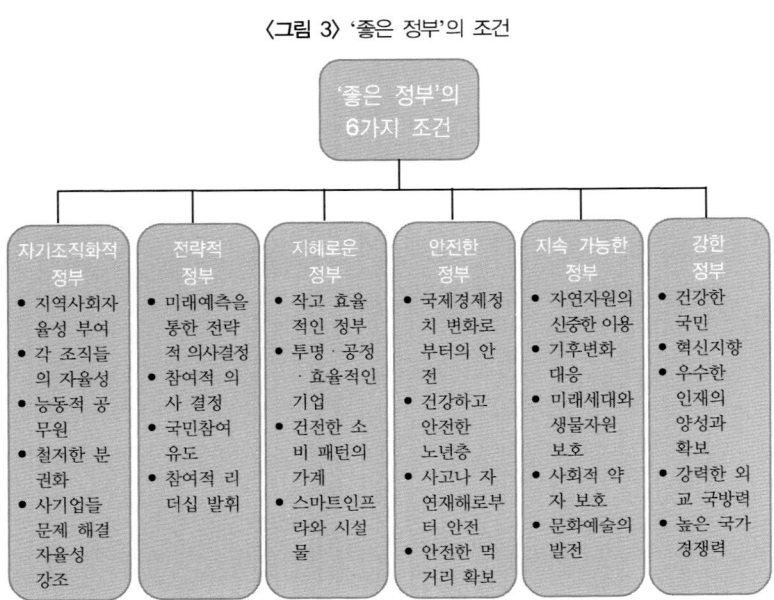

〈그림 3〉 '좋은 정부'의 조건

'좋은 정부'의
6가지 조건

자기조직화적 정부
- 지역사회자 율성 부여
- 각 조직들 의 자율성
- 능동적 공 무원
- 철저한 분 권화
- 사기업들 문제 해결 자율성 강조

전략적 정부
- 미래예측을 통한 전략 적 의사결정
- 참여적 의 사 결정
- 국민참여 유도
- 참여적 리 더십 발휘

지혜로운 정부
- 작고 효율 적인 정부
- 투명·공정 ·효율적인 기업
- 건전한 소 비 패턴의 가계
- 스마트인프 라와 시설 물

안전한 정부
- 국제경제정 치 변화로 부터의 안 전
- 건강하고 안전한 노년층
- 사고나 자 연재해로부 터 안전
- 안전한 먹 거리 확보

지속 가능한 정부
- 자연자원의 신중한 이용
- 기후변화 대응
- 미래세대와 생물자원 보호
- 사회적 약 자 보호
- 문화예술의 발전

강한 정부
- 건강한 국민
- 혁신지향
- 우수한 인재의 양성과 확보
- 강력한 외 교 국방력
- 높은 국가 경쟁력

위의 그림에서 6S는 자기조직화적 정부(self organizing government), 전략적 정부(strategic government), 지혜로운 정부(smart government), 안전한 정부(safe government), 지속 가능한 정부(sustainable government), 그리고 강한 정부(strong government) 등을 포함한다.

자기조직화적 정부의 주요 내용으로는 지역사회 자율성 부여, 각 조직들에게 자율성 부여, 능동적 공무원 육성, 철저한 분권화, 사기업들의 문제해결 자율성 강조 등이 있다. 전략적 정부에는 미래예측을 통한 전략적 의사결정, 참여적 의사결정, 국민 참여 유도, 그리고 참여적 리더십의 발휘 등이 포함된다.

지혜로운 정부는 작고 효율적인 정부, 투명성과 공정성, 그리고 효율적인 기업, 건전한 소비패턴의 가계, 스마트 인프라와 시설물 등이 갖추어져야 함을 의미한다. 안전한 정부에는 국제경제·정치 변화로부터의 안전, 건강하고 안전한 노년층의 삶, 사고나 자연재해로부터의 안전, 그리고 안전한 먹거리 확보 등의 내용이 포함된다. 지속 가능한 정부는 주로 환경적인 측면을 강조한다. 자연자원의 신중한 이용, 기후변화에 대응, 미래세대와 생물자원의 보호, 사회적 약자 보호, 그리고 문화예술의 발전 등을 주요 내용으로 한다. 마지막으로 강한 정부는 건강한 국민, 혁신지향, 우수인재의 양성과 확보, 강력한 외교국방정책, 그리고 이를 통한 높은 국가경쟁력 등을 의미한다.

2) 정보화를 통한 스마트 정부 확립

(1) 현황

우리는 이미 정보화시대를 지나쳐서 지식기반 시대에 살고 있고, 나아가 디지털 컨버전스에 기반을 둔 소셜 커머스 사회로 변화하는 과도기에 이르렀다. 디지털 컨버전스를 이끄는 핵심적인 변화 요소를 꼽자면 정보통신기술의 발전과 고객만족관리의 대두를 들 수 있다. 고객만족관리란 고객 중심의 사고를 바탕으로 모든 조직관리 활동을 전개해 나가자는 것으로 조직목표를 근시안적으로 추구하는 것에서 벗어나고자 하는 것이다. 이를 통해 고객이 제품 또는 서비스에 대해 원하는 것을 기대 이상으로 충족시키고 그들을 감동시킴으로써 환경변화에 흔들리지 않는 안정적인 수익 기반을 확보해 나가려는 관리전략이다.

행정의 대응성이 미약하고, 경쟁력과 효율성이 민간기업에 비해 떨어진다는 지적은 행정학의 역사와 그 맥락을 함께한다. 이와 같은 부정적 시각을 제고하고자 행정조직도 고객만족관리 측면에서 조직 혁신을 하고 있다. 여기서 중요한 것은, 행정 조직이 스마트워크를 한다는 것은 비단 국민만을 위한 것이 아니라는 것이다. 전자정부 기술의 수요자는 국민뿐만 아니라 시스템을 이용하여 공공업무를 하는 공무원조직도 마찬가지이므로, 이들 또한 고객으로 봐야 한다. 스마트 워크는 이러한 관점에서 발전해 온 정보기술이다.

스마트워크는 시간과 장소에 얽매이지 않고 언제 어디서나 일할 수 있는 체제를 의미한다. 정보통신기술을 이용해 시간과 장소의 제약 없이 업무를 보는 방식으로, 유무선 인터넷과 스마트폰, 영상회의 같은 첨단 정보통신기술을 활용해 사무실과 다름없이 일할 수 있도록 하는 것으로 업무 효율성을 높이고 근무 환경을 개선하는 것이다.

국내외 공공부분에서의 스마트워크 적용사례를 살펴보면, 먼저 미국의 경우 연방 공무원 중 8.7%(2008년)가 월 1회 이상 스마트워크에 참여하고 있다. 연방 공무원 중에서 스마트워크가 가능한 직원은 약 60%(총무청 85%) 정도다. 총무청은 2010년 스마트워크 참여율 50%를 목표로 하고 있으며, 워싱턴 DC 인근 14곳에 운영 중인 스마트워크 센터를 이용해 스마트워크 참여율을 획기적으로 높일 계획이다.

일본은 저출산 및 고령화로 인한 노동인구 감소를 사회문제로 인식하고, 이를 해결하기 위한 목적으로 스마트워크를 추진하고 있다. 총무성과 후생노동성의 주도로 공공부문의 단축시간 근무제를 도입하고, 원격근무사례와 정책 등에 대한 정보 제공 등을 실시하였다. 또한 민간부문으로의 확산을 위해 원격근무 기반 시설 구축에 대한 세제 지원, 근로자 권익보호를 위한 가이드라인 제시 등의 정책을 추진하였다. 대표적 예로 씬클라이언트 시스템 실증실험 및 환경정비세제 마련, 원격근무 관련 노동기준법, 노동안전위생법, 재해보상보험법 등의 적용을 위한 가이드라인 제시 등이 있다.

네덜란드의 경우 교통혼잡도 개선과 에너지 절감을 목적으로 스마트워크를 추진하였다. 2008년 암스테르담 시 인근에 스마트워크센터가 처음 개소한 후 현재 전국적으로 99개가 운영되고 있다. 스마트워크센터는 집과 회사의 장점을 결합한 새로운 제3의 공간으로 빠르게 확산되고 있다. 주거지에서 자전거로 이동이 가능한 위치에 있어 누구나 이용이 가능하며, 창의성을 이끌어 낼 수 있는 유연한 업무공간과 다양한 아이디어를 나눌 수 있는 소통의 장도 제공한다. 그밖에 회의실, 육아시설, 레스토랑, 바 등 다양한 편의시설 및 서비스를 제공해 지역의 새로운 비즈니스 중심지로 발전하고 있다. 스마트워크센터의 성공요인은 민간과 공공의 협력 거버넌스 체계에 있다. 이는 앞서 제시한 고객만족관리가 행정에 도입된 점을 잘 나타내 준다.

우리나라도 전 세계의 스마트워크 확산 추세에 적극적으로 동참하고 있다. 특히 최근 들어 저출산과 고령화 문제 대응, 저탄소 녹색성장 추진, 낮은 노동 효율성 개선 등과 관련하여 스마트워크 추진 필요성이 높아지고 있다.

스마트워크 추진 사례는 외국에 비해 미흡한 상황이나, 정부와 공공부문을 중심으로 긍정적인 성과를 창출하였다. 특허청은 2005년 3월부터 2006년 2월까지 특허심사관을 대상으로 한 재택근무 시범운영 성과가 높아, 지속적으로 추진하였다. 그 결과 2009년 기준 약 90명의 특허심사관이 재택근무를 하였으며 재택근무 시범사업의 경우, 업무생산성 약 17% 향상, 근무만족도는 87% 향상, 사무공간축소로 약 1억 원의 비용 절감 효과를 유발하였다. 동대문구청의 경우 2009

년 6월 지자체 최초로 행정안전부의 '정부원격근무 지원시스템'을 활용하여 '출산 여성공무원 재택근무제'를 실시, 업무성과와 직원만족도가 높은 것으로 평가되었다. 도시철도공사는 전 직원에게 스마트폰을 지급하고 스마트워크 환경을 구축하여 실시간 점검과 처리 시간을 단축하는 효과를 가져왔다.

이 외에 현재까지 정부의 스마트워크 실행 현황을 살펴보면, 공직사회에서 스마트워크가 활성화되기 위해서는 관리자들의 관심과 인식전환이 중요하다는 직원들의 의견에 따라 연말까지 과장급 간부공무원들을 대상으로 스마트워크센터에서 일일 체험근무를 시작했다.

스마트워크 시범기관은 방통위, 공정위, 교과부, 행안부, 문화부, 복지부 등으로 스마트워크센터는 주거지·교통요지 인근에 마련된 정보기술기반의 복합업무공간(독립사무공간, 휴게실, 영상회의실 등 구비)으로, 행정안전부는 지난 11월 3일에 도봉(24석)과 분당(25곳) 2곳에 문을 열어 현재 10개 기관(정부 8, 민간 2) 소속 직원들을 대상으로 시범 운영 중이다.

(2) 공공부문 업무시스템의 문제점

한편 우리나라의 노동생산성은 세계적으로 하위권에 속한다. OECD 국가들 중에서 노동시간이 가장 긴 반면, 노동생산성은 선진국에 비해 매우 낮아 노동의 효율성 개선이 시급한 실정이다. 2008년 기준 우리나라 1인당 노동시간은 연 2,256시간으로 OECD 평균인 1,764시간에 비하면 우리나라 근로자는 492시간 더 근무하는 것으로 나타나고 있으나 노동생산성은 2008년 기준 미국을 100으로 할 때 46

에 불과하여 매우 미흡한 상황이다. 이렇게 우리나라의 노동 효율성이 낮은 이유는 2000년대 들어 정보기술 기반의 정보지식사회로 패러다임이 변화하고 있음에도 불구하고, 근면성과 노동력 중심의 산업화시대의 근무방식에서 크게 벗어나지 못하고 있는 데 기인하기 때문이다.

이러한 현상은 민간기업보다 더욱 보수적이고 경직된 관료제의 문화를 가지고 있는 공공부문에서 더욱 강하게 나타난다. 정보통신의 발달은 시공간을 초월하여 업무를 추진할 수 있도록 하는 무한한 가능성을 제공하고 있다. 그러나 우리나라의 공공조직은 아직도 면대면 회의에 의존하는 등 전근대 방식에 의해 업무의 많은 부분이 수행되고 있다. 그러나 외부적으로는 세계화로 인한 국경을 초월한 업무가 증가하고 있으며 업무활동의 지리적 범위가 우리나라의 사무실에 국한되어 있지 않다. 또한 내부적으로는 공공부문에 여성인력의 입직이 두드러지게 증가하는 현상은 오래전의 일이다. 이처럼 여성인력은 공공부문에 있어서 없어서는 안 될 중요한 인적 자원이 되어 가고 있지만 육아의 많은 부분을 담당하고 있기 때문에 효율 등 인력의 효과적 활용이 매우 제한되어 있는 실정이다. 따라서 아직까지 육아의 상당 부분을 담당하고 있는 여성인력에 대한 배려와 이들의 효율로는 업무처리를 위한 업무수행방식의 변화가 필요한 시기라고 할 수 있다.

이와 같은 점에서 업무수행 방식에 있어서 정보기술의 활용은 노동의 효율성을 높이고 국민의 삶의 질을 개선하기 위한 좋은 방법이 될 수 있으며 업무수행에 있어서 정보기술 활용의 증가와 근무방식의 변화를 추구하는 스마트워크의 추진이 적극적으로 고려되어야 할 시점이다.

(3) 디지털 시대의 '좋은 정부'를 위한 제언: 스마트 정부

스마트워크의 도입은 공공부문에 있어서의 유연성과 개방성, 서비스의 질, 민관협력 등에 있어서 긍정적인 성과를 가져다줄 것으로 기대되고 있다. 시간과 장소에 관계없이 유연한 근무가 가능하고, 외부 환경과 끊임없이 소통하는 개방적인 체제가 구축될 것이며, 보다 나은 질의 공공 서비스를 제공하고, 민간의 적극적이고 지속적인 참여를 이끌어 낼 수 있다는 면에서 그 가능성은 무궁무진하다고 말해도 지나치지 않을 것이다.

정보사회에서는 기존의 관료제적 조직 모형을 탈피한 새로운 형태의 조직구조를 설계해야 할 필요성이 높아지는데, 팀조직이나 프로세스 조직, 네트워크 조직, 모래시계형 조직, 클러스터형 조직, 무봉형 조직, 탈현대형 조직 등 조직 모형이 새로운 조직 설계에 있어서 하나의 방향을 제시해 줄 수 있을 것이다. 각 기관이나 조직별로 조직의 성격과 업무 형태에 맞는 새로운 조직을 설계해 나가야 하는 것도 당면한 과제 중 하나이다. 스마트워크의 도입은 기존의 조직 내에서의 업무 형태나 구성원 간의 의사소통 방식, 권력관계 등의 변화에 큰 영향을 미칠 것으로 예상되며, 이러한 변화에 얼마만큼 발 빠르고 적합하게 대처하는지가 조직의 생존 여부를 가늠할 것이다.

또한 스마트 워크를 정부에 도입하기 위해서 정보화를 담당하는 리더라고 할 수 있는 정보화책임관의 역할도 필연적인 변화의 요구에 직면해 있다. 과거 정보화 지원자는 정보화촉진 위주의 정책을 담당하는 역할을 하였으나 다수 부처 다수의 사용자들이 정보화지원을 잘 활용할 수 있도록 협력하고 통합하는 조정자의 역할로 기능이 바뀌고 있다. 미래 정보화책임관의 역할로는 조정자, 개혁가, 투자효과 증진 기능 등이 제시될 수 있다. 조정자로서 정보화책임관은 국민과 기업 간의 소통과 협업을 촉진시키는 능력이 요구된다. 정보화책임관의 개혁가적 역할은 조직이 처한 문제, 기회, 해결방안 등을 찾아내기 위한 첨병으로서 현대사회에서 가장 중요한 정보수집가의 역할과 함께 이를 통해 조직변화 및 혁신을 위한 선도자의 역할을 하는 것이다. 마지막으로 정보화 투자효과 증진의 역할은 비용 최소화와 효과극대화를 동시에 추구하는 방법을 찾아내어야 한다는 것이다.

기존의 관료제적인 공공 조직은 정보 기술의 발달이라는 새로운 환경을 만나면서 더 이상 안정적이고 단순화된 업무 처리 방식에만 머물러 있어서는 살아남을 수 없게 된 것을 깨닫고, 나름의 여러 가지 생존 전략을 모색해 왔다. 전자 정부로의 조직 혁신이나, 최근 활발해지고 있는 스마트워크의 도입은 그러한 전략 중 하나로서, 새로운 환경에 보다 적극적으로 대처해 나가려는 공공 부문의 노력이다. 공공 부문의 제도 개선과 사회적 인식 개선 노력이 더해진다면, 스마트워크 도입에 있어서 보다 현실적응력이 뛰어난 대응이 이루어질 수 있을 것이다. 정보통신기술의 발달이라는 새로운 환경을 만나 스마트워크라는 자율적 요동을 통해 위기에 대처해 나가려는 공공 부문에서의 노력은, 이미 스마트워크를 도입·활용하고 있거나 혹은 앞으로 도입해 나가야 할 사조직 부문과 연계, 협동해 나감으로써 더욱 빛을 발할 것이라고 생각된다. 시민사회가 성숙해감과 더불어 공공 서비스의 수요자인 시민의 참여 또한 공공 부문의 혁신에 중요한 역할을 하고 있다. 이러한 공공 부문과 민간 부문, 시민사회 간의 파트너십을 통한 새로운 스마트 거버넌스를 구축해 나가려는 모두의 노력이 필요할 것이다.

3) 거시 변화대응력을 갖추기 위한 정부 조직개편 방향

(1) 기존 조직개편의 문제점

격변하는 예측 불가능한 미래의 국가 환경에 대처하기 위해서는 안정적 질서를 근간으로 하는 전통적인 국가전략에서 과감히 탈피하여야 한다. 선형적 인과관계, 미래에 대한 예측가능성, 질서, 안정성 등을 특징으로 하는 기계론적 패러다임을 근간으로 만들어진 국가운영 전략들은 비선형적 순환고리, 미래에 대한 예측 불가능성, 혼돈, 불안정성 등을 특징으로 하는 복잡계 패러다임으로 보면 그 한계를 드러낸다. 급격한 변화와 동시다발적인 다양한 상황이 발생하는 것은 기존의 국가발전전략 추진체계들이 국가의 발전 방향을 그려 내는 데 필요한 통찰력을 가지는 것을 가로막으며, 장기적 결과를 선택·계획·의도하기 어렵게 만든다. 세상이 점점 복잡해지고 우리가 살고 있는 사회, 경제 구조가 복잡계의 모습을 띠고 있는 현시점에서 국가의 단기적인 일상 활동은 미리 계획할 수 있으나 장기적인 전략은 그렇게 되기 어렵다.

국가운영에 있어서 일촉즉발의 동시다발적인 문제 발생 상황은 예측이나 통제가 사실상 어려워지게 만든다. 이러한 복잡한 상황을 타개하기 위해서는, 안정과 균형을 지향하는 전통적인 관료제적 패러다임은 크게 도움이 되지 않는다. 과거와는 전혀 다른 자기 혁신적 방법인 자율적 요동을 통해서 전략 및 행동을 창발시켜 운영하여야 한다. 국가는 항상 자율적인 행동을 창발하여 자기조직화를 이뤄야 하며 현실에 안주해서는 안 된다. 지속적인 변화가 이루어지지 않는다면, 도태의 길을 걷게 될 뿐이다.

그렇다고 단순히 변화를 따라가서는 안 되며 이를 주도할 수 있는 거시변화 대처능력을 키워 나가야 한다. 거시변화 대처능력은 사회체계의 유연성과 변화적응력, 개방성, 개혁지향성, 지식창출력 등 자기조직화 능력을 의미한다. 이 거시변화 대처능력은 오늘날의 우리나라처럼 한 국가가 국가 간의 경쟁과 국제화 등 급격한 환경적 변화로 인해 혼돈과 복잡성, 그리고 불안정성이 가중되는 위기 지점, 즉 분기점에 도달했을 때, 기존의 성공에 안주하는 등 경로의존성에서 탈피하여 더 높은 수준으로의 탐사에 성공케 하여 국가의 파산을 막고, 엄청난 성장의 기회를 잡을 수 있게 하는 대단히 중요한 요소다.

정부조직개편 역시 현대사회의 복잡계적 특성을 잘 반영하고 이러한 불확실성과 복잡성이 증가하는 상황에 대처할 수 있는 역량을 갖추도록 이루어져야 한다. 급변하는 환경변화에 대처할 수 있는 거시변화 대처능력의 중요성이 증가하는 만큼 과거의 조직 및 인력감축 위주의 무조건적이고 획일적인 정부의 조직개편은 지양해야 할 것이다.

(2) 중앙정부조직개편안 개요

본고에서 제시하는 중앙정부조직개편안의 핵심은 기획조정 역량 강화와 유사기능별 통합이다. 과거의 정부조직개편이 무조건적인 인력감축 및 조직 통폐합 위주의 획일적인 개편이었다면 향후 정부의 조직개편은 거시변화의 대처능력을 강화하고 조직의 안정성을 위해 기타 부처는 크게 변화를 주지 않는 선에서 유사기능을 통합하는 것이 바람직하다. 따라서 우선적으로 국가의 기획조정업무를 담당할 '국가전략원(가칭)'의 설치를 제안한다. 국가전략원 설치 이외에 교육과학기술부의 교육행정업무와 노동부의 고용업무를 통합하여 '교육고용부(가칭)'로 개편하는 것을 제안할 수 있다.

또한 국가지식정보 및 인적 역량강화를 위해 가칭 '국가전략정책연구원'의 설립을 제시한다. 기관의 정부출연 연구기관들 중 몇 개를 가칭 '국가전략정책연구원'으로 통합·개편하여 종합적인 국가 전략 수립에 필요한 다양한 분야의 융합적 정책 지식과 기술을 생산하여 국가전략원의 전략 수립 및 추진 활동을 지원토록 하는 것이 필요하다. 이와 동시에 개별부처들의 고유 정책을 보다 더 전문적으로 밀착 연구·지원할 수 있도록 정책연구의 비중이 높은 일부 정부출연 연구기관들을 관련 개별 정부기관 산하로 이관시키는 조치가 함께 이루어져야 한다. 이와 함께 가칭 '국가전략정책대학원'의 설치도 필요하다. 전략정책대학원과 전술한 국가전략정책연구원의 역량을 동시에 강화시키기 위한 방편으로서 이 대학원을 국가전략정책연구원의 병설기관 내지 소속기관으로 설치하여 교수 인력과 연구 인력 간 긴밀한 인사 교류가 이루어지도록 하는 것이 필요하다.

(3) 대통령직 인수위원회와 청와대 조직개편 방향

다음으로 살펴볼 내용은 대통령직 인수위원회 조직이다. 대통령직 인수위원회 구성은 다음의 세 가지 원칙에 따라 이루어져야 한다. 첫째는 조직의 단순화이다. 둘째는 신정부 출범 후 비서실을 상정한 인수위원회 구성이다. 마지막으로 전문가 중심의 팀워크 운영이다.

효과적인 업무를 수행하려면 분야별 팀을 구성하되 팀워크를 중시해야 한다. 시대변화를 반영하여 분과를 세분화하여 변화한 정치·사회·경제 환경을 반영하는 인수위원회 구성이 필요하다. 이 경우 분과 분화로 인한 종합성이 결여될 가능성에 대하여 종합조정기능을 갖는 분과위 구성을 검토해야 한다.

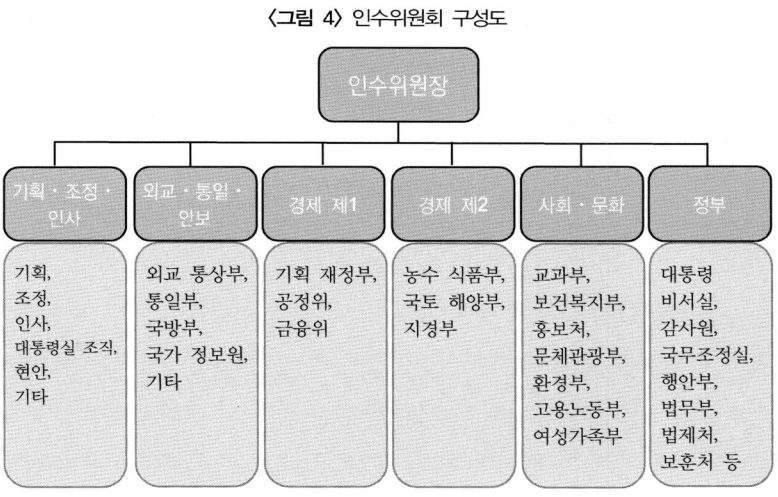

〈그림 4〉 인수위원회 구성도

주: 대통령실 조직은 조직개편 업무, 대통령비서실은 인수 업무

청와대 조직과 관련하여 과거 청와대 조직의 문제점과 개편 방향을 살펴보면, 첫째, 리더십 관리기구들이 취약하므로 이를 보강해야 한다. 대통령의 안정적 국정운영을 위한 정치적 지지기반을 강화하기 위해서는 대통령 비서실 내 연락기구들을 확대 강화할 필요가 있다. 즉 여당, 야당, 각 분야 언론매체, 지방정부, 각종 사회단체 등과 대통령

간에 상호 협력관계를 구축하는 연락 기구를 확대 전문화하는 것이다.

둘째는 정책기획수석실의 기능은 현재 다분히 소극적이므로 이에 대한 활성화가 필요하다.

셋째는 정책과정관리 기구가 결여되어 있으므로 그 기구 구축이 필요하다. 정책과정을 어떻게 관리하느냐에 따라 정책의 품질이 상당히 달라진다. 프랑스의 행정총괄처나 영국의 내각지원실과 같은 정책과정을 중립적인 입장에서 효율적이며 생산적으로 관리하는 보좌기구의 설치가 필요하다.

마지막으로 '선거공약 검증 팀'의 구성 및 운영을 제시한다. 선거공약은 국민과의 약속이기 때문에 이행하는 것이 원칙이다. 그러나 선거공약 중에는 연구가 부족하거나 심지어 당선을 위해 급조된 공약도 있다. 세금은 줄이면서 돈은 많이 쓰겠다는 공약이나 특정 이해집단을 위한 선심성 공약도 있다. 이런 것은 지킬 수 없는 공약들이다. 이런 공약을 정리하지 않으면 대통령의 직무수행에 걸림돌이 된다. 이런 조치가 이뤄져야 공약 때문에 국정이 표류하고 국론이 분열되는 현상을 방지할 수 있다. 이를 위해 '선거공약 검증 팀'을 구성해서 선거공약에 대한 철저한 검토가 있어야 한다. 실행 가능한 공약, 보완이나 수정이 필요한 공약, 지키지 못할 공약 등을 정리하여 국민들에게 공표해야 한다. 실행 가능한 공약에 대해서는 우선순위를 정해서 일정을 제시하면 더욱 좋다. 공약검토 과정에서는 전임 행정부의 정책과의 조화, 예산의 뒷받침 등에 대한 검토와 함께 낙선한 후보의 공약도 검토해서 바람직한 것이면 적극적으로 수용하는 자세를 가져야 한다.

(4) 향후 조직개편의 방향과 제언

이상에서 논의된 바와 같이 정부의 조직개편은 급변하는 국내외적 환경에 효과적으로 대처할 수 있고 정부조직이 변화를 주도할 수 있도록 설계되어야 한다. 이러한 거시적 변화대처능력을 강화시키기 위해 정부조직에 '국가전략원(가칭)'을 신설할 것을 제안하였다.

이와 함께 각 개별 부처에도 전략기획실을 두어 소관 부처의 전략기획 역량을 강화시키는 한편, '국가전략원'과 긴밀한 업무 연계와 인사교류까지 이루어지도록 하는 것이 필요하다.

한편 대통령직 인수위원회와 청와대 조직은 상호 밀접한 관련성을 가질 수 있다. 즉 대통령직 인수위원회의 조직이 청와대 조직에 반영될 가능성이 많다는 것이다. 따라서 대통령직 인수위원회의 구성은 매우 신중하게 이루어져야 한다.

마지막으로 청와대 조직의 개편에 대한 제언은 다음과 같다. 첫째, 리더십 관리기구의 강화이다. 특히 대통령의 안정적 국정운영을 위한 대통령실 내 연락기구들의 확대·강화의 필요성이다. 둘째, 정책기획수석실의 활성화이다. 정책기획수석비서관은 국정운영 전반에 관한 거시전략과 거시적 국가발전전략을 수립하고 그에 따라 국정 각 분야를 조율할 수 있어야 한다.

셋째, 정책과정관리 기구의 구성이 필요하다. 정책과정을 어떻게 관리하느냐에 따라 정책의 품질이 상당히 달라진다. 현 조직체계하에서는 총리실 산하 국무조정실의 역할을 바꾸는 방법을 생각해 볼 수 있을 것이다. 마지막으로 '선거공약 검증 팀'의 구성 및 운영이 필요하다.

4) 공기업 개혁

(1) 공기업 개혁의 현황

공기업 개혁은 새로운 정부가 출범할 때마다 제시되었던 중요한 공약 가운데 하나였다. 하지만 대부분의 정부가 집권 초기에 의욕적으로 추진하다가 일정 기간을 넘어서면 흐지부지되었다. 이명박 정부의 경우 6차까지 공기업 선진화 방안을 발표했고, 공공기관 경영평가 후속조치를 발표하면서 기관장 퇴출이라는 처방도 포함하였다.

우리나라의 경우 공기업 민영화를 통한 경쟁체제의 도입을 성공적으로 추진한 경험을 가지고 있다. 먼저 POSCO, KT&G, KT 등 굵직한 공기업들이 하나둘씩 민영화되었다. POSCO는 1998년 12월 이후 세 차례 ADR 발행과 세 차례 자사주 매입을 통해 매각을 완료하였다. 체신청(정부기관)은 1982년 1월 1일 우편을 제외한 전화 부분만 독립하여 통신공사를 설립하였다. 1987년에 결정된 한국통신의 민영화 방침은 정부의 '공기업 민영화 추진계획'의 일환으로 진행되었다. 결국 2002년 3월 22일 KT로 상호를 변경하고 2002년 8월 20일에 민영 KT로 공식 출범하였다. 전매청(정부기관)은 1987년 4월 1일 전매공사를 설립하였다. 1989년 4월 1일 한국담배인삼공사로 상호를 변경하였고 2002년 12월 27일 (주)케이티앤지(KT&G)로 상호변경과 함께 민영화를 완료하였다.

현 정부는 2008년 305개 공공기관 중 40~50개 공공기관을 민영화 또는 통폐합하거나 구조조정하는 내용의 공공부문 선진화 방안을 발표했다. 305개 공공기관 중 60여 개 정부 출연연구소를 포함한 200여

개 기관은 우선 개혁대상에서 제외하되 나머지 100여 개 핵심 공공기관 중 40여 개에 대해 1차적으로 통폐합·민영화를 시행하고 8월에 나머지 기관에 대한 2차, 3차 선진화 방안도 발표하였다.

1차 개혁 대상에는 분야별 대표 공기업과 방만한 경영으로 사회적 물의를 일으킨 공공기관이 선정되었다. 통폐합 대상에는 주택공사와 토지공사, 신용보증기금과 기술신용보증기금 등 경제 관련 공공기관과 문화·언론 관련 기관들이 다수 포함되었다. 이 외에도 한국전력 자회사와 농수산물유통공사, 지역난방공사 등도 민영화 대상에 올랐다.

〈그림 5〉 공기업 선진화 4대 추진 방향

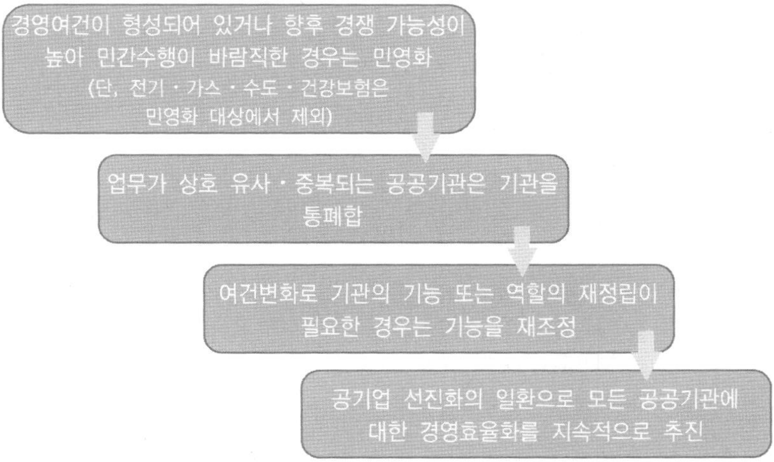

경영여건이 형성되어 있거나 향후 경쟁 가능성이 높아 민간수행이 바람직한 경우는 민영화
(단, 전기·가스·수도·건강보험은 민영화 대상에서 제외)

업무가 상호 유사·중복되는 공공기관은 기관을 통폐합

여건변화로 기관의 기능 또는 역할의 재정립이 필요한 경우는 기능을 재조정

공기업 선진화의 일환으로 모든 공공기관에 대한 경영효율화를 지속적으로 추진

2008년 8월 26일 기획재정부는 2008년 8월 11일 제1차 공공기관 선진화 추진계획(41개 대상)에 이어 제2차 추진계획을 발표하고, 29개 공공기관을 13개로 축소하는 한편, 3개 기관을 폐지, 7개 기관은 기능 조정, 1개 기관은 민영화하기로 했다고 밝혔다. 민영화가 중심이 됐

던 1차와 달리 2차에서는 부처 통폐합, 산업융합 추세 등 여건 변화
에 맞춰 분야별로 중복 설치된 공공기관을 통합하는 등 40개 기관의
통합·기능조정에 초점이 맞춰졌다. 이로써 1차와 2차 공공기관 선진
화 계획에는 319개 검토대상 기관 중 79개 기관이 해당되었으며 민영
화 28개, 통합 31→14개, 기관폐지 3개, 기능조정 19개 등 내용을 포
함하고 있다.

(2) 공기업의 문제점

1997년 외환위기의 근본 원인으로 제기되었던 대표적인 것이 공공
부문의 방만하고 부실한 운영이었다. 이러한 현상은 아직도 시정되지
않고 있다. 공기업의 규모만 키우면 된다는 식의 운영이 한국사회에
서 고쳐지지 않고 있는 것이다. 특히 주택, 전력, 가스, 석유, 철도 등
국민생활과 밀접하게 관련된 5개 분야 공기업이 대표적인 사례이다.
이들 5대 공기업이 빚을 과도하게 늘리고 있어 국가재정, 나아가서
는 국민경제를 위협할 수 있다는 염려가 커지고 있다. 공기업의 빚은
당장 재정 부담은 아니지만 사업이 부실해지면 국민 세금으로 메워
야 한다.
기획재정부에 따르면 한국토지주택공사(LH), 한국전력, 한국가스
공사, 한국석유공사, 한국철도공사(코레일) 등 5대 공기업의 2010년
말 부채 총액은 199조 9,000억 원에 달했다.
2006년 88조 8,000억 원에서 불과 4년 만에 2.25배나 급증한 것이
다. 286개 전체 공공기관 부채(386조 6,000억 원)에서 5대 공기업 부채
가 차지하는 비중은 51.7%로 사상 처음으로 절반을 넘어섰다. 4년 전

39.2%였던 점을 감안하면 최근 들어 급증한 셈이다.

기업별로는 LH 부채가 2006년 50조 원에서 126조 원으로 증가했고, 생산광구 확보에 열을 올린 석유공사는 3조 5,000억 원에서 12조 3,000억 원으로 무려 3배 이상 급증했다. 한전은 21조 원에서 33조 원으로, 가스공사는 9조 원에서 19조 원으로 늘었다.

철도공사도 5조 6,000억 원에서 10조 원 수준으로 늘었다. 문제는 이들 공기업 부채는 증가 속도를 통제하기 어렵다는 점이다. 빚 증가 요인이 국책사업 시행이나 물가안정 목적이어서 하루아침에 빚을 줄이기가 사실상 불가능하다.

한전은 전기요금을 못 올리는 상황에서 전력 수요에 맞추기 위해 시설투자를 늘린 것이 결정적이었다. LH는 신도시와 임대주택, 보금자리주택 사업 등이 겹쳐 하루에만 이자를 100억 원이나 부담하고 있다.

대대적 구조조정 없이는 지금의 적자구조를 개선하기 어려운 실정이다. 특히 내년 총선과 대선 영향으로 정치권의 포퓰리즘이 극성을 부리고 있어 공기업 부채 문제가 더욱 악화될 수 있다는 지적이다. 정부는 5대 공기업 부채가 2012년 271조 원, 2015년에는 329조 원까지 늘어날 것이라고 한다.

외환위기 이후 강도 높게 시행되어 왔던 공기업 개혁이 10여 년이 지난 지금도 공기업의 부정적 운영관습을 타파하지 못하고 있는 것이다. 이러한 공기업의 무분별한 몸집불리기로 인해 국민부담은 더욱 가중되고 있다. 만약 공기업이 일반 기업처럼 시장의 경쟁 속에 있었으면 국민의 부담은 상당 부분 줄어들 수 있다. 즉 공기업은 법과 행정을 통해 보호와 경쟁제한이라는 특수한 지위를 누려 왔으며 이로 인해 효율성이 낮을 수밖에 없고 그 부담은 국민이 감수해야 하는 것이다.

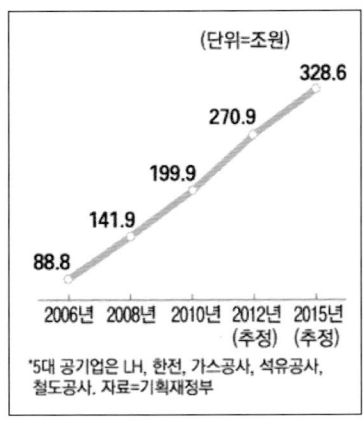

〈그림 6〉 5대 공기업 부채

(단위=조원)

328.6

270.9

199.9

141.9

88.8

2006년 2008년 2010년 2012년 2015년
                        (추정) (추정)
*5대 공기업은 LH, 한전, 가스공사, 석유공사,
철도공사. 자료=기획재정부

(3) 공기업 개혁을 위한 제언

공기업 개혁을 위한 노력에도 불구하고 많은 전문가들은 현 정부의 공기업 개혁이 많이 후퇴되었음을 비판하며 더욱 강도 높은 공기업 개혁을 요구하고 있다. 공기업 개혁의 기본 방향은 다음과 같다.

첫째는 정치권의 배제를 중심으로 한 운영실체의 변화다. 공기업 운영에 있어서 정치적 논리를 배제하는 것이 필요하다. 둘째는 규제완화와 경영감시체제의 확립이다. 셋째는 사적소유의 제한을 완화하는 것이다. 이는 곧 민영화를 의미한다. 따라서 정부소유의 기업을 민간부문으로 전환하는 노력이 필요하다. 마지막으로는 경쟁력 강화를 위한 책임경영체제의 도입이다. 공기업의 효율성을 확보하기 위해서는 경쟁 환경이 조성되어야 하며, 기업이 경쟁 환경을 갖추려면 민간기업과 같이 능률 향상의 요인이 되는 경쟁력을 강화해야 한다.

이상의 논의를 종합하면 공기업 개혁의 큰 방향은 민영화와 경영

효율성 제고를 통한 국민부담의 감소이다. 이를 위해 정부와 공기업은 뼈를 깎는 자구노력을 해야 하며 일회성의 개혁이 아닌 근본적인 구조 개혁이 이루어져야 할 것이다. 또한 공기업의 도덕적 해이를 감시하며 공기업이 투명하게 경영되도록 노력해야 할 것이다.

지방분권 강화를 위한 체제정비

신도철, 이기우, 김성배

─요약─

우리나라 헌법은 지방자치를 보장하고 있기는 하지만 그 구체적인 내용은 매우 빈약하다. 그리하여 대부분의 중요한 정책은 중앙정부가 독점하고 있다. 또한 지방정부는 자신의 살림살이를 중앙정부에 의존하고 있다. 이런 중앙집권적 국가운영체제하에서 제로섬의 분배투쟁이 지역 간 갈등을 심화시키고 중앙정치의 발목을 잡고 있다.

시장의 활성화를 통해 국가를 발전으로 이끌기 위해서는 정치 관료들이 자의적 판단으로 시장경제를 침해하지 못하도록, 그리고 지방정부들이 자본과 노동과 경제활동을 확보하기 위해 서로 정책경쟁을 하도록 제도적 기반을 구축할 필요가 있다. 이러한 문제의식에 기초한 이른바 시장보호형 분권체제 모형이 요구하는 제 조건 중 우리나라가 충족하지 못하고 있는 조건으로는 지방정부의 자율성 조건(지방정부가 지역공공 서비스 공여와 지역경제의 발전에 대해 일차적 권한을 가질 것), 경성예약 조건(지역발전을 위해 수행하는 정책과 사업의 재정적 결과에 대해 지방정부가 스스로 책임을 질 것), 제도화 조건(분권화가 중앙정부나 정치권의 자의적이고 일방적인 판단에 의해 좌우되지 않도록 제도화되어 있을 것) 등을 들 수 있다.

우리나라 국가운영체제를 보다 지방분권적인 것으로 전환하는 것은 시대가 요청하는 바이다. 중앙정부와 광역지방정부 그리고 기초지방정부 사이의 사무배분은 어느 단위의 정부가 해당 사무를 가장 잘 수행할 수 있느냐를 기준으로 정해야 할 것이다. 그리고 광역지방정부는 무한경쟁의 세계시장에서 자본과 기술과 인력을 유치하고 지역을 발전으로 이끄는 주체가 될 수 있도록 그 규모를 좀 더 키울 필요가 있을 것이다. 지방분권이 실효성을 갖기 위해서는 무엇보다 재정분야에서 지방정부의 자율성과 책임성이 확보되어야 하는바, 각급 정부의 재정수요가 기본적으로 충족되도록 세원을 배분해야 할 것이다.

지방분권적 국가운영체제에 대한 시대적 요구를 현행 헌법하에서 법률개정만으로 달성하는 것은 정치적 역학관계에서 보더라도 어렵고 법 이론상으로도 무리가 따른다. 지역이 세계적 규모의 정책경쟁의 주체로 부상하고 있는 상황에 대응하는 입법권의 재배분문제는 헌법개정으로 풀어 주어야 한다. 최근 헌법개정 논의가 한번씩 일어나기도 하지만 정작 헌법을 개정해야 하는 당위성과 정당성은 변화된 시대적 요구를 담아내기 위한 지방분권의 강화에 있다. 그것은 또한 세계적인 흐름과 일치한다. 프랑스가 지방분권을 위한 개헌을 한 바 있으며 일본, 스페인, 이탈리아 등에서 지방분권을 강화하기 위한 헌법개정이 논의되고 있다. 한편 남북한 통일을 염두에 두더라도 지방분권을 미리 확립해 놓는 것이 좋다는 판단이다. 남한과 북한이 60년이 넘게 매우 이질적인 정치체제하에서 기본적인 생활문제의 해결방식을 달리해 왔다는 점을 고려하면 하나의 획일적인 정치질서로는 통일의 충격을 흡수하기 어렵다. 통일을 위해서는 전체로서 국가의 동질성을 유지하면서도 지역문제에 관한 정치적인 결정을 자기 책임하에 할 수 있는 지방분권적 국가운영체제의 도입이 필요하다.

지방분권을 강화하는 개정 헌법에는 중앙정부와 지방정부 사이 입법권의 배분, 행정권의 배분, 지방재정권의 보장, 지방정부의 국정참여 등에 관한 규정이 포함되어야 할 것이다. 우선 헌법에서 입법권을 배분하는 방법으로는 실체법적인 내용을 구체적으로 규정하는 방법과 절차법적인 규정을 두는 방법이 있다. 헌법에 중앙정부와 지방정부의 입법권을 구체적으로 규정하는 경우에는 먼저 중앙정부의 배타적인 입법권을 규정하여 지방정부가 관여할 수 없는 입법권을 규정하고, 또한 중앙정부와 지방정부가 경합적으로 입법권을 갖는 분야를 규정하는 것이 일반적이다. 그리고 독일의 예에서 보는 바와 같이 지방정부만 갖는 배타적인 입법권을 별도로 규정하는 경우도 있다. 한편 헌법에 명시적으로 규정하지 않은 잔여권한을 누가 갖는지는 대단히 중요한 문제이다. 본고에서는 잔여입법권은 광역지방정부에 부여하는 것으로 하면서 헌법에 규정할 중앙정부의 배타적 입법사항, 광역지방정부의 배타적 입법사항, 경합적 입법사항을 제시해 보았다. 다음으로 중앙정부와 지방정부의 입법권의 범위를 결정할 수 있는 절차를 헌법에 규정함으로써 권한규정을 개방적으로 규정하는 방식은 헌법상 권한배분이 명확하지 않다는 단점에도 불구하고 헌법개정 시 구체적인 권한배분에 대한 합의를 쉽게 할 수 없는 경우에 채택할 수 있으며 또한 중앙정부와 지방정부 사이 권한배분에 대한 시대적인 요구를 반영하여 탄력적으로 적응할 수 있다는 장점이 있다. 이 방식을 채택하고 있는 대표적인 국가인 스페인의 예 등을 참조하면서 본고는 이러한 방식에 따른 헌법개정안도 제시하였다. 그 요지는 헌법에 중앙정부의 배타적 입법사항을 명시하고 잔여입법권은 지방정부에 부여하며, 경합적 입법사항의 구체적 배분은 헌법보다는 하위이지만 법률보다는 우선하는 국가조직법에 의하되 국가조직법의 제정 및 개정은 특별정족수를 요하도록 하는 것이다.

지방정부가 입법권을 가진 사항에 대한 행정권은 자치사무로 수행하도록 하고 중앙정부는 관여권을 갖지 않도록 하되, 다만 경합적인 입법권에 속하는 사항에 대해서는 중앙정부가 전국적인 규율을 필요로 하는 경우에 한정하여 일반적·추상적 개입만이 가능하도록 해야 할 것이다. 그리고 중앙정부가 배타적인 입법권을 가지는 경우에는 중앙정부가 행정권을 가지되 지방정부에게 위임할 수 있도록 해야 할 것이다. 다음으로 지방정부의 재정적인 책임성을 헌법에 규정하고 지방의 중앙정부에 대한 재정적인 의존성을 해소하는 것이 필요하다. 광역지방정부의 세원을 헌법에 규정하고 세율과 세금징수에 관한 것을 광역정부의 법률로 정하도록 하는 것도 생각해 볼 수 있다. 재정적인 자립성을 확보하기 위해서는 현행 국세 및 지방세 체계를 근본적으로 개편할 필요가 있다. 끝으로 지방정부가 중앙정부의 권력남용을 방지하고 견제를 하기 위해서는 중앙정부의 의사결정과정에 참여할 수 있는 권한과 통로가 있어야 한다. 지방분권형태를 취하는 많은 국가에서 양원제를 채택하고 있다. 대개 하원이 전체 국민의 이익을 대표하는 데 비하여 상원은 지역의 이익을 대변하게 된다. 우리나라에서도 지방분권을 보장하기 위한 양원제 도입을 고려해 보아야 할 것이다.

1) 지방분권 강화의 필요성

우리나라 헌법은 제117조와 제118조에서 지방자치를 보장하고 있기는 하지만 그 구체적인 내용은 매우 빈약하다. 지방자치단체가 어떤 사무를, 어떻게 수행하는지에 대한 지침이 없어 입법자들의 재량에 맡겨 두고 있다. 결국 대부분 중요한 정책을 결정하는 입법권을 중앙이 독점함으로써 지방정부는 자율적으로 정책적 결정을 내리기 어렵다. 지방정부는 중앙정부가 이미 결정한 사항을 집행하는 역할에 그치는 경우가 대부분이다. 다양성과 창의성이 요구되는 지식정보사회에서 중앙정부는 과부하로 인한 기능마비에 시달리고, 지방정부는 자율과 책임에 기초한 정책결정을 내릴 권한도 능력도 갖지 못한 것이 현실이다.

대부분의 지방정부는 자신의 살림살이를 중앙정부에 의존하고 있다. 지역문제에 대해서는 중앙정부는 지방정부에, 지방정부는 중앙정부에 책임을 미루게 되어 사실상 아무도 책임을 지지 않게 된다. 지방은 절약할 동기도 없고 새로운 혁신을 해야 할 이유도 없다. 중앙정부로부터 예산과 특혜를 따내는 사람이 유능한 지방정부 담당자로 여겨진다. 이러한 권력 및 재정구조하에서는 뺏고 빼앗기는 제로섬의 분배투쟁이 지역 간 갈등을 심화시킨다.

　지역경쟁력 향상과 국가발전을 위해서는 국경을 넘어 지역 간 경쟁의 주체가 되고 있는 지방정부의 위상에 대한 근본적인 재검토를 요구한다. 지방분권이 강화되면 제공되는 공공재의 종류와 정도가 지역주민의 취향에 더 잘 부합하는 방향으로 정해진다. 지방정부는 주민들과 더 가까이 있기 때문에 주민들의 선호에 더 잘 대응할 수 있으며, 공공재에 대해 유사한 취향을 가진 사람들끼리 같은 곳에 모이는 경향이 있으므로 거주자들이 원하는 공공재의 유형과 양을 보다 쉽게 파악할 수 있게 된다. 나아가 국가사무의 지방이양은 중앙정부와 지방정부의 행정능력을 공히 높일 것이다. 지방분권은 정치·행정 분야에 시장 규율과 경쟁 질서를 확립하는 데 기여할 것이다.

　세계화, 정보화, 지식기반사회화가 심화되어 가고 있는 21세기는 제도경쟁의 시대이다. 이 경쟁의 요체는 어떤 제도가 국민의 창의성과 다양성을 극대화하고 급변하는 환경에 대한 적응능력을 높이느냐에 있다. 느슨하게 연결된 시스템으로서의 지방분권 국가운영시스템은 다양성과 적응능력 제고에 효과적이다. 분권체제에서는 각 부문이 중앙의 직접적 통제를 받지 않고 자율적으로 작동하면서 동시에 중앙과 기능적으로 연결되어 있다. 다양성과 자율성에 기초한 지방분권은 정책실험의 장, 정책학습의 장을 제공한다.

환경의 변화에 따라 지방분권 강화에 대한 요구는 증가하고 있고, 세계 각국도 지방분권 강화를 위한 제도적 개선에 힘을 기울이고 있다. 프랑스는 2003년 지방자치와 분권을 강화하기 위한 개헌을 단행하였고, 독일도 자신의 연방제를 해석하고 운영함에 있어 이른바 협력적 연방주의보다는 경쟁적 연방주의를 점차 더 내세우고 있다. 일본에서도 보다 근본적인 지방분권을 이루어 내기 위한 도주제 도입 논의가 진행되고 있다. 우리나라에서 향후 개헌 논의의 대상이 될 수 있는 분야는 여러 가지가 있을 수 있으나, 시대가 요구하고 있는 획기적인 지방분권 강화를 위해서는 지방자치에 관한 헌법조항의 보강·확충이 반드시 필요하다.

이 글에서는 우선 우리의 지방분권화 노력이 지향해야 할 하나의 방향으로서 시장보호형 분권체제를 제시하고, 이어서 이러한 분권체제를 정립하기 위한 헌법개정방향을 모색해 본다. 지방분권형 국가운영체제의 정립은 통일에 대한 준비로서의 의미도 갖게 될 것이다.

2) 시장보호형 분권체제

시장이 역동적으로 작동하여 경제와 국가가 발전을 이루기 위해서는 정부의 적절한 역할이 필요하다. 그러나 정부는 개인의 자유와 시장의 원리를 침해할 가능성이 상존한다. 따라서 국가발전의 문제를 해결하기 위해서는 정부의 권한이나 정부 내에서 결정권을 행사하는 사람들의 자의성을 제한할 수 있는 정치적 제도를 찾아내어야 한다.

자유 사회를 보전하기 위해서는 모두에게 적용될 수 있는 일반적이고 추상적인 원칙을 강제하는 경우 이외에 행사되는 강제력은 엄격하게 통제되어야 한다.

시장을 통한 국가발전을 위해서는 통제된 정부가 필수적이지만, 그러한 정부를 찾아내는 일은 결코 쉬운 일이 아니다. 사실 정부를 통제할 수 있는 쉬운 방법이란 없다. 다만 다음 두 가지 원칙을 제시할 수 있을 것이다. 우선적으로 정부 내 다른 부처나 계층들이 서로 견제와 균형의 관계에 있도록 하는 것이 필요하다. 만일 하나의 부처가 법에 의해 주어진 권한을 과도하게 행사하는 경우 다른 부처나 계층의 정부가 제재를 가하도록 하는 것이다. 다음으로는 그러한 제재는 자의적으로 가해져서는 안 될 것이다. 제재의 수단 그 자체도 법에 의해 구속되어야 한다.

이러한 제재수단과 유인구조를 구축하는 방법으로 크게 두 가지를 생각해 볼 수 있다. 그 하나는 중앙정부의 부처 간 경쟁을 통해 서로의 행동을 통제하도록 하는 것이다. 프랑스가 대표적인 경우이다. 다른 방법은 정부를 계층화하여 다른 계층의 정부들이 서로를 통제하게 하는 것이다. 이 체제하에서 다른 계층 정부의 행동을 통제할 유인은 각 계층 정부가 자기의 이익을 추구하는 과정에서 생겨난다. 예를 들면 기초, 광역 그리고 중앙정부가 특정한 분야의 기업에 대해 각각 세금을 부과하는 경우를 상상해 보자. 특정한 계층의 정부가 개인의 재산권을 줄이는 행동은 다른 계층의 정부가 부과할 수 있는 세금액수를 줄이게 됨으로써 반발을 불러일으킬 것이다. 그 결과 다른 계층의 정부들 간에 세원을 키우고 세수를 적절히 배분하기 위한 조정이 일어날 수 있다. 캐나다가 대표적인 사례이다.

두 가지 체제를 모두 갖춘 나라의 예로는 미국을 들 수 있다. 연방 정부 내의 부처들 간 견제와 균형 메커니즘과 아울러 연방제를 통한 정부의 계층화가 구축되어 있다. 그 결과 대통령은 자신의 자의적인 행동을 견제할 수 있는 여러 집단을 대면하게 되는 것이다. 하원과 상원, 독립적인 사법기관, 주와 지방정부, 그리고 연방의 전문적인 관료 등이 여기에 해당한다. 정부의 권한을 제어하는 두 가지 방식의 조합을 통해 예외적으로 높은 수준의 재산권 보호를 실현하고 있는 것이다.

많은 나라들은 그 어느 한 가지 체제도 제대로 갖추지 못하고 있다. 연방제 혹은 견제와 균형이 문서로만 되어 있는 경우도 허다하다. 멕시코와 아르헨티나가 그러한 경우에 해당하는데 분권에 실패한 이유가 바로 여기에 있다. 이 나라들에서는 권한이 두 가지 의미에서 과도하게 집중되었다. 중앙정부가 연방제하에서도 과도한 권한을 행사하였다. 그리고 연방정부 내에서는 대통령이 과도한 권한을 행사하였다. 이로 인해 자의적인 행동이 생겨나고 그 결과 발전에 저해요인이 발생하였다.

(1) 시장보호형 분권체제의 조건

시장경제의 활성화를 위해서는 재산권의 보호와 계약이행의 강제를 위한 제도를 확충하는 것과 동시에 국가가 시민들의 재산을 강탈할 가능성을 최소화할 수 있도록 정치적 기반을 구축하는 일이 중요하다. 그러나 개인의 재산권을 보장하고 계약이행을 강제할 수 있을 정도로 강한 정부는 시민들의 부를 강탈할 가능성도 충분히 가지고 있다. 이러한 딜레마를 해소 내지 완화하고자 하는 것이 시장보호형 분권체제 모형의 문제의식이다.

시장보호형 분권체제의 핵심은 국가가 시장을 보호하고 활성화시키리라는 믿을 수 있는 신뢰를 줄 수 있어야 한다는 것인데, 이는 정치 관료들이 바뀌더라도 그들의 자의적인 판단에 의해 시장경제를 침해하는 경우가 생겨나지 않도록 제도적 기반을 구축함으로써 가능하다는 것이다. 많은 유력한 학자들의 논의에 따르면 시장보호형 분권체제가 충족해야 할 조건으로 다음 다섯 가지를 들 수 있다.

첫째, 계층적 정부(hierarchy of government) 조건이 충족되어야 한다. 적어도 2계층 이상의 정부가 동일한 지역과 사람들을 지배하는 상황이 전제되어야 한다는 것이다. 각 정부는 그 자체적으로 독립적이어야 하고 권한의 범위가 정해져 있어야 한다. 만일 권한의 범위를 중앙정부 관료들이 자의적으로 결정하는 경우에는 분산된 권한이 언제든지 회수될 수 있기 때문에 진정한 의미의 계층적 정부가 되지 못할 것이다.

둘째, 지방정부에 일차적 경제규제 기능(primary regulatory responsibility over the economy)을 부여해야 한다. 이 조건은 경제활동에 대한 일차적인 규제는 지방정부들이 수행할 수 있어야 한다는 것을 의미한다. 중앙정부가 경제정책을 만드는 역할은 제한적으로 수행해야 한다는 것이다. 지방정부가 지방의 경제를 위한 공공재와 공공 서비스의 공급에 대해 최우선적으로 권한을 행사할 수 있어야 한다는 조건이다. 이 조건은 지방정부들이 자신의 여건에 합당한 정책을 채택할 수 있는 권한이 있다는 것을 의미한다. 이 조건하에서 지방정부들은 지역의 시장을 통제하는 권한을 가질 것이고, 공공 서비스를 지역의 실정에 맞게 공급할 것이며, 지역의 세율을 공공 서비스의 비용을 반영하여 결정할 것이다.

셋째, 공통의 시장(common market) 조건을 들 수 있다. 이 조건은 하위정부가 자신의 권한으로 지역 간 무역에 장애물을 구축하지 못하도록 해야 한다는 것을 의미한다. 구체적으로는 지방정부들의 지역경계를 넘어 상품 무역과 요소 이동이 제약 없이 자유롭게 이루어지는 것을 의미하는 것이다. 이 조건은 미국을 위시하여 성공적인 연방제를 구축한 나라들에서 관찰되는 가장 두드러진 특징의 하나이다. 반면 실패한 연방제 사례로 거론되는 인도의 경우는 내부적 제약이 존재하고 러시아의 경우는 노동, 자본, 재화의 이동에 대해 여러 가지 형태로 제약을 가하고 있다. 만일 지역 간 무역과 요소 이동이 자유롭지 않다면 개별 지역들은 사실상의 지역경계 내에서 독립적인 국가가 될 것이다. 지역 간 이동에 대한 제약이 존재하는 경우에는 지역 간 경쟁을 저해할 것이고 아울러 지역단위 정부의 시장에 대한 개입, 지대추구 또는 부패에 대한 저항요인이 약화될 것이다.

넷째, 엄격한 예산제약조건(hard budget constraints)을 들 수 있다. 지방정부의 예산제약은 엄격해야 한다는 것이다. 만일 하위정부의 재정관리 실패에 대해 중앙정부가 지원을 통해 구조한다면, 하위정부는 자신들의 재정결정에 대해 책임성이 약해질 것이기 때문에 이 조건이 충족되지 않을 것이다. 결국 이 조건은 지방정부들이 자신이 수행하는 정책으로 인한 재정적 결과에 대해 스스로 책임을 져야 한다는 것을 의미한다. 이 조건하에서 지방정부는 자신이 감당할 수 있는 정도를 넘는 지출을 억제할 것이고 실패하는 기업들에 대한 지원을 삼갈 것이다. 이 조건은 지방의 정치인들에게도 건실한 재정 관리를 하도록 하는 유인을 제공하게 되는 것이다.

다섯째, 시장보호형 분권체제하에서는 권한과 책임의 제도화(institutionalization of authority and responsibility)가 충족되어야 한다. 이는 정부 간 권한과 책임의 배분이 지속성을 지닐 수 있어야 한다는 조건이다. 정부의 권한과 책임은 중앙정부가 임의로 바꿀 수 없고 또한 지방정부들의 요구에 따라 변경시킬 수 없어야 한다는 것이다. 이 조건은 분권화된 시스템이 지속되도록 하는 데 필수적이다. 특히 분권화가 중앙정부의 자의적이고 일방적인 판단에 의해 좌우되어서는 안 된다. 사실 중앙정부가 지방정부의 자치권 성격을 바꾸거나 취소하지 못하게 하는 제도적 장치가 마련되어 있어야 할 것이다. 그러한 조건이 충족되지 않을 경우, 중앙정부는 지방정부의 자치권을 무력화할 수 있고 그 결과, 경쟁으로 인한 편익을 감소시킬 수 있을 것이다.

자치권을 확보할 수 있는 제도적 장치를 마련한다는 것은 개념적으로는 이해할 수 있으나 실제로는 쉬운 일이 아니다. 어떤 정당제도하에서는 국가의 엘리트가 정당을 주도할 수 있고, 다른 정당체제하에서는 지방 엘리트가 주도권을 행사할 수 있을 것이다. 그런가 하면 국가 및 지방 엘리트들의 힘의 행사가 균형 상태를 이루는 정당체제도 있을 것이다. 만일 국가 엘리트가 주도권을 행사하는 경우에는 그들이 지방의 엘리트들에게 압력을 가하여 지방정부의 자치권을 약화시키게 될 것이다. 반대로 지방의 엘리트가 주도권을 행사하는 경우에는 그들이 국가 엘리트에 압력을 가하여 지방정부들의 공유재원 포획현상을 받아들이도록 하거나 혹은 지방정부의 부채를 무마하도록 할 것이다. 국가 및 지방 엘리트들이 균형을 이루는 정당제도하에서는 각 엘리트 집단들이 자신들의 고유권한을 지키려 할 것이기 때문에 분권화가 보존되고 지속될 가능성이 클 것이다.

지금까지 시장보호형 분권체제의 속성 내지 성립조건에 대해 살펴보았지만, 그러한 분권체제가 과연 현실세계에서 성립하고 기대한 대로 작동할 수 있을 것인가에 대해서는 여러 측면에서 비판이 있어 왔다.

첫째, 지방정치의 실질적인 작동 과정을 분석해 보면, 지방정부들이 지역 간 경쟁에 제대로 반응하지 않을 가능성이 크다는 점이다. 지방정부들이 수요 측면에서 가해지는 압력에 대해 제대로 반응할 때 시장보호형 분권체제가 달성하고자 하는 것들이 달성될 수 있겠지만, 만일 지방정부가 반응하지 않는다면 시장보호형 분권체제는 국가발전에 오히려 저해요인이 될 수도 있다는 것이다. 지방정부가 경쟁의 압력에 제대로 반응하지 않을 가능성은 지역정치의 속성에서 찾아볼 수 있다. 지역의 정치인들이 자신들의 정치적 생명을 유지하기 위해 정치적으로 강한 영향력을 지닌 지역의 일부 세력과 결탁함으로써 지역 간 경쟁에 제대로 반응하지 않을 가능성이 있는 것이다.

둘째, 시장보호형 분권체제의 성공을 위한 중앙정부와 지방정부 사이의 힘의 균형이 현실세계에서 달성될 것이냐의 문제이다. 예를 들면 지방정부들의 지역 간 이동을 저해하는 행위라든가 혹은 공공재의 공급과 관련되어 발생하는 비용의 지역 간 외부효과의 문제를 통제할 수 있을 정도로 충분한 힘을 가진 중앙정부가 있다면, 그러한 정부는 시장보호형 분권체제가 제시하는 중앙정부의 역할을 넘어서는 것으로서 약탈정부가 될 가능성이 크며 따라서 분권체제를 훼손할 수 있다는 것이다.

셋째, 시장보호형 분권체제하에서의 지역 간 경쟁은 지역 간 불균형을 심화시키고, 지역 간 불균형이 존재하는 상황에서는 시장보호형 분권체제가 유지될 수 없을 것이라는 지적이 있다. 상대적으로 경제적 우위에 있는 지역의 경우는 연방제에서 탈퇴할 수도 있다는 위협을 통해 중앙정부에 압력을 가함으로써 지역 간 지원을 위한 자신의 부담을 줄일 수 있을 것이며, 반면에 경제적으로 취약한 지방의 경우는 애당초 정책의 결정권한을 자신들이 행사하기보다는 중앙으로 넘김으로써 경제적 어려움을 벗어나려고 노력할 가능성이 크므로, 이러한 유인들이 작동하게 될 경우 시장 보호적 분권체제가 지속되지 못한다는 것이다.

(2) 시장보호형 분권체제 구축을 위한 과제

시장보호형 분권체제의 조건은 현재 우리나라의 경우에 충족되고 있는가? 우선 계층제의 조건은 중앙정부, 광역자치단체, 기초자치단체의 계층 구조를 가진 우리나라의 경우 충족되고 있다고 보아야 한다. 둘째, 지방정부에 주어진 경제권한의 조건은 현재로서는 전혀 지켜지지 않고 있다고 할 수 있다. 셋째, 공통의 시장조건은 단일정부체제를 유지해 온 우리로서는 충족되고 있다 할 것이다. 넷째, 엄격한 예산의 조건은 현재 잘 지켜진다고 볼 수 없을 것이다. 끝으로 중앙정부의 침해를 방지할 수 있는 조건도 현재 제도적으로 잘 갖추어져 있다고 할 수 없을 것이다.

그러면 우리나라에서 시장보호형 분권체제의 조건을 충족시키기 위해서는 어떠한 노력이 필요할 것인가? 이상의 논의를 토대로 우리나라의 시장보호형 분권체제 구축방향을 제시해 보면 다음과 같다.

첫째, 시장보호형 분권체제를 구축하기 위해서는 중앙과 지방 간 권한의 재배분이 필요하다. 기본적으로 어느 단위의 정부가 업무를 더 잘할 수 있느냐를 기준으로 그 업무권한을 배분해야 할 것이다. 다만 우리나라의 상황에서는 보충성의 원칙에 기초하여 기초자치단체로의 권한배분을 먼저 추진하기보다는, 중앙정부와 광역정부 간의 권한배분을 우선적으로 추진해야 할 것이다. 다시 말해 중앙정부의 권한 중 필요한 것들을 광역정부로 이양하여 광역정부를 기반으로 하는 분권형 거버넌스 체제를 구축할 필요가 있다. 특히 이 과정에서 광역정부에 경제적 규제 권한을 내려 줌으로써 소위 지역 간 경쟁을 촉발할 수 있는 체제를 구축하는 일이 중요하다. 그렇게 함으로써 자본이나 기업 등 지역 간 이동이 가능한 요소들을 두고 지역 간 경쟁이 광역정부를 단위로 일어날 수 있도록 해야 할 것이다. 또한 광역정부에 권한을 부여해야 하는 이유로는 최근 지역이 국가 간 경쟁단위로 부각되고 있어 적절한 경쟁의 주체인 지역단위로서 광역정부를 고려할 수 있기 때문이다. 아울러 광역지방정부가 세계적인 경쟁의 주체로 나설 능력을 갖출 수 있도록 그 규모를 지금보다는 키우는 방안을 고려할 필요가 있다.

둘째, 시장보호형 분권체제를 구축하기 위해서는 정책결정에 대한 권한 이외에 재정에 대한 권한도 지방에 내려 주어야 한다. 재정권한의 이전은 지방정부가 지출할 수 있는 재정의 규모를 늘리는 것보다는, 국세와 지방세의 비율 조정 등을 통해 지방이 스스로 확보할 수 있는 재원의 폭이 커지도록 하는 것이 필요하다. 아울러 지방정부의 재정관리의 부실문제는 스스로 책임을 지도록 하고 중앙정부 차원에서의 지원이 이루어지지 않도록 해야 할 것이다.

셋째, 거버넌스 체제가 분권형으로 바뀌게 되면 필연적으로 권한의 행사를 통제하는 방안을 마련할 필요가 있다. 성공적인 분권을 위해서는 현재와 같이 중앙이 지방을 평가하는 행정적 시스템을 구축하기보다는 수평적 책임성 확보방식, 즉 주민에 의한 통제 방식을 활성화하는 것이 무엇보다도 중요하다. 만일 중앙정부가 수직적으로 책임을 묻는 방식이 보편화된다면, 지방은 스스로 책임지기보다는 중앙의 지시와 통제에 순응하게 되어 진정한 의미의 분권은 달성될 수 없다. 특히 지방분권의 핵심이라 할 수 있는 재정분권의 경우, 중앙정부는 지방의 재정지출 재량권을 늘려 주면서 다른 한편으로는 책임성 확보를 위해 여러 가지 통제를 가하는 것이 보편적이다. 그런데 성공적 재정분권을 위해서는 지출에 대한 재량권을 부여하고 그것을 통제하는 수직적 방식보다는, 지출과 수입 모든 부분에 대한 권한을 함께 내려 주고 지방정부로 하여금 재정지출로 인한 즐거움과 재정확보과정의 고통을 모두 느끼도록 함으로써 책임성을 확보하는 수평적 방식을 활용하는 것이 보다 효과적일 것이다.

넷째, 시장보호형 분권체제하에서는 정책결정의 책임과 재정조달의 책임을 모두 각 계층의 정부에 부여하고 지방정부들은 중앙정부의 관여가 최소화된 상황에서 독자적으로 작동할 수 있어야 한다. 중앙정부와 지방정부 간의 관계가 상하관계가 아니라 협조관계가 되어야 할 것인데, 이를 위해서는 광역지방정부의 중앙정책에 관여할 수 있는 폭을 늘릴 필요가 있다. 광역지방정부의 대표자들이 중앙정부의 정책결정에 대해 참여하고 필요한 경우에는 거부할 수 있는 권한을 가질 수 있도록 제도적 장치를 마련할 필요가 있다. 그리고 각 수준의 정부들이 수행하는 일에 대해서는 더 이상 중앙정부의 지시가 작동할 수 없어야 하고, 아울러 국가적으로 필요한 사업이라도 특정한 지역에서 추진되는 경우에는 해당 지역의 정부와 긴밀한 협조하에서 이루어져야 할 것이다. 정부 간 관계가 이러한 체제로 구축되기 위해서는 정책에 대한 책임을 법률에 근거하여 명확하게 배분하는 것이 매우 중요할 것이다.

한편, 시장보호형 지방분권체제와 관련하여 몇 가지 측면에서 우려가 제기되어 왔으므로 이에 대해서도 논급할 필요가 있다. 먼저 정부정책에 대한 권한을 광역이나 기초자치단체로 내려 주다 보면 지역적으로 낙후된 지역들에 대한 지원이 줄어들어서 그 결과 그러한 지역들이 낙후상태에서 벗어나지 못하는 게 아닌가라는 우려가 있다. 즉 재정권을 분권화시킬 경우 중앙정부가 상대적으로 낙후된 지역을 지원하는 것이 어려워질 수 있다는 것이다. 다시 말해 정부 간 형평화 교부금과 세제 혜택이 낙후지역의 지원을 위한 중앙정부의 핵심적인 수단인데, 권한이 광역정부에 내려가고 광역정부들 간에 제한 없는 수평적 경쟁이 일어난다면 잘사는 지역은 더욱 잘살고 못사는 지역은 더욱 못살게 되는 현상이 일어날 수 있다는 것이다. 그러나 현실은 이러한 우려와는 반대의 결과를 보여 주고 있다. 미국의 경우 1950년대 후반 남부지역의 빈곤은 매우 심각한 수준이었다. 그러나 그 지역에 대해 연방에서 지원하는 복지정책의 수준을 낮추고, 지역 노동시장을 보다 유연하게 하며, 다른 지역들에 비해 낮은 세율을 적용한 결과 그러한 남부지역의 경제가 활발하게 성장한 사례가 있는 것이다. 1970년경 빈곤했던 남부지역들은 소위 Sunbelt 지역으로 탈바꿈했던 것이다. 그와는 반대로 유럽과 캐나다의 경우 지역불균형을 해소하기 위해 지속적으로 활용해 왔던 균형화 보조금은 경쟁을 통한 균형화 과정을 저해한 것으로 나타났다. 특히 이탈리아의 경우 빈곤한 남부지역으로 매년 GNP의 약 10%에 해당하는 막대한 재정이전을 지속적으로 추진해 왔지만 여전히 낙후지역으로 남아서 더욱 중앙정부의 복지정책에 의존하는 상황이 발생한 것이다. 캐나다의 경우도 수세기 동안, 낙후된 해안지방에 대해 연방정부가 막대한 이전재정을 투입하였지만, 캐나다의 다른 지역과의 소득 격차는 전혀 줄어들지 않았던 사례가 있다.

분권형 체제의 도입과 더불어 제기되는 또 다른 우려로는 지방정부 역량부족 문제를 들 수 있다. 일반적으로 지방정부의 역량은 성공적인 분권화를 위한 필수조건이라고 인식된다. 지방의 역량이 충분하지 않은 상태에서 권한을 내려 주면 해당 업무를 제대로 수행하지 못하여 분권의 부작용만 커질 수 있기 때문이다. 흔히 지방의 역량이 충분히 성숙되지 않았다는 이유로 분권을 유보하거나 연기하는 경우를 보게 되는 것도 바로 이 때문이다. 그러나 지방정부의 역량이 부족하다고 분권을 연기하거나 분권의 대상범위를 축소하는 일이 있어서는 안 될 것이다. 세계은행의 보고서는, 지방분권의 성공 여부가 지방이 보유한 역량보다는 중앙정부의 의지와 주민의 적극적 참여에 크게 좌우된다는 점을 강조하고 있다. 사실 지방의 제도적 역량 구축이 중요하지만, 그러한 역량은 분권의 초기 단계에는 내·외부적으로 차용하여 사용할 수 있다. 예컨대 중앙정부 공무원을 희망근무지를 고려하여 각 지방정부로 재배치할 수도 있을 것이다. 부족한 지방의 역량을 외부수혈을 통해서 보완한다면, 분권이 본격화된 이후에는 그 역량이 단기간에 자라나게 될 것이다. 분권을 성공적으로 추진하기 위해서는 지방의 역량이 부족하더라도 분권을 추진하되, 지방정부의 책임성을 묻는 메커니즘을 바르게 구축하는 것이 중요한 것이다.

3) 시장보호형 분권체제 구축을 위한 헌법개정 방향

오늘날 변화된 경제·사회적 환경은 권력구조의 설계에 있어서 근본적인 변화를 요구한다. 이제는 초국가기구－중앙정부－지방정부－민간·시민사회 간의 수직적 권력분립은 물론 지방정부 상호 간의 수평적 공간적 분업과 협력관계의 재설정이 필요하다. 여기에서는 앞에서 논의한 시장보호형 분권체제 모형의 시각에서 우리나라 헌법의 지방자치 관련 규정의 현황과 문제점을 살펴본 후 헌법이 시대적인 요구에 부응할 수 있도록 하기 위해서는 지방분권 관련 규정 특히 광역지방정부 관련 규정이 어떻게 개정되어야 할 것인지에 대해 살펴보기로 한다.

(1) 현행 헌법과 지방자치

헌법 제117조 제1항은 지방자치단체의 자치권을 규정하고 있고, 제117조 제2항은 지방자치단체의 종류를 법률에 유보하고 있다. 제118조는 지방자치단체의 기관으로 지방자치단체의 의회와 지방자치단체의 장을 규정하고 그 조직, 권한, 선임방법을 법률에 유보하고 있다.

가. 지방자치단체의 기능

헌법 제117조 제1항은 지방자치단체는 '주민의 복리에 관한 사무'를 처리한다고 함으로써 자치의 대상을 보장하고 있다. 즉 지방자치단체가 무엇을 하는지 활동의 대상적인 범위를 보장하고 있다.

지방자치단체의 기능을 헌법이나 법률로 규정하는 방법에는 두 가지가 있다. 지방자치단체의 기능을 헌법이나 법률에 한정적으로 열거하는 방식이 이에 속한다. 예컨대 영국이나 캐나다, 스페인 등에서는 지방정부의 권한을 규정하고 나머지 권한(잔여권한)은 중앙정부에 속하는 것으로 하고 있다. 이에 대해서 대부분의 국가에서는 우리나라와 마찬가지로 지방자치단체의 권한을 구체적으로 규정하지 않거나 예시의 방식으로 제시하여 개방적으로 규정하고 있다.

지방자치단체의 관할에 속하는 사무는 법률에 의하여 일일이 한정적으로 결정되는 것이 아니라 반대로 법률에 특별한 규정이 없는 한 주민의 복리에 관한 모든 사무에 대하여 포괄적으로 관할권을 갖는다. 이를 가리켜 전권한성의 원칙이라고 한다. 하지만 이는 헌법이론상 인정된 지방자치에 관한 제도적 보장이론에 의한 것이고 헌법의 문맥상 명백한 것은 아니라고 할 수 있다.

나. 재산관리권

헌법 제117조 제1항은 "지방자치단체는…… 재산을 관리하며……"라고 규정하여 지방자치단체의 재산관리권을 규정하고 있다. 재산의 관리란 재산의 사용·수익·처분을 의미한다. 문자 그대로 해석하면 지방자치단체의 공유재산의 관리를 의미할 뿐 이로부터 재정고권 즉 수입고권과 지출고권을 도출하는 것은 해석에 의존하는 것이고 무리가 따른다.

다. 자치입법권

헌법 제117조 제1항은 "지방자치단체는…… 법령의 범위 안에서 자치에 관한 규정을 제정할 수 있다"고 규정하여 자치입법권을 보장하고 있다. 이 조항은 헌법상 관계된 여러 조항과 결합하여 해석할 필요가 있다. 먼저 본 조항은 헌법 제40조의 "입법권은 국회에 속한다"는 규정에 대한 예외라고 할 수 있다. 즉 자치입법권은 국회입법주의에 대한 예외로서 헌법이 보장하는 지방자치단체의 입법권이라고 볼 수 있다. 지방자치법은 자치입법권으로 조례와 규칙, 회의규칙 등을 규정하고 있으나 헌법은 자치입법권의 종류에 대해서는 언급을 하지 않고 있다.

헌법상 보장되는 지방자치단체의 자치입법권은 '법령의 범위 안에서' 보장된다. '법령의 범위 안에서'를 어떻게 해석할 것인지에 대해서는 여러 가지 견해가 있으나 대체로 법률과 자치입법의 관계에 있어서 법률우위의 원칙을 규정한 것이라고 해석하고 있다.

문제 되는 것은 지방자치단체가 자치입법권을 행사함에 있어서 법률유보의 원칙이 적용되는지이다. 즉 지방자치단체가 자치입법권을 행사함에는 반드시 법률의 위임이 있어야 하는지이다. 헌법 제117조 제1항은 지방자치단체의 자치입법권 행사에 대하여 행정입법인 법규명령과는 달리 별도의 법률유보를 요구하고 있지 않다. 예컨대 헌법 제75조는 "대통령은 법률에서 구체적으로 범위를 정하여 위임받은 사항 ……에 관하여 대통령령을 발할 수 있다"라고 규정하여 대통령령에 대한 법률유보의 원칙을 명문으로 요구하고 있는 데 비하여 지방자치단체의 자치입법권을 규정하고 있는 헌법 제117조 제1항은 "지방자치단체는…… 법령의 범위 안에서 자치에 관한 규정을 제정할 수 있다"라고 규정하여 조례를 제정하기 위한 근거규정을 별도로 요구하고 있지 않다. 제117조의 '법령의 범위 안에서'는 자치입법권의 행사에 요구되는 법률유보가 아니라 자치입법권을 제한하는 국가

권력에 대한 법률유보를 의미한다. 따라서 지방자치단체는 원칙적으로 법률에 의한 위임 없이도 지방자치단체가 주도로 자치입법권을 행사할 수 있다고 보아야 한다.

다만 지방자치법 제22조 단서의 "주민의 권리제한 또는 의무부과에 관한 사항이나 벌칙을 정할 때에는 법률의 위임이 있어야 한다"는 규정이 지방자치를 보장하는 헌법 제117조 제1항에 위배되는지에 대해서는 의견의 대립이 있다. 헌법에 보다 명확한 규정을 둘 필요가 있을 것이다.

라. 기능수행의 방식에 대한 보장: 자기 책임성 문제

지방자치단체는 그에게 부여된 기능을 자기 책임하에 수행하는 것을 의미한다. 자기 책임성이란 지방자치단체가 그 업무를 처리함에 있어서 법령에 의한 일반적이고 추상적인 제한을 받는 외에는 외부로부터 어떠한 간섭도 받지 않고 스스로 합목적적이라고 생각하는 것에 따라 결정할 수 있음을 의미한다. 좀 더 극단적으로 얘기하면 지방자치단체는 어리석은 결정이라도 할 수 있는 가능성을 보장하는 것이 자기 책임성의 원칙이라고 할 수 있다. 이러한 자기 책임성의 원칙은 자신의 결정에 대한 위험을 스스로 부담한다는 것이다. 잘된 결정을 하면 그로 인한 긍정적인 결과를 지역주민이 향유하고, 잘못된 결정으로 인한 부정적인 효과도 주민들이 감수하여야 하는 것을 의미한다. 자기 책임성의 원칙은 부당한 간섭의 배제를 의미한다. 이는 지방자치의 가장 핵심적인 요소로 지방자치단체가 어떻게 그 업무를 처리하는지에 관련된 문제이다. 그럼에도 불구하고 헌법에서는 지방자치단체의 자기 책임성에 대한 명시적인 언급이 없다. 헌법상 자기 책임성은 어디까지나 헌법이론상 인정된 지방자치에 대한 제도적 보장이론에 근거하여 자기 책임성이 보장된다고 보고 있다. 지방'자치'라는 개념 속에는 자기 책임성이 이미 전제되어 있다고 보아야 하겠지만, 자기 책임성에 대한 헌법상 명시적인 근거가 희박한 것도 사실이다.

마. 지방자치단체의 종류의 법률유보

헌법 제117조 제2항은 "지방자치단체의 종류는 법률로 정한다"라고 규정하여 지방자치단체의 종류를 헌법에 규정하지 않고 법률에 유보하고 있다. 시·도나 시·군·자치구를 지방자치단체로 하지 아니하고 군과 시·읍·면을 지방자치단체로 하더라도 헌법에 위반되는 것은 아니다. 그러다 보니 정치권을 중심으로 시·도를 폐지한다거나 시·군을 통합하여 1계층으로 한다는 등 정책이 나오고 있다. 헌법에서 지방자치단체의 종류를 법률에 유보한 것은 입법자의 입법재량을 확대하여 지방자치단체의 종류를 정치적인 판단에 맡긴 것으로 생각된다. 지방자치단체의 계층 내지 지방자치단체의 종류문제는 지방자치제도의 근간에 해당한다. 이렇게 중요한 문제를 그때그때의 국회 다수에 맡긴다는 것은 엄청난 혼란을 초래할 수도 있다.

바. 지방자치단체의 기관

헌법 제118조는 지방자치단체의 기관을 규정하고 있다. 지방자치단체의 기관으로 헌법 제118조 제1항은 지방의회를 두도록 하고 있으며 제2항은 지방자치단체의 장을 규정하고 있다. 지방의원의 선거나 지방의회의 권한, 조직, 지방자치단체의 장의 선임방법 기타 지방자치단체의 조직과 운영은 법률로 규정하도록 하고 있다. 지방의원은 선거방식에 의해 구성한다는 것을 제외하고는 헌법이 특별히 지침을 정한 것은 없다.

(2) 지방자치 관련 헌법규정의 의의와 문제점

전술한 바와 같이 헌법은 제8장에서 지방자치라는 제목하에 제117조와 제118조에서 지방자치를 규정하고 있다. 헌법에서 지방자치를 규정한 것은 그 자체로 중요한 의의를 가지고 있지만, 시대적 요청을 반영하여 지방자치 내지 지방분권을 실효성 있게 보장하고 있는지는 의문이다.

가. 지방자치 관련 헌법규정의 의의

독일, 일본, 프랑스, 스페인 등 대부분 나라에서 지방자치를 헌법에서 보장하고 있다. 유럽지방자치헌장은 지방자치를 불가피한 경우를 제외하고는 헌법으로 보장할 것을 요구하고 있다. 지방자치를 최고규범인 헌법에 규정하는 것은 지방자치를 단순한 법률적인 제도를 넘어 헌법적 질서의 일부로 인정하여 그 보장을 강화하는 데 주된 목적이 있다고 볼 수 있다. 헌법은 국가의 최고가치질서로서 모든 국가기관을 구속한다. 특히 지방자치에 대한 헌법상의 보장이 중요한 것은 법률에 대한 헌법의 관계에 기인한다. 지방자치에 대한 헌법상의 보장은 입법자의 입법권 행사의 방향과 범위와 한계를 설정하는 데 가장 큰 의미가 있다.

지방자치를 헌법적으로 보장하여 입법자의 입법권을 제한하는 것은 지방자치의 내용을 그때그때의 다수에 의한 변질로부터 방어하는 의미를 갖는다. 특히 한국의 경우 헌법개정을 위해서는 엄격한 절차를 요구하고 있고 국회에서 의결은 재적 2/3 이상의 찬성을 요하고 국민투표를 요한다. 즉 일시적인 다수를 차지한 정치세력이 지방자치 제도를 본질적으로 변화시키려 하는 경우에 안전장치로서 기능을 한다. 이 점에서 지방자치에 대한 헌법적인 보장은 가중된 의결정족수와 엄격한 절차를 통하여 소수자 보호에 기여한다고 볼 수 있다.

나. 헌법규정상의 문제점

현행 헌법의 근본적인 문제점으로는 다음과 같은 것을 지적할 수 있다. 첫째로, 현행 헌법의 가장 큰 문제점은 내용의 빈곤을 들 수 있다. 헌법이 지방자치를 보장한다고 하지만 실질적인 보장내용이 없어 공허한 보장이 되고 있다. 입법자에 대한 지침적 기능이 약하고 사법에 대한 판단의 기준으로도 충분하지 않다. 독일에서 발달된 제도적 보장이론에 의해서 내용적인 보충을 시도하고 있으나 매우 불충분한 상태이며 제도적 보장이론 자체에 대한 회의적인 견해도 있다. 혹자는 헌법의 추상성을 들어 구체적인 규정을 할 필요가 없다고 주장하기도 하지만 정도의 문제이다. 현행 헌법과 같이 불충분한 규정을 가지고는 현대국가에 요구되는 분권의 수준에 이르는 데 근본적인 한계가 있다. 특히 문제 되는 것은 지방자치단체의 입법권과 관련된다. 현행 헌법에 의하는 한 지방자치단체의 입법권은 매우 협소하게 인정될 수밖에 없으며 지역정책을 조례를 통하여 실현하는 것은 불가능에 가깝다.

둘째로, 현행 헌법은 지방자치단체의 종류에 대한 언급이 없어 모든 종류의 지방자치단체에 동일하게 적용된다. 현행 법률에 인정되는 시·도와 시·군·자치구의 경우는 그 정치적인 위상이나 역할에 현저한 차이가 있음에도 불구하고 헌법이나 지방자치법상으로 아무런 구별이 없이 동일한 규정이 적용되고 있다. 이에 광역지방자치단체인 시·도에는 헌법상 보장이 과소하게 작용하여 현실적인 정치적 위상을 헌법의 규정이 뒷받침하지 못하는 결과를 가져온다. 더구나 현행 헌법상 지방자치에 대한 보장이 매우 불충분하여 기초지방자치단체를 위해서도 과소보장이 되고 있다.

다. 헌법정책적 문제점

현행 헌법상 지방자치에 관한 규정은 지방자치에 관한 시대적인 요청을 전혀 반영하지 못하고 있다. 현행 헌법상 지방자치에 관한 보장은 외국에서 일반적으로 기초지방자치단체에 해당하는 읍면 수준의 지방자치를 염두에 두고 만들어진 것이다. 주민들의 일상적인 생활편익, 즉 생활체육시설, 문화시설, 쓰레기처리장, 공원, 산책로조성 등 주민의 일상적인 편익시설을 설치하고 관리하는 기초지방자치단체 수준의 지방자치에 관한 것으로서 국경을 넘어 지역 간 경쟁의 단위가 되는 광역지방정부인 시·도를 단위로 하는 지방자치의 지위와 역할, 활동방식에 대해서는 헌법이 알지 못하고 있다는 점이다.

지방분권은 지역적인 특성을 바탕으로 지방정부 간의 입지경쟁을 통하여 지역을 보다 주민이 생활하기 좋은 곳, 기업하기 좋은 곳으로 만들어 주민의 삶의 질을 높이는 데 기여하도록 하자는 것이다. 이는 무엇보다도 보다 나은 정책을 보다 낮은 비용으로 실현하는 데 있다. 정책경쟁과 조세경쟁을 통하여 주민의 복리를 극대화하려는 것이다. 현재의 지방자치제도하에서 정책경쟁은 궁극적으로 자주입법권이 전제되어야 하고 조세경쟁은 자주과세권이 보장되어야 한다. 현행의 지방자치제도하에서 자주입법권, 과세자주권을 확대하기 위한 조례제정권 확대와 법정외세 도입의 논의를 십수 년 동안 전개하였으나 헌법상의 한계로 진전된 것이 없다. 현행 헌법에서 보장된 지방자치의 틀 속에서는 앞으로 단기간에 이론적인 해결을 보기도 어렵다. 시대적인 요구에 부응하는 자치입법권과 과세자주권을 확보하기 위해서는 국가경영의 근본적인 틀을 바꾸는 수준의 새로운 국가의 구조를 구상할 필요가 있다. 이를 위하여 헌법개정은 필요하고 정당화될 수 있다.

(3) 지방분권 강화를 위한 헌법개정의 필요성

가. 지방분권 강화의 필요성

세계화와 지식정보사회의 도래로 중앙집권적인 권력구조로 대응하기 어렵다는 데는 오늘날 대체적인 공감대가 성립되어 있다. 지역 간의 정책경쟁을 통하여 국가와 지방의 효율성을 높이고 지역의 자생력을 높이기 위해서는 지역 간의 정책경쟁과 조세경쟁이 가능하도록 하는 국가구조로의 개편이 필요하다. 위험분산과 지방의 혁신을 통한 지역의 활성화를 통해서는 지방정부가 단순히 경합적인 입법권을 통해 법률에 규정하지 않은 공백을 메우는 수준을 넘어서 일정한 영역에서 독자적인 자치입법권을 가질 필요가 있다. 즉 지방정부의 배타적인 입법영역을 설정하여 지역 간 정책경쟁을 활성화하는 것이 필요하다.

나. 시대적인 흐름

오늘날 적지 않은 나라에서 수직적인 국가권력구조의 개편이 이루어지고 있다. 과거에 단일국가를 유지하던 나라가 연방국가 내지 지방분권국가 구조로 전환하였거나 전환하려고 한다. 또한 연방국가를 취하고 있던 나라에서도 지방분권적 경쟁적 요소를 강화함으로써 국가구조를 개선하려고 한다. 후자에 속하는 나라로는 독일을, 전자에 속하는 나라로는 벨기에 등을 들 수 있다. 스페인이나 이탈리아는 단일국가지만 상당한 수준으로 분권화되어 있으며 연방국가로 전환이 시도되기도 한다. 영국은 단일국가형태를 여전히 유지하고 있지만 잉글랜드와 웨일즈, 북아일랜드, 스코틀랜드가 거의 국가처럼 작용을 한다. 일본에서도 도주제의 도입이 검토되고 있으며 연방국가로 전환하려는 움직임이 있으며 지방분권적인 개혁이 꾸준히 진행되고 있다. 이러한 일련의 움직임은 중앙정부의 권력독점에서 '지방정부와의 권력분점으로'라는 일정한 경향성을 가지고 있다. 그중에서 특히 선진국에서 진행되고 있는 수직적인 국가권력구조의 변천은 세계화 현상 속에서 국가의 경쟁력을 강화하려는 목적을 가지고 있다.

다. 광역지방정부의 중요성

일상적인 생활문제를 처리하는 단위로서 기초지방자치단체와 생활의 비교적 큰 문제, 지역정치적인 문제, 광역적인 경제적 인프라의 구축을 위한 광역지방정부의 역할은 상당한 차이가 있다. 그러나 현행 헌법은 시·도에 대해서 특별한 규정을 하고 있지 않다. 이에 시·도와 시·군·자치구의 헌법상 지위는 동일하다고 볼 수 있다. 그러다 보니 시·도의 기능은 자치사무에 있어서는 대부분 시·군·자치구와 업무가 중복되고, 국가사무의 수행에 있어서 시·도는 단순한 경유기관인 경우도 적지 않다. 이에 도를 폐지해야 한다는 주장이 제기되기도 한다. 또한 도의 기능을 전환하여 자치단체로서의 성격을 지양하고 국가기관으로 전환해야 한다는 주장도 나오고 있다. 현재도 내지보다 규모가 커진 광역지방정부의 적정한 위상을 찾기 위해서는 여러 가지 고려가 동시에 있어야 한다.

먼저 광역지방정부는 기초지방자치단체보다는 훨씬 정치적인 단위로서의 성격이 강하다는 점을 상기할 필요가 있다. 실제로 도의회나 도지사의 경우는 선거에 정당이 매우 중요한 기능을 하며 기초의회나 기초단체장에 대해서는 정당공천의 배제를 주장하는 입장이 압도적인 것이 현실이다. 이는 기초지방정부에 비하여 광역지방정부의 정치적인 성격이 매우 강하다는 것을 간접적으로 시사한다.

즉, 광역지방정부는 주민에 근접한 가까운 정부로서 일상적인 주민생활을 챙기는 의미보다는 정책결정적인 의미가 강하다는 것을 의미한다. 또한 주민의 숫자를 보거나 면적의 측면에서 보더라도 단순한 일상적인 주민복지해결기관으로서의 기능보다는 정책적인 결정을 하기에 적합한 규모라고 볼 수 있다. 다만 광역시는 일반 시와의 차이가 상대적이고 규모가 작기 때문에 세계무대에서 경쟁하는 광역지방정부로 되기에는 역부족인 면이 있다. 오히려 광역지방정부가 세계적 규모의 경쟁에서 제대로 된 정책결정자로 기능할 수 있도록 그 규모를 키우는 방안을 고려할 필요가 있다. 예컨대 인구 천만 명 내외 규모의 광역지방정부를 5개 정도 (통일 후에는 7~8개 정도) 두는 것을 생각해 볼 수 있을 것이다.

라. 통일 대비

한국이 분단국가라는 점을 감안하면 통일을 대비한 국가구조의 구상이 필요하다. 남한과 북한이 60년 넘게 매우 이질적인 정치체제하에서 기본적인 생활문제의 해결방식을 달리해 왔다는 점을 고려하면 하나의 획일적인 정치질서로는 통일의 충격을 흡수하기 어렵다. 통일을 위해서는 전체로서 국가의 동질성을 유지하면서도 지역문제에 관한 정치적인 결정을 자기 책임하에 할 수 있는 지방분권적 국가운영체제의 도입이 필요하다.

통일 후 정치적인 혼란 속에서 근본적인 정치개혁에 해당하는 새로운 국가구조를 형성해 내는 것이 쉽지 않을 것이다. 이에 남한만이라도 먼저 통일에 대비한 국가구조를 담은 헌법을 실시하고 통일이 되면 통일헌법에 북한지역을 가입시키도록 하는 방식이 더 실현 가능성이 높을 수 있다. 이러한 예는 독일의 통일에서 찾을 수 있다. 독일의 통일은 서독이 동독을 흡수하여 통일하는 형식이 아니라 독일연방공화국에 동독의 주들이 가입하는 형식을 취하였다. 이 점에서 통일 이전에 남한만이라도 통일 후에 실시할 수 있는 지방분권적 헌법모형을 먼저 도입하고 안정화하는 것이 필요하다. 즉 지방분권적 국가구조를 도입하여 통일의 충격을 흡수하고 북한지역에 대한 특성을 살리면서 실질적인 통합에 이를 수 있도록 하는 것이 바람직하다.

(4) 지방분권 강화를 위한 헌법개정의 방향

이제 앞에서 논의한 시장보호형 분권체제 모형의 관점에서 지방분권 강화를 위한 헌법개정의 방향을 제시해 보기로 한다. 지방분권 강화는 다방면에 걸쳐 국가권력구조에 변화를 가져올 것이므로 구체적인 헌법개정안을 마련하는 것은 쉬운 일이 아니다. 여기에서는 입법권과 행정권의 배분, 지방재정권의 보장, 지방정부의 국정참여 등 측면에서 지방분권 강화를 위한 헌법개정의 방향을 제시한다.

가. 입법권의 배분

헌법상에 지방분권을 규정하는 방법으로는 실체법적인 내용을 구체적으로 규정하는 방법과 헌법에 절차법적인 규정을 두는 방법이 있다.

먼저 헌법에 중앙정부와 지방정부의 입법권을 구체적으로 규정하는 방법에 대해 살펴본다. 현재 수준의 조례를 통해 광역지방정부의 입법권을 보장하는 것으로는 광역지방정부가 지방정책의 독자적인 주체로 자리매김할 수가 없다. 국가의 위험을 분산하고 지역적인 특성을 살려 혁신을 유도하기 위해서는 적어도 광역지방정부의 법률제정권은 헌법에 규정하는 것이 바람직하다. 논자에 따라서는 지방정부의 법률제정권은 연방국가에서나 가능하다는 반론을 제기하고 우리나라는 연방제도를 도입할 수 없다고 반대할 수 있다. 하지만 지방정부의 법률제정권이 연방국가에만 국한되는 것으로 볼 수는 없다. 지방정부의 법률제정권을 헌법에 보장하는 것으로 충분하다. 연방국가를 표방하지 않는 스페인, 영국, 이탈리아 등도 헌법규정으로 지방정부에 법률제정권을 부여하고 있다.

지방정부의 법률제정권을 규정함에 있어서는 먼저 중앙정부의 배타적인 입법권을 규정하여 지방정부가 관여할 수 없는 입법권을 규정하고, 또한 중앙정부와 지방정부가 경합적으로 입법권을 갖는 분야를 규정하는 것이 일반적이다. 또한 지방정부만 갖는 배타적인 입법권을 별도로 규정하는 경우도 있다(예컨대 독일에서 취하는 방법이다). 한편 헌법에 명시적으로 규정하지 않은 잔여권한을 누가 갖는지는 대단히 중요한 문제이다. 독일이나 미국 등에서는 지방정부인 주

의 권한으로 규정하는 반면에 스페인이나 캐나다에서는 연방에 귀속
되는 것으로 하고 있다. 이러한 외국 사례 등을 참조하면서 중앙정부
와 지방정부 간의 법률제정권의 배분을 예시해 보면 다음과 같다.

가) 중앙정부의 배타적 입법권
- 외교, 국방, 국세
- 통화, 물가정책, 금융정책, 수출입정책
- 농산물·임산물·축산물·수산물 및 양곡의 수급조절과 수
  출입
- 국가종합경제개발계획, 국가하천, 국유림, 국토종합개발계
  획, 지정항만, 고속국도·일반국도, 국립공원
- 근로기준, 측량단위
- 우편, 철도
- 항공관리, 기상행정, 원자력개발
- 기타 성질상 중앙정부의 입법권이 명확한 경우

나) 광역지방정부의 배타적인 입법권
- 지방자치단체의 구역, 조직, 행정관리 등에 관한 사무
- 도시계획과 지역개발 및 주택건축에 관한 사무
- 주민복지시설과 생활환경시설, 기타 공공시설의 설치 및 운영
- 교육·체육·문화·예술의 진흥에 관한 사무

다) 경합적 입법권
중앙정부와 지방정부가 각각 행사할 수 있는 입법권으로서, 대
체로 지역적인 사무의 성질을 갖지만 전국적인 통일성의 필요가
있는 사무가 이에 속할 수 있다. 이 경합적인 입법권은 헌법에 열
거적으로 규정되어야 한다.

라) 잔여입법권

헌법에 중앙정부나 지방정부의 입법권으로 명시되지 않은 권한은 광역지방정부의 입법권으로 규정한다.

다음으로 중앙정부와 지방정부의 입법권을 헌법에 구체적으로 명시하지 않고 대신에 중앙정부의 입법권과 지방정부 입법권의 범위를 결정할 수 있는 절차를 헌법에 규정함으로써 권한규정을 개방적으로 규정하는 방식에 대해 살펴보기로 하자. 이러한 방법은 헌법상 권한배분이 명확하지 않다는 단점에도 불구하고 헌법제정 혹은 개정 시 구체적인 권한배분에 대한 합의를 쉽게 할 수 없는 경우에 채택할 수 있으며 또한 헌법개정에 의하지 않고 중앙정부와 지방정부 사이의 권한배분에 대한 시대적인 요구를 반영하여 탄력적으로 적용할 수 있다는 장점이 있다. 특히 우리나라 경우처럼 헌법개정을 위하여 국민투표를 요구하는 경성헌법국가에서 그 의미가 크다.

이 방법을 채택하고 있는 대표적인 국가로는 스페인을 들 수 있다. 스페인 헌법에서는 중앙정부의 권한, 지방정부의 권한이 규정되어 있으나 이는 어디까지나 가능한 범위를 규정한 것에 불과하고, 광역지방정부인 자치공동체의 설치 여부, 자치공동체의 구체적인 권한 등을 각 자치공동체의 자치헌장과 국가조직법에 규정하도록 하되, 국가조직법의 규범적인 효력을 헌법보다는 하위이지만 법률보다는 우선하도록 규정하고 있으며 개정절차에 특별한 정족수(국회의 재적 과반수 찬성)를 요구하고 있다. 이러한 방식에 따라 구체적인 헌법개정안을 예시하면 다음과 같다.

(가) 중앙정부의 배타적인 입법권

앞에서 제시한 내용 즉 제1목(외교, 국방, 국세)부터 제8목(기타 성질상 중앙정부의 입법권이 명확한 경우)까지의 내용을 중앙정부의 배타적 입법권으로 헌법에 명시한다.

(나) 경합적인 입법권

중앙정부의 배타적인 입법권에 속하지 않는 사항 중에서 국회는 재적의원 2/3 이상의 찬성으로 국가지방조직법에 중앙정부와 지방정부가 각각 입법권을 행사할 수 있는 경합적인 입법권을 규정하도록 한다. 이를 개정하는 경우에도 같다. 국가지방조직법은 헌법에 위반할 수 없으며 법률에 우선하는 효력을 갖는다.

(다) 잔여권한

헌법과 국가지방조직법에 의하여 규정되지 아니한 사항에 대해서는 지방정부가 입법권을 가진다.

나. 행정권의 배분

지방정부가 입법권을 가진 사항에 대한 행정권은 자치사무로 수행하도록 하고 중앙정부는 관여권을 갖지 않도록 하는 것이 바람직하다. 다만 경합적인 입법권에 속하는 사항에 대해서는 중앙정부가 경합적 입법권의 행사를 통하여 일반적·추상적인 개입이 가능하도록 하되 전국적인 규율을 필요로 하는 경우에 한정하도록 함으로써 입법권에 의한 중앙정부의 개입을 최소화하도록 하는 것이 바람직하다.

중앙정부가 배타적인 입법권을 가지는 경우에는 중앙정부가 행정권을 가지되 지방정부에 위임할 수 있도록 하여 경비절감과 지방정부의 종합적인 행정을 가능하도록 하는 것이 바람직하다.

다. 지방재정권의 보장

지방정부의 재정적인 책임성을 헌법에 규정하고 지방의 중앙정부에 대한 재정적인 의존성을 해소하는 것이 필요하다. 광역지방정부의 세원을 헌법에 규정하고 세율과 세금징수에 관한 것을 광역정부의 법률로 정하도록 하는 것도 생각해 볼 수 있다.

재정적인 측면에서 보면 지출과 수입에 관한 문제에 대해서도 보충성의 원칙이 적용될 수 있다. 지방분권적 국가조직의 긍정적인 효과를 발휘하도록 하기 위하여 지출권한을 사무배분에 연계하는 것이 필요하다. 경제적인 예산집행을 위해 노력하게 되기 때문이다. 사무를 결정하는 권한을 가진 자가 지출도 하도록 하는 자기 책임성을 보장하는 것이 견련성의 원칙(Konnexitätsprinzip)이다.

보충성의 원칙에 의하여 요구되는 하위공동체의 자기 책임성은 각 공동체수준의 수입 자율성과 자립성을 전제로 한다. 재정적인 자율성을 보장하기 위해서는 사무수행 주체가 사무수행에 필요한 수입을 결정할 수 있어야 한다. 재정적인 자립성을 확보하기 위해서는 현행 국세 및 지방세 체계를 근본적으로 개편할 필요가 있다.

수입고권과 사무권한을 긴밀하게 결합하는 것은 비용충당의 측면에서뿐만이 아니라 주민들의 조세부담인식과 관련하여 의미를 가진다. 사무와 수입 및 지출이 연계되는 재정구조 속에서만 주민들은 행정 서비스가 자신의 비용부담으로 제공된다는 것을 인식하게 된다. 이를 통하여 절약적이고 효과적인 공공수단의 사용을 자극하게 된다. 재정자립성, 재정자율성의 보장을 통한 재정적인 자기 책임성의 보장이 지방분권적 질서를 형성함에 가장 중요하다.

다른 지방이나 중앙정부에 대한 의존성을 탈피하여 자신의 경비로 자신의 사무를 처리하도록 하는 것이 지방분권제도를 통한 효율성 제고에 핵심적인 요소이다.

라. 지방정부의 국정참여제도

지방정부가 중앙정부의 권력남용을 방지하고 견제를 하기 위해서는 중앙정부의 의사결정과정에 참여할 수 있는 권한과 통로가 있어야 한다. 지방분권형태를 취하는 많은 국가에서 양원제도를 채택하고 있다. 대개 하원이 전체 국민의 이익을 대표하는 데 비하여 상원은 지역의 이익을 대변하게 된다. 특히 지방의 이익에 관한 법률을 하원이 제정하고자 하는 경우에 동의권을 행사한다든지 일정한 경우에 법률안제안권을 가지는 등 지방의 이익을 중앙정부에 대변하는 기능을 하게 된다. 한국에서도 상원의 필요성에 대한 다양한 논의가 이루어지고 있다. 이러한 상원을 구성하는 방법에는 독일과 같이 국민들이 직접 선출하지 않고 주정부가 임명하는 형태가 있을 수 있으며 미국과 같이 국민의 직접선거에 의하여 구성하는 방식이 있을 수 있다.

제3부

교육과
과학기술

제3장

우리나라 교육의 발전을 위한 제언

홍후조

─요약─

　초저출산 초고령화로 치닫고 있는 현실에서 교육의 양적 확대기의 교육정책들은 더 이상 작동하지 않는다. 교육의 내적·질적 심화기에 맞추어 개혁해야 할 관행들이 적지 않다. 여기에서는 우리나라 초·중등 및 대학교육에서 풀려야 함에도 잘 풀리지 않는 여러 가지 쟁점과 문제를 의무교육, 고교교육, 대입시, 대학 및 대학원 교육, 교원제도, 교육제도, 평생학습 등 7가지 측면에서 다루어 본다.

　교육개혁의 기본 방향은 민간과 지방이 잘할 수 있는 것은 그들에게 맡기고, 모든 부문에 개방, 자율과 경쟁, 투명성과 책무성을 제고하되, 공동체적 연대와 신뢰를 구축하는 것이다. 국가경영

전략에 따른 교육의 기본목표는 '아시아 중심의 세계를 선도하는 창의적·인격적·협력적 인재 양성'에 있을 것이다. 교육수요자 입장에서는 '모두가 제 역량을 한껏 발휘하는 세계수준의 수월성 교육을 지향'하여야 할 것이다. 수월성 교육은 하향 평준화교육에 대응되면서, 남과 비교한 과거의 엘리트교육이 아니라 각자 타고난 잠재력을 최대한 발휘하는 교육을 의미한다. 취학 전 사회적 육아 실현, 초·중학교에서는 기초기본내용의 책임교육, 고교 이후에는 적성과 진로에 알맞은 맞춤교육을 구현하는 것이다. 학교폭력, 왕따, 청소년 자살 등의 병폐 치유를 위해서 학교교육은 개인 간 학력경쟁보다 공동체적 사회 협동으로 패러다임을 전환해야 한다. 특히 생활지도에서는 인성교육보다 사회성 교육을, 학습에서는 자기주도성보다 협동학습을 강조함이 마땅하다. 모든 교육적 지원은 교원이 본업에 충실하도록 하여, 결국 학생들이 더 나은 교육적 성취를 이루도록 하는 데 있다. 교육적 성취는 개인의 자아실현을 넘어 공동체의 지속 가능한 발전에 기여하는 지식, 기술, 태도를 갖추는 것이다.

여기서 제안한 교육개혁의 과제를 요약하면 다음과 같다. 첫째, '취학전 교육'에서는 육아휴직 보장, 교육기관의 일원화, 헤드스타트의 실질적 가동을 강조하였다. 둘째, '초등교육'에서는 1, 2학년 기초교육 강화, 기초수준 부진아에 대한 보충수업 확대, 가정의 부와 소득에 비례한 교육복지 혜택, 최소성취기준의 보장을 들고 있다. 셋째, '중학교육'은 사춘기 정서 및 인격교육 강화, 회화 중심의 영어구사력 완전학습, 결혼이민자의 언어를 포함한 2외국어학대, 예술과 체육 중점학교 확대, 국가정체성 및 통일교육의 강화, 졸업인증제로서 인명구조훈련, 비진학자 및 중도탈락자의 의무무상직업교육 기회 제공, 중학교 졸업자격시험 도입을 제안하고 있다. 넷째, '고교교육'에서는 평준화를 넘어 진로맞춤형 다양한 교육과정, 기숙학교 확대, 사립학교의 공영화, 석차 및 석차 등급의 폐지를 골자로 한 내신성적 혁신, 진로맞춤형 대입시, 예술 체육 교육의 강화, 직업기술 교육의 강화를 들고 있다.

다섯째, 초중등학교 교육의 주체인 '교원제도 개혁방안'으로는 유초중등 교사양성교육 통합, 수습교사제 도입 및 교단교사의 직급다층화, 공립학교에 준하는 사립학교 교원 신규임용 개선, 교원능력개발평가 개선, 교단교사의 안식년 및 교단복귀형 장학사제도 도입, 본업 충실형 업무 재편 및 교무지원인력 확충, 선진통일과 진로 지도 교사 양성, 교단교사의 정치적 중립성 강화, 학생참여수업으로 학습효율성 제고를 강조한다. 여섯째, 초중등학교 '교육제도 개편방안'으로 시대에 뒤진 헌법 31조 1항의 교육적 개정, 학제(6·3·3)−의무교육과 교육과정제(9·3)−교원 양성과 수업담당제(6·6) 상충 해소, 소규모 학교 통폐합 및 대규모 학교 분할, 교육감 직선제 폐지 및 임명제 복원, 중단위 교육지원청으로 개편, 교장 양성 아카데미 신설과 공모제 확대, 국가교육과정위원회 수립 및 동시개정을 피하는 교육과정 제도 개선, 실기 교과서의 멀티미디어화와 학교비치용 교과서 확대와 같은 교과서 제도 개선, 교과교실과 교과특성에 맞는 수업확대, 교육평가 제도 개선, 교육취약계층의 복지 확대, 학교운영위원회의 기능 회복, 사교육기관의 선행교육 금지의 법제화 등을 든다. 일곱째, '대학교육 개혁방안'으로는 대학과 학과의 구조조정, 전략적 학과 지원, 대학 지배구조 개선, 우수교수와 연구자에 대한 지원, 교육과정의 혁신, 학과와 산업별 직능별 자격 면허제와 연계, 학력인플레를 억제하는 직업교육의 혁신, 확대순환형 장학금제도 도입, 기여입학제 허용, 공영기숙시설 확대, 대학교육의 질 보장을 위한 국가공인 박사학위제 도입 등이다.

끝으로 고령화 사회에 대비하여 평생학습을 강조하였는데, 여기서는 학습계좌제(은행제), 제2의 직업을 위한 교육, 은퇴를 준비하는(삶을 즐기는, well‒living) 교육, 삶의 질 교육(예술, 건강, 덕성 교육), 보람과 긍지의 교육(사회적 환원의 교육), 죽음을 준비하는(well‒dying) 교육을 제안하였다.

산업화, 민주화의 성과에 힘입은 문민정부의 세계화·정보화의 문명사적 흐름에 잘 편승한 5·31교육개혁안은 이후 우리 교육의 방향타 역할을 어느 정도 수행해 왔다. 정보화·세계화도 거세졌지만 우리 앞에 놓인 다문화, 저출산, 고령화, 친환경과 지속 가능한 발전, 적극적 통일준비, 선진화, 반패권주의적·균세적 동아시아 공동체 형성 등 국가 사회적, 지구촌적 도전과 과제를 다음 세대가 슬기롭게 수용하여 주도하기 위해서는 새로운 교육개혁이 필요하다. 즉 자율, 경쟁, 정보공시, 책무성 등 자유주의적 측면만 아니라, 협동, 배려, 공정과 복지 등 공동체 측면에 대한 고려도 필요하고 거기에 맞는 교육계획을 다시 수립할 필요가 있다. 학교교육은 개인간 학력경쟁에서 공동체의 사회협동으로 패러다임을 전환할 때이다. 생활지도에서는 인성교육보다 사회적 교육을, 학습에서는 자기주도성보다 협동학습을 앞세워 사회적 자본을 튼튼히 할 때이다. 앞서 언급한 쟁점과 과제들이 산적한 것을 보면 제2의 5·31개혁이 필요한 때이다.

1) 교육의 현황과 문제점

공교육과 사교육을 거치는 이중교육으로 우리나라의 겉 성적은 화려하지만 내실은 매우 허약하다. 일본과 한국을 위시하여 중국, 인도, 인도네시아, 태국, 베트남 등 아시아 중심의 세계를 이끄는 창의적·인격적·협력적 인재를 양성해야 하는 과제를 안고 있다. 그러나 교육은 여전히 개인 간 학력 경쟁과 지필고사의 정답 맞히는 인력 기르기에서 크게 벗어나지 못하고 있다. 기초기본교육은 어떠한 차이에도 불구하고 균등하게 책임교육을 실시하고 이를 넘어선 심화특수전문교육은 학생의 적성과 진로라는 차이에 알맞게 맞춤형 교육을 제공해야 할 것이나, 아직 제도적·문화적으로 정립되어 있지 못하다.

최근 들어 자녀양육에 필요한 시간적·금전적 부담이 커지고 있어 저출산의 주요 원인이 되고 있다. 교육적 기반에서 사회적 육아를 위한 인프라는 굳건하지 못하고, 취학전 교육은 여전히 복지(어린이집)와 교육(유치원)으로 이원화되어 있어 비효율성이 계속되고 있다. 한부모가정, 이혼가정, 다문화가정, 조손가정 등 가정의 다양화로 가정의 유대와 지원이 허약해진 아동이 늘어나고 있다. 초등학교 입학 전의 학력, 체력 등 격차를 줄이는 수단(head start)도 불충분한 편이다.

초등학교의 무상급식과 국가수준 학업성취도평가를 둘러싼 논란은 계속되고 있다. 대안학교가 늘어나는 중학교는 의무교육을 완성하는 학교로서 위치가 공고하지 못하다. 2009 교육과정이 이를 지지하고 있으나, 진로지도 등에서 중학교의 위상은 확고하지 못하다. 또한 중학교 이후 중도 탈락생을 위한 제도적 장치는 거의 없다. 고교는 진학과 직업준비를 아우르고 있으나 마이스터고교 외에 직업교육이 거의 붕괴된 상태이다. 적정수준의 직업교육은 산업의 요구와 합치되어야 하지만, 관공서나 기업 등은 학력인플레에 적절히 대응하지 못하여 무조건 학력을 늘려만 가고 있는 형편이다. 진학을 준비하는 고교에서도 교육과정, 수업, 대입시가 진로에 맞추어져 차별화되어 있지 않고, 문이과 양분, 국영수 편중, 평준화 비평준화 갈등, 복잡한 대입시의 혼란으로 개선의 여지가 많다.

학교교육을 뒷받침하는 시도와 지역 교육청은 지원보다 여전히 군림하고 있으며, 학교의 업무 부담을 늘리는 쪽이다. 교육자치와 교육감 직선제는 교육의 지방적 특성을 강화하기보다, 소위 보수, 진보라는 이념적 편향의 교육감선거로 전락하여 교육계의 분열을 부추기고 있어 개선을 요구한다. 본업에 충실한 교사가 승진하는 것이 아니라 도리어 이를 소홀히 해야 승진하는 제도가 교사의 사기를 떨어뜨리고, 학생 수가 격감하여 소규모학교 통폐합 문제가 심각해지고 있다.

학력인플레로 세계적으로 대학진학률이 높고 사실상 대졸자의 비율도 높지만, 이를 선도할 괜찮은 직업은 많지 않다. 비정규직이 절반에 이르면서 청년실업이 악화되고 대졸자들의 졸업장이 갖는 취업 및 창업 효용성은 떨어지고 있다. 대학진학률은 82%가 넘어 한 사회가 졸업자를 받아 내기 어렵고, 저출산의 영향으로 65만 명의 대학입학정원은 점차 50만 명, 40만 명 수준으로 대폭 줄여야 할 것이다. 이로 인한 대학구조조정은 당면과제가 되고 있다. 대학의 국제경쟁력은 높지 않아, 세계 200대 대학에 영국은 29개, 일본과 네덜란드는 각각 11개씩 올라 있으나, 한국은 4개에 불과하다. 반값등록금 논란, 등록금 충당으로 신용불량자가 된 대학졸업생 등 대학과 대학생에 대한 정부의 재정지원은 불충분한 편이다. 대학구조조정, 국립대학 통폐합과 법인화, 사립대학의 통폐합과 전공별 통합, 세계수준 대학 10개 집중육성, 대학경영평가 강화, 교수당 학생 수 비율, 대학교육의 질 향상, 졸업생의 취업과 창업가능성을 높여야 하는 과제를 안고 있다.

2) 교육개혁의 기본 방향

세계 및 국가 전략에 의한 국가운영을 위해, 민간과 지방이 할 수 있는 것은 그들에게 맡기고, 모든 부문에 개방, 자율과 경쟁, 투명성과 책무성을 제고하되, 공동체적 연대와 신뢰를 구축한다는 공동체적 자유주의의 기본 입장을 따른다. 국가경영전략에 따른 교육의 기본목표는 '아시아 중심의 세계를 선도하는 창의적 · 인격적 · 협력적 인재 양성'에 있을 것이다. 구미 중심의 세계에서 아시아 중심의 세계로 진전할 때 우리는 이를 주도할 창의적 협력적인 인재를 길러 내야 할 것이다. 부분적이고 구체적인 측면에서는 보수와 진보 사이에 다름이 있지만 국가공동체의 명운과 지속 가능한 발전, 북한의 발전과 한민족의 통일준비, 동아시아에서 패권국가로 인해 우리가 수차례 경험한 역사적 사실 앞에, 다음 세대에게 새로운 비전을 제시할 필요가 있다. 공교육에서는 자기주도적 학습력과 개인간 학력 경쟁보다 협동적 학습력을 키워 공동체의 유지발전에 필요한 사회적 자본을 키우는 것이 중요하다. 우리 교육은 그간 지나치게 개인적인 발전을 강조해 왔고, 자신과 직접 관련을 맺고 있는 혈연, 학연, 지연에 얽매여서 일신의 영달을 추구하는 소시민을 키워 왔고, 소아를 넘어 국가와 세계라는 공동체의 명운과 지속 가능한 발전에 기여하는 공민을 기르는 데 미약하였다. 결국 국가의 위기에 처하여 일치단결하여 극복하는 애국적 시민을 길러 내지 못하였다. 더구나 다문화 · 세계화되는 사회의 국가 정체성을 확립하는 데 교육은 가일층 노력해야 할 것이다.

교육수요자 입장에서는 '모두가 제 역량을 한껏 발휘하는 세계수준의 수월성 교육을 지향'하여야 할 것이다. 수월성 교육은 하향 평준화교육에 대응되면서, 남과 비교한 과거의 엘리트교육이 아니라 각자 타고난 잠재력을 최대한 발휘하는 교육을 의미한다. 누구나 학교교육을 통해 각자 자신의 적성에 맞는 진로를 찾아 제 갈 길을 찾아가도록 양성되어야 한다. 그래야 그곳에서 남다른 발상, 발견, 발명의 창의력을 발휘할 수 있을 것이다. 그간의 교육은 기존 지식을 남보다 빨리 그리고 많이 아는 것에 치중했다면 앞으로의 교육은 이를 활용하여 문제를 풀고, 새롭고 가치 있는 지식, 기술, 가치관을 창출하는 창의력을 키워 주어야 할 것이다. 최종 학교를 졸업할 때 누구나 취업과 창업에 필요한 전공직업기술과 이에 가장 밀접한 외국어를 구사할 수 있도록 교육되어야 한다. 학교를 통해 익혀야 할 학습하는 방법, 일하는 태도, 살아가는 자세는 자기 주도적일 뿐만 아니라 더욱 협동적이어야 한다. 핀란드(Board of Education, 2005)에서는 국가의 교육목표로 학교교육을 통해서 자기 존중감을 높여 준다고 규정하고 있다. 학교는 학생이 자기 효능감과 협동심을 기르고 다가오는 많은 어려움을 극복하도록 준비하고 연습하는 곳이다. 또한 그 학습성과를 평가하는 평가방법은 객관식 선다형 지필고사를 넘어 수행평가와 논술형 서술평가가 되어야 한다.

현재 학교교육을 통해 길러지는 개인 간 학력경쟁보다 협동적 문제해결력을, 근거 없는 우월감이나 열패감이 아닌 자기존중감을 길러 주는 것이 중요하다. 또한 정설화된 지식 이해를 넘어 창의적 문제해결력, 머리로 이해하는 것을 넘어 실제로 할 줄 아는 능력을 길러 주기 위해 교육목표와 방향을 재정립할 때이다. 이를 위해 각급 학교에서 추구할 교육개혁의 기본목표를 잠정적으로 다음과 같이 정할 수 있다.

첫째, 취학전 교육은 복지 차원에서 사회적 무상 육아를 확대한다.

둘째, 초등과 중학교 교육은 기초기본내용을 균등하게 책임지고 교육한다.

셋째, 고등학교 교육은 학생의 적성과 진로에 알맞게 맞춤형을 구현한다.

넷째, 대학을 구조조정하고 산학 및 취업 연계의 철저한 직업전문 교육을 실시한다.

다섯째, 학교와 교단교원을 지원하는 컨설팅행정을 구현한다.

여섯째, 평생학습, 고령화 사회에 대비하여 사람의 질을 높이는 교육을 강화한다.

또한 교육도 세계교육시장에서 폐쇄적일 수 없으며, 조기유학으로 대변되는 외국교육과의 경쟁에서 밀릴 수만은 없다. 영어교육을 비롯하여 더 나은 교육 서비스를 통해 세계일류의 교육을 우리나라에서 직접 구현해야 할 것이다. 이것은 우리 교육의 주체들이 갖는 교육경영의 창의적 자율성을 통해 가능할 수 있다. 교육구성원들의 자율적 참여의지는 그들의 교육실천 전문성을 향상시켜 더 높은 책무성을 구현하려고 할 때 주어지는 자율성이다. 자율성을 통해 더 나은 전문성과 더 높은 책무성을 달성할 때 자율성 – 전문성 – 책무성의 확대선순환이 이루어질 수 있다. 위와 같은 목표를 구현하기 위하여 다음과 같은 교육개혁의 기본원칙을 따를 수 있다.

첫째, 모든 교육개혁의 기본목표는 학생들의 더 나은 교육적 성취에 둔다.
둘째, 교육개혁의 가장 중요한 주체는 교사이고, 교사는 본업에 충실할 수 있도록 업무환경이 재편되어야 한다.

즉 모든 교육적 지원은 교원이 본업에 충실하도록 하여, 결국 학생들이 더 나은 교육적 성취를 이루도록 하는 데 있다. 그 교육적 성취는 개인의 잠재력 개발, 전인적 성장, 자아실현을 넘어 공동체의 지속가능한 발전에 기여하는 지식, 기술, 태도를 갖추는 것이다.

3) 교육개혁의 과제

(1) 취학전 교육개혁

가. 초기 2년의 육아휴직 보장

교육이 공정하게 이루어지려면 태교나 젖먹이교육에서 불평등이 줄어야 한다. 아가와 엄마가 애정(attachment)의 끈을 튼튼히 하지 못하면, 성장하면서 온갖 후유증이 초래된다. 물질적·심리적·시간적 교육투자는 오히려 요람시기에 가장 많아야 한다. 유-초-중-대학 중에서도 가장 어릴 때 가장 많은 양의 교육투자를 해야 한다. 저비용으로도 고효율과 효과의 장기지속을 낳기 때문이다. 초기 2년간 유아에게 절대적 안녕과 행복감을 보장하는 것이 일생에서 가장 중요하다. 영양, 운동, 정서적 안정에 이르기까지 아이들이 연하여 교육이 먹혀 들어갈 때 투자를 많이 하는 것이 효율적·효과적이다. 최소 2년간 육아휴직은 어떤 식으로든 보장해야 취학전교육의 기초가 튼튼해진다. 또한 직장마다 탁아소를 늘려서 유아기의 돌봄이 충실히 이루어지도록 해야 할 것이다.

나. 3~5세아 교육기관의 일원화

특히 어린이집과 유치원으로 이원화된 취학전 교육은 일원화되어야 하고, 공립유치원과 사립유치원의 격차도 해소되어야 할 것이다. 이후 유치원 등에서 드는 교육비는 가정의 부와 소득에 비례하여 공정하게 지원하는 voucher를 지원하는 것이 바람직하다. 교육기관의 환경 개선과 교사의 질과 자격 개선에 더 많은 투자가 요구된다.

다. 헤드스타트의 실질적 가동

가난한 맞벌이 부부들이 아이를 초등학교에 조기진학시키는 것도 주의해야 한다. 갓난아기와 첫돌아기가 6년 후 같은 학년에 들어가는 것은 불평등의 시작이다. 오뉴월 하루 햇볕에 곡식이 다르듯, 1월생의 올된 아이들이 12월생보다 모든 면에서 훨씬 더 잘한다고 알려져 있다. 출발격차를 줄이려면 1년에 1회 입학이 아니라 2회 혹은 4회는 입학할 수 있어야 하고, 격차축소 노력이 성과를 거둔 후에 취학을 시켜야 할 것이다.

(2) 초등학교 교육개혁

가. 1, 2학년 기초교육 강화

학교교육은 1, 2학년 출발 때가 매우 중요하다. 담임교사가 적어도 2년 연임을 하면서 쓰기, 읽기, 셈하기를 책임지고 완습시켜 주어야 한다. 학급당, 교사당 학생 수를 대폭 줄여서 담임실명제로 부진아 없는 책임지도가 이루어지도록 지원해야 한다.

나. 기초수준 부진아까지 보충수업 확대 및 학습효율성 제고

가정의 사회경제적 자원과 지원이 적을수록 학업성취는 낮아지고, 많을수록 높아진다. 사교육비와 각종 조기유학경험의 차이는 학교에서의 성취와 장기적으로 사회에서 성취격차를 더 벌린다. 학업성취도 평가결과 기초미달자(100점 만점에 20점 미만)에게 집중되어 있는 지원을 기초수준(60점 미만)까지 확대하여 학교교육기 내내 부진아 보충지도는 계속되어 최소한의 성취를 이루도록 도와야 한다. 필란드에서 하듯이 교육이 공정사회에 기여하고 가난의 대물림을 끊어 주려면, 교육당국과 학교의 학습부진아에 대한 추가적인 배려가 가장 좋은 투자대책이다. 학습의 비효율성을 극복할 방안을 찾아야 할 것이다. OECD 국가들의 학생들은 주당 30시간 전후로 학습시간을 투입하지만 우리나라 학생들은 주당 50시간 정도를 투여하고 있다. 세계 최장학습시간임에도 최저 학습효율성이다. 학생의 시간활용과 함께 학교의 시간활용도 효율적이지 못하다. 교수방법보다 부진아들의 학습방법을 개선하는 데 교원연수의 초점을 두어야 할 것이다. 학생들의 학습효율성을 높이는 학습방법의 개발과 교육은 우리 교육의 중대한 과제가 되고 있다.

다. 가정의 부와 소득에 비례한 교육복지 원칙 수립

무작정 균등하게 지원하는 보편 복지정책, 가령 전면무상급식은 심각한 재정적자와 장기적 질 저하를 초래한다. 가정의 부와 소득에 비례해 전액면제와 전액부담 사이에서 다양한 부담비율을 지도록 함이 공정교육을 하는 재원 확보에서 중요하다.

라. 최소교육성취기준 설정 및 보장

아무리 뒤처지더라도 4학년을 마칠 때까지 4칙연산을 제대로 시키고, 초등졸업 전에는 적어도 4학년 수학은 마치도록 책임 지도해야 한다. 누구나 자기 생명을 지키는 수영만은 배울 기회를 가져야 한다. 4대 강변을 활용해 적어도 100개 이상의 수영장을 건설해 여름방학에는 수영캠프로, 겨울방학에는 빙상장으로 활용해야 할 것이다. 즉 누구에게나 꼭 필요한 기초기본교육에서 최소교육성취기준을 정하여 고시하고 이를 졸업 이전까지 마칠 수 있도록 책임 교육해야 할 것이다.

(3) 중학교 교육개혁

가. 사춘기 정서 및 사회성교육 강화

초등 고학년에서 중학교 초기는 뇌가 재구조화되고, 몸과 마음이 모두 달라지는, 곤충에 비유하면 '변태'하는 시기이다. 가장 연약하고 상처받기 쉬운 민감기이다. 그래서 이 시기에는 가장 품성이 좋은 교사가 아이들의 담임을 맡아야 한다. 담임의 역할이 여전히 중요하므로 3년간 연임을 할 수 있도록 제도를 정비하고, 학생간 경쟁을 대폭 줄이고 화랑도와 흥사단을 본받는 공동체적 협동심을 키우며, 학생들의 적성에 맞는 진로를 찾을 수 있도록 진로지도에 더 많은 노력을 기울여야 한다. 학급당 학생 수를 25명 이하로 줄이고, 교사에 의한 수업을 교육의 전부라고 여기지 말고, 상담사, 복지사 등의 도움을 주어 교육할 시기다.

나. 회화 중심의 영어구사력 완전학습

대다수 학생들의 가장 큰 학습성과 문제는 세계화된 사회에서 실질적인 의사소통능력으로서 영어구사력이다. 초중등학생의 조기유학, 대학생들의 해외어학연수나 교환학생 등은 모두 영어회화능력의 습득에 있으므로, 초중등학교의 영어교육은 일상적인 의사소통능력에 두도록 한다.

다. 결혼이민자의 언어를 포함한 제2외국어 종류 확대

제2외국어는 다양한 것들 중에서 선택하여 필수로 이수하도록 학습기회를 제공하는 것이 옳을 것이다. 다문화가정과 국제결혼 이민자들의 자녀들은 부모의 언어를 제2외국어로 배울 기회를 가져야 제대로 클 수 있다. 베트남어만 아니라 인도네시아어, 스와힐리어, 몽골어 등 제2외국어를 확대 공인할 필요가 있다. 결혼이민자와 유학생을 비롯해 국내 외국인을 활용한 외국어교육을 확대 강화함으로써 다문화 자녀들의 자긍심과 적응을 도울 수 있다.

라. 예술, 체육의 중점학교 확대

조기에 소질과 적성이 드러나고 전성기가 빨리오는 체육, 예술 재능을 키울 수 있는 학교를 더 많이 세워야 한다. 전체 중학생의 5%에 해당하는 학생들이 예술과 체육을 특화한 중점학교에서 학습기회를 얻도록 하거나 방과후 혹은 주말학교를 통해 이를 접할 수 있도록 한다.

마. 국가정체성 및 통일준비 교육의 강화

국사, 국어 등의 교육을 통해 개방적 애국심을 가진 공민을 길러내는 일에 더욱 힘써야 할 것이다. 18세기 이전사는 동아시아 발전 속에서, 19세기 이후에는 세계사의 부침 속에서 우리는 어떤 결단과 노력을 해 왔는가를 살펴볼 수 있도록 교류사로서 우리 역사를 개방적으로 가르쳐야 할 것이다. 또한 우리나라의 근현대사를 산업화, 민주화, 정보화의 성공적 계승을 하여 통일시대를 준비하는 시민을 기르는 교육을 강화해야 한다.

바. 졸업인증제로서 인명구조훈련과 진로교육

초등학교에서는 수영을 제대로 가르치고, 중학교에서는 학생들에게 생명을 건지는 응급조치, 인명구조훈련을 시켜서 졸업시켜야 한다. 나아가 고교에서는 비만, 전염병, 성인병을 예방하는 예방의학과 개인맞춤형 운동을 처방하는 등 건강교육을 쇄신해야 할 것이다. 지역마다 직업기술과 과학의 원리를 체험할 수 있는 창작센터를 설치하면 좋을 것이다. 또한 '진로와 직업' 과목을 주당 3~4시간씩 한 학기 동안 필수과목으로 현장 체험 중심의 직업기술 및 진로 교육을 시켜야 할 것이다. 지역마다 직업기술과 과학의 원리를 체험할 수 있는 창작센터를 설치하면 좋을 것이다.

사. 비진학자 및 중도탈락자의 의무무상직업교육 기회 제공

누구나 공식적인 최종교육단계에서는 직업교육을 받을 수 있는 기회를 갖도록 만드는 것이 좋은 교육제도이다. 졸업장 속에는 일정기간의 직업준비교육기간이 포함되도록 설계되어야 한다. 일반 학생들을 위한 직업기술 교과는 누구나 선택하여 필수적으로 이수하도록 하여 대표적인 직업세계를 접할 수 있도록 직업기초교육을 강화해야 한다. 또한 의무교육을 마치고 학교를 그만두려는 학생에게는 '강제로라도' 생업훈련 중 하나를 습득시켜서 사회로 내보내야 한다. 그렇지 않으면 거리의 반사회적인 집단(조폭, 포주)이 반사회적인 직업교육을 피땀 흘려 시키는 불행을 허용하게 된다. 학교에서 머리 쓰는 공부를 하기 싫다면, 주변의 가게, 공장, 회사 등에서 손발과 몸을 쓰는 기능훈련을 통해 생업기술을 배울 수 있는 독일 등 북유럽식 견습생제도 같은 직업훈련체제를 구축해야 한다. 이들이 거주지 인근에서 손쉽게 그리고 의무무상으로 기초직업기술교육을 받을 수 있도록, 생생한 일터 현장, 가게, 공장, 회사, 관공서 등이 네트워크를 형성하여 다음 세대의 생업을 위한 기초직업기술교육을 무상의무로 실시하여야 할 것이다.

아. 중학교 졸업자격시험 도입

중학교까지의 공통필수 교육과정을 통해 시민으로서 살아갈 기본
능력과 향후 학업과 직업에 필요한 기본 능력을 익혔는가에 대해 국
가수준의 학업성취기준을 설정하고 이를 확인할 필요가 있다. 아무리
부진한 학생이라도 학교교육을 받았다면, 문해력과 수리력 관련 성취
나 예술과 체육 및 진로 등과 관련한 성취를 언제까지는 달성하도록
규정하고 그 성취 정도를 평가하고 반드시 달성하도록 지원 독려하
는 것을 의미한다. 일상 의사소통으로서 영어구사(BICS, 15세), 초등 6
학년 수준의 수학, 학교교육을 마치기 전에 기초직업기술의 습득(중
도탈락자와 미진학자) 등에 관한 규정이 필요하다. 모든 학습자를 위
한 교육복지로서 책임지는 기초기본교육을 제대로 확보해야 이후에
전개될 각 집단의 생업을 돕는 맞춤형 진로 교육을 기대할 수 있을
것이다. 중학교 졸업자격시험은 중학교 3학년 2학기 초에 치러 이를
달성하지 못하는 학생들에 대해서는 마지막 학기에 보충학습을 강도
높게 실시하도록 해야 하며, 그래도 달성하지 못할 경우에는 조건부
로 중학교 졸업과 고교진학을 허용해야 할 것이다.

(4) 고교교육개혁

가. 진로맞춤형 교육과정의 개설

문이과 획일성과 양분, 국영수 편중, 평준화·비평준화 갈등, 대입
시 혼란과 경쟁은 일그러진 고교교육의 자화상이다. 진로에 맞게 공
부하고 시험 치는 제도, 학생의 자기 적성과 진로를 개척하는 데 필
요한 학습기회를 주는 제도가 좋다. 누구나 자신이 좋아하고, 잘하고,

할 필요가 있어서 해야 하는 공부를 할 권리가 있다. 문·이과식 무특성의 교육이 아니라 진로에 알맞은 교과 학습과 교과외 활동 경험을 보장하는 진로 안내형·탐색형·유도형 맞춤형 교육과정이 절실하다. 또한 정보화 사회에서 프로그램화 될 수 있는 산업사회의 복잡한 지식을 대폭 정비해야 한다. 가령 모든 고교생은 미적분이 아니라 확률과 통계로 수학을 마감 하도록 한다. 현재처럼 예·체능을 잘하는 학생들이 문이과생들의 내신성적을 올려 주는 제도는 불공정한 것이다. 허울 좋은 평준화·비평준화에 의한 허울 좋은 학교선택제를 폐기하여, 진로를 개척하는 학습기회를 주려면, 특히 예술과 체육 등 중점학교를 제대로 만들려면, 지역 내 여러 학교들이 학교 간 역할분담과 협력을 해서 교육기회를 마련해 주어야 한다. 각 학교가 개설할 교육과정을 학교 간 역할분담하여 정하고, 이에 맞는 학생 수용(배정), 교사수급, 시설확충 등 계획을 다시 짜야 한다.

나. 기숙학교 확대

이명박 정부의 교육개혁 중 가장 성과가 높은 것이 기숙학교 확대였다. 이를 지속적으로 확대하여 사교육과 가정을 벗어나 자주적이고 동료들과 협동적 사회생활 및 학습능력을 키울 수 있도록 농산어촌의 폐교를 활용한 기숙사를 더 많이 확대해야 한다. 고교수준에서 기숙학교를 늘리는 것은 가정의 부모자녀관계의 정상화, 사교육비 절감, 노작의 생활화, 자연친화 및 공동체 일원으로서 규범의 획득 등에서 매우 중요하다. 농산어촌이 비지 않도록 전략적으로 도심의 고교 일부를 이전 배치할 필요도 있다.

다. 내신제도 개선 및 진로맞춤형 대입시 정립

사회적 자본을 형성 확대하기 위한 사회사업기구로서 학교는 개인 간 학력 경쟁보다 공동체 성원으로서 협력을 강조하여 가르쳐야 한다. 학교교육의 사회적 취지에 맞게 개인 간 학력 경쟁이나 자기 주도 학습능력만 아니라 협동적 학습능력을 우선 강조해야 한다. 이 점에서 중학교의 석차나 고교의 석차등급은 비교육적이므로 당장 폐지해야 한다. 대신 진로에 가장 중요한 과목의 성적표기는 원점수, 평균, 표준편차, 이수자 수를 표기하면 바람직하다. 그 활용과 가공에 의한 판단(석차, 등급, 평어 등)은 독자와 사용자 몫으로 남겨 둔다. 절대평가라는 이름으로 수우미양가나 ABCDEF를 도입하면 어느 학교나 수나 A를 많이 만들어 내기 위한 성적인플레를 초래하게 된다. 시험에서도 선택형을 대폭 줄이고 수행형, 논술형을 대폭 확대해야 할 것이다. 현재 대학입시는 불필요한 과잉학습과 꼭 필요함에도 과소학습을 유도하고, 무질서하고 복잡하며, 불공정한 경쟁을 만들어 학생, 학부모, 고교에게 고통과 불안만 안겨 주고 있다. 타당하지 못한 입시로, 수영선수를 뽑는 데 주먹 센 사람이 줄 서는 격이다. 모집단위별로 특성화된, 타당한, 치를 만한 입시를 만드는 것이 중요하다. 가령 대학의 보건, 의료, 간호, 생명 등은 비슷한 공부를 한다. 그러면 이 모집단위로 진학할 학생들은 과학 중 화학과 생명과학을 잘하고, 의료기관에서 봉사활동을 해 본 경험을 확인하는 대입시가 필요하다. 마찬가지로 경상계열은 문과지만 수학을 더 하도록 해야 한다. 이처럼 각 계열과 모집단위별 선수학습에 해당하는 과목과 체험활동을 지정하고 이를 확인하는 예측 가능한, 타당한, 특성화된, 공정한 입시 경쟁을 만들어야 한다. 인문, 사회, 경상, 외국어 국제, 이학, 공학, IT,

생명의약, 예술, 체육 분야도 모집단위에 맞는 필요한 공부와 체험활동을 유도하는 타당하고 공정한 입시를 만드는 것이 정부가 서둘러 해야 할 일이다.

라. 예술 체육 교육의 강화

이미 예술과 체육활동이 주는 효용이 역사적으로 검증되었음에도, 문약(文弱)을 지향하는 것은 시대착오적이다. 방과후학교, 주5일수업제, 기숙사학교 등으로 학생들의 학교체류시간이 늘어남에 따라 1인1체1예를 시행할 수 있는 시공간적 인프라가 갖추어졌음에도 이를 프로그램화·제도화하지 않은 나태함이 학생들의 심신을 병들게 하고 있다. 체격에 비해 체력이 약해지고, 비만과 고도비만자가 늘어나고 (전체 초중고생 19만 4,816명 중 13.2%, 표준체중의 150% 초과하는 고도비만자 1.1%, 조선일보 2010.11.5.에서 재인용), 심신허약자들이 증가한 학교교육은 건강할 수 없다. 선진적인 교육에서는 인문사회, 과학기술, 예술체육 교육의 건강한 균형을 지향한다. 전성기가 일찍 도래하는 체육, 예술분야는 전문가 양성을 위한 중점학교를 확대하면서, 일반학생들의 예술 체육 교육을 강화하는 조치가 필요하다.

마. 직업기술 교육의 강화

학생들이 오감을 고루 활용하거나 손발과 온몸을 움직여 하는 활동성 공부, 실험, 실습, 실기 등 현장에서 생생하게 배울 기회를 학교에서는 더 많이 만들어야 한다. 학생들 중에는 무미건조한 지식공부에 지쳐서 학교부적응을 보이는 경우도 적지 않다. 중등교육에서 직업교육이 가진 교육적 가치가 특성화고의 쇠퇴와 더불어 쇠락하고 있다. 실제적인 문제를 직접 해결하기 위해 궁리하고 기술을 개발하고 물품을 만들고 하는 데서 성취를 느끼고, 실험·실기·실습 중심의 직업기술교육의 효용을 더 많은 학생들이 누리도록 할 필요가 있다. 학습자들의 마지막 공식적 교육 안에는 일정기간의 직업준비교육이 포함되어야 할 것이다. 가령 중등학교 졸업 후 사회진출자는 1학기, 대학 졸업에는 1년의 현장 체험 위주의 직업준비교육을 포함해야 할 것이다. 직업준비교육 없이 사회에 진출하는 경우를 근원적으로 없애야 할 것이다.

(5) 교원제도 개혁

가. 유초중등 교사양성교육 통합

취학전 1년부터 12학년까지 교사양성교육을 통합한다. 취학전 3년~초등 저학년, 초등 저학년~초등 고학년, 초등 고학년~중학교, 중학교~고교 등 각 6년을 가르칠 4가지 자격제를 만들되, 서로 겹치도록 양성하여 학교 간 협력, 통합 운영이 자연스럽게 이루어지도록 한다. 가르칠 교과목 수와 학년 수에 따라 수학기간을 조절한다. 또한 대학원과정에서 석사수준으로 상향조정하되 5년제로 한다. 중등교사 후보생의 경우 해당 과목 수능 1등급 학생들은 교대나 사대에 속하지 않아도 교직과목을 이수하면 교사자격증을 취득할 수 있도록 한다.

나. 수습교사제 도입 및 교단교사의 직급다층화

교단을 매력적으로 만들어야 좋은 교육이 이루어진다. 전문직이라는 미명만 붙여 놓고, 교사를 평생 1, 2급으로 묶어 두면서, 수업, 학생지도를 떠나야 승진하는 제도를 만든 것은 좋은 교육에 어긋난다. 교

단교사가 꾸준히 전문성을 향상하도록, 성장과 발전을 하도록 수습-
희망-보람-긍지-우수-수석 등으로 직급을 다층화해서 대우해야
한다. 2년의 수습기간을 두어 교직에 남을 것인지 다른 분야로 진출할
것인지를 결정하는 교직 적성을 충분히 평가하도록 한다. 15년 후 교
단교사로 남을 것인지 학교경영자 및 행정가로 진출할 것인지를 결정
하도록 한다. 15년 교단교사 경력자를 대상으로 한 학교경영자 양성과
정을 대학원에 개설한다. 교원능력개발평가를 개선하여, 학생과 학부
모에 의한 교사직무수행 만족도 조사를 3문항 이하로 간편하게 실시
하되 연 4차례 시행하고, 그 결과를 승진과 성과급에 일부 반영한다.

다. 사립학교 교원 신규임용 개선

사립재단들은 교원임용을 둘러싸고 부정을 저지르기 쉽고, 취업이
어려워진 교사 후보생들은 여기에 현혹되기 쉽다. 결국 학생들은 실
력이 부족하면서도 편법으로 임용된 교사들에게 배울 가능성이 높아
진다. 우수교사확보 차원에서 재정지원을 받는 사립학교 교원은 임용
시험 1, 2차 합격자 중에서 투명하고 공정하게 선발하는 것이 바람직
하다. 자사고를 제외하고, 설립 후 전입금을 못내는 유명무실한 사립
중고교를 공영화하여 실질적으로 공립과 같은 수준으로 지원하고 운
영할 필요가 있다. 교원수급, 교원 전문성 개발을 위한 연수, 시설개
선을 공립수준으로 높여서 교육의 기회균등을 실현해야 할 것이다.

라. 교단교사의 안식년 및 교단복귀형 장학사제도 도입

30년 교직경력 중 10년, 7년, 5년, 3년 후 각각 안식년(학기)을 누리
도록 보장해야 한다. 현재는 장학사들만 수업과 학생 지도 부담에서

해방되는 안식년을 독점하는 셈이다. 1~2년 파견 근무 후에는 반드시 수업으로 돌아오는 교단복귀형 장학사제도를 만들어야 할 것이다.

마. 본업 충실형 업무 재편 및 교무지원인력 확충

교사들이 수업과 학생지도라는 본업에 충실하도록 업무를 재편해야 좋은 교육이 가능해진다. 사무행정, 부대업무, 잡무로 교사를 들볶아서는 본업에 소홀하기 마련이다. 보조교사, 조교, 교무지원사, 행정지원사 등을 고용해서, '이것 때문에' 본업을 제대로 못 한다는 것들을 모두 맡겨야 한다. OECD 국가들은 교육비 중 인건비가 80%인 데 비해 우리나라는 70%에 불과하다. 교단교사를 돕는 지원인력 고용에 인색하기 때문이다. 대학은 교수요원 7만 8,000명에 행정직원이 2만 8,000명인데, 초중등학교는 교사가 42만 명인데 행정직원은 5만 명에 불과하다. 대학, 기업, 관공서에 지원인력이 필요하듯이, 초중등학교에도 이들이 필요하다. 행정실에서 하지 않는 모든 일을 교사에게 다 시키면 좋은 교육 서비스를 기대할 수 없다. 그러므로 교사들로 하여금 본업에 충실하도록 적어도 3만 명 정도의 교무지원인력을 추가 고용하여 교사의 사무행정을 대신하도록 해야 할 것이다.

바. 교사의 정치적 중립성 강화 및 선진통일교사 및 진로지도 교사 양성

교육의 정치적 중립은 교단교사들이 지켜야 할 가치이고 윤리이며 법정신이다. 교과특성과 학생들의 발달단계에 따라 정치교육의 범위를 점진적으로 넓혀 가는 것이 맞다. 인문사회계 교과에서 정치적 이념 충돌이 일어나는 부분을 개별 교사의 판단에 맡기는 것은 미성숙한 학생들에게 정파적 이념주입을 허용하는 것이나 다름없다. 그러므로 공공재로서 학교교육과정이나 교과서검정기준은, 세계화 시대에 개방적 정체성을 높이는 방향으로, 패권을 다투는 동아시아 강대국 속에서 민족과 국가의 이익을 대변하는 반패권주의를 옹호하는 가운데, 헌법이 추구하는 방향에서 통일과 선진국으로의 국가번영을 준비하는 측면에서 국가교육과정기준을 준수하도록 해야 한다. 통일 직후 북한지역 아동청소년들을 교육할 선진통일교사를 1만 명 정도 양성한다. 이들에게는 자유민주주의, 자본주의, 정체성교육, 공동체주의, 세계시민 교육을 통합하는 교육내용으로 총 180시간의 부전공 연수 정도로 한다. 그리고 중학교를 비롯한 진로와 직업을 필수로 하여 가르칠 교사를 정규적으로 양성한다.

(6) 교육제도 개편

가. 헌법 31조 1항의 개정

우리 교육제도의 후진성은 헌법 31조 1항에서 비롯된다. "모든 국민은 능력에 따라 균등하게 교육받을 권리가 있다"는 것은 앞뒤가 맞지 않는다. 능력은 서로 다르므로 균등하게 교육하기 어렵다. 이는 소수에게만 교육기회를 주고, 대다수에게는 못 줄 때 만든 조항이다. 21세기형으로 고쳐 보자. 모든 국민은 성, 지역, 언어, 인종, 국적 등 '어떠한 차이에도 불구하고 균등하게' 즉 기초기본교육에 대해서는 교육복지 차원에서 책임지고 균등하게 교육받을 권리가 있다고 해야 한다. 나아가 기초기본교육을 넘어선 심화, 특수, 전문 교육에 대해서는 '어떠한 차이에 따라 알맞게', 즉 차이를 내도 교육적으로 합당하다고 인정되는, 타고난 적성과 장차 나아갈 진로에 따라, 알맞게 맞춤형으로 교육받을 권리가 있다고 하는 것이 타당하다. 이 원리를 지켜서 교육제도를 만들면 공정한 교육은 이루어질 것이다. 그렇게 되면 초중학교의 기본교육은 끝까지 책임 지도해 줄 것이고, 이것이 끝나면 직업에 필요한 전문교육은 진로에 알맞게 시켜 줄 것이기 때문이다.

나. 학제, 교육과정제, 교원 양성제의 상충 해소

6−3−3의 학제, 9−3의 의무교육과 교육과정제, 6−6제의 교원 양성과 수업담당제는 교육을 근본적으로 어렵게 만들고 있다. 사실상 학생의 성장발달에 상응하여 편의상 갈라놓은 것들이 각종 이해관계로 인해 학교에서 원활한 교사 운용을 어렵게 하고 있다. 12년 일관제를 운영하기는 어렵더라도 9−3년제 방식의 학교운영은 교원 운용, 교육과정과 수업 운영, 학생 수용 등을 원활하게 만들어 줄 수 있다. 향후 교사는 유−초 저학년, 초등, 초 고학년−중학교, 중학교, 중고교, 고교 등으로 상하 학년군과 학교급이 중첩되도록 양성되어야 할 것이다. 유초중은 보다 미분화, 통합된 교육이 필요하고, 고교는 진로별 선택교육이 요구되기 때문이다. 교육과정과 수업 운영의 특수성을 감안하고 학생 수, 학교 수가 줄어드는 현실을 고려하면 보다 융통성 있는 교원 양성과 운용, 학생 수용이 절실하다.

다. 융통성 있는 학기 학제 운영

주5일수업제에 맞추어 학교시간 운영을 쇄신할 필요가 있다. 교과 특성에 맞춘 차시 운영, 일과, 주간, 분기, 학기, 학제를 전면적으로 재검토할 필요가 있다. 특히 4분기제, 연 2회 입학과 졸업은 그 대안이 될 수 있다. 유치원과 초등학교 입학 초기 아동발달차에 따른 월

령효과 완화, 초등 저학년에서 발달격차 완화(헤드스타트 실시 가능), 초등 저학년의 담임연임제 실명제 책임지도제 가능, 집중이수의 원활한 운영, 진로 집중과정의 정착에 도움을 줄 수 있다. 또한 선택 교과제 실시, 속진과 유급의 활발한 적용, 교사들의 학교 간 순회이동의 불편 축소, 교원 인사이동 시기와 일치, 대입시 등 주요 시험을 복수로 치를 수 있어 입시 경쟁 및 부담 완화, 재수생 반수생을 줄여 준다. 대학 혹은 고교의 연중 수시 입학, 학년도와 회계연도의 일치성, 외국과 학생 교환, 유학생의 시간 낭비 완화, 세계화된 탄력적인 교육일정, 사회진출 입직연령 조기화, 군입대와 회사 입직 시기의 일치, 한국사회의 나이차에 따른 연령차별 완화 등이 가능하다.

라. 소규모 학교 통폐합 및 대규모 학교 분할

전국적으로 전교생 60명 이하의 소규모 학교가 1,800여 개, 100명 이하가 2,700여 개나 있다. 교과부는 과소규모 학교의 통폐합을 추진하고 있다. 작은 학교가 좋은 교육을 하는 아름다운 학교라는 미신은 깨져야 한다. 학교는 적정규모가 되어야 운동회, 학예회, 소풍, 예술제 등을 할 수 있다. 섬 지역은 단 한 명의 학생을 위해서라도 학교를 유지하고 교사를 파견해야 하겠지만, 육지로 연결된 학교임에도 축구도 못 할 정도로 작은 학교를 방치하는 것은, 무슨 핑계를 대더라도 교장, 교감 자리를 늘리고 일부 교사의 특수지 학교 근무평정을 받는 수단에 불과하다. 정녕 학생을 위한 것이 아니다. 형편에 따라 각 면에는 유−초 저학년 학교, 큰 면지역이나 2~3개 면에는 초등학교, 초등 고학년과 중학교, 중학교, 읍지역 이상에서는 중고등학교 등 다양한 방식으로 학생을 수용하여 학교규모를 적정화함이 바람직하다. 도심의 고교를 이전하거나 거대 중고교를 분리하여 고교를 농산어촌으로 이전하고 기숙사를 더 많이 짓는다면 학생인구 분산효과, 사교육 절감효과, 전인교육효과, 부모−자녀관계의 정상화 등을 도모할 수 있을 것이다. 대도시의 대규모 학교가 조성되지 않도록 교육청은 전입생을 조절하고, 거대규모 학교는 연차적으로 분할한다.

마. 교육감 직선제 폐지와 대안 마련

정치적 쟁론을 다투면서 공교육을 실천할 수는 없다. 교육적 혼란, 시행착오 낭비가 고스란히 교단교사와 학생들에게 나아가 국가공동체로 파급된다. 초중등교육은 공동체성, 사회적 자본 형성에서 중요하다. 이 점에서 초중등교육은 일반적인 상식과 달리 국가의 책임이 지대하다. 우리는 공교육을 통해 특정 동민, 구민, 시민, 도민을 기르려는 것이 아니라 대한민국 국민을 기른다. 그래서 누가 교육감직을 수행하는가는 매우 중요하다. 교육자치제의 취지를 벗어나 정당정치의 하부가 되어 버린, 부정이 개입할 수밖에 없는 고비용의 교육감직선제를 폐지하고, 일관된 교육을 위해 중단위 교육청을 도입한 후 그 청장을 대통령이 임명하는 것도 대안이 될 수 있다.

바. 중단위 교육지원청으로 개편

학교 밖의 인사들이 학교를 불필요하게 간섭하는 것도 줄여야 한다. 특히 지역교육청, 시도교육청, 교과부로 이어지는 다단계 간섭은 학교를 못살게 구는 잘못된 제도이다. 학교에서 할 수 없는 것은 지역 내 여러 학교가, 지역이 못 하면 국가가 나서서 하면 족하다. 시도교육청과 지역 교육청을 생활권 중단위로 통합, 60~70개의 교육청으로 단일화하여 학교교육을 지원할 필요가 있다. 담당하는 학교 수, 학생 수, 교사 수, 생활권역 등 규모를 감안하여 현재 지역교육지원청보다 중단위 교육지원청이 더 적절할 것이다. 이를 통해 예산 절감, 인원 감축, 공문 축소 등의 효과를 학교에 가져다줄 수 있다. 물론 이는 광역단위 행정기구 개편과 맞물려 있다.

사. 교장 양성 아카데미 도입 및 공모제 확대

교단교사와 다른 방식으로 일정한 자격을 갖춘 인사들이 교육과정 및 수업 중심의 학교경영능력을 키울 수 있도록 교장 양성아카데미를 통해 양성되어 pool이 구성되도록 한다. 현재의 교장 충원 방식보다 양성된 교장들 중에서 경영능력이 뛰어난 인사를 공모형식으로 선발하는 방식으로 전환한다. 공립학교의 경우에도 교육감에 의한 임면보다 학교구성원이 학교발전에 적임자를 공모선발하는 방식을 더 늘려야 할 것이다.

아. 교육과정 제도 개선

국가교육과정기준은 일시적 개정이 가져오는 혼란과 낭비 및 통합조정관리가 부족한 상태에서 여러 기관에서 분산되어 연구 개발되는 것은 시정되어야 할 것이다. 총론 개정과 함께 자동적으로 각론 전체를 재개정하는 폐습도 단절해야 한다. 관련 법규를 개정해서 개별 교과의 지위만을 강화하는 입법을 금지·무효화해야 한다. 사회여론주도층과 교육과정전문가가 참여하는 국가교육과정위원회의 설립을 통해 총론의 질 높은 개발과 교과의 연차적 상시개정에 따른 질 관리를 해야 할 것이다. 또한 현재의 국가교육과정기준의 기능을 낮은 수준으로 모든 학교에 일괄 적용하기보다, 중수준으로 높게 만들어 그 이하의 학교들은 강제 개입 지원하여 교육의 질을 끌어올리고, 그 이상 학교들은 교육과정의 자율성을 대폭 허용하는 방향으로 운영해 나가는 것도 필요하다.

자. 교과서 제도 개선

국가정체성 및 가치관 확립에 중요한 국어, 사회 등 교과서의 경우 그 발행형식에 유의하고, 검정일 경우 기준을 헌법정신과 대한민국의 정체성 확립에 도움이 되도록 개선한다. 체육 등 일부 실기 교과서는 서책을 폐지하고, 동영상 자료로 대체하도록 한다. 수업과 학습에 긴요하지 않은 교과서는 학생개인용이 아니라 다학년용, 학교비치용으로 발행형식을 전환한다. 또한 교과서 내용 구성도 매우 중요하다. 즉 단원 내용에 밀접한 진로 직업, 창의성, 사회협동 사례를 빈 구석에 싣는 일, 주요 용어를 글로벌 언어인 영어와 동아시아 언어인 간자(簡字)를 병기해 주는 일, 사회와 과학의 외래어, 외국어를 원어의 발음 기호대로 적는 일 등은 교과서가 文化材로 작용하도록 하는 데 기여할 것이다.

차. 교과교실의 확대

교과 특성에 맞는 수업을 위해 초등 고학년부터 교과교실제를 확대하는 것이 중요하며, 더 중요한 것은 교과특성에 맞는 수업방법, 학습방법을 개발 적용하는 것이다. 예컨대 대부분 학교가 과학실을 갖추고 있지만 실험 실습하면서 과학을 과학답게 가르치는 경우는 많지 않다. 이런 경우에는 실험 실습을 통해 반드시 학습되어야 할 항목을 지정하고 실천하도록 강제하는 것이 더 중요하다. 물론 과학을 과학답지 않게 가르쳐도 무방한 필기시험을 고치는 것이 더 급선무다.

카. 교육평가 제도 개선

초등학교부터 단답형보다 서술형, 논술형 평가를 확대해야 창의적·성찰적 시민을 길러 낼 수 있다. 또한 지필고사를 넘어 실험 실습 실기의 수행평가 확대나, 총괄평가를 넘어 교수학습과정에 피드백되는 진단평가와 형성평가를 확대해야 한다. 내신성적 산출에서 교과특성이나 그 목적에 맞게 결과표기가 이루어져야 한다. 기초학력진단평가나 학업성취도평가결과 기초수준 학생들에게도 보충학습을 꾸준히 시행해야 할 것이다. 학교, 교육청 등의 기관평가는 부문별로 일정 주기로 실시하는 것이 부담을 더는 방법이다.

타. 교육취약계층의 복지 확대

학교에는 학습이나 교육보다 상담이나 치료가 요구되는 학생들이 늘어났다. 맞벌이 가정, 한부모 가정 등으로 인해 방과후 돌봄 기능도 학교에 요구하고 있다. 현재 학교는 전통적 의미의 학습센터 기능과 종합적 사회문화센터로서 기능 사이에서 방황하고 있다. 전자는 사회교육과 평생학습시설이 풍족한 인구밀접지역인 도심에서, 후자는 그런 시설이 빈약하고 인구가 적은 농산어촌에 적절한 학교기능일 수 있다. 교육취약계층에게 취학전 교육, 심지어 고교교육에 대한 의무·무상화가 논의되고 있으나, 재정이 있다면 학업중단율이 높은 다문화가정 자녀(초등 25.6%, 중학 59.2%, 고교 81.1%)를 비롯하여 미취학 중도탈락생들에게 필요한 의무교육과 기초직업기술교육 기회를 제공하여 사회적응과 자립을 할 수 있도록 조치하는 일이 더 긴요하다. 전면무상급식 등의 과잉복지는 결과적으로 가장 가난한 계층에게 더 많은 혜택이 가야 할 것을 빼앗아 버리고 만다.

파. 학교운영위원회의 기능 회복

학교에 새로운 교육거버넌스를 구축하고자 한 것이 5·31교육개혁의 중요한 성과였다. 학교운영위원회는 학부모와 지역사회의 지원과 견제를 받는 학교운영을 낳았다. 그러나 교육감간선제 직선제를 거치면서 학교운영위를 '다루는' 학교장들의 솜씨는 이들을 무력화시켰다. 학교운영위원회를 당초 취지대로 운영하기 위한 학교경영에서 학교운영위원회의 권한강화 방안이 재차 강구되어야 할 것이다.

하. 사교육기관의 선행교육 금지의 법제화

공교육의 학교와 경쟁관계에 있기도 하고, 선행교육을 받은 학생들이 학교의 수업에 주의를 기울이지 않고, 늦게까지 사교육에 참여한 학생들이 체력이 달려 수업에 집중할 수 없다. 선행교육 금지의 법제화로 사교육 기관의 공교육 파괴 관행에 쐐기를 박을 때이다. 학생들 입장에서는 정규수업과 방과후 수업 후에 사교육조차 참여해야 하므로 심신이 피곤하다. 그래서 사교육을 실시하는 시간제한도 조례로 지정되었다. 사교육기관이나 종사자들은 사회교육기관으로서 학교가 제공하기 어려운 학생들의 복습이나 과제를 관리해 주는 역할, 창의적 체험활동을 도와주는 기관, 방과후 학교 프로그램을 제공해 주는 기관, 맞벌이 가정의 방과후·주말·방학 중 보살핌 제공 등으로 그 기능을 한정해야 한다. 그리고 대학입시에서는 연 2회 입학제 도입을 통해서 그리고 당해 연도에 졸업예정자들의 입학 시에 가산점을 부여해서 반수생, 재수생, 삼수생 등을 줄여야 할 것이다.

(7) 대학교육개혁

가. 대학 특성화 방안

모든 대학이 비슷하게 종합대학이면 경쟁력이 없다. 20개 전후 대학은 연구 중심으로 유도하고, 그 대학의 학부는 거의 없애야 한다. 학문단위 구조조정을 통해 같은 학과를 학부와 대학원에 모두 두지 않게 하려면, 정부가 재정지원에서 양자를 동시에 하지 않으면 된다. 대다수 대학은 기업과 연계하여 직업교육 중심 대학으로 만들어야 한다. 직업과 연계되지 않는 학과는 대학원으로 옮기거나 아예 아무런 재정 지원을 하지 않아서 고사하도록 두어야 한다. 기초(순수) 학문이나 학과는 해당 부서에서 필요하면 지원할 것이므로, 교과부는 지원하지 않아도 된다.

나. 대학 구조조정 방안

목적은 국제적 경쟁력 있는 대학교육에 둔다. 학생과 사회의 요구에 기초한다. 구조조정 이후의 대학의 구조를 상정하고 추진한다. 가령 현재 400개에서 350개, 300개, 200개까지 줄이되, 최종 구성은 연구 중심 대학 20개, 직업교육 중심 종합대학 50개, 기업과 산업별로 연계가 된 강소형 직업교육 중심 특수대학 130개 등으로 한다. 교과부나 대학평가기관(대교협, 전문대학협의회 등)에 의해 대학재정, 학생지원율, 학생충원율 등을 기초로 하여 학위장사만 하는 부실(도산) 대학 처리 매뉴얼을 만들어야 할 것이다. 대학경영평가강화, 대학인 정기구의 실효화를 통한 미인증대학의 선별, 부실대학의 대학정원 축소 및 대학지원 중단, 대학정리를 용이하게 하는 대학청산법의 강화, 학교해산 시 잔여재산의 일부를 설립자에게 환원하는 것의 허용, 학교합병 시 이전된 캠퍼스 토지 용도변경 허용, 수익재산으로 활용 허용 등을 통해 대학의 구조조정을 가속화하여 대학교육의 질 관리를 강화해야 할 것이다. 국공립 교대와 사대의 통합, 학과나 계열 간 통합, 기업에 의한 대학의 합병, 학부와 대학원의 역할분담, 학부와 대학원 지원의 비동시성, 국공립과 사립대학의 역할분담, 대학의 기숙형 고교로의 전환 등 다양한 모양의 구조조정이 일어나야 할 것이다.

다. 대학 지배구조 개선

국립대학 법인화를 매듭짓고, 영리법인 허용, 총장 선출 방식 개선, 대학 내 행·재정 전문성 제고 등이 필요하다. 특히 사립대학의 경우에도 경영능력이 탁월한 총장이 장기발전에 따라 대학을 안정적 성장으로 이끌어 가도록 대학 내부의 편 가르기 마이크로정략이 판치는 총장직선제 폐지가 이루어지는 것이 바람직할 것이다. 또한 행정조직 개편, 성과 중심의 문화, 효율적인 업무 처리, 수익사업 및 비용 절감 방안이 필요하다. 무조건 반값 등록제는 대학의 경쟁력을 떨어뜨린다. 교육의 질과 가치 비례 등록금 책정이 필요하다. 대학에 따라 반의 반 값 등록금이 아까운 대학도 있고, 두 배의 등록금도 싼 대학이 있다. 교육원가를 산출하여 정보공시하고 이에 맞게 등록금을 책정해야 할 것이다. 대학은 부와 소득에 비례한 등록금과 장학금 제도를 확립해야 할 것이다.

라. 우수교수 및 연구자에 대한 지원 강화

대학은 결국 우수한 교수의 연구성과, 지식생산, 문제해결능력에 그 질이 달려 있다. 최고수준의 교수가 최상의 연구성과를 창출하고, 연구자금과 우수한 학생을 확보하며, 대학의 명성을 끌어올리고, 최고의 동료 교수를 추가 확보하고 연구 인프라를 더 탄탄히 구축하여 또다시 최고의 성과를 올리는 마태복음효과를 내게 된다. 대학구조조정과 함께 교수'시장'에서 국내외 이동이 활발히 이루어질 수 있는 제도 마련이 필요하다.

마. 세계수준의 특성화된 교육과정으로 개정

대학의 변화를 가장 잘 보여 주는 것은 교육과정 혁신이다. 세계수준의 첨단 기업과 관공서가 요구하는 교육과정을 만드는 것이 중요하다. 창의적 지식생산의 연구 중심 대학원의 학부 교육과정, 창의적 문제해결력 위주의 현장 실습 중심의 강소형 직업교육 중심의 학부대학 등에 알맞은 교육과정 개혁이 필요하다. 이것은 각 대학과 교수에게만 맡기기보다 이를 추동하는 세계시장에서 통하는 모델과 재정 지원이 필요할 것이다. 특히 공학교육인정제처럼 산업별·직능단체별로 세계수준의 교육과정 표준화와 함께 졸업인정과 같은 자격제도·면허제도를 교육과정에 연계해야 할 것이다.

바. 학력인플레억제형 직업교육 혁신

직업전문교육을 위한 학과나 계열은 고교, 단기대학, 4년제, 6년제,

박사과정 등에 알맞게 재배치해야 한다. 이는 정부 각 부서가 해당 관공서 및 기업과 협력하여 불필요한 학력인플레를 막도록 학력수준을 적정화하는 것이 맞을 것이다. 이로써 입직연령도 낮출 수 있을 것이다. 관공서나 기업이 학력별 고용비율을 의무적으로 공시하고 그것을 지키면 차별이 아니라 불필요한 낭비와 학력인플레를 막는다. 대학 재학기간 중 최소한 2개 학기 이상은 현장에서 직업교육훈련을 받도록 교육과정을 정비한다.

사. 대학등록금의 전략적 지원

납세로 마련된 공공재원을 고등교육에서 누구에게 지원해야 하는가는 매우 중요한 구조조정 수단이 된다. 한정된 공공재원으로 모든 대학생을 고르게 지원할 수는 없다. 군인과 경찰처럼 공직자 후보를 지원하듯이 학과의 사회기여분에 비례해서 지원하는 것이 맞다. 적어도 직업을 창출하거나 취업에 도움이 되는 학과부터 공공재원을 지원하는 것이 고등실업자를 막는 길이다. 어떤 학과는 상위 80%까지 지원하고, 사회적 수요가 적은 곳은 상위 5%를 지원하거나 아예 지원하지 않으면 사회적 인력배분이 이루어질 것이다. 정부의 일은 향후 10년 동안 무슨 과의 학생들 중 몇 %가 공공재원에서 학비지원을 받는가만 공시하면 될 것이다. 이것이 신호가 되어 학생들은 학과를 선택하게 되고, 대학과 학과들은 구조조정을 할 것이다. 가령 물리학과는 수능 물리탐구에서 1등급 받은 학생만 지원한다고 하면 된다. 정부의 지원도 역시 부모의 부와 소득에 비례하여야 하고, 학비를 거두는 대학도 이를 고려함이 맞을 것이다.

아. 확대 선순환형 장학제도 수립

모든 장학금은 20년 후 후배에게 되갚는 장학금제도로 전환해야 기부문화를 정착시킬 수 있다. 근로장학금, 성적장학금, 생활비 장학금 등으로 다양화하되, 모두 무이자 대여방식으로 변제시기, 등록금 액수로 변제 되갚는 것을 조건으로 지급하는 것이 바람직하다.

자. 기여입학제 허용

선호가 높고 경쟁력 있는 대학에 대해 지불능력과 지불용의가 있음에도 적은 비용을 부과하는 것은 불공정하다. 국공립대학부터 부모의 부와 소득에 비례하여 등록금을 책정하는 것이 바람직하다. 수학능력이 있는 학생들에 대해 기여입학을 허용하여서 가난한 집 자녀의 학비지원에 쓸 수 있도록 해야 할 것이다. 기여금을 공탁하고 교육과 연구용으로만 한정하여 쓰도록 하면 될 것이다. 해외유학으로 인한 교육수지 개선에도 도움이 될 것이다.

차. 공영기숙시설 설립

서민주거생활안정대책 차원에서 유학생과 원거리 통학생을 위해 정부는 공공주거시설을 확대해야 한다. 전국단위에서 학생을 모집하는 모든 대학은 적절한 기숙시설을 제공할 의무를 져야 할 것이다. 이는 해외로부터 온 유학생에게도 적용되어야 한다. 정부는 대학생과 대학원생의 주거안정을 위한 대책을 획기적으로 개선해야 할 것이다.

카. 국가공인 박사학위제 도입

한국의 박사학위에 대한 국제적 신뢰를 획득하고 학위남발을 막기 위해서 국가공인 박사학위제도를 도입해야 한다. 나머지에 대해서는 개별 대학의 총장학위를 주거나 해당 학회(산업, 직능단체)가 공인하는 실무학위로 차별화하는 것이 바람직하다.

(8) 평생학습 정비

가. 학습계좌제(은행제)

많은 고령자들은 저학력일 가능성이 높다. 그래서 이들은 명예적 측면에서 학력을 높이고자 하는 면이 강하다. 방통중, 방통고, 방통대, 대학 부설 평생학습관, 사내대학 등을 통해 저렴한 비용으로 수료증을 받을 수 있는 장치를 확대한다.

나. 제2의 직업을 위한 교육

고령화 등으로 장년 및 초기 노년 등 건강한 이들은 제2의 직업을 갖기를 바란다. 직업교육을 실시하는 특성화고, 방통대, 대학부설 평생학습관, 사내대학 등을 통해 직업전환을 위한 기술을 익힐 수 있도록 조치한다. 100세 건강시대, 고령화에 대비하여 특히 예술, 체육 등 전성기가 일찍 지나간 이들의 제2직업 창출을 위한 제도적 뒷받침이 필요하다.

다. 은퇴준비와 삶의 질 교육(예술, 건강, 덕성 등 삶을 즐기는, well-living)

고령화 사회에 대비하여 생산성 위주, 직업 위주의 학습을 떠나 삶을 아름답게 즐기는 방법에 관한 학습기회를 많이 열어야 할 것이다. 고령지식인들의 사회참여와 재능기부를 돕는 사업을 체계적으로 실시한다.

라. 보람과 긍지의 죽음 준비 교육(잔여 재산의 사회환원, well-dying 등)

노년기에 죽음을 앞두고 삶을 정리할 때 자기 몸과 사이버상의 흔적 및 재산의 정리를 잘할 수 있는 방법에 관한 교육이 필요하다. 질병, 고령 등으로 죽음을 맞음에 있어, 죽음이 부정적 쇠락, 징벌이 아닌 아름다운 삶의 마무리로 받아들여질 수 있도록 교육한다. 호스피스(terminal care) 등의 복지를 확대한다.

과학기술:
선진국 따라잡기에서 창조적 혁신으로

정성철

-요약-

지금의 과학기술 정책은 1960년대 이래 개발연대적 정책과 경제사회 운영과정에서 만들어지고 고착화되었다고 할 수 있다. 이러한 정책은 당시의 상황으로서는 나름대로의 논리적 정합성과 시대적 정당성을 가지고 있었다. 결과적으로 많은 사람들이 인정하는 대로 높은 수준의 경제성장을 이룩하고 사회가 발전하는 결과를 가져왔다. 그러나 오늘의 우리 상황은 크게 달라졌다. 우리는 세계 7위의 연구개발 투자 국가, 수출 1조 달러 시대를 내다보는 글로벌 플레이어로 성장하였다. 이제 개발연대의 정책 패러다임에서 벗어나, 창조적 혁신을 위한 연구개발체제를 정착시키고, 기술혁신 기반의 강화와 함께, 기술혁신 친화적 사회 환경을 조성함으로써 과학기술을 바탕으로 선진 지식기반사회로 도약하는 계기를 만들어야 한다.

과학기술정책의 패러다임은 단순한 선진국 따라잡기에서 창조적 혁신으로 그 방향이 전환되어야 하는바, 이를 위한 정책과제를 제시하면 다음과 같다. 첫째, 양적 성장 전략에서 창조적 혁신으로 과학기술 정책의 전환이 요구된다. 뿐만 아니라 종래 산업 중심의 기술정책을 기술 중심의 산업정책으로 바꾸고, 연구개발 다변화를 통해 창조적 성과를 창출하며, 교육과 연구개발의 연계를 통해 시너지를 제고하는 등 정책 패러다임을 전환한다. 둘째, 창조적 혁신을 이끄는 연구개발체제 구축을 위해 연구개발 자원을 더욱 확충하고 이를 바탕으로 연구개발 능력을 획기적으로 강화한다. 새로운 기술기회를 창출하기 위해서는 연구개발 정책, 연구개발 관리방식도 바꾸고 과학기술의 국제화·개방화를 본격 추진, 우리나라 밖에서 창출된 기술 기회를 활용하는 능력과 체제를 갖춘다. 셋째, 기술혁신의 주체인 민간기업의 혁신환경을 적극 개선하여 민간이 성장동력 개발을 주도할 수 있도록 지원하고, 특히 경제기술적 파급효과가 가장 큰 소재기술에서 신성장동력을 개발하도록 정부와 민간산업이 힘을 합쳐야 한다. 이를 위해 세제, 금융 등 유인책을 강화하고 시장경쟁을 활성화해 기술혁신 동기를 제고하며 환경, 노동 등 각종 사회적 제도를 기술혁신 친화적으로 바꾸도록 한다. 정부출연연구기관이 제 역할을 하도록 제도를 정비하고 여건을 조성하는 일도 중요하다. 넷째, 우리 사회의 창의적 자본(creative capital)으로 3T(Technology, Talent, Tolerance)를 육성하고 이러한 창의적 자본을 사회적 자본인 신뢰(trust)와 결합, 창의적 환경을 조성해야 한다. 도전정신을 키우는 교육과 새로운 것을 탐색할 수 있는 자유, 실패를 용납하고 그로부터 무엇을 배우려고 하는 자세, 자기와 다른 것에 대한 관용 등을 바탕으로 창의가 꽃필 수 있는 사회 환경을 만들어야 한다.

지금의 과학기술 정책은 1960년대 이래 개발연대적 정책과 경제사회 운영 과정에서 만들어지고 고착화되었다고 할 수 있다. 개발연대 당시에 가지고 있었던 우리 사회·문화적 사정과 기술, 자본 등 경제적 자산과 자원의 한계를 고려한다면, 국가발전과 경제성장을 위한 국가정책시스템을 가동시킴에 있어 많은 제약이 있을 수밖에 없었을 것이다. 이러한 정책은 당시의 상황으로서는 나름대로의 논리적 정합성과 시대적 정당성을 가지고 있었다. 결과적으로 많은 사람들이 인정하는 대로 높은 수준의 경제성장을 이룩하고 사회가 발전하는 결과를 가져왔다. 세계 속에서 우리의 위상을 확립하고 나름대로 우리의 목소리를 낼 수 있게 된 것도 사실이다.

개발연대 당시에는 부(富)의 생산이 가장 용이한 제조업에 집중할 수밖에 없었다. 따라서 모든 정책은 국가의 자원을 집중적으로 활용하는 양적 확대 중심의 성장을 기본적인 전략으로 삼고 있었다. 이러한 정책은 생산을 확대하는 측면에 집중하였다는 점에서 기업·산업체 지원육성 중심, 즉 공급자 위주의 정책이었다. 당시 자원의 한계나 생계를 위한 경제성장의 필요성을 고려하건대 우리나라 경제·사회·문화 전반의 내용을 포괄하는 균형 잡힌 발전전략을 추구할 여유도 없었을 뿐만 아니라 역부족이었을 것이다.

그러나 국가사회와 국민경제가 상당히 발전한 지금에서는, 특히 오늘과 같은 지식정보사회의 구도 내에서는 기존의 정책 프레임워크를 넘어서는 새로운 전략 패러다임이 필요하다. 경제가 발전하고 사회문화가 성숙되면서 기존 정책/전략 패러다임의 변화가 요구되고 있다는 것이다. 기존의 정책/전략 구도가 가지고 있는 구조적인 문제를 극복하고 중장기적이고 구조적인 혁신을 통한 선순환 구도를 창조하여야 한다.

이제 개발연대의 정책 패러다임에서 벗어나, 창조적 혁신을 위한 연구개발체제를 정착시키고, 기술혁신 기반의 강화와 함께, 기술혁신 친화적 사회 환경을 조성함으로써 과학기술을 바탕으로 선진 지식기반사회로 도약하는 계기를 만들어야 한다.

1) 개발연대의 정책 패러다임에서의 탈피

기술적 기반이 거의 없다시피 한 상황에서 산업화를 달성하기 위해서는 기존 산업기술의 도입, 모방, 활용이 최우선과제였다. 따라서 과학기술 정책은 질적 기반의 구축보다는 조속한 산업화를 위한 기술 캐치업에 전략적 목표를 두었다. 따라서 과학기술 패러다임도 기초/기반 기술보다는 수출기반 구축에 필요한 해외 기술의 도입, 학습 및 국내 활용을 촉진하는 데 초점이 맞추어져 있었다.

즉, 양적 성장의 극대화를 위한 과학기술 정책은 개발연대에(1960

년대 초반 이후) 당시 취약한 자본, 기술기반 등을 고려할 때 시대적 당위성과 전략적 필요성에 근거하고 있다. 당시에 가지고 있었던 우리 사회·문화적 여건과 기술, 자본 등 경제적 자산과 자원 상황을 고려한다면, 국가발전과 경제성장을 위한 국가정책시스템 운영에 많은 제약과 한계가 있을 수밖에 없었을 것이다.

그러나 개발 단계를 넘어서 선진국으로의 이행 단계에 있는 우리 과학기술이 아직도 개방연대의 정책 패러다임을 크게 벗어나지 못하고 있다. 이제 과학기술 정책도 다음과 같은 일대 전환이 필요하다.

- 양적 성장 전략에서 창조적 혁신으로 과학기술 전략의 전환
- 산업 중심의 기술정책에서 기술 중심의 산업정책으로의 이행
- 연구개발 다변화를 통한 창조적 성과 창출
- 교육과 연구개발의 연계를 통한 시너지 제고

(1) 양적 성장전략에서 창조적 혁신으로

짧은 역사에도 불구하고 우리 과학기술은 놀라운 성과를 거두었다. 연구개발을 본격적으로 시작하기 직전인 1981년 우리나라는 SCI (Scientific Citation Index) 논문이 236건(세계 53위)에 불과한 그야말로 과학기술 황무지였다. 그로부터 26년 만인 2007년 우리나라는 세계 과학기술 논문의 2.17%(25,494건, 세계 12위)를 생산하는 나라가 되었다. 기술경쟁력의 지표라 할 수 있는 특허의 경우에도 성과는 놀랍다. 2007년 특허협력조약(PCT: Patent Cooperation Treaty)에 의한 국제특허 출원, 2006년 미국, 일본, 유럽 3국 특허 등록, 미국 특허등록, 이 모두에서 세계 4위를 기록하였다. 연구개발비 10만 달러당 국제특허 출원

건수도 1.66으로 독일(2.51), 일본(1.95)보다는 적지만 프랑스, 영국, 미국 등 주요 선진국보다 많은 것으로 나타났다. 따라서 특허로 본 연구개발 투자의 생산성은 선진국 수준에 이미 왔다고 말할 수 있다. 여기서 나타난 대로 우리 연구개발 투자의 논문 생산성이 특허생산성보다 낮은 것은 우리 연구개발 투자가 기초연구보다는 응용/개발연구에 집중되어 있기 때문이다.

그러나 이러한 양적 성장은 선진기술을 배우고 따라잡는 전략으로서는 효과적일 수 있으나 이들을 앞지르는 전략으로서는 부적합하다. 이제 남의 기술을 배워서 응용하는 단계에서 창의적인 기술을 만들어 내는 전략으로 가야 한다. 우리의 과거 양적 성장 전략은 각종 자원이 부족한 경제 상황에서 의도적이고 합리적인 정책적 선택의 결과라고 할 수 있다. 그러나 그러한 접근이 경제의 규모가 커지고 복잡해진 오늘에 와서는 한계를 드러내고 있으며, 경우에 따라서는 국민경제를 왜곡하고 비효율성을 유발하기도 하였다.

우선 개발연대에는 새로운 과학기술 지식의 확보나 생산성의 향상과 같은 질적인 성과보다는 양적인 투입 확대 중심의 선형적인(linear) 성장을 중시하였기 때문에, 기초 과학이나 기초연구가 정책 및 자원배분 우선순위에서 뒤로 밀리게 되었다. 그래서 과학기술 연구의 성과인 논문의 양적·질적 수준이 아직 다른 나라에 뒤지고 있다. 기술개발도 마찬가지이다. 현재 우리나라의 첨단기술제품 수출점유율은 G-20 국가 중 5위로 상당히 높다. 그러나 우리의 경우 원천기술은 해외에서 도입하고 제품 생산을 위한 주변기술은 국내에서 개발·확보하는 것이 그간 기술개발 전략의 핵심이었다. 그러다 보니 우리가 세계적 경쟁력을 가지고 있다는 제품일수록 해외 원천기술에 대한 로열티 지급액이 더 많은 기이한 현상이 나타난다. 일례로 국내 휴대폰 생산 기업이 CDMA 로열티로 퀄컴에 지급한 금액이 1995~2006년 간 3조 4,000억 원이 넘는다. 우리가 가장 잘한다는 전기전자 부문의 연간 해외 로열티 지급액이 25억 달러로 가장 많고 그 다음이 기계, 정보통신, 화학 순으로 되어 있다. 이제 창의적 연구, 핵심기술개발 능력을 키워야 한다.

(2) 산업 중심의 기술정책에서 기술 중심의 산업정책으로

'IT, BT, NT, ET, CT' 등 기술을 '산업'의 영역이나 '업종'으로 보고 해당 부처가 연구개발을 기획·추진하는 것이 우리의 현실이다. IT는 제품의 운영이나 아키텍처의 구성에 있어 정보(데이터)의 인지, 교환, 의사결정 등에 관한 기술이다. NT는 사물이나 대상, 소재 등을 얼마나 세밀한 수준까지 다룰 수 있는가에 관한 기술이다. 정밀조작에 관한 기술로서 NT는 기초적이고 원천적인 요소기술의 역할을 한다. BT는 생산을 위한 투입이나 생산이 생물체(bio)가 관련되어 있음을 말한다. 생물체의 기술로서 BT의 경우 필요에 따라 의료, 농업, 공업 등 다양한 용도로 응용될 수 있고 용도에 따라 관련 부처도 달라질 것이다. 이 경우에 부처 간의 이해의 충돌과 중복의 가능성이 커진다. 모든 생산이나 연구개발은 목적에 따라 이들 기술들을 상호 복합적으로 이용하고 응용하는 것이 당연하다. 하지만 정책을 추진하는 과정을 보면 이들 기술을 'BT산업', 'NT산업'이라 하여 산업이나 시장, 제품으로 보고 이에 따라 각 부처가 주도권을 주장하다 보니, 결국 일관성 있는 종합적 기술전략보다는 부처 중심의 부분적 전략에 치중하게 된다.

업종 단위, 산업 단위로 과학기술분야를 구분하고 정책을 수립·추진하기 때문에 제 몫 챙기기의 부처이기주의가 연구개발 추진과정에서도 나타나고 영역별·업종별·산업별로 연구개발의 내용과 추진과정이 분산되어 국가연구개발을 위한 정책 기획과 추진이 종합적인 관점에서 조율되지 못하였다. 산업이나 업종별로 기술을 구획, 부문별로 해당 부처가 정책지분을 주장하면서 유사한 연구의 중복과 불필요한 경쟁으로 이어진다. 이제 이러한 산업 중심의 기술개발 전략을 벗어나 기술 중심의 산업정책으로 이행, 기술정책의 효율성을 높여야 한다.

(3) 연구개발 다변화를 통한 창조적 성과 창출

산업 중심의 과학기술정책은 과학기술체제상의 불균형을 초래하였다. 국내 연구개발의 76.2%는 민간기업이 수행한다. 출연연구기관 등 공공연구기관이 13.1%, 나머지 10.7%는 대학이 담당한다. 미국, 일본 등 거의 모든 선진국의 경우에도 기업의 몫이 제일 크다. 그러나 우리의 경우 기업의 비중이 일본과 함께 OECD 국가 중 가장 높다. 그러다 보니 우리 연구개발의 대부분인 84.2%가 응용 및 개발연구에 쓰이고, 기초연구에 투입하는 돈은 전체의 15.7%에 불과하다. 또한 정부연구개발의 21.8%, 민간 연구개발의 39.8%가 정보통신기술에 집중되어 있고 상위 20대 기업이 민간연구개발의 53.5%를 차지하는 등 분야별 집중도와 대기업 집중도가 과도하다. 따라서 우리의 경우 기초연구와 응용개발연구, 대기업과 중소기업, IT산업과 비IT산업 간의 불균형이 심한 구조적 취약점을 안고 있다. 산업기술개발 편향적 연구개발 투자로 우리 연구개발 투자의 특허 생산성은 높은 데 반해 논문 생산성은 낮다. 또한 연구개발의 대기업 집중은 중소기업의 기술적 취약성과 함께 건전한 산업발전에 장애 요인이 되고 있다.

장기적 산업경쟁력 확보를 위한 기반을 구축하기 위해서는 이제 기초연구를 확대하고, 산업기술 전략을 다양화·다변화해야 한다. 그렇게 하여 기초연구 성과가 새로운 원천기술의 개발로 연결되고 중소기업의 기술경쟁력이 대기업의 경쟁력으로 연결되는 선순환 구조가 만들어져야 한다.

(4) 교육과 연구개발의 연계를 통한 시너지 제고

연구개발과 인적 자원개발(HRD)이 상호 분리되어, 서로 다른 시각과 지향점에서 추진되어 왔다. 따라서 산업－대학 사이 협력 관계를 발전시키지 못하고 산업의 기술인력 수요와 대학의 인력공급 간에 간극은 해소되지 못하고 있다. 이로 인해 교육체계의 왜곡(공급자 위주, 수요 지향성의 부재), 산·학 간 연계 부재, 신뢰 부재의 악순환이 발생하고 있다. 산업－대학 사이의 연계 부족으로 인하여 고등교육과 인적 자원 양성체계, 나아가 교육체계의 전반이 현실적 방향을 잡지 못하고 있다. 또한 최근에 와서 일부에서는 인적 자원의 양성이 지극히 단기적인 기업 요구에 치중한 나머지 기초연구와 교육의 연계를 통한 신기술 흡수/활용능력의 배양보다는 단기적 시장 수요에 무리하게 맞추려는 시도를 하는 경향도 있다. 인력의 경쟁력이 변화에 대한 대응력에 있다고 한다면 우리의 교육도 이러한 관점에서 재검토되어야 할 것이다.

2) 창조적 혁신을 위한 연구개발 체제의 정착

이제 한국 과학기술 정책의 목표가 새로이 설정되어야 한다. 과거에는 산업개발이라는 목표 달성을 위한 수단으로서 과학기술 정책이 수립되고 추진되었다. 특히 선진국의 기존 산업을 쫓아가는 단계에서 기술개발 목표는 이미 주어져 있었다. 우리에게 중요한 것은 무엇을 하느냐가 아니라 어떻게 하느냐이었다. 예를 들어 우리가 전략산업을 설정하고 이의 개발을 위해 어떠한 기술적 능력을 확보해야 하느냐는 이미 정해져 있었고 우리는 이러한 기술적 능력 개발을 위한 정책적 수단, 전략을 수립하는 것이 과제였다. 그래서 1960~1980년대의 경우 한국의 입장에서 본다면 기술적 기회는 무한하였는데 그러한 기술적 기회를 어떻게 활용하느냐가 관건이었다. 다시 말해서 정부정책은 기업으로 하여금 기술개발을 열심히 하도록 지원하고 촉진하는 것에 초점이 있었다. 그러나 경제가 발전하고 캐치업 방식의 발전전략이 한계에 이르렀다. 이러한 새로운 환경에서 기업이 새로운 기술 목표를 설정하고 새로운 프런티어로 옮겨 갈 수 있도록 하기 위해서 정부가 하여야 할 가장 중요한 일은 무엇인가? 바로 새로운 기술 기회를 만들어 주는 일이다. 기술 기회는 여러 가지 형태로 만들어지고 나타나기도 하지만 가장 핵심적인 것은 바로 기초, 원천 연구에서 온다. 따라서 캐치업 단계를 지난 발전 단계에서 과학기술 정책의 무게 중심이 기업의 기술개발 촉진에서 기초, 원천기술 연구 강화로 바뀌어야 한다는 것이다.

첫째, 새로운 기술기회의 창출을 위해서는 과학기술 자원의 질적 고도화가 이루어져야 한다. 지표로 나타난 우리의 과학기술 자원 기반은 매우 건실하나 기술혁신에 핵심적 요소가 되는 창의성, 기업가 정신 등 정량적 지표로 평가되기 어려운 부분에서는 매우 취약하다.

둘째, 연구개발 능력이 획기적으로 강화되어야 한다. 새로운 기술기회를 창출하기 위해서는 연구개발 정책, 연구개발 관리방식도 바뀌어야 할 것이다.

셋째, 우리 과학기술이 국제화·개방화를 본격화해야 한다. 국제사회의 요구 때문이 아니라 우리의 이익을 위해서 국제화는 반드시 제대로 추진되어야 한다. 우리나라 밖에서 창출된 기술 기회를 활용하는 능력과 체제를 갖추어야 한다.

넷째, 기술혁신 환경이 개선되어야 한다. 우리의 제도와 관행이 기술혁신 친화적으로 변하고 기술혁신이 왕성하게 일어날 수 있도록 창의와 모험이 장려되고 새로운 아이디어와 다른 생각이 용납되고 포용되는 사회로 변해야 한다.

다섯째, 무엇보다 중요한 것은 새로운 지식 및 아이디어를 우리 경제사회적 발전을 위해 활용하는 능력이다. 이것을 갖추지 못하면 과학기술 투자가 의미를 상실하고 만다.

(1) 과학기술 자원의 질적 고도화

우리나라는 GDP의 3.5% 이상을 연구개발에 투자하는 세계 제7위의 연구개발 투자국이며, 연구개발인력에 있어서도 양적인 측면에서는 선진국 수준에 이미 와 있다. 종합적으로 본다면 우리의 과학기술

자원기반은 매우 튼튼한 것으로 평가된다. 소득 면에서 선진국에 뒤지고 있기 때문에 재원 기반에 있어서는 취약성을 나타내고 있으나, 인적 기반, 교육기반 등에서는 세계 선두 수준이다. 대학생의 과학기술 전공비율, 과학 및 수학교육의 질적 수준, 청소년의 과학 및 수학 문해율에 있어서는 우리나라가 다른 선진국의 평균치를 훨씬 상회한다.

그러나 연구개발인력의 구조가 선진형으로 개선되어야 한다. 현재 연구개발인력의 약 40%가 학사급 인력인 반면 박사급 인력은 24% 정도에 불과하다. 민간산업의 경우 연구개발인력 구조는 더욱 취약하다. 전체 연구개발의 10% 정도를 담당하고 있는 대학에 박사급 인력의 70% 이상이 집중되어 있는 반면 연구개발의 75% 이상을 담당하는 민간산업의 경우 박사급 인력의 비중이 7%에도 못 미치는 현실이다. 기술혁신을 주도하는 민간산업의 과학기술 자원의 질적·양적 강화가 시급하다.

또한 교육의 질적 측면, 특히 창의성, 다양성 함양이라는 측면에서 우리 교육체제는 큰 취약점을 안고 있다. 특히 표면적으로는 우리의 강점으로 평가되고 있는 인적 자원이 바로 우리 과학기술 자원기반의 문제점이 되기도 한다. 획일적인 교육, 기존의 지식 전수를 중심으로 대량 교육을 통해서 개발기간 동안 폭발적으로 증가한 인력수요에 대처하는 데는 큰 기여를 하였으나 선진화로의 길목에서는 장애 요소로 작용한다.

과학기술 선진화를 뒷받침하기 위해서 우리의 과학기술 자원기반은 획기적으로 강화되어야 하며, 특히 인적 자원 기반의 질적 고도화가 핵심적 과제이다.

(2) 창의적 연구개발 활성화를 위한 연구개발 패러다임의 정착

우리는 개발연대 이래 지금까지 연구개발의 목표를 제품, 특히 최종생산물에 맞추어 왔기 때문에 연구개발 전략과 정책이 완제품 중심의 산업정책의 패러다임에 종속되어 왔다. 시장에서 팔기 위한 완제품을 생산하는 기술적 능력의 확보가 당시의 목표였기 때문에 선진국의 핵심기술을 빌려 와 제품을 조립·생산하는 데 필요한 주변기술의 개발·응용연구에 주력하는 것이 그동안의 전략적 선택이었다.

그러나 우리 경제가 선진권의 문턱에 들어서고 기술변화의 급속화, 글로벌 시장경쟁의 심화 등 상황의 변화를 감안하면 이러한 생산기술 따라잡기 전략으로는 우리 경제사회 발전의 지속성을 확보할 수 없다. 원천기술을 확보하지 않으면 글로벌 시장에서 경쟁력을 유지하는 것 자체가 불가능하다. 그래서 원천기술 확보의 기반이 되는 기초기술과 기초학문 분야의 강화가 매우 중요하다.

창조적 연구성과를 확보하기 위해서는 연구개발 정책 패러다임도 바뀌어야 한다. 우리나라의 국가연구개발 제도는 1982년 특정연구개발사업을 시작하면서 선진국의 제도를 모방, 도입한 후 점진적인 개선을 거쳐 왔다. 하지만 과거의 캐치업 기술개발 전략에서 창조적 연구개발로의 전환을 위해서는 새로운 연구개발 패러다임이 정착되어야 한다.

<표 4> 새로운 연구개발 정책 패러다임

	기초 연구	원천/기반기술 연구개발	제품/공정 기술개발
1. 기획	- 방향제시형 기획 - 혹은 비계획적 연구	- TRM(Technology Road Map) - 수요기반 기획	- 수요분석, TRM, B/C분석에 이르는 철저한 기획 - 시장창출 전략 포함
2. 전략	- 중복/경쟁의 촉진 - 씨뿌리기	- 선택과 집중 - 성공가능성	- 시장 메커니즘 - 이윤극대화
3. 재원지원방식	- 연구지원(무상)	- 무상+대출 - 위탁연구	- 대출 - 위험관리
4. 주체	- 대학, 출연연	- 산업 - 출연연+대학	- 산업
5. 지배구조	- 자율	- 수요 부처 중심	- 시장메커니즘 - 혁신환경
6. 성과	- 새로운 지식/정보 - 창의적 인력	- 신기술 - 연구개발인력	- 신제품, 공정, 서비스 - 엔지니어링 인력
7. 모니터링	- 자율	- 기획에 의한 점검	- 시장 변화 반영
8. 평가	- 전문가 평가 - 논문/인력	- 기술적 평가 - 실패의 용인 (실패 DB)	- 수요중심 평가 - 대응투자 유무

가. 기초연구 - 과학기술 씨뿌리기

우선 연구개발을 지원하는 철학이 바뀌어야 한다. 선진국의 연구개발비는 순수한 연구지원, 즉 grant-based system이다. 창의성, 신규성, 수월성 기준으로 아이디어를 평가하고 이를 잘 수행할 수 있는 연구개발 인프라를 갖고 있을 때 연구과제와 책임자를 선정한다. 즉 충분히 잘 할 수 있다는 자격과 업적을 가진 연구자에게 순수하게 연구비를 지원한다. 따라서 연구수행 이전 단계의 기획과 선정에 중점을 두고 수행과정과 관리는 연구자 또는 연구기관에 맡긴다. 반면 우리나라는 연구개발 활동이 산업화를 지원하는 목적으로 시작됐다. 때문에 공장을 건설해 시장 진출을 늘리려는 것처럼 연구개발을 일종의 투자로 보고 투입 대비 산출을 중시한다. 결국 우리나라 연구개발은 선진국 과학기술의 도입, 모방, 개선의 성격을 크게 벗어나지 못하며 연구과정과 성과활용의 관리에만 치중하게 된다. 우리나라도 선진국처럼 순수한 연구개발 지원이 이뤄져야 한다.

나. 전문적인 예산배분 체제의 수립

선진국에서는 연구개발 예산을 확보하는 책임은 정부에, 예산배분의 책임은 민간 전문가(전문기관)에게 각각 분담돼 있다. 독일의 연방교육연구부(BMBF: Bundesministerium für Bildung und Forschung) 법이 그렇다. 이를 통해 정부가 과제의 선정과 예산배분에 개입하는 것을 제도적으로 막고 있다. 결국 연구과제 선정은 전문가에게 맡겨야 한다. 관리능력이 검증된 PD(Program Director) 또는 PM(Program Manager)에게 전권을 주는 것이다. 특히 선진국처럼 이들에게 해당 연구예산의 일정 부분을 연구사업 관리 경비로 쓰게 해야 한다. 물론 우리나라에도 PD나 PM 제도가 일부 시행되고 있다. 하지만 관리 예산은 1% 내외에 지나지 않아 사업관리가 부실할 수밖에 없다.

다. 인건비 중심의 연구개발 지원

연구개발의 지원 범위도 바뀌어야 한다. 우리나라는 연구 장비, 시설 확보에도 연구비를 지원한다. 이런 방식은 신규 연구자가 진입하는 데 도움을 주지만 결국 한정된 연구개발 예산을 나눠먹기식으로 배분하는 결과를 낳아 전체 연구개발 인프라가 영세성을 벗어나지 못하고 중복 지원 논란을 낳게 한다. 선진국의 시스템에서는 연구 아이디어의 창의성과 인프라 확보 여부가 중요한 판단 기준이다. 때문에 직접비의 대부분이 인건비와 재료비다. 장비 중복 구입을 줄여 예산사용의 효율성을 높일 수 있다. 장비는 별도의 프로그램을 통해 지원하거나 적정 규모의 O/H를 허용한다. 물론 O/H는 기본적으로 '연구 환경과 인프라의 유지 및 개선'에만 지출토록 규제하고 있다. 결국 O/H는 연구 인프라가 좋은 곳에 더 많이 가게 된다. 연구자들은 연구 인프라를 충분히 확보한 다음, 우수한 아이디어를 가지고 우수 연구자들을 더 많이 채용해 뛰어난 연구성과를 낼 수 있다.

라. 신뢰기반의 동료평가

연구자들이 연구과제를 평가하고 예산배분을 할 수 있으려면 연구자들 간의 동료평가(peer review) 제도가 선진국형으로 바뀌어야 한다. 신뢰와 창의성에 기반을 둔 연구개발 시스템이 정착되려면 동료평가가 의무로 정착돼야 한다. 연구자는 좋은 연구결과를 낳는 것과 함께 평가에서 훌륭한 의견을 제시하는 의무를 가져야 한다. 정당한 평가를 한 연구자에게는 평가 참여기회를 더 많이 주고, 그렇지 못한 연구자는 도태시켜야 한다. 즉 평가결과에 대한 공과와 책임이 평가자의 전문성과 신용도로 남는 신용시스템(credit system)이 돼야 한다.

3) 기술혁신 기반, 더욱 강화되어야

우리 사회를 기술혁신 친화적으로 만들려면 세제, 금융 등 경제적 측면에서 유인책을 강화할 필요가 있다. 시장구조적 측면에서 경쟁을 활성화해 기술혁신 동기를 제고하는 일이 시급해 보인다. 또 환경, 노동 등 각종 사회적 규제를 기술혁신 친화적으로 바꾸는 일도 중요하다. 그리고 기술혁신 경쟁이 글로벌 차원에서 벌어지는 만큼 기술혁신의 공간을 글로벌하게 넓히는 것 또한 우리 사회를 더욱 기술혁신 친화적으로 만드는 데 있어 없어서는 안 될 중요한 부분이다. 마지막으로 문화적 환경도 기술혁신에 큰 영향을 미친다는 것이 정설이다. 기술혁신을 위한 미시적 접근도 중요하지만 거시적인 틀을 기술혁신에 유리하게 정비하는 일을 동시에 추진해야 하는 이유가 바로 여기에 있다.

(1) 민간산업을 미래성장동력 개발의 주역으로

새로운 비교우위를 창출하는 일을 5년 임기의 정부가 완결한다는 것은 불가능하다. 신성장동력사업이 새로운 비교우위 산업을 만들어 내기 위한 것이라면 좀 더 장기적인 접근이 필요할 것이고 기업의 투자기회를 만들어 주는 것이라면 정부의 개입은 부적절하다. 과거의 G-7 프로젝트에 10년을 투자했는데 이보다 규모가 작지 않은 신성장동력사업도 중장기적으로 추진할 수 있는 장치가 마련되어야 한다.

신성장동력 개발은 민간산업이 주도해야 한다. 정부의 투자 비중이 민간에 비해 현저하게 떨어지는 우리 연구개발체제하에서 정부가 주도하여 신성장동력을 선정한다는 것이 문제이다. 그 일은 연구개발과 산업화의 주체인 민간기업에 맡기고 정부는 변화하는 시장 속에서 우리 기업들이 스스로 새로운 성장 기회를 찾고 거기에 맞게 대응할 수 있도록 기업친화적 환경을 만들어 주는 일에 더 나서야 하지 않을까? 다양한 아이디어가 시장을 통해 꽃피울 수 있는 기업 친화적, 기술혁신 친화적 환경이 중요하다.

즉 정부는 기술혁신 지원제도의 개선에 오히려 중점을 두어야 한다. 민간기업의 의사결정은 기업 간의 상호작용, 기업과 환경과의 상호작용에 의해 큰 영향을 받는다. 모험과 도전을 바탕으로 한 기업가정신을 강조하지만 기업가정신을 가진 기업가의 출현은 그런 기업가를 얼마나 필요로 하고, 또 그런 기업가가 얼마나 쉽게 출현할 수 있는 환경적 여건이 돼 있느냐에 큰 영향을 받는 것이다. 연구개발, 기술혁신도 마찬가지다. 기술혁신에 있어서 정부의 역할은 민간기업이 신성장장동력 개발의 주체적 역할을 할 수 있도록 혁신 친화적 환경을 조성하는 데 중점을 두어야 한다. 민간의 연구개발 투자를 유인하는 것뿐 아니라 연구개발 투자의 효율성에도 환경이 큰 영향을 미치고 있다는 점은 그동안 수많은 실증적 연구들에 의해 확인되고 있다. 그런 관점에서 우리 사회를 기술혁신 친화적으로 만들려면 세제, 금융 등 경제적 측면에서 유인책을 강화할 필요가 있다.

(2) 신소재에 신성장동력이 있다

신성장동력은 신소재에서 찾아야 한다. 1970년대는 정부 주도의 국산화 시책 추진기로 전자산업육성 등 7개 개별산업 육성법에 의해 1973년 중화학공업 육성정책을 추진하면서 완제품의 국산화를 목표로 정하고 기술·장비·부품소재는 도입하여 조립산업 위주의 국산화 전략을 추진한 시기이다. 조립산업의 급속한 발전은 고도성장을 견인하기는 하였으나, 대기업 주도의 성장정책으로 인해 대ー중소기업 간 종속적 계열화의 원인이 되었다. 그러나 세계적으로 조립능력은 평준화되고 있으며 부품·소재산업을 중심으로 산업경쟁력이 결정되고 있다. 핵심소재의 경쟁력이 선진경제로 진입하는 전제조건이 된다는 것을 의미한다. 조립산업의 수요는 첨단, 친환경, 융합 지향적이어서 핵심소재의 중요성이 강화되는 추세이다. 결국 소재산업은 선진형 산업구조 정착의 동력이라고 할 수 있다. 예를 들면 디스플레이산업은 모듈조립 → 패널생산 → 필름기술(편광판용), 안료, 유리기판, 레지스트(컬러필터용) 등의 재료기술 확보로 경쟁전략이 이동 중이다. 따라서 소재에서의 경쟁력 없이는 선진화가 어렵다. 그동안 부품소재 개발정책은 단기성과 창출이 용이한 부품 위주의 상용화 기술개발에 주력하였기 때문에 정책효과가 제한적이었다. 국가 연구개발사업 예산 중 소재개발 투자비중은 8.5%(총 2,601억 원, 2006년)이며 소재 R&D과제의 절반 이상이 평균 3억 원 미만의 3년 이하 소규모 단기과제로 운용되어 왔다. 좀 더 중장기적이고 본격적인 연구개발이 필요하다.

(3) 민간 기술혁신 지원제도 더 강화되어야

가. 세제 지원제도

최근 들어 우리나라는 선진국처럼 기업들의 투자 패턴이 설비투자 중심에서 연구개발투자 중심으로 바뀌고 있는 추세에 있다. 그런 점에서 이명박 정부 들어 연구개발 세제지원을 OECD(경제협력개발기구) 평균 수준 내지 최고 수준으로 높이겠다고 발표한 것은 주목할 만하고, 또 환영할 만한 일이다. 그러나 기술혁신을 더욱 강도 높게 유인할 수 있는 환경적 측면에서 보면 아직 갈 길이 멀어 보인다. 먼저 세제지원 연구개발 분야를 굳이 한정할 필요가 있겠느냐는 것이다. 무엇이 원천이고 신성장동력에 해당하는지를 따지는 것 자체가 애매하기 짝이 없다. 기왕에 투자를 촉진하기 위해 세액공제를 늘리겠다고 하면 분야나 기술성격에 상관없이 기업 전체 연구개발투자의 세액공제를 늘리는 쪽으로 가는 것이 실효성이 훨씬 클 것이다. 두 번째는 임시적 조치가 되어서는 안 된다는 점이다. 정부는 당장 투자 활성화가 시급하다고 보고 연구개발세제 지원을 늘리기로 했지만 투자가 만족할 수준에 이른다고 해서 이를 철회해서는 안 된다. 궁극적으로는 예측 가능성 측면에서 연구개발 지원세제를 영구화하는 것도 검토해 볼 만하다. 연구개발 관련 세제 등 지원책들의 시한을 연장하는 조치를 거듭할 게 아니라 연구개발 세제 등에 한해서는 영구화를 한다면, 기업 입장에서는 지속적인 투자가 가능해 장기적인 투자를 촉진하는 효과도 기대해 볼 수 있다.

나. 혁신금융 제도

2008년 181개국을 대상으로 한 IFC(International Finance Corporation) 조사에 의하면 창업환경에 있어서 한국은 126위로 처져 있다. 창업절차가 복잡하고 시간도 많이 걸리며, 창업비용도 많이 소요된다는 것이다. 통계에 나타난 우리나라의 벤처캐피탈 규모는 다른 나라에 비해 적지 않은데 그 효과는 그렇지 못하다. 벤처캐피탈의 투자자금회수는 기업공개를 통한 방법이 85%로 자금회수 기간이 길기 때문에 지금회수 가능성이 낮은 초기 기업에 대한 투자를 회피하는 경향이 있다. 이에 반해 미국의 경우 흡수합병(M&A)을 통한 자금회수가 75%

로서 벤처캐피탈의 자금회수 경로가 훨씬 다양화되어 있다. 이것뿐만이 아니다. 벤처캐피탈이 좀 더 전문화되고, 대규모여야 하며, 혁신금융이 절실한 초기단계 기업을 지원할 수 있어야 한다. 이런 종류의 혁신금융이 양적으로, 질적으로 충분히 공급될 수 있어야 기술혁신 친화적 환경이라고 할 수 있을 것이다.

(4) 과학기술 체제 개방되어야

연구개발을 포함하는 과학기술 활동의 글로벌화는 매우 빠르게 그리고 폭넓게 진행되어 왔다. 최근 발표된 부즈 앨런의 한국 보고서에 의하면, 2007년 세계 1,000대 연구개발 투자기업에 의한 해외 연구개발비 총액은 약 1,600억 달러로 같은 해 세계 연구개발 투자 총액의 15%에 해당된다. 이 보고서에 의하면 조사대상인 184개 미국기업이 해외 연구개발에 투자한 금액만도 800억 달러에 이르고, 외국기업이 미국 내 연구개발에 투자한 액수도 약 430억 달러에 달하였다고 한다. 같은 해 우리나라 연구개발 투자총액보다 훨씬 많은 연구비가 미국에서 해외로 나가고 해외에서 미국으로 들어왔다는 것이다. 이들 기업 1,000개 중 71%가 해외 연구개발을 통해 기술을 획득한다고 하니 글로벌화는 이제 일상적 전략이 되었고 글로벌혁신체제가 형성되고 있다고 할 정도이다. 이렇게 거대한 연구개발 자금이 국제적으로 이동하는 것은 협력을 통한 경쟁력 강화에 그 목적이 있다. 더 나은 인력, 더 나은 연구개발 환경을 찾아 연구개발 자원이 옮겨 다니는 것이다. 그럼에도 우리의 상황은 아쉽기만 하다. OECD의 자료를 보면 우리나라와 일본은 글로벌화에 가장 뒤진 나라로 나타난다. 국제공동 발명, 국제공동 특허, 해외 연구개발 투자의 국내 유입 등 모든 면에서 우리는 OECD 회원국 중 가장 처져 있다. 그만큼 중요한 경쟁력 확보 수단을 우리가 활용하지 못하고 있다는 의미이다.

우리 국내 연구개발 투자는 세계 전체의 3.4%, 나머지 96% 이상의 연구개발 활동은 우리나라 밖에서 일어나고 있다. 이를 우리의 것으로 활용하는 방법 중의 하나가 과학기술 글로벌화이다. 한편으로는 밖으로 나가 해외의 인력과 시설, 정보를 활용해서 국내 연구개발 시스템을 보완하고, 다른 한편으로는 해외의 과학기술 자원이 국내로 유입되어 상호 보완적 연구 성과를 거둘 수 있도록 해야 한다. 우선 인류 공동의 문제해결에 우리의 자원과 인력을 투입하여 국제 과학기술계로부터 신뢰 확보라는 것이 중요하다. 기후변화, 환경, 자원관리, 질병퇴치 등 개별 국가 이익과 직결되지 않는 부문에서 기여함으로써 국제사회로부터 책임을 다하는 국가로 인정받아야 한다. 국제공동연구에 더 많은 재원을 투입, 신뢰를 구축하고 이를 바탕으로 글로벌 연구개발 기반을 만들어 나가야 할 것이다.

현재 국내 연구개발 투자 중 해외 자금의 비중은 0.3%로서, 영국의 19%, 오스트리아의 17% 등 다른 OECD 국가들과 비교가 되지 않을 정도이다. 세계 50대 기업의 해외 투자 중 우리나라에 유입된 것은 자동차 분야 3%, 전자 2% 정도가 눈에 띌 정도이다. 외국인 직접투자도 마찬가지이다. 우리나라에 들어온 외국인 직접투자의 GDP 비중은 0.6%, 정보기술혁신재단이 비교한 22개 국가 중 17위로 나타났다. 이를 반영하듯 국내특허 중 외국인 소유 비중도 한국은 4.5%로서, 미국 13.6%, 프랑스 25.4%, 영국 39.5%에 비교가 되지 않는다. 외국 연구개발 자금이 국내로 들어오지 않는 이유는 간단하다. 우리나라가 연구개발하기에 좋은 곳이 아니기 때문이다. 기업환경이 나쁘고 실효 법 인세율이 높고, 폐쇄적인 문화에다 말은 안 통하고 생활비까지 비싸다면 한국에 올 이유가 없다. 특단의 변화가 없으면 우리 과학기술의 글로벌화는 어렵고 과학기술의 선진화 그리고 우리나라의 선진화도 멀어진다.

(5) 출연연구기관이 일할 수 있는 여건 조성

정부 출연연구소를 비롯한 우리나라의 공공 연구기관은 지난 40년 간 산업화 과정에서 선진기술의 국내 도입, 첨단기술의 개량, 활용 등 이른 바 기술 '케치업' 과정에서 선도적 기여를 하였다. 1966년 KIST 설립 후 1970년대 중화학공업 육성을 지원하기 위해 화학, 기계, 조선, 전자, 전기 등 전략분야의 출연연구기관이 설립되었다. 대학의 연구역량과 기업의 기술경험이 전무하였던 산업화 초기 이들의 역할은 매우 중요하였다. 포항제철 사업계획, 조선산업 개발전략 등도 KIST 로부터 나온 것이다. 그 후 대학의 연구역량이 급속히 자라고 기업의 기술경험이 축적되면서 출연연구기관의 역할에 대한 논란이 일기 시작하였다. 그러면서 정부가 바뀔 때마다 출연연구기관은 개편과 개혁의 대상이 되었다. 1980년 이후 출연기관들은 많은 변화를 겪었지만 아직도 제자리를 잡지 못하고 있다.

출연연구기관의 임무는 정관에 규정되어 있다. 그러나 구체적이지 못하고 그 임무에 대한 우리 사회의 합의도 없다. 그래서 논란이 되는 것이다. 출연기관의 임무는 우선 국가가 하여야 할 일 중심으로 규정되어야 한다. 나라가 발전하면서 국가가 해야 할 일의 내용도 고급화·첨단화된다. 양질의 보건의료 서비스를 제공해야 하고, 쾌적한 환경, 편리한 교통 등 정부가 대응하여야 할 일은 매우 다양하고 많다. 이 모두 과학기술 없이는 안 되는 일이고 이런 일이야말로 출연연구기관이 해야 될 일이다. 지질자원 연구, 해양연구, 기상연구 등 우리가 사는 한반도를 과학적으로 관리하고 활용할 수 있는 과학기술적 연구도 출연연구기관의 몫일 것이다. 그리고 민간기업이나 대학이 할 수 없는 일, 시스템적 연구가 필요한 대형 기초, 원천기술 연구개발도 출연연구기관이 더 잘할 수 있는 분야다. 그러나 막연한 대형, 기초, 원천기술이 아니라 구체적인 미션이 주어져야 한다. '항공우주연구소의 발사체 개발'처럼. 미국의 NASA, 국립보건연구원(NIH), 국립표준기술원(NIST)처럼 공공부문이 할 일은 책임 있게 할 수 있도록 출연연구기관이 제자리를 찾아야 한다. 그래서 우수한 인재가 다시 출연연구기관으로 모이게 해야 한다.

출연연구기관은 대형 융·복합 과제에 도전할 수 있는 다학제, 대형 연구팀을 조직하고 운영할 수 있어야 한다. 그러기 위해서 국제경쟁이 가능한 임계규모 이상의 연구조직을 갖추고 국내외의 연구자원을 최대한 활용하여 통합적 기술혁신(collective innovation)을 할 수 있는 개방형 시스템을 구축할 필요가 있다. 대학의 교수, 기업의 연구원이 출연기관 연구원으로 일할 수 있고 출연기관의 연구원이 기업과 대학에서 연구 혹은 강의도 할 수 있는 실질적 겸임제도의 도입을 통해 산학연간의 연구교류, 협력이 자연적으로 일어날 수 있게 해야 하고 그 중심 역할을 출연연구기관이 맡아야 한다. 출연기관의 연구시설을 개방하여 기업 및 대학 등과 공동 활용하는 체제도 바람직하다. 국가 전체적으로 연구의 생산성이 향상되는 생태계가 조성되도록 인프라와 거버넌스도 한 단계 업그레이드해야 한다. 기관 운영에도 자율과 책임이 균형을 이루는 전제하에 독립성을 강화시키고, 글로벌 파트너와의 경쟁 환경을 조성해서 투입에 대한 생산성(효율성과 효과성)을 크게 향상시켜야 한다. 생산성 향상의 핵심인 평가제도도 수월성이라는 과학기술 속성에 맞도록 바꾸어야 할 것이다. 예로 현재의 양을 기반으로 한 단년도 상대 평가를 질 중심의 다년 절대평가로 전환시켜야 할 것이다.

4) 기술혁신이 꽃피는 사회 환경을 만들어야

(1) 경쟁을 통한 혁신의 촉진

기술혁신 친화적인 시장이 되기 위해서는 새로운 진입자가 시장에서 자유롭게 경쟁을 할 수 있는 구조여야 한다. 조그만 창업기업이 성장해 대기업을 위협하고 나서고, 그 대기업은 이에 자극받아 새로운 혁신으로 나가는 것이 선순환 시장구조일 것이다. 미국의 마이크로소프트사는 새로운 도전자로 출발해 성장을 했고, IBM은 그에 자극받아 정보서비스 업체로 대변신을 한 것이 그 좋은 사례일 것이다.

기본적으로 정부의 산업정책은 기존 기업들을 강하게 만드는 쪽에만 치중할 게 아니라 새로운 기업의 창업으로 이어지도록 하는 쪽으로 가야 한다. 신성장동력 같은 것이 특히 그래야 한다. 시장에 도전자들이 쏟아지면 시장구조를 역동적으로 만들 뿐만 아니라 일자리도 많이 만들어 낼 수 있다.

우리나라 경쟁정책은 그동안 대기업 집중 규제 위주였다. 대기업을 규제하면 중소기업이 보호된다는 논리였다. 그러나 규제와 보호라는 논리는 대기업, 중소기업 모두의 발목을 잡고 경쟁력을 오히려 떨어뜨릴 수 있다.

이와 함께 시장개방으로 가야 한다. 개방은 기본적으로 경쟁압박을 높여 기술혁신을 높일 수 있다. 또한 인력과 자금이동, 기술협력의 가능성이 커지는 등 연구자원의 공간이 대폭 넓혀져 그만큼 기술혁신 친화적 환경으로 바뀔 수 있다.

그런 점에서 특히 중요한 것은 자유무역협정이다. 협상이 완료돼 비준 문제가 남은 미국과의 FTA, 또 최근 협상이 종료된 유럽연합(EU)과의 FTA는 기술적으로 비교우위를 갖는 거대경제권과의 FTA라는 점에서 그 기대효과가 대단히 크다. 우리가 노력하기에 따라서는 일본에 대한 기술의존도를 낮추며 새로운 도약이 가능할 수 있다.

(2) 창업하기 좋은 환경 만들기

2008년 181개국을 대상으로 한 IFC 조사에 의하면 창업환경에 있어서 한국은 126위로 처져 있다. 창업절차가 복잡하고 시간도 많이 걸리며, 창업비용도 많이 소요된다는 것이다. 우리나라의 창업절차 수는 10개, OECD 평균인 5.8개의 약 두 배이다. 국민소득대비 창업비용은 17%로 OECD 평균치인 5%의 3배가 넘는다. 소요자본금도 소득대비 54%로 OECD 평균 20%의 배가 넘는다. 통계에 나타난 우리나라의 벤처캐피탈 규모는 다른 나라에 비해 적지 않은데 그 효과는 그렇지 못하다. 벤처캐피탈의 투자자금회수는 기업공개를 통한 방법이

85%로 자금회수 기간이 길기 때문에 자금회수 가능성이 낮은 초기 기업에 대한 투자를 회피하는 경향이 있다. 이에 반해 미국의 경우 흡수합병(M&A)을 통한 자금회수가 75%로서 벤처캐피탈의 자금회수 경로가 훨씬 다양화되어 있다. 벤처캐피탈의 투자 활성화 대책이 필요하다. 기업환경 개선도 필요하다. 2008년 정보기술혁신재단(ITIF)의 조사에 의하면 우리나라의 기업환경 점수는 6.1로 1위인 싱가포르의 38.8, 미국의 29.2, 캐나다의 23.7 등에 크게 뒤진다. 우리나라의 기업 규제, 사유재산권제도, 법치 등에서 문제가 많다는 것이다.

(3) 산-학-연 협동 촉진

공공부문의 연구계, 특히 공공·국책 연구기관들의 역할은 주로 산업계의 요구에 맞는 산업기술을 확보하고 선진국에서 시장화에 성공한 기술을 구현하고 생성하여 산업계로 이전하는 데 초점을 맞추고 있다. 반면 대학은 산업계에서 필요한 산업인력을 양성하는 데 주력하고 연구개발 주체로서의 역할을 제대로 할 수 없었다. 이런 과정에서 산업과 대학 간에 상호 보완적 관계가 형성·발전될 수가 없었고 상호 인정이나 신뢰를 구축할 수 있는 기회가 부족했다. 이는 대학이 공공 연구개발에서 더 중요한 역할을 하여야 함을 의미한다. 여기서 우리가 주목하는 것은 공공 연구개발이 대학의 전문인력 양성과 괘를 같이하면서 연구와 교육의 연계를 통해 과학기술 능력이 인적 자원에 내재화되도록 하여야 한다는 것이다.

이러한 변화와 함께 출연연구기관의 역할도 과거의 산업기술 지원에서 벗어나 대학과 연계하여 기초연구성과의 활용연구(translational research)로 바뀌어야 한다. 단기적으로 연구계와 학계의 직접적인 조직 수준에서의 결합을 논의하는 것은 과도한 비용을 유발할 수 있다는 점에서 효율적일 수 없지만, 중장기적으로 이들의 연계와 조합의 가능성을 염두에 둘 필요가 있다. 여기서 우리는 학계와 산업계 또는 학계/연구계의 조합과 산업 간의 연계를 어떻게 강화시킬 수 있을 것인가가 문제이다. 이것이 국가 연구개발체계의 구축과 운영의 핵심요소이다. 학계/연구계와 산업계 사이의 연계문제, 분야별 정책 추진 주체의 분산문제 등을 그대로 둔 채, 행정조직의 관점에서 연구개발 체제를 논의하는 것은 의미가 없다. 지금까지의 연구개발 행정조직의 변화가 산업계-연구계-학계의 상생협력에 별다른 변화를 가져오지 못한 것도 바로 이 때문일 것이다.

(4) 환경 및 노동규제도 혁신 친화적으로

우리나라도 곧 온실가스 의무감축국이 될 가능성이 높아졌다. 이에 따라 정부는 연말까지 온실가스 감축 목표치를 설정한다는 계획이다. 2020년, 2050년의 목표치를 제시할 공산이 큰데 국제적 협상문제를 떠나 이제 우리나라도 온실가스라는 기후변화 문제에 적극적으로 대응하지 않을 수 없는 상황이다. 정부의 녹색성장은 그런 면에서 보면 피할 수 없는 선택일 것이다.

문제는 그런 방향으로 가도록 하는 방법론에 있다. 온실가스 감축도 그런 측면에서 강제적 규제에 의존하기보다는 기술혁신을 유도하는 방향으로 설계되고, 이를 위해 적절한 인센티브를 적극 활용할 필요가 있다. 특히 시장 메커니즘을 이용하는 것도 중요한데, 예컨대 배출권 거래제도 등은 바로 그런 맥락일 것이다.

우리나라에서는 아직도 환경규제를 오로지 사전적으로 차단해 버리고, 극단적(maximum 또는 minimum)으로, 경직적으로 운용하려는 경향이 분명히 있다. 이 때문에 환경문제를 해결하지도 못하면서 기업들의 불만만 키우는 측면이 있다. 그보다는 혁신을 유도하는 방향으로 최적규제 개념(optimum)이 도입될 필요가 있다. 가능하면 시장 메커니즘을 활용한 유인책이 바람직하다. 환경규제가 동태적일 필요도 있다. 기술혁신 변화의 속도가 빨라지고 있는 만큼 환경규제도 이를 적극 반영해 달라질 필요가 있고, 또 환경규제 자체가 기술혁신을 가능케 하는 방향으로 간다면, 환경문제도 해결하고, 기술혁신을 통해 경제적 성장도 가능케 하는 방향이 될 것이다.

기술혁신에 영향을 미치는 또 하나의 중요한 규제는 노동부문에서 찾을 수 있다. 최근 OECD의 한 평가에 따르면 회원국들에 비해 우리나라 노동유연성은 매우 떨어지고, 비정규직은 아주 커지는 구조로 가고 있다. 노동시장 진입장벽이 공고하다는 것은 기술혁신에 결코 유리한 환경이라고 볼 수 없다. 노동시장 규제는 대폭 정비되어야 한다. 노동시장 진입장벽 해소, 성과평가 정착, 기술혁신 변화에 따른 교육과 훈련 확대, 인력의 이동성, 경쟁 등이 보장되어야 한다.

(5) 기술혁신 친화적 문화 조성

창의가 꽃필 수 있는 과학기술 체제를 갖추기 위해서는 다양성(diversity), 관용(tolerance) 그리고 신뢰(trust) 세 요소를 갖추어야 한다고 할 수 있다. 첫째, 다양성은 변화하는 여건하에서도 승자를 가릴 수 있는 아이디어의 창고 역할을 하게 된다. 특히 융합이 중시되는 최근의 연구추세하에서는 학문 간의 경계 분야에서 생성되는 다양한 아이디어가 새로운 혁신의 돌파구 역할을 할 수도 있을 것이다. 연구 뿐 아니라 교육에서도 다양한 생각을 가진 인재를 길러 내는 것이 중요하다. 획일적인 사고를 벗어나지 못하는 사람은 그 수가 많아도 아이디어의 창고에서는 보탬이 되지 않기 때문이다. 하나의 정답만을 요구하고 그 정답을 잘 찾는 인재를 만들어 내는 데 급급한 현재 우리 교육은 다양성과는 먼 이야기다. 창의적 사회를 만드는 사람은 정답을 잘 찾는 사람이 아니라 끊임없이 의문을 제기하는 질문을 잘하는 사람이다.

둘째, 다양성이 꽃피기 위해서는 나와 다른 생각을 인정하는 관용의 문화가 사회 전체에 정착되어야 한다. 남이 한 적이 없는 새로운 연구는 창의성이 높은 만큼 실패의 가능성도 높을 수밖에 없다. 이러한 실패를 용인하고 이로부터 배울 점을 찾는 관용적 연구문화가 형성되어야 한다는 것이다. 연구를 열심히 해도 논문도 특허도 안 나올 수 있다. 그러한 연구의 과학기술적 기여도가 반드시 논문이나 특허를 만들어 낸 평범한 연구보다 못하다고 할 수도 없는 것 아닌가. 논문, 특허에 집착하여 새로운 아이디어를 놓치는 일이 없어야 한다. 획일적인 연구가 중요할 수밖에 없는 기업 연구소보다 다양한 연구를 허용하는 대학에서 시대를 바꾸는 창의적 혁신이 일어날 가능성이 많다고 하는 이유도 바로 이 때문이다.

셋째, 신뢰는 두 가지 면에서 창의적 과학기술 시스템을 구축하는 데 필요하다. 무엇보다도 실패가 용인되는 평가체제가 작동하려면 평가자에 대한 신뢰가 필수적이다. 신뢰를 받지 못하기 때문에 객관성을 빙자해서 평가자는 정량적 점수에 의존하게 된다. 그래서 무리하게 연구성과를 정량화하여 연구결과를 왜곡시키고 연구자로 하여금 창의적 연구보다는 점수 잘 받는 무의미한 연구에 몰두하게 만들 수 있다. 또 하나 신뢰가 중요한 이유는 신뢰가 주는 추동력 때문이다. 연구자에 대한 신뢰가 있을 때 사회의 적극적 지원하에 창의적인 연구를 간섭받지 않고 할 수 있다. 또한 연구자에 대한 신뢰를 바탕으로 한 연구관리 체제가 구축되어야 연구자가 연구관리보다는 연구에 더 시간을 쓸 수 있게 될 것이다.

제4부

경제와 산업

제8장

새로운 산업정책의 모색

강석훈

─요약─

　한국경제의 성장과정에서 정부 주도의 산업정책은 중요한 역할을 담당했다. 1960년대의 수출산업 육성정책과 1970년대의 중화학 공업육성정책이 대표적이다. 그러나 1970년대 후반부터 정부 주도의 경제정책이 후유증을 보임에 따라 산업정책의 기조는 '개별산업 지원'에서 연구개발 등의 '산업기반 확대'로 전환되었다. 1990년대 이후 세계화의 진전은 그동안 정부가 수행하던 산업정책의 조정과 통제기능을 금융부문이 대신할 것을 요구했다. 그러나 금융부문이 그러한 기능을 제대로 하지 못하는 상태가 지속되었고 이에 따른 실물투자 및 금융부문의 부실화가 1997년의 외환위기로 연결되었다. 외환위기 이후 실시된 금융, 기업, 노사, 공공부문에 대한 구조조정은 기본적으로 시장기능을 강화하는 정책이었기 때문에 정부의 산업정책적 역할은 더욱 위축되었다. 특히 외환위기를 성공적으로 극복하여 부상한 글로벌 대기업은 정부보다 정보역량이 우수했고, 각종 정부지원도 글로벌 대기업의 입장에서 보면 과거처럼 필수불가결한 것도 아니게 되었다. 이제 산업정책은 새로운 프레임으로 재탄생할 필요가 있다.

오늘날 산업정책은 시장의 자원배분을 변화시키려는 정책이 아니라 시장원리를 중시하면서 소극적으로는 시장실패를 보완하고, 적극적으로는 성장잠재력 제고에 직접적으로 도움이 되는 공공재로서 산업인프라 확대를 추구하는 전략이 되어야 한다. 전통적으로 산업정책의 주요 수단으로 간주된 정부에 의한 사전적 승자선택정책은 현재 상태에서는 가능하지도 않고 바람직하지도 않다.

산업정책의 기본목적을 잠재성장능력 제고에 둘 경우 이를 구현하기 위한 전략 중의 하나로 본고는 '네트워크형 성장'을 제시한다. '네트워크형 성장'은 국내외의 다양한 경제 주체들이 네트워크를 통해 상호 연계되어 성장을 이루는 개념이다. 네트워크형 성장 내지 네트워크형 산업정책을 위한 과제를 점검해 보면 다음과 같다. ① 네트워크 관점의 경제·산업정책 재정립: 정부의 각종 경제정책은 세계경제와 연계된 한국경제의 네트워크라는 측면에서 재정비될 필요가 있다. ② 국가 차원의 네트워크 구축 강화: 전략적인 대외개방의 확대, 자유무역협정의 체결 확대, 자유무역협정의 효과적인 활용 등을 통해 국가 차원의 네트워크를 구축·강화해야 한다. ③ 기업 간의 글로벌 생산네트워크 활성화: 기업이나 산업 차원의 네트워크는 대외적으로 글로벌네트워크의 구축, 대내적으로는 대기업과 중소기업 간의 상생네트워크를 고려할 수 있다. 정부는 한국기업들의 생산과정 분화와 글로벌네트워크 구축을 지원하기 위해 네트워크형 성장이란 관점에서 관련된 조세제도나 노동관련 제도 등을 정비할 필요가 있다. ④ 글로벌 생산네트워크를 활용한 새로운 일자리 창출: 아이디어와 창의성을 바탕으로 하여 혁신적인 상품이나 서비스를 개발해 낸다면 생산시설 없이도 새로운 글로벌 생산네트워크를 형성할 수 있고, 이 과정에서 새롭게 개발된 제품이나 서비스의 판매 등으로 인한 새로운 일자리가 창출될 수 있다. 또한 일자리 창출을 위해 보다 적극적으로 글로벌 생산네트워크의 일부를 국내에 유치하려는 노력을 경주할 필요가 있다. ⑤ 글로벌 연구개발네트워크 추구: 글로벌 연구개발네트워크의 생성 또는 편입이라는 정책목표를 위해서는 보다 많은 글로벌 인재들이 한국에 모여들 수 있도록 이민이나 귀화관련 법규를 정비할 필요가 있다. ⑥ 국내기업 간 네트워크 성장과 복합네트워크: 정부는 산학연 연구개발네트워크, 지역네트워크, 대기업-중소기업의 생산네트워크를 결합하는 클러스터형 또는 복합형 네트워크를 구축함으로써 연구개발의 실효성 제고, 국토의 효율적 이용, 대기업과 중소기업의 동반성장 관계 구축이라는 효과를 동시에 올릴 수 있을 것이다. ⑦ 네트워크형 성장과 공정거래의 조화: 네트워크형 성장이 강조되는 상황에서도 최종소비재 시장에 있어서 불공정거래행위에 대해서는 기존의 공정거래의 준칙들을 엄격하게 적용하여야 할 것이다. 다만 제품이

나 서비스의 도입 초기 단계에서 정부가 전략적으로 이들 제품이
나 서비스 공급업체를 보호하기 위해 최종소비재 공급기업군의
협업 네트워크를 권장하는 경우에는 단기적으로 일정 기간 동안 산
업정책과 공정거래정책을 탄력적으로 운영할 필요는 있을 것이다.

　다음으로 네트워크형 성장의 관점에서 구체적인 산업정책의 추
진과제들을 제시해 보면 다음과 같다. ① 한국산업의 전략적인 고
부가가치화를 촉진할 필요가 있다. 이를 위해 제조업 및 서비스업
의 고부가가치화를 위한 인프라(규제 조정 포함)를 대폭 확대 공
급할 필요가 있다. ② 서비스업 중에서 생산성이 더욱 낙후되어
있는 비시장부문 서비스의 규모를 재조정하고, 시장부문 서비스
업에 대해서는 개방과 규제완화를 통해 경쟁력 제고에 집중할 필
요가 있다. ③ 내수시장과 관련하여 '중국시장의 내수시장화' 쪽
으로 개념전환을 시도할 필요가 있다. 중국시장도 우리 경제의 내
수시장이라는 개념을 활용하고 중국의 내수시장 진출을 위한 국내
서비스업 지원을 강화하여 서비스업을 수출산업으로 전환할 필요
가 있다. ④ 유형투자뿐만 아니라 무형투자를 대폭 확대할 필요가
있다. 소프트웨어, 창조재산권(과학 연구개발, 저작권 및 라이센스,
디자인, 상품기획 및 개발), 경제적 컴피턴시(economic competency:
브랜드, 기업특화 인적 자본 투자, 조직구조의 경쟁력 제고) 등에
대한 투자 확대를 지원할 필요가 있다. ⑤ 기존 수요에 대응하는
공급확대 정책에서 새로운 수요를 창출하는 창조 산업/기업형으
로의 전환을 도모해야 한다. 세상에 없던 제품이나 서비스를 만들
어 내는 일이 바로 새로운 산업정책의 주된 방향이 되어야 한다.

1) 서론

일반적으로 한국 정부의 산업정책은 한국경제의 성장과정에서 가장 중요한 역할을 한 정책으로 인식되고 있다. 1960년대부터 시작된 수출산업 육성정책과 1970년대에 본격적으로 전개된 중화학공업 육성정책은 한국 산업정책의 역사에서 가장 중요하게 기억되는 정책들이다. 그러나 1970년대 후반부터 정부 주도의 경제운영정책이 극심한 후유증을 보임에 따라 정부가 직접 자원배분에 개입하는 형태의 산업정책은 전반적으로 축소되고 간접적인 산업정책으로 대체되었다. 1986년에 입법된 공업발전법은 개별 산업의 지원이라는 방식에서 탈피하여 연구개발 등의 산업기반 확대로 정책을 전환하는 계기가 되었다.

1990년대부터 세계화가 본격적으로 진전됨에 따라 한국의 산업구조는 커다란 변혁기를 맞이하게 된다. 해외시장에의 접근이 보다 용이해지고, 국내시장의 개방이 확대됨에 따라 대부분의 국내기업들은 이전까지 경험하지 못했던 극심한 경쟁에 직면하게 되고 이 과정에서 승자와 패자가 나타나기 시작하였다. 산업정책의 관점에서 보았을 때, 정부 주도의 산업정책이 시장 중심으로 이전되는 과정에서 정부가 수행하던 산업정책의 조정과 통제기능을 대신하여야 할 금융부문이 제 기능을 하지 못하는 상태가 지속되었다.

결국 이러한 통제와 조정의 공백상태는 실물투자의 부실화 그리고 이에 따른 금융부문의 부실화로 연결되면서 1997년의 외환위기를 맞이하게 된다. 외환위기 이후 실시된 금융, 기업, 노사, 공공부문의 구조조정은 기본적으로 시장의 기능을 강화하는 정책으로서, 이로 인해 정부의 산업 정책적 역할은 더욱 위축되게 되었다. 특히 외환위기 이전부터 커지기 시작한 기업 간 격차는 외환위기를 성공적으로 극복한 기업과 극복하지 못한 기업 사이에 더욱 확대되었다. 즉 전자의 기업들은 세계적인 경쟁력을 가진 글로벌 대기업으로 거듭난 반면, 후자의 기업들은 몰락이나 쇠락의 길을 가게 되었다.

글로벌 대기업의 등장은 한국의 산업정책에서 중요한 의미를 갖는다. 즉 정부와 시장의 정보역량 측면에서 볼 때 글로벌 대기업의 등장은 이제까지 어느 정도 유지되었던 정부의 정보수집 및 분석능력에서의 우월성이 거의 상실되는 계기가 되었다. 또한 산업정책의 중요한 수단인 정부의 각종 지원정책도 글로벌대기업의 입장에서 보면 과거와 같이 필수불가결한 지원이 아니게 되었다. 글로벌대기업, 수출기업의 육성을 통한 산업경쟁력의 강화와 경제성장이라는 정부 산업정책의 큰 프레임이 근본부터 흔들리게 되었다. 이제 산업정책은 과거의 프레임에서 탈피하여 새로운 산업정책으로 재탄생하여야 한다.

2) 새로운 산업정책의 기본 요건

(1) 새로운 산업정책의 필요성

현재와 같은 글로벌시대에서 과거와 같은 방식의 산업정책은 지속되기 어렵다. 국제적 정합성 내에서 한국의 특수 상황을 반영하는 산업정책이 필요하다. 국제적 스탠더드가 워싱턴 컨센서스(Washington Consensus)에 기반을 둔 일방향 영미식 스탠더드에서 글로벌 금융위기 이후 각국의 특수성을 반영하는 쌍방향 스탠더드로 변모할 가능성이 커지고 있다. 최근 새로운 자본주의에 대한 논의가 확산되고 있는데, 이는 영미식 스탠더드가 반드시 가장 유효한 모델이 아님을 확인시켜 주는 과정이라고 할 것이다. 새로운 산업정책은 기존의 국제적 규범이 변모할 수 있다는 점을 전제로 하면서 한국적 상황을 보다 적극적으로 반영하도록 노력할 필요가 있다.

한국경제의 단기적인 성장뿐만 아니라 지속 가능성(성장률 유지, 고용률 제고 등)을 담보하는 산업정책이 필요하다. 단기적인 관점에서뿐만 아니라 중장기적으로 '지속 가능성'이라는 관점에서 한국경제의 제반 현황과 문제점을 파악하고, '지속 가능성'을 제고하는 방향으로 산업정책을 정립할 필요가 있다. 예를 들어 기업 간 격차의 확대문제나 내수와 수출의 불균형 문제, 제조업과 서비스업의 불균형 문제 등을 지속 가능성 관점에서 분석하고 대안을 제시하는 산업정책을 수립할 필요가 있다는 것이다.

향후 10년 정도 남은 한국경제의 건강 수명 기간 내에 선진국으로 안착하기 위한 산업정책이 필요하다. 인구구조의 급격한 고령화, G2 국가로서 중국의 부상, 통일한반도시대 등을 고려할 때 향후 10년 이내에 선진국에 안착하지 않으면 영원히 기회조차 없다는 관점에서 실효성 있는 산업정책을 수립할 필요가 있다.

새로운 산업정책은 과거와 같이 숫자 지향적인 것이 아니라 가치 지향적인 것이 필요하다. 산업정책도 다른 정부정책과 마찬가지로 국민적 공감대를 바탕으로 추진되어야 실효성을 담보할 수 있다. 새로운 산업정책은 과거와 같이 숫자제시형·일방향·주입식 강요 정책이 아니라 국민들의 공감대를 얻을 수 있도록 가치 지향적 산업정책을 제시할 필요가 있다.

(2) 산업정책의 개념 재정립

전통적으로 산업정책은 시장의 역량 미흡 또는 시장실패를 명분으로 특정 산업을 육성하기 위해 정부가 인위적으로 자원배분에 간여하는 것으로 인식되고 있으나, 산업정책의 개념을 실물경제의 잠재성장능력 강화를 목표로 하는 제 정책으로 재정의할 필요가 있다. 이렇게 산업정책을 재정의하여, 현재 한국의 정부조직구조에서 장기실물경제를 다루는 지식경제부는 경제성장의 추세(상향추세 유지 또는 제고)를 담당하는 부처로, 기획재정부는 경기순환(경기변동 리스크의 최소화)을 담당하는 부처로 위상정립을 도모할 필요가 있다.

산업정책은 시장의 자원배분을 변화시키려는 정책이 아니라 시장원리를 중시하면서 소극적으로는 시장실패를 보완하고 적극적으로는 성장잠재력 제고에 직접적으로 도움이 되는 공공재로서 산업인프라 확대를 추구하는 전략이 되어야 한다. 전통적으로 산업정책의 주요 수단으로 간주된 정부에 의한 사전적 승자선택정책(winner picking policy)은 현재 상태에서는 가능하지도 않고 바람직하지도 않다. 산업정책은 광범위한 응용이 가능한 기술 인프라 확대정책, 창의성이 뛰어난 인재를 공급하는 산업인재인프라 확대정책, 공정한 경쟁이 가능하게 하는 공정경쟁 인프라 확대정책, 물류 고비용 구조를 타파하기 위한 SOC인프라 확대정책 등의 각종 인프라 제공확대에 주력해야 할 것이다.

(3) 산업정책의 추진전략

　일반적으로 성장잠재력 제고 정책은 하나의 단일 정책으로 구현되기는 어려우며, 경제 및 사회 전 부문에 걸쳐 다양한 정책조합을 효과적으로 활용하고, 또한 단순히 단기적인 정책의 변화뿐만 아니라 경제구조를 개혁하는 근본적인 시스템개혁을 동시에 추진하여야만 가능하다. 소위 일본의 1990년대를 일컫는 '잃어버린 10년'의 경험사례는 사회 전체의 시스템적인 개혁이 수반되지 않은 상태에서 단기적인 경기대응적 성격의 성장정책은 소기의 성과를 달성하기 매우 어렵다는 점을 여실히 보여 주고 있다.

　산업정책이 잠재성장능력을 제고하는 정책이고 이는 한국사회의 근본적인 시스템 변화를 동반하지 않는 한 실현가능성이 거의 없을 것이다. 이를 감안할 때, 현 단계에서 가장 중요한 추진전략 중의 하나는 한국경제의 시스템개혁을 주도할 리더십을 가진 주체를 확립하는 것이다. 왜냐하면 정부의 모든 부처는 직간접적으로 성장잠재력 제고와 연계되어 있다고 할 수 있을 것이며, 이들을 통합·조정하면서 일관성 있게 정책을 추진하여야 하기 때문이다. 예를 들어 미래의 산업정책과 관련하여 산업인력의 공급 주체로서 교육과학기술부, 신산업정책의 핵심이라고 할 수 있는 문화분야와 관련하여 문화체육관광부, 의료보건 등의 사회 서비스 분야와 관련된 보건복지부, 성장잠재력 제고의 주체로서의 지식경제부 등의 통합적인 노력이 필요하다고 할 것이다.

3) 새로운 산업정책의 키워드: 네트워크형 성장을 중심으로

산업정책의 기본 목적이 성장잠재력 제고라고 할 때 이를 구현하는 전략이 필요하다. 본고에서는 산업정책의 목표를 달성하기 위한 전략 중의 하나로서 네트워크형 산업정책에 대하여 논의한다. 본고에서 사용하는 네트워크 성장은 국내외의 다양한 경제 주체들이 네트워크를 통해 상호 연계되어 성장을 이루는 개념이다. 여기에서 '국내외'란 국내기업과 해외기업의 네트워크를 포함하고, 물론 국내기업 간 네트워크도 포함된다는 의미이다. '다양한 경제 주체들'이란 표현은 국내기업과 해외기업, 국내 대기업과 국내 중소기업, 산·학·연 등 주체들을 포함하는 개념이다. '네트워크를 통해'라는 것은 전략적 제휴, 모회사와 자회사, 아웃소싱 등 다양한 형태의 연계 고리를 통해 형성되어 있다는 점을 의미한다.

본고에서 사용하는 네트워크의 개념은 최근 정부가 사용하고 있는 동반성장이나 공생발전의 개념과 유사한 측면이 있다. 즉 동반성장이나 공생발전의 경우 모두 대기업과 중소기업이 함께하는 성장방식을 강조하고 있다는 점에서 본고의 네트워크 개념과 유사하다. 그러나 네트워크형 성장의 개념은 단순히 국내 대기업과 중소기업의 협력관계 강화를 의미하는 것이 아니라 보다 광범위한 경제 주체들이 참여하는 국내외 기업생태계를 대상으로 한다는 점에서 차이가 난다. 예를 들어 글로벌 생산네트워크(global production network)와 같은 개념은 동반성장이나 공생발전에는 포함되기 어려운 반면, 본고에서 논의하는 네트워크형 성장에서는 네트워크형 성장의 중요한 사례로 볼 수 있다.

본고에서 네트워크형 산업정책을 강조하는 이유는 서문에서 밝힌 바와 같이 지금은 단순히 과거와 같은 방식, 즉 수출대기업을 집중적으로 육성하면서 성장하는 방식보다는 네트워크에 있는 기업그룹들이 상호 연계되어 함께 성장하는 방식의 산업정책이 필요하기 때문이다. 이하에서는 네트워크형 성장, 네트워크형 산업정책을 구현하기 위한 과제들을 점검해 본다.

(1) 네트워크 관점의 경제 · 산업정책 재정비

네트워크형 성장을 원활하게 추진하기 위해서는 다음과 같은 정책과제가 필요하다. 먼저 정부의 각종 경제정책은 한국경제를 세계경제와 연계된 네트워크라는 측면에서 재정비될 필요가 있고, 정책성과의 측정이나 정책성과의 평가 과정에서도 네트워크라는 프레임을 명시적으로 사용할 필요가 있다. 이때 네트워크에는 국가 차원의 네트워크 측면뿐만 아니라 개별 산업과 기업 차원에서의 네트워크도 동시에 고려하여야 한다. 국가 차원의 네트워크형 성장의 대표적인 예는 국가 간 자유무역협정(FTA)을 들 수 있다. 개별 산업에서 네트워크의 예는 한국 자동차산업의 생산구조를 들 수 있으며, 기업 차원에서 네트워크의 예는 삼성전자의 전 세계 연구개발 네트워크를 들 수 있다.

네트워크형 경제에서 네트워크를 형성하는 각 경제 주체들을 노드라고 할 수 있으며, 이러한 노드들을 연결하는 기제를 링크라고 정의할 수 있다. 정부의 각종 경제정책은 어떤 네트워크상에서 어떤 노드들을 대상으로 실시하는 정책인지, 그리고 이러한 정책들이 노드들의 링크에 어떤 영향을 미치게 되는지를 분석할 필요가 있다. 또한 정책이 노드들 간의 운영체계와 인센티브 구조에 어떠한 영향을 미치는 가를 분석하여야 한다. 예를 들어 정부의 성장잠재력 제고 정책에서는 성장잠재력 제고의 주체로서 어떤 기업 또는 어떤 산업이라는 노드를 네트워크의 전면에 내세울 것인가의 이슈로 귀착될 수 있다. 그리고 성장잠재력 제고 정책의 하나라고 할 수 있는 정부의 한계기업 구조조정 정책은 네트워크경제의 측면에서 볼 때 어떤 노드와 어떤 링크를 제거 또는 약화시킬 것인가의 이슈로 귀착된다. 또한 정부의 금융산업정책은 노드들 간의 링크와 운영체계에 관한 재정비 정책이며, 복지정책은 복지수혜자 네트워크의 포괄성과 관련된 정책이라고 할 수 있다.

이와 같은 예는 정부가 시행하는 각종 경제 및 산업, 기업정책이 네트워크 관리정책(network management policy)의 관점으로 변환될 수 있음을 의미한다. 네트워크 관리정책은 국가 간 경제구조나 산업 간 구조 또는 기업 간 구조를 네트워크라는 개념으로 이해하고 네트워크 구조의 활성화와 활용도 제고를 통해 거시적으로는 경제성장, 미시적으로는 산업 및 기업의 경쟁력을 제고하려는 정책을 의미한다. 네트워크형 성장에서는 경제, 산업, 기업 또는 생산구조를 노드와 링크, 운영체계 그리고 인센티브라는 구성방식으로 이해한다. 네트워크와 그 구성요소라는 관점에서 보면, 시장에서 부족한 부분에 대한 인프라를 공급하거나, 미진한 법적 제도적 장치들을 정비하는 과정, 그리고 필요한 경우 서로 분리된 노드 사이를 링크로 연결하는 과정 등이 네트워크 관리정책의 구체적인 예라고 할 것이다.

(2) 국가 차원의 네트워크 구축 강화

국가 차원의 네트워크형 성장을 달성하기 위해서는 전략적인 대외개방의 확대와 함께 자유무역협정의 체결 확대 및 자유무역협정의 효과적인 활용방안을 마련할 필요가 있다. 국가 차원의 네트워크형 성장에서는 국가를 하나의 노드로 볼 수 있으며, 교역상대국이 되는 다른 국가는 또 하나의 노드를 형성한다. 국가 간 링크는 상품이나 서비스의 다양한 교역채널로 이루어져 있으며, 이러한 교역채널에 영향을 미치는 관세나 교역관련 규범 또는 자유무역협정 그 자체가 네트워크의 운영체제가 된다. 국가 간 네트워크의 구축은 경제활동의 직접적인 단위인 기업들의 글로벌 네트워크구축을 촉진하는 기제로 작용할 것이다.

한편 국가 간 네트워크의 구축에서도 개인이나 기업 간의 네트워크처럼 네트워크에 참여하는 노드들의 참여인센티브가 매우 중요하다. 다양한 국가들과 네트워크를 형성하려면 다른 국가들이 한국이라는 국가를 네트워크에 참여시킴으로써 자국들이 얻을 수 있는 이익이 있어야 한다. 국가 차원에서 한국이라는 국가의 상대적 장점을 적극적으로 살려 나가는 노력이 필요하다.

(3) 기업 간의 글로벌 생산네트워크 활성화

기업이나 산업 차원의 네트워크는 대외적으로 글로벌네트워크의 구축과 대내적으로 대기업과 중소기업 간의 상생네트워크를 고려할 수 있다.

이미 자동차, 전자 등의 업종에서 다국적기업들의 글로벌네트워크가 활발하게 구축되고 있는바, 현재 상태에서는 주로 글로벌 생산네트워크가 주를 이룬다. 글로벌 생산네트워크는 다양한 글로벌네트워크 중의 하나로서 생산과정의 분화(fragmentation)를 통해 분화된 생산과정을 전 세계적으로 최적의 위치에 입지시킴으로써 제품이나 서비스의 가치경쟁력을 확보하려는 전략을 의미한다. 이때 분화된 생산과정을 담당하는 주체가 과거에는 주로 다국적 기업들의 현지 직접투자회사 형태였으나, 최근에 올수록 자회사 이외에도 지분관계가 없는 협력회사 그리고 느슨한 형태의 전략적 제휴회사 또는 단순한 일회성 공급자 등으로 다양화되고 있다. 이와 같은 점은 과거의 네트워크가 고정된 멤버십을 바탕으로 한 견고한 폐쇄형 네트워크였다면 최근의 네트워크는 보다 유연한 멤버십을 바탕으로 한 개방형 네트워크로 변모하고 있다는 점을 의미한다. 또한 여기에서 사용하는 가치경쟁력은 단지 전통적으로 사용되던 최저 비용의 개념에 근거한 상품경쟁력이라기보다는 글로벌 생산네트워크를 통해 현지인에 적합하고 현지인이 원하는 제품이나 서비스를 생산한다는 의미이다.

최근 나타나고 있는 생산과정의 분화를 통한 글로벌 생산네트워크의 확대는 다양한 정책적 과제를 제시하고 있다. 글로벌 생산네트워크를 활용하는 다국적 기업은 전 세계를 대상으로 하여 분화된 생산과정을 최적의 위치에 입지시키는 전략을 구사한다. 이런 관점에서 다국적 기업을 유치하려는 각국의 경쟁은 다국적 기업의 분화된 생산과정을 자국에 유치하려는 노력이라고 할 것이다. 따라서 한국은 전략적으로 상대적인 강점이 있는 분야나 산업분야에서 다국적 기업의 분화된 생산과정의 일부를 유치하려는 전략을 적극적으로 수립해야 할 것이다. 이를 위해서는 특화된 분야에서의 산업기반 확대, 특화된 분야에서의 인프라 공급확대, 특화된 분야에서의 기술경쟁력 확보 등이 필요하다.

또한 다국적 기업의 투자결정은 외국투자자에 대한 수용성, 외국인으로서의 정주 편리성 등을 포함하여 이루어진다는 점을 감안하여 외국인이 생활하기에 적합한 거주환경을 만들어 나가는 것도 중요하다.

또한 최근의 글로벌 생산네트워크가 폐쇄형에서 개방형으로 전환되고 있다는 점도 중요한 정책적 함의점을 가진다. 즉 다국적 기업의 경우 과거처럼 현지국가에 직접투자형태로뿐만 아니라 현지국가에 존재하는 기업의 인수합병이나 업무제휴, 전략적 제휴 등을 통해서도 네트워크를 구축하는 경향이 확대되고 있다. 한국 정부는 다국적 기업이 한국기업에 대한 인수합병에 걸림돌이 되는 각종 규제나 제약을 완화할 필요가 있다. 이 과정은 기업회계의 투명성 제고에서부터 기업지배구조의 개선, 각종 조세관련제도의 국제적 정합성 제고 등이 포함된다. 또한 법률 등의 사업 서비스분야에 있어서도 외국인에 대한 규제를 보다 완화할 필요가 있다.

한편 이 과정에서 글로벌 생산네트워크에 보다 많은 한국의 중소기업들이 편입될 수 있도록 정부의 지원을 강화할 필요가 있다. 한국 중소기업들의 글로벌 생산네트워크에의 진입은 다양한 정책적 함의를 가진다. 그동안 한국의 중소기업들이 국내시장에서의 경쟁에 몰입됨에 따라 생산성제고의 기회가 적었다는 점을 감안할 때 글로벌 생산네트워크에의 편입은 기업경쟁력을 한 단계 제고하는 효과가 있을 것으로 기대할 수 있다. 또한 국내 중소기업의 글로벌 생산네트워크 편입은 국내에서 대기업과 중소기업의 경쟁력 격차를 완화하는 데에도 도움이 될 것으로 판단된다. 많은 중소기업들이 글로벌 생산네트워크에 편입되는 경우 국내 대기업에 대한 중소기업들의 교섭력도 강화되는 부수적인 효과도 올릴 수 있을 것으로 예상된다. 정부는 국내 중소기업들이 글로벌 생산네트워크에 보다 많이 편입될 수 있도록 각종 제도적 정비는 물론이고 중소기업들의 국제경쟁력 향상과 혁신능력 제고를 위한 지원을 강화할 필요가 있다.

지금까지는 해외 다국적기업의 글로벌네트워크화와 관련하여 한국이 이들을 유인할 수 있는 정책들에 대하여 설명하였다. 최근에는 한국기업의 다국적기업화도 빠르게 진전되고 있다. 국내 대기업들도 글로벌 경쟁의 격화에 대비하고, 생산비용의 절감을 위해 생산과정의 분화를 통한 해외진출을 적극적으로 확대하고 있다. 특히 최근 미국이나 유럽 등의 선진국경제가 어려움에 부딪히게 되자 한국의 기업들은 선진국 기업의 인수 및 합병 작업을 시도하는 사례가 늘어나고 있다.

정부는 한국기업들의 생산과정 분화와 글로벌네트워크 구축을 지원하기 위해 네트워크형 성장이란 관점에서 관련된 국내 조세제도나 노동 관련 제도를 정비할 필요가 있다. 즉, 외국기업의 한국기업에 대한 국경 간 인수합병(cross border M&A)을 지원하는 정책과 동일하게 한국기업의 외국기업에 대한 국경 간 인수합병을 지원할 수 있도록 국가 차원에서 인수합병과 관련된 상대국의 관련 제도나 법률 정비를 촉구할 필요가 있다. 특히 한국기업이 외국기업을 인수합병할 때 부당한 상황이나 불공정한 대우를 받지 않도록 국가 차원에서 지원할 수 있는 방안을 마련해야 한다. 한편, 글로벌네트워크 구축과정에서 기업들의 정보수집비용을 줄여 주기 위해 공적인 기관이 현지 관련 제도나 법률 정보, 노동관련 조항 등에 관하여 보다 많은 정보를 제공할 필요도 있다고 하겠다.

(4) 글로벌 생산네트워크를 활용한 새로운 일자리 창출

한국경제가 당면하고 있는 가장 큰 문제 중의 하나는 고용문제이다. 현재 한국은 노동절약적 기술진보와 서비스업의 생산성 증가 미흡 등으로 인하여 경제가 성장하여도 양질의 일자리가 크게 증가하지 않는 구조적인 문제에 봉착해 있다. 이러한 문제를 해결하기 위해서도 네트워크형 성장정책을 도입할 필요가 있다.

네트워크형 성장과 일자리 간의 관계에 대해서는 다음 같은 두 가지 측면을 고려할 수 있다. 먼저 잘 알려진 iPod의 경우는 자체 보유한 생산설비가 없이도 제품의 개발이나 설계능력만 있으면 글로벌 생산네트워크를 통해 새로운 부가가치를 창출하고 타국뿐만 아니라 자국에서도 일자리를 창출할 수 있음을 보여 주고 있다. 글로벌 생산네트워크의 진전은 생산능력보다는 아이디어와 창의성의 상대가격을 더욱 제고하는 결과를 유발하고 있다. 이는 한국경제도 아이디어와 창의성을 바탕으로 하여 혁신적인 상품이나 서비스를 개발해 낸다면 생산시설 없이도 새로운 글로벌 생산네트워크를 형성할 수 있다는 점을 의미한다. 이 과정에서 비록 제품이나 서비스의 생산분야에 일자리가 창출되지 않을 수도 있지만, 새롭게 개발된 제품이나 서비스의 판매 등의 과정에서 새로운 일자리가 창출될 수 있다.

다음으로 국내에서 일자리를 창출하기 위해 보다 적극적으로 글로벌 생산네트워크의 일부를 국내에 유치하려는 노력을 경주할 필요가 있다. 이미 지적하였듯이 글로벌 생산네트워크는 다국적기업들의 생산과정 분화를 바탕으로 형성된다. 한국은 전략적으로 특정 생산과정이나 산업분야에서 특화된 분야를 개발하고 이러한 분야에서 다국적 기업들의 분화된 생산과정을 유치하는 전략을 구사할 필요가 있다. 다음에서 논의하는 연구개발 분야도 특화할 수 있는 분야의 예라고 할 것이다.

(5) 글로벌 연구개발네트워크 추구

현재는 글로벌네트워크 중 생산네트워크가 가장 광범위하게 구축되어 있지만, 글로벌 생산네트워크 이외에도 다양한 글로벌 네트워크가 구축되고 있으며, 향후에도 구축될 것이다. 한국경제가 주목하여야 할 글로벌 네트워크 중의 하나는 글로벌 연구개발네트워크(global R&D network)일 것이다. 한국경제의 부동산가격이나 임금수준을 감안할 때 한국이 다국적기업의 글로벌 생산네트워크의 중심으로 자리잡는 분야는 많지 않을 것이다. 한국경제의 물적 기업경영여건이 외국에 비해 상대적으로 취약함을 고려했을 때, 한국이 글로벌 연구개발네트워크로 편입되기 위해 선택할 수 있는 대안 중의 하나는 인적자본에서 상대적 강점을 만들어 내는 전략일 것이다.

한국경제가 글로벌 연구개발네트워크에서 우수한 경쟁력을 가질 수 있는 기본요인은 비교적 잘 훈련된 인적 자본과 상대적으로 강점이 있는 IT인프라일 것이다. 그러나 글로벌 연구개발 네트워크로 편입되려면 국내 인재만으로는 불충분하며, 외국의 우수한 인재들을 한국에 유치하는 일이 중요하다. 그러나 한국경제의 삶의 질과 관련된 인프라를 고려할 때 글로벌인재들이 자발적으로 그리고 적극적으로 한국에 유입될 수 있는 조건을 갖춘 것은 아니라고 할 수 있다. 글로벌 연구개발네트워크의 생성 또는 편입이라는 정책목표를 위해서는 보다 많은 글로벌 인재들이 한국에 모여들 수 있도록 이민이나 귀화 관련 법규를 정비할 필요가 있다. 또한 글로벌인재들이 한국에서 생활하는 데 불편함이 없도록 교육이나 의료, 행정, 언어 등 다양한 관련 인프라를 확충하는 일도 필요하다.

(6) 국내기업 간 네트워크 성장과 복합네트워크

국내기업 간 네트워크형 성장에도 정책적 관심을 배가할 필요가 있다. 최근 국내에서는 대기업과 중소기업 간의 경쟁력 격차 확대문제가 지속적으로 관심의 대상이 되고 있지만 이러한 격차확대 방지를 위한 근본적인 대책을 수립하기는 쉽지 않다. 이는 기본적으로 대기업과 중소기업 간의 거래가 사적인 거래영역이고, 양자 간에는 경쟁력 격차에 기반을 둔 차별적 교섭력이 존재하기 때문에 정태적으로 볼 때 정부정책으로는 양자 간의 격차를 줄여 나가기가 어렵기 때문이다. 그러나 다른 조건이 동일하다면 국내기업 간 네트워크는 글로벌네트워크에 비해 커뮤니케이션 비용, 법률비용 등 관련 거래비용이 절감되는 것은 사실이다. 국내기업 간 네트워크형 성장을 이룰 수 있다면 이는 한국경제의 부가가치 창출이나 일자리 창출을 위해서도 더욱 바람직한 일이라고 하겠다.

그런데 글로벌 생산네트워크의 관점에서 국내기업 간 생산네트워크를 접근하기는 쉽지 않다. 글로벌 생산네트워크는 단일 기업의 생산과정을 분화하여 각각 분화된 단위 생산과정을 전 세계적으로 가장 비용효율적인 최적의 위치에 배치하는 방식으로 형성된다. 그런데 국내의 경우에는 단일 기업과 기타 분화된 생산과정을 담당할 다른 기업들이 기본적으로 동일한 비용부담을 지게 되는 상황이다. 만약 한국 내에서 지역별 편차가 매우 크다면 이는 한국 내에서의 국내생산네트워크(domestic production network)를 구축할 유인이 발생할 수도 있지만, 한국 내에서의 임금조건 등의 지역별 격차가 크지 않기 때문에 국내에서 생산네트워크의 다른 노드를 찾을 유인은 글로벌 네트워크에 비해 상대적으로 적다.

정부는 한국 대기업들이 국내 중소기업들과 네트워크형 성장을 추진할 수 있도록 유인을 제공하여야 하는데, 이러한 유인 중의 하나가 산·학·연 혁신네트워크와 지역네트워크를 적극적으로 활용하는 방안이다. 대기업과 중소기업, 그리고 대학과 연구기관이 동시에 참여하는 혁신네트워크 또는 연구개발네트워크를 적극적으로 구축하고 이를 통해 개발된 기술이나 상품이 대기업과 중소기업의 생산네트워크에 적절하게 배분되는 구조를 만들어야 한다. 이 네트워크에서 노드는 대기업, 중소기업, 연구기관, 대학 등으로 형성되고, 링크는 연구개발과정, 연구개발의 상품화과정 등으로 구성되어 있다. 이 네트워크에서 보다 중요한 구성요소는 운영체제와 인센티브이다. 정부는 동 네트워크에서 발생되는 부가가치가 네트워크에 참여하는 노드들에게 적절하게 배분되는 운영체계를 구축함으로써 각 노드들이 지속적으로 동 네트워크에 참여하는 유인을 제공해야 한다.

국내에서의 네트워크 활성화를 도모할 수 있는 또 다른 경로는 지역네트워크가 있다. 현실적으로 상당 부분의 자원이 수도권 및 인접지역에 집적되어 있고, 국토의 면적이 매우 넓은 것도 아니어서 한국에서의 지역네트워크는 본질적으로 한계를 가진다고 할 수 있다. 그러나 국토의 효율적인 이용이라는 측면과 지속 가능성의 측면에서 볼 때 현재의 상황이 매우 바람직하지는 않다는 것도 사실이다. 정태적으로 볼 때 새로운 제품이나 서비스를 개발하는 연구개발기지와 개발된 제품을 생산해 내는 생산기지가 동일한 지역에 존재할 때는 막대한 거래비용을 절감할 수 있다. 동태적으로도 연구개발기지와 생산기지가 상호 시너지작용을 일으켜 더 높은 부가가치를 창출할 수도 있다. 따라서 단순히 지역별 근접성뿐만 아니라 연구개발과 생산이 동시에 이루어지는 지역네트워크가 구성된다면 이는 새로운 네트워크형 성장의 모형이라고 할 수 있다. 정부는 산학연 연구개발네트워크, 지역네트워크, 대기업－중소기업의 생산네트워크를 결합하는 클러스터형 또는 복합형 네트워크를 구축함으로써 연구개발의 실효성 제고, 국토의 효율적 이용, 대기업과 중소기업의 동반성장 관계 구축이라는 효과를 동시에 올릴 수 있을 것이다.

클러스터형 또는 복합형 네트워크를 다양하게 구축하는 경우 제조업 간, 제조업과 서비스 간의 융합을 촉진할 수 있다. 이는 어떤 상품이나 서비스가 개발되고 생산되는 과정에서 관련된 다양한 분야의 당사자가 하나의 네트워크로 연계되어 있는 경우 기술이나 제품, 서비스의 융합을 통해 새로운 부가가치를 창출하게 될 확률이 커지기 때문이다.

(7) 네트워크형 성장과 공정거래의 조화

네트워크형 성장과 관련되어 고려해야 할 또 다른 중요이슈는 공정거래 관련 이슈이다. 동 이슈는 다양한 측면이 있다. 네트워크형 성장은 기업 간의 경쟁보다는 네트워크 구축과 연계를 강조한다는 측면에서 경쟁의 활성화를 통한 소비자이익의 보호라는 공정거래정책의 기본정신과 위배되는 성격이 있을 수 있다. 또한 네트워크를 구축하여 운영하는 기업은 네트워크 내의 기업과 네트워크 외의 기업을 차별적으로 대우할 가능성도 있다. 이러한 차별적인 대우가 결국 소비자 후생의 증대기회를 박탈할 수도 있다.

그러나 본질적으로 네트워크형 성장이 공정거래와 배치되는 것은 아니라고 할 수 있다. 네트워크형 성장이 강조되는 상황에서도 최종소비재 시장에 있어서 불공정거래행위에 대해서는 기존의 공정거래의 준칙들을 엄격하게 적용하여야 할 것이다. 다국적 기업들이 글로벌 생산네트워크를 활용하여 생산된 제품이나 서비스를 국내에 공급할 때도 동일한 준칙을 적용하면 된다. 다만 제품이나 서비스의 도입 초기 단계에서 정부가 전략적으로 이들 제품이나 서비스 공급업체를 보호하기 위해 최종소비재 공급기업군의 협업 네트워크를 권장하는 경우에는 산업정책과 공정거래 정책이 충돌하는 부분이 발생한다. 이때, 단기적으로는 일정 기간 동안 산업정책과 공정거래정책을 탄력적으로 운영할 필요는 있는 것으로 판단된다. 다만 이 경우에도 탄력운영기간을 사전적으로 정하여야 할 것이다.

4) 산업정책의 추진과 관련된 핵심 과제들

앞에서는 네트워크형 성장의 관점에서 정책운영의 기본방향을 제시해 보았다. 여기에서는 산업정책과 관련하여 구체적인 추진과제들을 제시해 본다.

한국산업의 전략적인 고부가가치화를 촉진할 필요가 있다. 2000년대 중반 이후 제조업에서는 투입대비 부가가치 비율이 감소하고 있다는 점을 직시하고, 제조업의 고부가가치화를 위한 인프라를 대폭 확대 공급할 필요가 있다. 또한 서비스업에서는 고부가가치 창출형 서비스 산업의 기반 조성(규제 조정 포함)과 관련된 인프라 공급을 확대할 필요가 있다. 고부가가치 산업구조를 만들기 위해서는 구체적으로 단순제조업을 뛰어넘어 제조업과 서비스업의 융합과 더불어 새로운 비즈니스모델의 개발과 적용, 고부가가치화를 지원하는 무형자산에 대한 투자확대, 원천기술의 개발 및 확보를 통한 시장지배력 강화정책 등이 추진되어야 할 것이다.

한국의 산업정책은 서비스업의 경쟁력 제고에 더욱 주력할 필요가 있다. 주지하는 바와 같이 서비스업은 제조업에 비하여 생산성이 현저히 낮으므로 서비스업의 생산성 증대가 절실히 요구된다. 특히 서비스업 중에서 생산성이 더욱 낙후되어 있는 비시장부문 서비스의 규모를 재조정하고, 시장부문 서비스업에 대해서는 개방과 규제완화를 통해 경쟁력 제고에 집중할 필요가 있다. 또한 제조업 관련 서비스업의 경쟁력 강화와 더불어, 내수지향형 서비스업의 경쟁력 강화를 통해 서비스업을 수출산업으로 발전시켜 나가는 전략을 수립할 필요가 있다.

내수시장과 관련하여 '중국시장의 내수시장화' 쪽으로 개념전환을 시도할 필요가 있다. 최근 중국경제는 수출중심에서 내수를 강조하는 방향으로 전환되고 있으며, 이는 우리 경제에 큰 기회요인으로 작용하고 있다. 중국시장도 우리 경제의 내수시장이라는 개념을 활용하고 중국의 내수시장 진출을 위한 국내 서비스업 지원을 강화하여 서비스업을 수출산업으로 전환할 필요가 있다.

지금까지의 산업정책은 투자의 확대가 주된 관심사항이었고 투자 중에서도 유형투자에 대한 관심이 매우 컸다. 향후에는 유형투자뿐만 아니라 무형투자를 대폭 확대할 필요가 있다. 이를 위해서는 소프트웨어, 창조재산권(과학 연구개발, 저작권 및 라이센스(엔터테인먼트, 컬쳐 비즈니스 등에 대한 투자), 디자인, 상품기획 및 개발), 경제적 컴피턴시(economic competency: 브랜드, 기업특화 인적 자본 투자, 조직 구조의 경쟁력 제고) 등에 대한 투자 확대를 지원하여야 한다. 또한 새로운 비즈니스 모델을 창조할 수 있는 능력을 배양하는 정책을 적극적으로 추진할 필요가 있다.

위에서 지적하였듯이 네트워크 프로세스 관리(Network Process Management, 이하 NPM) 정책을 강화할 필요가 있다. 고도로 네트워크화된 산업구조, 기업구조에서 네트워크의 형성·유지·강화 방안을 마련할 필요가 있다. 산업정책이 미싱링크(missing link)를 연결하는 작업이라고 정의하기도 한다는 점에서 현재의 네트워크상에서 미싱링크를 찾아내어 교정하는 작업도 중요한 산업정책의 분야라고 하겠다. 또한 적절한 NPM은 최근 부상되고 있는 융합을 촉진하고 융합성과를 극대화할 수 있을 것으로 기대된다. 여기에서 한 가지 언급할 것은 국가경쟁력을 좌우한다고 할 수 있는 국가 차원의 NPM은 각 경제 주체 간 유기적인 네트워크의 강화를 의미하기도 하지만, 정부의 각종 정책도 유기적인 네트워크를 이루어야 한다는 개념을 포함한다는 점이다.

기존 수요에 대응하는 공급확대 정책에서 새로운 수요를 창출하는 창조 산업/기업형으로의 전환을 도모해야 한다. 기존에 있는 상품이나 서비스는 대부분 전 세계적으로 혹은 국내적으로 공급과잉인 상태가 많으며, 기업은 기존 시장에의 공급 확대가 아니라 새로운 수요를 창출하는 산업/기업으로의 개념전환이 필요하다. 아이폰이 수요창출형 상품의 대표적인 상품이라고 할 수 있으나, 향후 세계환경의 변화—예를 들면 글로벌화, 고령화—에 따라 새로운 제품이나 서비스의 공급이 수요를 창출할 수 있는 여력은 무궁무진할 것이다. 세상에 없던 제품이나 서비스를 만들어 내는 일이 바로 새로운 산업정책의 주된 방향이 되어야 한다.

벤처기업과 소프트웨어산업의 육성

안준모

─요약─

현재 우리나라는 기업의 글로벌 경쟁력을 확보함으로써 국부의 성장엔진을 확고히 하며 증가된 국부가 중산층 및 취약계층에 전달될 수 있는 내수 기업 및 서비스 기업의 활성화가 필요한 시점이다. 특히 글로벌 경쟁의 중요성이 더욱 커지고 있는 상황에서 중소벤처 기업과 소프트웨어 산업의 육성은 정책의 최우선 분야로 자리 잡아 기존의 글로벌 대기업과 양대 축을 이루어 균형 있는 발전을 이루어야 할 것이다.

우리나라의 벤처생태계는 황폐화되어 있고, 정부가 추진하고 있는 벤처육성을 위한 다양한 정책도 파편화되어 있으며, 고급인력의 벤처분야 진입이나 해외인력 활용도 미미하고, 벤처기업의 글로벌 시장 진출을 위한 기반도 구비되어 있지 못한 상황이다. 벤처 정책의 기본방향은 글로벌 기술 창출을 지원하기 위한 대학 육성 및 순수 핵심기술 역량의 확보가 되어야 할 것이다. 국가는 기술적 금융적 위험을 감수하며 실패를 자산화할 수 있는 시스템의 도입 및 운영에 힘써야 할 것이고, 기업은 시장에서 몸으로 부닥치며 시장의 흐름에 창조적으로 적응하고 수익을 창출하는 비즈니스 모델을 개발하고 시험해야 할 것이다.

몇 가지 벤처기업 관련 정책과제를 제시하면 다음과 같다. 첫째, 기존에 부처별 지자체별로 진행된 다양한 클러스터 정책은 연관체계의 부족 및 글로벌 수준의 환경 미비의 문제점을 가지고 있는바, 밸류체인 관점에서의 클러스터 통합을 이룩하고 글로벌 생태 플랫폼을 구성 관리해야 한다. 둘째, 벤처기업이 코스닥 상장 이전이라도 중간재 형태의 반제품(아이디어, 시제품, 초기 제품, 마케팅 및 영업, 판매) 단계에서 가치를 실현할 수 있도록 정부가 중소 벤처 집중 지원, 기술평가, M&A 거래, 인큐베이션 등과 관련하여 적극적인 정책을 펼 필요가 있다. 셋째, 벤처창업의 주체인 고급 인력을 육성하는 시스템을 정비하고, 기존의 경험 기반 창업자를 유동화하는 전략을 구사하며, 해외 고급 인력유치를 위해 이민법 및 취업비자 관련 제도를 정비한다. 넷째, 투자자 수익성과 벤처기업 성장성의 연결성 제고, 중국 등 해외 기술 기업의 진입 유도, 보다 쉬운 진입 및 신속한 퇴출 등을 통해 코스닥 시장을 활성화하고, 코스닥 입성 전 벤처기업의 사적섹터(인큐베이션, 벤처 캐피탈, 엔젤 등) 인프라와 공적 자금·서비스 지원 체계를 정비하며, 글로벌 차원의 벤처생태계 조성을 위해 해외벤처자본의 도입을 적극적으로 추진하고, 부실 벤처기업 퇴출이 활성화되어 적극적 구조조정이 일어날 수 있도록 한다.

소프트웨어는 그 자체로 고부가가치 산업일 뿐 아니라 기존 산업의 구조와 경쟁양식을 바꾸며 글로벌 경쟁의 핵심역할을 할 것이다. 그러나 국내 소프트웨어 산업이 처한 상황은 크게 열악한 것이 현실이다. 국내시장 규모가 협소하고 이 시장마저 분할된 구조로 되어 있다. 소프트웨어 관련 서비스 즉 시스템 통합 및 아웃소싱 운영 산업의 경우는 대기업이 산하에 자회사를 설립하여 시장이 분할된 상태이고 공공시장의 경우에도 대규모 3개사가 유리한 고지를 점함으로써 중견 및 중소기업의 한계수익 확보를 어렵게 하고 있다. 패키지소프트웨어의 경우도 국내시장구조는 외산과 국산의 분명한 분할구조를 나타내고 있다. 고도의 서비스를 요구하거나 글로벌 사업자를 대상으로 한 기업용 패키지의 경우는 글로벌 제품이 독점적 지위를 차지하고 있고, 수익성이 낮고 사후 서비스에 대한 위험이 적은 중견 및 중소기업용 소프트웨어의 경우에만 국산소프트웨어가 시장에 진입하여 사업을 영위하고 있는 실정이다. 국내 소프트웨어 업체의 글로벌 경쟁력은 취약하며, 정부정책도 글로벌 시장 오리엔테이션이 부족하다.

몇 가지 소프트웨어산업 관련 정책과제를 제시하면 다음과 같다. 첫째, 글로벌 시장 진출을 위한 발판으로서 국내시장의 규모를 확장하고 글로벌 표준에 맞추어 국내시장의 공정경쟁구조를 확립해야 한다. 둘째, 전자정부, 교통 시스템, 제조업의 정보화 등의 경험을 살려 신흥시장 현지 인력을 활용한 글로벌 전략을 전개하도록 역량 있는 SI(System Integration)기업을 지원할 필요가 있다. 셋째, 공공시장에서 글로벌 표준을 적극적으로 도입하여 국내시장의 글로벌 프랙티스 경험을 높이고 이를 통한 글로벌 기업과의 선순환적 협력과 시장의 글로벌화를 촉진하는 시장전략이 필요하다. 넷째, 소프트웨어 기업의 창업과 성장의 각 단계에서 이룩한 혁신에 대해 가치실현이 이루어지도록 시장을 활성화하고, 글로벌 시장에서의 경쟁력을 확보하기 위한 기본 인프라를 조성하도록 정책을 수립·시행해야 할 것이다.

오늘날 한국사회는 이념 및 지역 세대 간 갈등과 더불어 경제 갈등까지 다방면에서 분열의 양상을 띠고 조화(balance)로의 회귀를 하여야 하는 상황에 이른 것으로 평가되고 있다. 이를 위하여 먼저 성장잠재력을 극대화하기 위한 정책과 더불어 성장의 과실을 적절히 나누어 가질 수 있는 균형 잡힌 경제구조로 이행되어야 하는 상황에 직면하고 있다. 기업의 글로벌 경쟁력을 확보함으로써 국부의 성장엔진을 확고히 하며 증가된 국부가 중산층 및 취약계층에 전달될 수 있는 내수 기업 및 서비스 기업의 활성화가 필요한 시점이다. 이를 위해서는 최첨단 지식창출 플랫폼 형성, 글로벌 네트워크 촉진, 글로벌 자원 활용, 첨단 벤처중소기업 창업 및 성장 기반을 위한 생태계 형성 및 유지가 정부의 산업 정책의 근간이 되어야 할 것이다. 특히 글로벌 경쟁의 중요성이 더욱 커지고 있는 소프트웨어 산업과 중소벤처 기업의 경우, 정책의 최우선 분야로 자리 잡아 기존의 글로벌 대기업과 양대 축을 이루어

균형 있는 발전을 이루어야 할 것이다.

　1960년대 이후 개발 연대의 성공체험에서 헤어나지 못하는 산업육성정책과 IMF 사태 이후 방황하는 산업정책을 탈피하여 시장의 창의성과 혁신을 가속화할 수 있는 산업인프라 정책으로 전환하고, 산업분야의 재정지출을 감소시키며 민간의 시장 기능을 활용한 산업경쟁력 확보가 필요하다. 세계화 개방 경제하의 글로벌 경쟁력을 확보하기 위한 경쟁력 있는 제도(소프트 및 하드웨어) 공급, 지속 가능한 산업 경쟁력에 정책의 초점이 맞추어져야 할 것이다. 정부는 기업이 필요한 자원의 생태계를 양육(nurture)하는 역할을 담당하고 기업은 이를 기반으로 최고의 자원을 공급받아 최고의 경쟁력을 유지하고 부를 창출함으로써 국민 개개인 즉 가계를 위한 좋은 일자리와 소득을 창출할 수 있는 선진적 기업생태 구조를 마련해야 할 것이다. 국내의 기업 경쟁 구조도 시장의 공정한 경쟁을 통한 공정성 확보와 글로벌 수준으로 업그레이드하여 국내시장의 성공 경험이 글로벌 경험으로 자연스럽게 이전될 수 있는 구조를 마련하여야 할 것이다.

　이하에서는 현재 우리나라 산업정책의 주요과제로서 글로벌 수준의 창업 환경 조성을 통한 지식기반 중소 벤처기업 육성과 신성장동력 및 융합의 인프라로서 소프트웨어산업 육성 문제를 차례로 살펴보기로 한다.

1) 글로벌 수준의 창업 환경 조성을 통한 지식기반 중소 벤처기업 육성

(1) 현황

우리 경제는 1970년대 이후 창업한 기업 가운데 대기업에 속하지 않고 독자적으로 매출 1조 원을 넘은 기업이 5개 정도에 지나지 않는 창업과 성장이 매우 어려운 '늙은 경제'로 표현되고 있다. 또한 대부분의 벤처 기업이 국내를 기반으로 창업하여 글로벌화 추세에 부응하지 못하고 있다. 이는 우리의 산업구조가 글로벌 수준의 창업과 성장이 어려운 구조라는 점을 단적으로 증명한다고 할 수 있다.

기술발전의 급속화와 글로벌화에 따른 전 지구적 경쟁체제하에서 사업의 성공은 창조적 기술의 확보와 이를 사업화할 수 있는 인력 인프라의 중요성이 더욱 커지는 것이 사실이다. 이와 관련하여 각 개별 기업의 민첩성 역량(agile capability)의 확보와 이를 기반으로 한 시간 기준경쟁(time−based competition)을 지원하기 위한 인프라로서 유연한 (stream lined) 연구 창업 환경 연관시스템이 절실하다. 기존 대기업 위주의 발전 전략과 글로벌라이제이션은 생산요소 특히 정보통신 산업의 핵심요소인 인적 자원의 대기업 독식으로 첨단 벤처의 창업과 성장을 어렵게 하고 있다. 기술 혁신이 급격하고 개방화된 첨단 정보통신산업의 경우 인력의 전문화, 글로벌화, 유동화가 경쟁의 핵심인 관계로 고급 인력을 활용한 가치창출을 위해서는 이들의 적절한 이동을 통한 기술 융합과 창업이 활성화되는 생태계가 형성되어야 한다. 그러나 우리의 경우 기존 대기업에 대부분의 핵심인력이 근무하고

결국은 대부분의 핵심인력이 운영인력으로 전락되어 혁신적 가치창
출 인력으로 활용되지 못하고 사장되는 현실이다.

최첨단 기술연구, 개발, 생산, 마케팅, 유통이 유기적으로 연결되고
글로벌 역량이 있는 인력이 모여들어 기업의 개방형 혁신이 촉진되
고 이를 기반으로 세계적 경쟁력이 확보될 수 있는 플랫폼 창출 및
유지가 정부의 주요 정책이 되어야 한다.

(2) 문제점

가. 벤처 육성을 위한 생태계의 황폐화

1990년대 후반 IMF 사태 이후 경제의 근간을 개선하기 위하여 벤
처 육성정책이 추진되었지만, 최근 벤처인력의 유턴 현상, 코스닥의
부실화, 벤처 관련 인큐베이션 산업의 초토화에서 볼 수 있는 바와
같이 벤처생태계 자체가 거의 무력화된 상태이다. 정부 지원 정책에
서 생태계를 조성하여 유능하고 창의적 인재가 도전하고 실패하고
경험하고 성공하는 선순환 구조 정착이 필요하다. 중소기업의 아이디
어도 이를 실현하여 상품화하고 이를 시장화하는 데 필요한 자양분
이 부족하여 우수한 기술이 사장되거나 대기업의 수직하청 구조로
빨려 들어갈 위험성이 매우 높은 현실이다.

나. 파편화된 벤처 육성정책

정부에서 추진하고 있는 다양한 정책도 부처별 단편적 지원정책으
로 실제 창업환경 가치창출을 통한 글로벌화로 이어지는 전략적 방
향성 없이 단편적으로 이루어지고 있는 실정이다. 기존 정부 정책은

지경부에서 추진하는 연구개발특구 육성사업, 경제특구 사업, 산업단지 조성사업, 교과부 산하의 국제과학비즈니스벨트 사업, 교과부와 지경부가 공동으로 지원하는 커넥트 코리아 사업 등으로 파편화되어 있어 실험실 연구 결과가 사업화 단계까지 연결되는 일괄 시스템을 형성하지 못한 상태에서 가치창출의 단절적 구조를 가지고 있다.

추진 주체, 국내 자원 활용과 배분의 측면에서도 지원 계획은 국가적 차원에서 전 국토 및 자원의 효율화를 목표로 기획·집행·조정되어야 하나, 현재는 지자체 및 지역 정치의 이권과 전리품으로 전락하고 지역 이기주의로 제 정책 사이의 시너지와 네트워크를 이룰 수 있는 연결 기능 미약으로 각 정책의 강점이 부각되지 못하고 방황하는 상황이다.

다. 고급 인력의 진입 및 해외 인력 활용 미비

고급 인력의 벤처 투신이 미미한 상황에서 유관 정책의 실효성을 도출하기는 매우 어렵다. 고급 인력은 최상위 대학의 첨단 연구 인력으로부터 배출되거나 첨단 중소기업 또는 관련 대기업에서 다년간 경력을 쌓은 후에 창업하는 형태로 산업에 투신하고 있으나(특히 우리나라의 경우 조사에 의하면 기업 경력자 창업이 60% 이상을 차지하는 것이 특징임), IMF사태 이후 벤처산업의 황폐화로 과거로 회귀하여 대기업의 관리 또는 운영 인력으로 조기 퇴직하는 악순환을 거듭하고 있는 현실이다. 생태계의 활력을 위해서는 고급 인력의 중소 벤처 분야로의 진입이 활성화되어야 하고 이를 기반으로 글로벌 인력 및 자원의 활용이 선순환 구조를 이루어야 한다. 필요한 경우에는 글로벌 인재 활용을 촉진하기 위한 이민을 포함한 다양한 인재 활용 전략이 구사되어야 하나 2011년 7월 현재 영주권자 체류자 총 4만

5,475명 중에 첨단 분야 박사 및 자격증 소지자는 44명, 영주권자 사회통합지수는 21위로 매우 열악한 상황이다. 대기업에서 글로벌 경험을 한 인력의 창업을 유도하고 성공을 위한 인프라 공급시스템 및 창업시스템도 필요하다.

라. 글로벌 시장 진출 기반 미비

매출액 1,000억을 넘은 한국형 강소기업의 특징은 초기부터 해외 시장에서 시장을 개척하여 매출의 상당 부분을 글로벌 시장에서 창출하고 있다는 점이다. 1990년 이후 지식집약 중소기업의 경우는 기존의 국제화 전략단계, 즉 수출을 통한 점진적 글로벌화보다는 창업 직후 신속한 글로벌화가 성공에 유효함이 입증되고 있다. 이를 위해서는 벤처기업의 조직 내부 및 경영자의 글로벌 역량강화, 글로벌 자원을 활용하기 위한 네트워크화, 즉 전략적 제휴나 아웃소싱 네트워크 구축 등이 매우 중요하다.

정부 차원에서는 기존의 국내 기업 지원 및 인프라 정책보다는 글로벌 자원 및 인력의 활용, 글로벌 벤처자원과의 네트워크화, 예를 들면 투자자금 유입환경 조성, 글로벌 기업과의 연계, 연구소 유치 등 벤처기업의 글로벌화를 촉진하기 위한 방안이 정책의 최우선이 되어야 한다. 글로벌 클러스터의 활용 및 국내 산업단지나 기존의 집적지의 글로벌화 및 경쟁력 향상이 필요하다.

(3) 정책 과제

향후 글로벌 기술 창출을 지원하기 위한 대학육성 및 순수 핵심기술 역량의 확보가 우선되어야 하며, 이를 기반으로 시장의 수요를 창조할 수 있다. 기술적 금융적 위험을 감수하며 실패를 자산화할 수 있는 시스템의 도입 및 운영이 국가가 해야 할 산업 인프라 전략이라 할 수 있다. 기업은 시장에서 몸으로 부닥치며 시장의 흐름에 창조적으로 적응하고 수익을 창출하는 비즈니스 모델을 개발하고 시험하며, 이를 통해 글로벌 비즈니스맨이 양성되는 선순환 구조를 구축해 나가야 한다.

가. 밸리, 클러스터, 특구 등 기존 집적지 전략의 통합 및 글로벌 경쟁력 확보

기존에 부처별 지자체별로 진행된 다양한 클러스터 정책은 연관체계의 부족 및 글로벌 수준의 환경 미비로 인하여 수출주도형 시대의 산업 창출 수준에 머물고 있는 현실이다. 기술 창업 프로세스 및 밸류창출 프로세스를 기반으로 한 사업화 성공을 극대화하기 위해 밸류체인 관점에서의 클러스터 통합을 이룩하고 글로벌 생태계와 연결하는 글로벌 생태 플랫폼을 구성 관리해야 할 것이다. 최근 연구 결과에 의하면 벤처캐피털의 투자도 역량 있는 글로벌클러스터에 집중되고 있는데, 이는 생태계 역량 자체가 다양한 인프라적 요소를 흡입하고 있음을 보여 주고 있다.

나. 사업화 이전 단계에서 수익창출이 가능한 성장생태계의 형성

우리의 경우 벤처기업의 성공을 코스닥 상장(평균 12년 소요)으로 보고 있으나 실리콘밸리의 경우 주로 관련 기업에 M&A됨으로써 가치를 회수하는 것으로 보고되고 있다. 하나의 제품이나 서비스가 성공하기 위해서는 핵심 기술만 가지고는 안 됨을 인정하고 기술과 관련된 다양한 자원을 제공하고 이를 전달할 수 있는 차원에서 관련 기업의 M&A를 활성화할 수 있는 제도적·법적 체계를 마련해야 할 것이다. 또한 성장·독립을 의미하는 코스닥 상장 이전에 중간재 형태의 반제품(아이디어, 시제품, 초기 제품, 마케팅 및 영업, 판매) 단계에서 가치를 실현할 수 있도록 정부가 중소 벤처 집중 지원, 기술평가, M&A 거래, 인큐베이션 등과 관련하여 적극적인 정책을 펼 필요가 있다.

다. 고급 기술 인력의 육성 및 유동화

고급 인력 육성을 위해서는 글로벌 경쟁력 있는 핵심기술 및 기초기술을 확보하고, 이를 기반으로 창업 및 집적화에 기여할 수 있는 대학원 대학을 집중육성하며, 기존의 고급인력 즉 경험 기반 창업자를 유동화하는 전략을 구사해야 한다. 기존 벤처기업특별법에 의한 기업에 대한 지원과 더불어 우수인력에 대한 체계적인 투자 시스템을 만들어 글로벌 히든챔피언을 육성·발굴하는 정부의 적극적인 프로그램이 필요하다. 특히 고급 인력유치를 위한 이민법 및 취업비자 발급과 관련하여 글로벌 경쟁력을 확보하기 위한 특단의 대책이 필요하다.

라. 코스닥 및 벤처캐피탈 활성화

지난 1996년 설치되어 운영되고 있는 코스닥이 종합병동이라는 수식어가 붙고 개미들의 무덤이라고 묘사되는 현실은 첨단벤처기업의 창업 문화를 원천적으로 힘들게 하고 있다. 코스닥의 제도적 개편 방향은 유가증권시장과 경쟁하는 가운데 투자자들의 수익성을 벤처기업의 성장성과 연결시키기 위한 '시장의 활력을 높이는 정책'을 도입하고, 선진국 기술 관련 첨단벤처 시장과의 글로벌 경쟁력 확보를 통해 중국 및 해외 기술 기업의 진입을 유도하며, 국내 기업의 경우는 투명성 및 신뢰성을 더욱 강화하는 대신에 진입에 있어서는 문턱을 낮추고 문제 발생 시 신속한 퇴출을 통하여 투자자를 보호하는 쪽으로 잡아야 할 것이다. 이와 더불어 코스닥 입성 전부터 벤처기업의 사적 섹터(인큐베이션, 벤처캐피탈, 엔젤 등)의 생태계를 인프라 건설 차원에서 국가적 역량을 투입하고 사적 활동이 어려운 부분에 대해서는 공적 자금 및 서비스 지원을 위한 전면적 개편 및 통합이 필요하다. 글로벌 차원의 벤처육성 생태계를 조기에 활성화시키기 위하여 벤처자본의 질을 높여야 하며 이를 위하여 해외벤처자본의 도입을 적극적으로 추진하고 국내벤처자본과의 건전한 경쟁을 유도하여야 한다. 건전한 중소벤처기업의 활성화를 위한 가지치기 정책으로서 부실 벤처기업 퇴출이 활성화되어 적극적 구조조정이 일어날 수 있는 제도 도입도 필요하다.

2) 신성장동력 및 융합의 인프라로서 소프트웨어산업 육성

(1) 현황

스마트폰은 지난 100년 동안 자동차가 했던 역할을 할 것이라는 이야기가 있다. 모바일 기술 융합을 통하여 새로운 차원의 경쟁력을 확보하기 위하여 소프트웨어의 중요성은 앞으로 더욱 커질 것으로 예상된다. 애플은 본질적으로 '소프트웨어' 기업이라는 전문가의 코멘

트는 현재 재편되는 글로벌IT산업에서 소프트웨어의 중요성이 절대적임을 말해 준다. 또한 소프트웨어는 기존의 패키지의 개념을 떠나 클라우드 컴퓨팅을 활용하면서 온라인상에서 직접 구매하고 이를 활용하는 서비스 개념으로 급격히 전환되고 있다.

이와 같은 환경하에서 소프트웨어는 고부가가치 산업으로 자리 잡을 뿐 아니라 기존 산업의 구조와 경쟁양식을 바꾸며 글로벌 경쟁의 핵심역할을 할 것이다. 예를 들자면 전통적 산업의 대표인 자동차 산업의 경우에도 2015년에는 자동차 혁신의 80%를 담당하게 될 것으로 예상된다. 구글은 무인자동차 즉 소프트웨어를 기반으로 한 자동차 시험 운전에 성공함으로써 소프트웨어 기반 미래 자동차의 모습을 극명하게 보여 주고 있다. 또한 현재 스마트폰의 산업구조 개편은 향후 소프트웨어 산업의 중요성을 이미 입증해 주고 있다.

그러나 국내 소프트웨어 산업이 처한 상황은 이와 같은 변화를 적극적으로 수용하고 글로벌 리더로 부상하기에는 열악한 것이 현실이다. 이는 국내시장 규모가 협소하고 이 시장마저 분할된 구조로 되어 있다는 점 때문이다. 소프트웨어 관련 서비스 즉 시스템 통합 및 아웃소싱 운영 산업의 경우는 대기업이 산하에 자회사를 설립하여 시장이 분할된 상태이고 공공시장의 경우에도 대규모 3개사가 내부시장에서의 고정 투자자산을 기반으로 변동성 자산의 원가 기준으로 경쟁에 참여하여 유리한 고지를 점함으로써 중견 및 중소기업의 한계수익 확보를 어렵게 하고 있다. 패키지소프트웨어의 경우도 국내시장구조는 외산과 국산의 분명한 분할구조를 나타내고 있다. 고도의 서비스를 요구하거나 글로벌 사업자를 대상으로 한 기업용 패키지의 경우는 글로벌 제품이 독점적 지위를 차지하고 있고, 수익성이 낮고 사후 서비스에 대한 위험이 적은 중견 및 중소기업용 소프트웨어의 경우에만 국산소프트웨어가 시장에 진입하여 사업을 영위하고 있는 실정이다. 이 시장의 경우에도 제품가격 경쟁력이 낮고 유지보수요율이 매우 낮은 관계로 공급사 차원에서 수익성이 매우 낮은 구조를 가지고 있다. 개인 사무용소프트웨어 및 운영시스템의 경우 소프트웨어의 표준화 특성으로 사실상 국내시장이 존재하기 어려운 상황으로 대부분 글로벌 기업의 독무대가 되고 있는 것이 사실이다.

소프트웨어 시장의 특성으로는 글로벌 성격, 표준 기반 경쟁, 협력을 기반으로 한 네트워크 구조를 들 수 있다. 소프트웨어의 경우 표준화라는 특성으로 글로벌 차원의 독과점적 경쟁을 상정한 기업 및 산업정책 입안이 우선되어야 할 것이다. 또한 기업 차원에서는 향후 시장 대응 프로세스를 체계적으로 갖추고 이에 근거하여 창의적이며 선도적으로 문제를 해결하는 시스템을 갖추지 않을 경우 노키아와 같은 운명에 처할 것이라는 견해가 지배적이다. 그런데 현 정부 소프트웨어 산업육성정책의 해외시장진출 확대 및 국제협력 강화 방안은 프로젝트 수출형 참여, 패키지소프트웨어 해외진출 지원, 대중소기업 연합 선단식 진출 지원 등으로 과거 상품수출형 해외진출 패러다임에 갇혀 있는 실정이다. 소프트웨어 산업 육성전략이야말로 국내시장을 기반으로 한 수출전략이라는 전통적 산업 육성 패러다임을 철저히 벗어 버리지 않고는 글로벌 시장경쟁력을 확보하기 어려운 산업임을 인식하여야 한다.

또한 지금까지 정부의 주요 정책대안은 대부분 시장의 행위(conducts) 개선 전략에 집중되어 왔으나 국내시장구조의 특이성으로 인하여 그 실효성이 없었다는 점을 인정하고 이제는 산업의 구조 자체를 바꾸

고 이를 통한 산업의 성과를 도출하는 구조혁신 전략으로 전환하여
야 한다. 이제 시장의 경쟁프로세스 이전에 시장구조를 교정하는 작
업 없이는 산업의 성과가 오르지 않는다는 점을 정책의 초점으로 해
야 한다.

(2) 문제점

최근 IT산업은 '잡스 한 명에 휘청거리는 코리아'로 묘사되고 있다.
이는 지난 20년간의 대한민국 IT성공 신화가 흔들리고 있는 모습을
요약적으로 보여 준다.

가. 분할된 국내시장(수직 하청구조)과 협소한 경쟁 가능 시장

2011 국내 소프트웨어(패키지소프트웨어, 서비스 및 임베디드) 시
장 규모는 전년 대비 8.4% 성장할 경우 약 41.4조 원, 수출은 17.1%
성장한 106.7억 달러(약 11조 원)로 나타나고 있다. 이 시장 중에 패키
지소프트웨어의 경우 대부분 글로벌 업체가 주도하는 시장이고, 서비
스 시장의 경우 경쟁 가능한 시장이 크지 않아 적정 수익률 확보가
어려운 상태로 시장의 분할과 로컬화가 생태계의 건전성을 해치고
있다. 임베디드 시장의 경우는 하드웨어벤더의 시장침투를 위한 지원
적 성격을 지니고 있어서 소프트웨어 차원의 선도력보다는 지원 형
태의 기반을 제공하는 상황이다. 시장 공정경쟁 확보 차원에서도 분
쟁조정위원회, 저작권법 실행 등을 활용한 감독기능이 있으나 실제로
큰 효과를 볼 수 있는 정도의 엄격한 시행을 통한 시장구조 개선에는
그 역할을 하지 못한 것이 사실이다.

나. 정부정책 지향점의 글로벌 시장 오리엔테이션 부족

소프트웨어는 실제로 국내 및 국외 시장의 경계가 점차 의미가 없는 글로벌 차원의 제품 기획, 생산, 유통이 필요한 서비스라 할 수 있다. 특히 최근에 아이폰 열풍을 타고 소비자 대상 소프트웨어의 대부분이 앱스토어에서 직접 거래되고 있는 현상은 이와 같은 소프트웨어 시장의 특성을 반영해 준다. 인프라 차원의 표준화가 이미 시장 자체의 구조를 거의 단일 시장으로 재편하고 있는 것이다. 물론 기업용 일부 소프트웨어의 경우 비즈니스 관행, 계약 관행 및 문화 특성을 반영하여 로컬 시장이 아직 지탱하고는 있으나, 이 경우에도 기술 인프라의 글로벌 표준으로 말미암아 순식간에 소프트웨어 차원의 표준화가 가능하며 이는 비즈니스 프로세스의 글로벌 표준화를 추동시키는 결과를 가져올 수 있다는 점을 유의해야 한다. 결론적으로 소프트웨어의 경우 '글로벌' 성격이 매우 중요한 의미를 지니고 있으며 이에 기반을 둔 경쟁력 및 산업 육성 정책을 검토·수립해야 한다. 2010년도 정부의 소프트웨어산업 종합 발전계획에 따르면 4대 핵심과제에 12개 세부추진과제를 제시하고 있고 글로벌 전략의 일환으로 국제기구와 협력하여 대기업과 중소기업의 동반 진출 전략을 내세우고 있다. 이 전략은 기존의 해외진출 전략으로 추진해 온 방식으로 주로 저개발국 정보화사업의 형태를 띠고 있어서 향후 시장 선점의 효과는 발휘할 수 있으나 핵심역량 확보 차원에서의 글로벌 전략이라 보기는 어렵다.

글로벌 경쟁이 하루가 다르게 벌어지는 소프트웨어 산업의 경우 정부, 기업, 관련 기관 자체의 글로벌화도 동시에 이루어져야 할 것이다. 특히 이를 지원하는 인프라로서 클러스터의 글로벌화는 매우 주요한 의미를 지니고 있다. 특히 창의적 인재의 경우는 최적의 환경에서 자신의 생활을 즐기고자 하는 욕구가 매우 큰 것으로 나타나고 있어서 글로벌 차원의 경쟁력을 발휘할 수 있는 클러스터와 글로벌 시티의 연계가 매우 주요한 요인으로 부각되고 있다.

다. 열악한 생태계: 지식시장의 활성화 부족

산업생태계 차원에서도 기술역량을 중심으로 한 수평적 협력을 이룰 수 있는 구조가 형성되지 못하여 수직적 계열화와 이에 따른 매출 및 수익 구조의 공정성이 항상 문제로 제기되고 있다. 먼저 지식시장에 대한 제도와 인식이 취약하여 벤처기업의 경우 이를 통한 협력과 가치 실현이 어려운 현실이다. 진정한 경쟁시장으로 그 역할을 해야 할 공공시장의 경우도 적정한 수익 확보를 위한 대가 지불, 대기업 및 중소기업의 역량을 기반으로 한 수평적 결합 유도, 구축 후 유지보수에 대한 적정 대가 지불 등 그 바로미터 역할을 충분히 못 하고 있는 것이 사실이다. 경쟁 가능 시장이 취약하고 그나마 경쟁 가능 시장으로서 선순환 구조의 핵심역할을 해야 할 공공시장마저도 제값을 치르지 않는 등 기본적 먹잇감이 취약한 상태이다. 다만 2012년 2월 기존의 공공부문 사업대가기준을 가이드라인으로 개정하여 대가 산정 시 시장가격을 반영하도록 하여 개발, 운영 및 유지보수 단계의 대가를 공정히 함으로써 생태계의 조정을 시도하고 있다.

패키지소프트웨어의 경우 국내시장의 65% 정도를 오라클이나 마이크로소프트 등 글로벌 소프트웨어 사업자가 점유하고 있다. 나머지 시장에서도 국내 중소기업의 과당 경쟁으로 이익률은 열악한 실정이다. 이에 따른 연구개발 여력 부족, 우수인재 영입 불가능 등으로 지속 성장 및 장기적 경쟁력 확보는 요원해 보이며 최근 국내 대표적 소프트웨어 업체의 글로벌화 실패 및 국내시장 점유 실패 사례는 시사하는 바가 크다고 할 수 있다. 이는 결과적으로 전문가 시장의 취약으로 이어져 우수한 인력의 진입을 어렵게 하고 결국 핵심인력의 배출 및 유지를 어렵게 하고 있다. 글로벌 경쟁력을 확보하기 위해서는 급변하는 소프트웨어 시장의 혁신에 유연하게 적응할 수 있는 글로벌 차원의 M&A가 원활히 이루어져야 하나 핵심역량을 기반으로 한 M&A 활동이 부진한 실정이다.

라. 글로벌 산업 경쟁력의 취약

현재 소프트웨어 산업에서의 한국의 위상은 IT 서비스 즉 통합 분야에 세계 100대 기업이 3개 있으나, 소프트웨어 분야에는 세계 300대 기업에 한 개의 기업도 포함되어 있지 않은 데에서 잘 나타난다. 글로벌 표준 경쟁에 기반을 둔 산업의 특성을 고려할 때 소프트웨어 산업에 300대 기업 하나 없다는 점은 극도의 위기 상황이라 할 수 있다. 이는 또한 지난 15년간의 소프트웨어 산업정책의 극명한 실패를 보여 주고 있다. 국내시장의 경우에도 일부 핵심역량을 바탕으로 한 서비스 공급시장의 경우에는 글로벌 기업을 대체할 수 있는 국내 서비스 기업을 찾을 수 없는 사례가 발생하고 있다. 이는 소프트웨어 패키지 및 운영소프트웨어 분야뿐 아니라 이를 통합하여 서비스하는 경우에도 핵심역량의 부족으로 문화적 차이를 기반으로 한 경쟁력 이외에는 글로벌 차원에서의 기술적 핵심역량 확보에는 실패하고 있음을 보여 주고 있다. 현재 휴대폰 관련 내장 소프트웨어 개발업체의 경우에도 단순 하드웨어 기반 소프트웨어 개발 역량을 가지고 주로 인건비 장사를 하고 있고, 특히 동반성장의 압력 및 하드웨어 업체의 글로벌 경쟁 격화로 기존 소프트웨어 개발마저 해외 인력 비용이 국내에 비하여 70~80% 수준인 인도 및 중국으로 아웃소싱하는 전략이 도입되고 있는 실정이다. 국내 소프트웨어 업체의 글로벌 경쟁력의 취약성을 극복하기 위하여 일부 대기업의 경우 소프트웨어 핵심 전담 조직은 아예 미국에 배치하고 글로벌 동향을 점검하여 고부가가치 소프트웨어의 경우 개발 및 제휴를 전략적으로 진행하고 있다.

(3) 정책과제

가. 독과점적 내부시장의 공정 시장경쟁 유도

시장구조를 개편하는 것이 필요한 시점이다. 시장구조개편은 두 방향에서 진행될 수 있다. 글로벌 시장 진출을 위한 발판으로서 국내시장의 규모 확장과 글로벌 표준에 맞는 국내시장구조의 확보가 필요하다. 국내시장의 규모를 확장하기 위해서는 수요자 기업 차원에서 IT활용의 양과 질을 글로벌 수준으로 업그레이드하는 것이 필요하다. 최근에 강조되는 융합 기술을 적극적으로 시장에서 도입 활용할 수 있는 제도적 유인책을 제공함으로써 사용자 기업의 활용 욕구도 증진시킬 필요가 있다.

분할된 시장구조를 혁신하기 위해서는 경쟁력이 취약한 한계 SI(System Integration)기업이나 핵심역량이 취약한 기업의 경우 이를 전문 기업에 적극적으로 이관하여 규모 및 범위의 경제를 실현할 수 있는 산업구조를 마련해야 한다. 특히 대기업 및 중견기업군의 SI기업 중에 한계 영업 이익이 확보되지 않는, 즉 글로벌 경쟁력이 없는 SI기업의 경우 소프트웨어 산업의 글로벌 경쟁력 확보라는 차원에서 구조조정이 필요한 시점이다.

나. 글로벌 역량을 지닌 SI기업의 글로벌화를 지원

소프트웨어 산업 발전을 위한 플랫폼 산업으로서 SI산업 발전은 매우 중요한 역할을 할 수 있다. 최근 대중소기업 동반성장을 위한 조치로 공정거래위원회는 소프트웨어 사업자의 경우 계약 가격 감액 사유 사전통지 의무화, 기술자료 요구 금지, 하도급 대금 조정 협의 의무화, 표준하도급계약서 사용 의무화 등의 정책을 도입하여 거래의 불공정성을 지양하는 노력을 보이고 있다.

국내 SI 기업의 경우 지난 30년간의 국내 정보화 경험을 통해 신흥시장에서 글로벌 기업과 경쟁할 수 있는 역량을 확보하였다. 특히 인프라 구조 확충 사업의 경우 전자정부, 교통 시스템, 제조업의 정보화 경험을 살려 신흥시장 현지 인력을 활용한 글로벌 전략을 전개할 수 있을 것이다. 조선, 자동차 등 우리나라가 글로벌 경쟁력을 확보한 분야에 글로벌 핵심 소프트웨어 개발 및 서비스 지원 사업도 동시에 추진할 수 있도록 정책적 지원을 하는 것도 필요하다.

다. 공공시장의 글로벌 프랙티스 도입

국내시장 특히 경쟁 가능 시장으로서 공공시장의 글로벌 수준으로의 업그레이드 정책이 필요하다. 공공시장에서 글로벌 표준을 적극적으로 도입하여 국내시장의 글로벌 프랙티스 경험을 높이고 이를 통한 글로벌 기업과의 선순환적 협력과 시장의 글로벌화를 촉진하는 시장 전략이 필요하다. 이는 결국 글로벌 경쟁의 중요성이 매우 큰 소프트웨어 산업의 특성을 반영할 수 있다는 점에서 매우 중요하다. 글로벌 시장 프로세스를 국내에서 경험할 수 있는 여건을 마련해 준다면 이를 바탕으로 중소 벤처 기업인들은 글로벌 시장에서 필요한 체력과 역량을 얻고 국내 기업 및 글로벌 기업과 상생할 수 있는 체력을 갖추게 될 것이다. 국내 대기업 SI회사에 목매고 있는 현실은 국내시장의 왜곡된 경쟁 프랙티스에 갇힌 중소기업을 양산하고 결국은 글로벌화를 지연시키고 있다. 최근 정부의 정책 중심이 대기업과 중소 하청기업의 상생에 초점을 모으고 있으나, 이와 같은 파트너 간의 협력을 인위적으로 제시하기보다는 시장 자체의 확대와 공정한 경쟁, 즉 중소 SW기업이 대기업과 대등한 경쟁을 할 수 있는 생태계를 마련하는 것이 최우선과제여야 할 것이다. 최근 모바일 앱 시장을 기반으로 중소 개발자의 수익창출 구조가 개선되고 글로벌 사업자와의 연결이 가능해짐으로써 개발자의 가치가 경쟁력 차원에서 평가받는다는 점은 많은 시사점을 던지고 있다. 향후 4세대 이동통신의 경우 콘텐츠의 중요성이 더욱 커짐에 따라서 콘텐츠 소프트웨어 및 모바일 분야의 소프트웨어 생태계 글로벌화를 지원하기 위한 정책을 수립·실행하여야 한다.

라. 중소벤처형 SW기업 창업 및 가치화 실현 생태계 조성

국내의 성공적인 소프트웨어 회사 자체 수가 매우 적고 설사 성공한 업체의 경우에도 수익을 실현하는 데 상당기간이 걸리고 있음을 고려할 때에 국내시장에서는 성공보다는 '살아남는' 것조차 매우 힘겨운 것이 현실이다. 성공적인 벤처기업은 국내의 핵심역량 분야를 기반으로 글로벌화를 적극적으로 추진한 기업, 특화된 분야에서 기술력을 확보한 기업, 게임분야 등 인프라 기반을 활용한 소프트웨어 기업 등으로 구분될 수 있다.

소프트웨어 기업의 창업과 성장의 각 단계에서 이룩한 혁신에 대해 가치실현이 이루어지도록 시장을 활성화하고, 글로벌 시장에서의 경쟁력을 확보하기 위한 기본 인프라를 조성하도록 정책을 수립·시행해야 할 것이다. 또한 이스라엘의 경우와 같이 유관 벤처와 상호 시너지 효과를 발휘하도록 그룹화를 지원하기 위한 정책적 배려도 필요하다. 저작권, 시제품, 핵심 비즈니스 모델, 기술 가치, M&A, 인큐베이션 인프라, 코스닥 시장 진입 심사 기준의 특화, 혁신적 개인에 대한 투자 활성화 등과 관련한 다각적인 정책 도입도 필요하다.

제3장

지속 가능 발전을 위한 에너지 및 자원 안보전략

윤문섭

-요약-

우리 사회가 인간다운 고품격의 삶이라는 목표를 구현하기 위해 미래에 직면하게 될 변화와 위기는 매우 다양하고 복잡할 것으로 예상된다. 특히 에너지 문제의 해결, 자원순환 및 신자원 확보, 기후변화의 예측과 이에의 적응, 환경오염 문제 대응, 온실가스의 저감 및 방지 등에 대한 준비는 더욱 중요해질 것이다.

우리나라는 현재 세계 10위 에너지소비국이자 세계 5위 원유수입국이다. 97%의 에너지를 수입에 의존하고 있으며 이는 국가경제 안정성에 위협으로 작용하고 있다. 또한 석유, 우라늄 등 주요 자원 역시 전 세계적으로 수요량이 지속적으로 증가할 전망이어서 자원의 확보가 국가성장을 위해 전략적으로 매우 중요한 이슈가 될 것이다.

한반도의 평균기온은 지난 100년 동안 1.7℃ 상승하여 지구 평균을 상회하고 있다. 이로 인해 2071년에서 2100년 사이에 남한 전역이 아열대 기후로 변화될 것으로 예상되고 있다. 주변국의 산업화 역시 한반도를 새로운 환경위협에 직면케 할 것으로 예상된다.

이러한 에너지·자원·환경 문제에 대응하기 위해서 다음과 같은 국가 차원의 전략적 노력이 필요하다.

에너지 자원 안보체제 구축: 에너지원의 안정적 확보를 위해 차세대 태양전지기술, 대형 풍력시스템 기술, 바이오 에너지 기술, 수소생산기술 등의 기술을 개발해야 한다. 또한 국가 차원에서 에너지를 통합 관리하여 효율을 향상시키고, 산업생산기술을 혁신시키기 위해 노력해야 한다. 이러한 장기적인 에너지체제가 수립될 때까지 징검다리 에너지원으로 원자력에너지를 적극 활용한다.

자원 순환형 사회 구축: 청정 재활용 기술, 제로 에미션 기술 등의 개발에 투자를 확대하고 해외 의존도가 99%, 25%에 달하는 금속 및 비금속 광물 자원의 안정적 확보를 위한 전략을 추진한다. 특히 국가전략 광물자원의 경우 자주 개발률을 획기적으로 높일 수 있는 방안을 강구하고 관련 기술의 개발에 투자를 확대·강화한다.

에코이노베이션 촉진: 기존 산업의 생산성 향상과 상품·서비스의 고부가가치화에 필요한 환경경영, 국제환경규제 대응, 환경법률 서비스 등 분야는 아직도 유치산업 수준이다. 향후 환경지식서비스 시장의 성장에 대응할 전문 인력 공급, 환경정보 구축·관리·탐색·수집 및 컨설팅 기술 등 육성·보강해야 할 분야가

많다. 이를 위해 에코디자인(eco−design) 기술, 환경 통계정보의 질 제고 및 지식·정보 전달체계 효율화를 위한 에코인프라(eco−infrastructure) 기술, 미래형 선진 환경컨설팅 기법 등 미래 에코비즈니스(eco−business) 개발을 위한 3대 기술개발이 최우선적으로 추진되어야 한다.

1) 우리나라 자원, 에너지, 환경문제와 대응 방향

(1) 문제

우리 사회가 인간다운 고품격의 삶이란 목표를 구현하기 위해 미래에 직면하게 될 변화와 위기는 매우 다양하고 복잡할 것으로 예상된다. 특히, 에너지 문제의 해결, 자원순환 및 신자원 확보, 기후변화의 예측과 이에의 적응, 환경오염 문제 대응, 온실가스의 저감 및 방지 등에 대한 준비는 더욱 중요해질 것이다.

가. 에너지

인류의 에너지 사용량은 지속적으로 증가할 것으로 예상된다. 2008년에 발표된 에너지기술전망(ETP: Energy Technology Perspectives)에 따르면 세계경제는 2050년까지 4배 규모로 성장할 것이며 에너지 소비량은 2030년에 현재 대비 147%에 이른 후 꾸준히 증가하여 2배에 도달할 것으로 보인다.

〈그림 7〉 에너지원별 수요예측

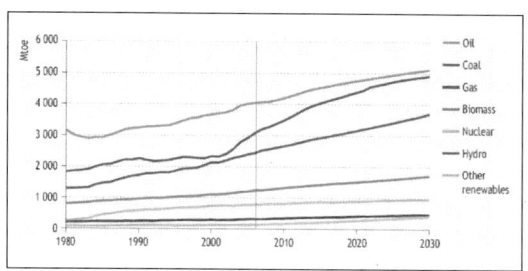

[자료: IEA, 2008]

  우리나라는 현재 세계 10위 에너지 소비국이자 세계 5위 원유수입
국이다. 97%의 에너지를 수입에 의존하고 있으며 이는 국가경제 안
정성에 위협으로 작용하고 있다. 향후에도 에너지의 해외 의존도는
상당기간 지속될 것으로 보인다. 석유, 우라늄 등 주요 자원 역시 전
세계적으로 수요량이 지속적으로 증가할 전망인 반면 가채량은 지속
적으로 줄어들고 있다. 이로 인해 자원의 확보가 국가성장을 위해 전
략적으로 매우 중요한 이슈가 될 것이다.

〈그림 8〉 주요 자원의 가채연수

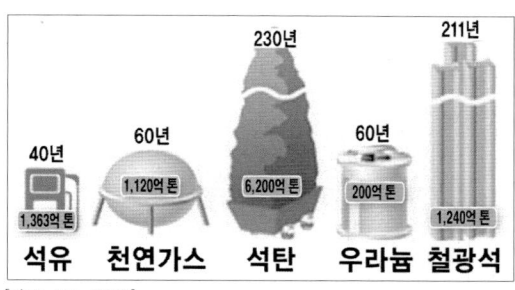

[자료: IEA, 2008]

나. 자원

우리나라는 에너지원뿐 아니라 주요 자원 대부분을 해외에 의존하고 있어 자원안보라는 측면에서 우리는 매우 취약한 상황에 있다. 이러한 상황을 개선하기 위해서는 자원의 재활용 등 새로운 형태의 자원확보 방안이 마련되어야 할 것이다. 따라서 신자원 개발에 대한 경쟁은 더욱 치열해질 것이다.

다. 환경

중국, 인도 등 개발도상국의 산업화·도시화에 따른 에너지·자원 사용 증대는 CO$_2$ 등 온실가스 배출량을 증가시키게 될 것이며, 지구 온난화를 더욱 가속화시킬 것으로 예상된다. 실제로 주요 선진국의 산업화 기간(1906~2005) 동안 전 세계 평균기온은 0.74℃ 상승한 것으로 나타났다.

〈그림 9〉 에너지 관련 온실가스 배출량 전망 및 세계 평균기온 변화 추이

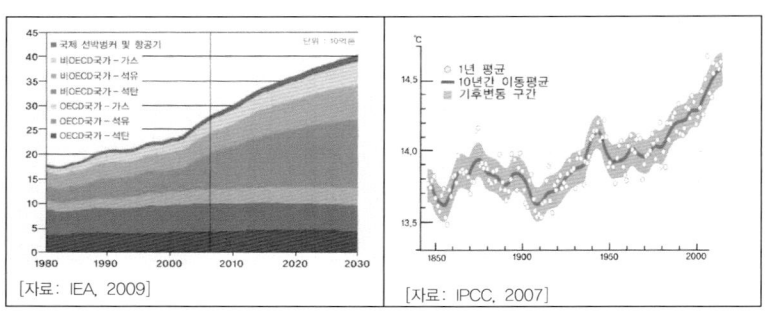

한반도의 지난 100년 동안 평균기온은 1.7℃ 상승하여 지구 평균을 상회하고 있다. 이로 인해 2071년에서 2100년 사이에 남한 전역이 아열대 기후로 변화될 것으로 예상되고 있다. 주변국의 산업화 역시 한

반도를 새로운 환경위협에 직면케 할 것으로 예상된다.

(2) 대응 방향: 정책목표

가. 에너지 자원 안보체제 구축

에너지원의 안정적 확보를 위해 신재생에너지원의 개발에 박차를 가하여야 한다. 특히 차세대 태양전지기술, 대형 풍력시스템 기술, 바이오에너지, 수소생산기술 등의 기술수준 향상을 위한 지속적 투자와 노력이 필요하다. 또한 국가 차원에서 에너지를 통합 관리하여 효율을 향상시키고, 산업생산기술을 혁신하여 효율향상에 노력해야 한다. 전체 에너지 사용량의 36%와 26%를 점하고 있는 발전 및 수송부문에서의 효율향상에 적극적인 정책 대응이 요구된다. 이러한 장기적인 에너지체제가 수립될 때까지 징검다리 에너지원으로서 원자력에너지를 적극 활용한다.

나. 자원순환형 사회 구축

청정 재활용 기술, 제로 에미션 기술 등의 개발에 투자를 확대하고 해외 의존도가 99%, 25%에 달하는 금속 및 비금속광물 자원의 안정적 확보를 위한 전략을 구축한다. 특히 국가전략광물자원의 경우 자주 개발률을 획기적으로 높일 수 있는 방안을 강구하고 관련 기술의 개발에 투자를 확대, 강화한다.

다. 에코이노베이션 촉진

기존 산업의 생산성 향상과 상품·서비스의 고부가가치화에 필요한 국내의 환경경영, 국제환경규제 대응, 환경법률 서비스 등 분야는 아직도 유치산업 수준이다. 향후 환경지식 서비스 시장 성장에 대응할 전문인력 공급, 환경정보 구축·관리·탐색·수집 및 컨설팅 기술 등 육성, 보강해야 할 분야가 많다. 이를 위해 에코디자인(eco-design) 기술, 환경통계정보의 질 제고 및 지식·정보 전달체계 효율화를 위한 에코인프라(eco-infrastructure) 기술, 미래형 선진 환경컨설팅 기법 등 미래 에코비즈니스(eco-business) 개발을 위한 3대 기술개발이 최우선적으로 추진되어야 한다.

2) 에너지 안보 체제 구축

지난 11월 국제원자력기구(IAEA)는 후쿠시마 원전사고에도 불구하고 앞으로 수십 년간 신규원전 건설이 꾸준히 증가할 것이라고 발표하였다. 향후 기후변화협약에 따른 온실가스 감축의무 이행, 화석연료 가격의 급격한 변동, 에너지 수요의 꾸준한 증가, 에너지 확보에 대한 불안감 등으로 원전 수요가 꾸준히 증가할 것으로 전망한 것이다.

우리나라의 경우, 화석연료 에너지의 이상적인 대안으로 꼽히는 신재생에너지의 기술개발 부진과 지리적 여건으로 인한 잠재자원 부족 등으로 신재생에너지에 대한 의존도가 낮은 상황이다. 실제로 국내 신재생에너지 발전비중은 2.5%('09년 기준)에 불과한데, 이 중 84.9%는 폐기물과 수력에 의한 것이며, 차세대 유망 에너지원으로 각광받고 있는 태양광과 풍력의 발전비중은 미미하다. 게다가 2012년 신재생에너지 공급의무화 제도가 시행되어 당초 목표를 달성한다 해도, 2022년 신재생에너지의 발전비중은 7% 수준에 그칠 것으로 보여

전력수요에 효과적인 대응이 어려울 것으로 예상된다. 기술적 측면에서도, 신재생에너지 등 분산형 전원 도입을 높일 경우, 출력 변동성 증가로 인해 안정적 전력공급이 가능한 원자력 등 대용량 기저부하의 중요성이 더 커진다.

따라서 원자력이 새로운 에너지원이 개발, 실용화될 때까지 징검다리 에너지원으로서 가장 현실적인 대안이라고 할 수 있다. 그러나 원자력이 효과적인 대안이 되기 위해서는 원자력 발전의 잠재적 위험성을 최소화하는 기술적·제도적 장치가 마련되어야 할 것이다.

(1) 원전 설계·건설에 대한 안전성 기준 강화

정부는 후쿠시마 원전사고 이후 바로 특별대응팀을 구성하여 가동 중 원전 21기에 대해 안전점검을 실시하고, 신규원전의 내진설계기준을 리히터 규모 6.5(가동 원전)에서 6.9로 상향 조정하는 등 안전 기준을 강화하였다. 내진설계기준을 강화할수록 원전의 건설비용은 증가한다. 현재 상향 조정된 안전성 기준에 따라 원전을 건설할 경우, 건설단가가 약 7.4원/kWh 상승할 것으로 예측된다. 이와 함께 발전원가도 45.3원/kWh로 상승할 것으로 보인다.

하지만 안전성 기준 상향조정에 따른 모든 추가 비용을 발전사업자에게 부담 지우는 것은 발전사업자의 재무 건전성을 악화시켜 신규원전 사업과 가동원전의 안전관리에 필요한 자금 확보에 어려움을 야기할 수 있다. 따라서 정부가 적절한 수준에서 발전사업자와 함께 원전 안전성 증진에 소요되는 추가비용을 분담하는 방안을 모색해 볼 필요가 있다.

(2) 원자력 안전체제 강화

정부가 원자력 안전체제 강화를 위해 최근 독립된 원자력안전규제 행정부처인 '원자력안전위원회'를 신설하였다. 신설된 원자력안전위원회가 가장 시급히 수행할 업무는 원전 안전성에 대한 국민의 불안감을 해소하는 한편 실제로 신규원전 및 가동원전의 안전성을 확실하게 담보할 수 있는 규제수단을 마련하는 것이다.

첫째, 모든 원전이 극한적인 복합재난 속에서도 안전하게 정지하고 장기간 노심냉각기능을 유지할 수 있는 설비와 기능을 갖추도록 관련 요건을 제·개정하고 이들 요건을 사업자가 준수하도록 지도하고 사업자의 이행상황을 주기적으로 감시해야 한다.

둘째, 원전 부지 내 임시저장수조에 보관되어 있는 사용후핵연료에 대한 안전관리 요건을 강화하여, 어떠한 경우에도 저장 중인 사용후핵연료에 대한 냉각과 모니터링 기능이 상실되지 않도록 해야 한다. 또한 사용후핵연료의 안전 관리를 위한 국가 정책을 관련 부처(교육과학기술부, 지식경제부, 외교부 등)와 공동으로 마련해 나가야 한다.

셋째, 원전사고에 대비한 '국가방사선비상대응체계'에 대한 대대적 점검과 보완이 이루어져야 한다. 원전 사고는 발생을 예방하는 것이 우선이지만 불가피하게 방사성 물질의 대규모 방출이 일어나면, 인근 주민과 환경을 보호하기 위한 일련의 조치를 신속하게 취해야 한다. 평소에 철저한 계획과 반복된 훈련을 통해 비상대응 역량을 키워야 한다.

넷째, 대규모 사상자 발생에 대비한 '국가방사선비상진료체계'를 수립해야 한다. 후쿠시마 원전사고와 같은 대형 원전사고가 발생하게 되면, 사망자와 함께 수많은 방사선피폭 환자가 발생한다. 이러한 상황

을 대비하여 대규모 방사선 피폭 환자를 신속하게 구난하여 후송하고
진료할 수 있는 응급구난 및 진료체계를 구비해야 한다. 이를 위해 의
료진 역량강화를 위한 국가적 차원의 연구개발 투자가 필요하다.

　다섯째, 방사성 물질의 대규모 방출에 대비하여, '국제방사선비상
대응협력체계'를 수립하고 그 실효성을 주기적으로 점검하고 보완해
나가야 한다. 방사성 물질이 대규모 방출되면, 후쿠시마 원전사고에
보듯이 방사선 피해 범위가 국경을 초월할 수 있다. 이러한 방사선
비상 발생 시 인근 국가에 사고발생 사실을 조기에 통보하는 한편,
인근 국가와 함께 사고 진압과 피해 확산방지 노력을 공동으로 전개
해 나가는 공조의 틀을 마련하는 것이 필요하다.

(3) 국민의 신뢰성 확보

　사회가 점차 개방되고 정부의 정책결정과정에 대중의 참여욕구가
커지는 최근의 추세를 감안할 때, 국가 정책을 결정하고 집행하는 과
정에서 대중의 수용성은 그 역할과 의미가 점점 중요해지고 있다. 원
전 또는 방폐장과 같은 기피시설의 경우, 지역주민과 국민의 지지 확
보가 더욱 절실하며, 이를 위해 원자력(안전)에 대한 국민의 신뢰 확
보가 선행되어야 한다.

　신뢰의 사전적 의미는 '믿고 의지하다'이다. 쌍방이 믿기 위해서는
서로에게 거짓이 없고 솔직해야 한다. 우선 사업자를 비롯한 원자력
계는 원자력(안전)에 대한 객관적 정보를 국민에게 투명하게 공개해
야 한다. 또한 국민은 원자력을 우리 삶과 경제의 일부로 받아들이고
원자력계를 대화의 상대로 인정해야 한다. 이러한 인식의 전환을 바

탕으로 쌍방은 머리를 맞대고 원전의 안전성과 국가 경제에 대한 기여도를 향상시킬 수 있는 방안을 찾아야 한다.

(4) 원전 안전성 향상을 위한 R&D 강화

후쿠시마 원전사고는 아직도 원전의 안전성 강화를 위해 여러 가지 기술개발과 많은 투자가 수반되어야 한다. 지진과 쓰나미가 연쇄적으로 일어나는 극한다중의 재해위험을 고려하여 안전계통 설계기준을 강화하는 한편, 동일 부지에 위치한 여러 개의 원전에 대한 안전성 확보 방안, 최종 냉각 및 전력계통 상실 방지설비 개발 등이 이루어져야 한다.

핵연료 피복재와 수증기의 반응으로 발생하는 수소 폭발 위험성을 줄이기 위해, 수증기에 노출되어도 수소발생이 거의 일어나지 않으면서도 고온고압에 견딜 수 있는 핵연료 피복재 소재를 개발해야 한다. 또한 후쿠시마 원전 4호기 사고와 관련하여, 극한상황에서도 사용후핵연료 저장조의 냉각과 감시기능을 유지할 수 있는 설비와 기술을 개발하는 것이 필요하다. 이와 함께 중대사고 발생 시, 사고의 진행과정과 이에 따른 원전계통과 각종 안전 관련 설비의 시계열적 거동을 신뢰성 있게 예측하고 분석할 수 있는 중대사고 해석 전산코드 개발이 필요하며, 원자로의 장기 냉각, 격납건물 내 수소농도 제어, 증기폭발 예방 등을 위한 중대사고 완화설비에 대한 연구개발이 필요하다.

앞으로 전 세계적인 원자력의 지속적 이용을 위해 기존 원전에 비해 안전성을 획기적으로 향상시켰지만 타 발전원에 비해 경제성도 뒤떨어지지 않는 미래형 원전 시스템의 조기 상용화 요구가 커질 것이다. 이와 함께 분산형 발전원으로서 안전성과 경제성이 우수한 소형원자로(SMR: Small Modular Reactor)에 대한 수요도 높아질 것으로 보인다. 특히 후쿠시마 원전사고 이후 안전성이 뛰어난 SMR에 대한 수요가 높아질 것으로 전망되면서, 미국이 2021년까지 SMR 2기 건설의 법제화(Nuclear Power 21 Act)를 검토하는 등, 각국은 SMR 기술개발에 투자를 확대하고 있다. 따라서 우리나라는 후쿠시마 이후 형성될 상용원자로와 중소형원자로 세계 시장을 예측·분석하여, 시장경쟁력을 갖춘 상용원자로와 중소형원자로의 기술개발을 서둘러야 한다. 이를 위해 지식경제부가 주도하는 원자로기술개발사업계획을 수정·보완하는 한편 인력과 재원투입 일정 등을 조정할 필요가 있다. 중소형원자로의 경우, 세계적으로 가장 개발단계가 앞선 SMART(System−integrated Modular Advanced ReacTor) 원자로의 표준설계 인가와 국내 실증을 조속히 추진함으로써, 우리나라가 중소형원자로 시장을 선점할 수 있는 계기를 마련해야 한다.

(5) 국가원자력종합계획 수립

지난 10월 원자력위원회의 발족은 과거 국내 원자력행정체제가 교육과학기술부−지식경제부의 이원 체제에서 삼원 체제로 바뀌는 계기가 되었다. 과거에 비해 원자력안전규제에 대한 객관성과 투명성을 향상하는 계기가 되었지만, 3개 행정부처의 역할과 기능을 균형 있게 조율해야 하는 부담은 커지게 되었다.

이러한 문제를 해결하기 위해, 원자력 안전규제, 이용개발, 국제협력 및 연구개발 등을 포함한 범정부 차원의 '국가원자력종합계획'을 총리실 주도로 수립하고, 세부 분야별·기능별로 전담 또는 주도 부처를 지정하는 것을 검토할 필요가 있다. 이와 함께 세부 분야별로 이행계획과 로드맵을 작성토록 하여, 일관되고 체계적인 원자력 행정이 이루어질 수 있는 환경을 만들 필요가 있다.

3) 자원순환형 사회 구축 전략

(1) 자원순환형 사회 구축의 필요성

20세기에 들어서면서 인류의 삶의 질은 대량생산과 대량소비를 기반으로 크게 향상되었다. 그러나 한편으로는 환경오염 문제가 매우 심각해졌다. 다양한 형태의 환경부하가 환경을 해치고 있으며, 인체나 생태계와 같은 보호대상에게 건강 피해나 경제적 손실 등 심각한 악영향을 미치고 있다. 뿐만 아니라 대량생산·대량소비는 필연적으로 대량폐기형 사회구조로 연결되고 있는데, 대량폐기형 사회구조는 재생불가능한 자원의 고갈을 재촉하고 있다.

이러한 체제하에서 수요를 충족시킬 수 있도록 충분한 자원을 공급하는 것을 바람직한 자원관리방식이라 볼 수는 없다. 필수적인 자원은 확보해야 하지만, 한편으로는 국가와 기업 차원에서 확보된 자원을 얼마나 효율적으로 이용하고 순환 사용하고 있는가가 자원관리의 핵심이 될 수 있다. 이런 관점에서 자원 확보 못지않게 중요하고 효과적인 자원관리 수단은 폐기물 관리를 포함한 자원순환 시스템을 구축하는 것이다. 자원순환 시스템의 핵심은 폐기물 발생 자체를 줄이고, 불가피하게 발생한 폐기물은 최대한 재활용하며, 재활용할 수 없는 폐기물에 대해서도 에너지를 회수한 다음 최종적으로 안정화를 위한 처리대상으로 삼는 것이다.

자원순환형 사회 기반 구축을 위해서 과거의 재활용(recycle) 위주의 1R 정책이 최근에는 3R(reduce, reuse, recycle)을 거쳐 4R(3R+energy recovery)을 동시 추진하는 정책으로 전환되고 있다.

〈그림 10〉 자원순환형 폐기물 관리체계

발생 억제 (감량화)	• 일회용품 사용규제 • 과대 포장 규제 • 폐기물부담금제도	• 음식물쓰레기 줄이기 • 쓰레기 종량제 실시 • 사업장폐기물 감량화 제도
재사용	• 재활용센터 운영 • 빈용기(공병) 보증금제	• 재제조(remanufacturing) 및 부품 재사용 지원
재활용	• EPR(확대생산자책임재활용) 제도 • 재활용 가능 폐기물 분리배출 및 수거체계의 효율화 • 건설폐기물 재활용 촉진대책	• 재활용산업 육성 • 전기·전자 제품 및 자동차에 대한 환경성 보장제 추진 • 음식물쓰레기 자원화
에너지 회수	• 폐기물 에너지화 시설 확충 • 저탄소 녹색마을 조성	• 폐기물 에너지화 기술개발 • 폐기물 에너지화 전문인력 양성
안정적 처리	• 소각시설 설치	• 매립시설 확충

[자료: 환경부(2011)「환경백서 2010」을 토대로 구성]

〈그림 11〉 4R 정책 시행에 따른 자원순환 효과

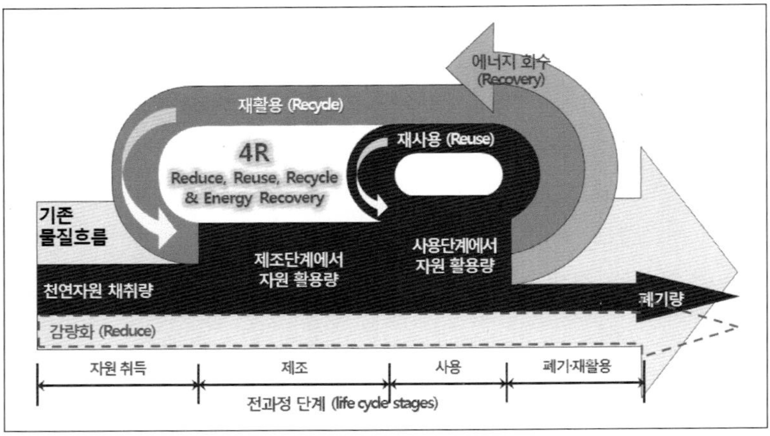

(2) 자원순환형 사회에 있어서 환경산업의 역할

자원순환형 사회가 형성되기 위해서는 앞서 기술한 자원순환정책 내지 폐기물정책의 뒷받침이 필수적이지만, 자원순환형 사회에 걸맞은 환경산업 발전을 통해 시장에 의해 자발적으로 자원순환형 사회가 형성되는 것이 바람직하다. 즉 자원순환정책과 연계된 환경산업의 발전을 통해 자원순환형 사회 형성을 촉진시킨다는 것이다. 환경보호 관련 기술이나 제품 또는 서비스 등을 제공하는 환경산업은 환경오염이 거의 없는 사회경제 시스템을 창출하는 데 핵심적인 역할을 담당하기 때문이다.

물론 환경산업이 자원순환형 사회 구축에 기여하기 위해서는 자원순환정책 내지 폐기물정책과의 연계성 확보가 전제되어야 한다. 자원순환형 사회를 주도할 녹색성장동력이 될 수 있는 주요 자원순환형 환경산업으로는 ▲순환형 재활용 산업, ▲폐자원 에너지화 산업, ▲도시 광업, ▲스마트 폐기물 자원화 시스템 산업 등과 같은 예를 들 수 있다.

가. 4R시대 자원순환형 산업 – '순환형 재활용'과 '폐자원 에너지화'

우리나라의 폐기물 처리의 특징으로 재활용이 크게 확대되고 매립 처리 비율이 크게 낮아진 반면, 소각 처리율은 점진적으로 증가하는 추세를 보이고 있다. 생활폐기물 재활용률은 1995년에는 23.7%에 불과했으나 2009년에는 61.1%까지 증가했으며, 사업장폐기물은 2009년에 85.2%의 재활용률을 보이고 있다.

이같이 높은 재활용률에도 불구하고 우리나라 재활용산업은 영세성을 면치 못하고 있으며, 재활용되지 못하는 20% 가까이의 폐기물은 매립·소각·해양배출 등 방식으로 처리되고 있는 실정이다. 더욱이 우리나라는 런던협약에 따라 폐기물의 해양배출이 금지되고, 매립 등 국내 기존 폐기물 처리방식이 한계에 도달하여 폐기물 제로화 및 오염물질 배출 제로화를 해결할 수 있는 새로운 대안이 요구되는 상황이다.

먼저 우리나라 재활용산업이 녹색성장동력으로서 국제경쟁력을 갖추기 위해서는 재활용 이전의 원제품과 동등 수준의 재활용품을 생산할 수 있는 순환형 재활용(closed–loop recycling)이 적용될 수 있도록 기술개발을 정부가 지원할 필요가 있다. 순환형 재활용이 이루어질 경우에는 폐자원을 2~3차례 이상 반복해서 재활용할 수 있으므로, 자원을 절약하고 환경부하를 줄여 자원순환에 크게 기여하게 된다.

폐자원 에너지화 기술은 가연성·유기성 폐기물 등으로부터 에너지를 회수하는 기술로서, 화석연료에 의존하지 않고 경제성이 높은

'신·재생 에너지 생산기술'일 뿐만 아니라 '폐기물 제로화' 및 '오염물질 배출 제로화'를 추구하는 기술이다. 폐자원 에너지화는 물리적·생화학적으로 폐기물을 안정화시키며, 부피도 축소되므로 '폐기물 제로화'에 기여하게 된다. 폐자원 에너지화 관련 시장은 2010년도 현재 230억 달러 규모이나, 매년 5.5%씩 그 규모가 커지고 있어 2015년도에는 300억 달러 규모로 확대될 것으로 예상된다. 이에 따라 폐자원 에너지화 기술개발 및 산업 육성을 통해 부가가치를 창출하고, 기술수출 확대 효과도 기대할 수 있다.

나. 희소금속 자원 확보 및 효율적 활용

폐기물로부터 금속 회수는 '도시광업'이라 불릴 정도로 천연자원에서의 금속 제조보다 에너지가 20% 이상 덜 소비되는 대표적인 녹색기술이다. 일본, 유럽 등에서 관련기술이 개발되고 있으나 국제적 표준이 설정되지 않은 분야로서, 전기전자·자동차 강국인 우리나라로서는 관련기술이 뒷받침되면 글로벌이니셔티브 확보가 충분히 가능한 분야다.

우리나라도 국내에 발생·축적되고 있을 폐자원의 축적량 파악, 수급 시스템, 유용자원 회수 기술개발이 시급하다. 자원고갈 및 고원자재가 시대의 자원 안보 측면에서도 매우 중요하다고 할 수 있다. 그러나 전반적으로 국내 재활용 기술수준은 선진국의 70% 정도이며, 특히 산업화를 위한 일관시스템 개발 등은 취약한 실적이다. 특히 희소금속과 관련된 재활용 기술과 원료 소재화 기술은 중국에도 미치지 못하는 것으로 평가되어 이에 대한 기술개발 투자가 시급한 상황이다.

폐자원으로부터 희소금속을 포함한 금속자원을 회수하는 산업에 있어서 우리나라가 글로벌이니셔티브를 확보하려면, 재활용성 제고를 위한 제품 설계(DfR: design for recycling) 기술을 개발 적용해야 한다. 전기전자제품과 자동차에 희소금속을 덜 사용할 뿐만 아니라 폐전기전자제품과 폐자동차에서 희소금속을 쉽게 회수할 수 있도록 제품을 설계하는 이른바 에코디자인 기술을 개발 적용할 필요가 있다.

4) 에코이노베이션 촉진

(1) 녹색성장과 지식 서비스 기술

최근 경제개발 정책 패러다임이 '환경·경제 상생·순환관계'로 전환되고 있다. 그간 규제를 통해 해결하고자 했던 환경문제를 다양한 정책수단을 통합적으로 적용함으로써 환경보전과 경제발전을 동시에 달성하자는 것이다. 환경정책도 기존 생산공정 중심에서 제품 (또는 서비스) 생산 전 과정에서 발생되는 환경부하·영향 저감을 위한 제품 중심으로 변하였다. 또한 자원·에너지 및 환경오염물질을 저감한 기업 또는 개인에게 금융·세제상 혜택을 주는 등 시장 메커니즘을 활용한 유인정책이 확산되었다.

우리나라의 경우 신국가발전 패러다임으로 온실가스 등 환경오염을 줄이고 녹색기술과 청정에너지로 신성장동력과 일자리를 창출하고자 하는 '녹색성장'의 개념이 등장한 지 3년이 지났다. 그러나 기존의 녹색성장 정책은 제조업 중심의 산업화에 중점을 둔 우리나라 경제발전 특성상 녹색 기술·산업으로 대표되는 하드웨어 산업 중심으로 이루어진 반면, 기존 산업의 생산성 향상과 상품·서비스의 고부가가치화에 필요한 지식 서비스 등 소프트웨어 산업의 육성은 등한 시되어 왔다. 녹색성장의 핵심전략 분야 중 하나인 국가 R&D사업 내 지식 서비스 관련 비율이 전체 규모의 1% 정도에 지나지 않으며, 이 마저도 대부분이 IT 서비스 기술에 국한되어 있다. 이제 하드웨어 산업과 더불어 지식 서비스로 대표되는 소프트웨어 산업의 균형 있는 조화를 통해 보다 효율적이며 실효성 있는 녹색성장을 통해 에코소사이어티로의 전환을 가속화해야 할 시점이다.

지식 서비스 산업은 에코소사이어티로의 전환뿐만 아니라 경제발전과 더불어 환경보전을 가능하게 하는 신성장동력으로서도 매우 중요하다. EU 등 선진국은 서비스 산업에 대한 장기간의 인프라 투자를 통한 인력, 정보, 지식 서비스 투자를 통해 구조적 취약성을 극복하고, 최근 IT, BT, NT 등 신기술 간 또는 이들과 타 분야와의 결합으로 제품·서비스 시장을 새로운 블루오션으로 창출하고 있다.

(2) 환경 서비스 산업 개발

지식 서비스 분야 중에서도 환경 지식기반 서비스는 새로운 방식의 환경문제 해결을 위한 미래 비즈니스 개념으로 인식되고 있다. 그러나 실제 환경기술 및 친환경제품에 대한 비즈니스 모델의 개발 등 관련 환경지식 서비스 분야의 국내 수준은 타 지식 서비스 분야보다도 더 미약하여 외국 기업에 의해 우리나라 관련 시장이 잠식당할 위험이 크다. 우리나라의 지식 서비스 산업 R&D 투자 규모는 OECD 평균의 4분의 1 수준으로 매우 저조할 뿐만 아니라 R&D 서비스를 이공계 분야로 제한하는 등 제도적 기반도 취약하기 때문이다.

국제적 환경지식 서비스 시장은 확대되고 있으나 규모나 전문성 측면에서 국내업체의 경쟁력은 너무도 열악하다. 2009년 현재 국내 환경컨설팅 업체 수는 100여 개가 등록되어 있는 것으로 파악되고 있으나, 환경경영, 국제환경규제 대응, 환경법률 서비스 등 분야는 아직도 유치산업 수준이다. 향후 환경지식 서비스 시장성장에 대응할 전문인력 공급, 환경정보 구축·관리·탐색·수집 및 컨설팅 기술 등 육성, 보강해야 할 분야가 많다. 아직도 우리나라는 일반 엔지니어링 회사나 건설회사가 환경기술 및 경영에 대해 자문 서비스를 제공하고 있다. 최근에야 소규모지만 환경 컨설팅 전문 기업들이 등장하여 영역을 확장해 가고 있으나 대다수가 토양환경평가, 오염토양 복원을 위한 정밀조사, 환경영향평가 및 환경성 검토, ISO 14001 인증과 관련한 환경관리시스템 구축, 기업 지속 가능경영 및 사회책임경영 보고서 작성 지원 업무 등 단편적이고 한정된 영역에 국한되어 있다.

우리나라의 환경지식 서비스 산업에 대한 SWOT 분석 결과를 <그림 12>에 도식화하였다. 이에 따르면 녹색성장에 대한 대내외적인 여건 변화와 정부의 정책·제도 정립을 위한 노력이 환경지식 서비스 기술 개발 및 관련 산업 육성에 대한 충분한 '기회'와 '강점'으로 작용할 수 있으나, 환경지식 서비스 육성에 필수적인 요소 기술 개발과 이를 뒷받침하는 정책·제도와 지원체계 확립 등 종합적 연구개발 체계에 한계점이 있다.

강점(Strengths)	약점(Weaknesses)
• 고용창출 효과가 큰 서비스 기술에 대한 정부의 R&D 투자 의지가 강함 • IT 기술이 국제경쟁력을 확보하고 있어 서비스 융합이 용이 • 미래유망기술 분야로 발전속도가 빠르고, 기업의 고부가가치 기회 확보가 용이함	• IT 기반 환경정보 분야를 제외하고 서비스 R&D 인력이 취약 • 국내 서비스 시장 여건이 열악하여 최소한의 인프라 구축 필요 • 에코비즈 모델 개발에 대한 인식 저조

기회(Opportunities)	위협(Threats)
• 개도국 등 서비스 R&D 시장이 창출되고 있는 시점 • 국민들의 환경 서비스 요구가 증가 • 정부의 과감한 서비스 R&D 투자 예정 • OECD 등 선진국에서는 서비스 R&D 사업을 차세대 성장엔진으로 간주	• 선진 서비스 R&D 기업의 국내시장 잠식 가속화 • FTA 등 시장 개방에 따른 서비스 종속국 우려 제기 • 선진국과의 서비스 R&D 격차가 큼 • 에코비즈니스 모델 개발에는 전문인력 확보와 장기적 투자가 필요

(3) 환경 서비스 기술개발

환경지식 서비스 기술은 지구환경변화에 따른 환경문제에 적극 대응하고 환경부하나 환경영향을 대폭 줄일 수 있는 소프트웨어형 산업을 개발하는 데 필수적이다. 환경기술 분야에도 '개방형 혁신(open innovation)'이 이슈로 등장하여 새로운 기술 중계 조직, 비즈니스 모델 발굴, 지식재산권 관리, 네트워크 구축 등에 대한 관심이 급증하고 있다.

환경기술혁신 및 환경산업 경쟁력 제고를 위한 환경 서비스 기술개발은 가까운 미래에 국제경쟁력을 갖춘 시장 지향적 소프트웨어형 환경산업 육성과 더불어 환경문제를 능동적으로 해결할 수 있는 기술적 능력 확보에 중점을 두어야 한다. 이를 위해 에코디자인(eco-design) 기술, 환경통계정보의 질 제고 및 지식·정보 전달체계 효율화를 위한 에코인프라(eco-infrastructure) 기술, 미래형 선진 환경컨설팅 기법 등 미래 에코비즈니스(eco-business) 개발을 위한 3대 기술개발이 최우선적으로 추진되어야 한다.

이들 기술을 바탕으로 국내 환경지식 서비스 산업의 발전은 물론 환경지식 서비스 산업의 해외진출 활성화도 촉진될 것이다. 아울러 환경과 무역 연계 정보망 구축 등으로 무역환경변화에 대한 신속한 대응전략 수립 및 효율적 관리도 가능할 것이다. 또한 제품 생산에서 소비, 폐기에 이르는 제품 전 과정 환경성 향상을 위한 주변 서비스 산업 육성으로 환경문제 해결과 동시에 글로벌 경쟁력 향상이 기대된다. 환경지식 서비스 이노베이션은 환경도 살리고 경제도 발전하는 에코소사이어티로의 전환에 크게 기여할 것이다.

제4장

주택정책:
'집값 안정'에서 '주택시장 정상화'로

김경환, 조만

─요약─

지난 30년 동안 우리나라의 주거수준은 양적·질적인 측면에서 획기적으로 개선되었다. 그러나 주택에 대한 국민들의 불만은 여전히 남아 있으며 인구의 고령화 및 핵가족·소가족화 등 중요한 환경변화로 새로운 과제에 직면하고 있다. 본 장에서는 예상되는 환경변화를 고려한 우리나라 주택정책의 기본 방향과 주요 정책 개선 과제를 논하였다.

1. 주택정책의 목표 및 정부개입의 범위 설정: 수요 변화에 대응하여 지역·유형·점유형태별로 다양화된 주택을 탄력적으로 공급하고 저소득층 등 소외계층의 주거수준을 개선하는 데 주택정책의 기본목표를 둔다. 이를 위하여 정책기조를 단기적인 집값

안정을 위한 시장개입에서 '주택시장 정상화'로 전환하고, 사회적 약자들의 주거복지 보장, 주택시장발 시스템리스크의 관리, 주택임대차 시장의 원활한 구조변화 유도, 정보인프라 개선 등을 제안하였다.

2. 자가보유 지원과 임대부문 정상화를 위한 세제 개선: 1가구 1주택 자가보유 지원에 편중된 정책을 시정하고 자가보유와 임대의 조화를 기하기 위해 (1) 임대주택 공급 확대를 위한 양도소득세 및 종합부동산세 개선 방안, (2) 전세제도의 월세제도로의 원활한 이행을 유도하기 위한 임대소득세 개선, 임대료 소득공제 확대, 임대료 지원정책 도입 등을 정책과제로 제시하였다.

3. 안정적인 주택금융제도 구축: 2000년대에 들어 급성장한 우리나라 주택금융시장의 안정성을 제고하기 위해 (1) 모기지 상품구조의 안정화, (2) 실수요자에 대한 주택금융 서비스 확대, (3) 자금조달 방식의 개선, (4) 거시건전성 감독 강화, (5) 주택담보대출 시장에서의 금융소비자보호 장치 강화를 제안하였다.

4. 신축적인 주택공급: 주택 수요에 부응하는 탄력적인 주택공급시스템을 구축하기 위하여 (1) 민간부문 택지 및 주택개발 활성화, (2) 재건축, 재개발 및 도시정비 활성화, (3) 노령화에 따른 노령인구 거주 주택의 리모델링 지원, (4) 부동산 PF 대출의 정상화가 논의되었다.

> **5. 주거복지 확충:** 주거복지정책의 효과성을 높이기 위한 정책수단으로 공공임대주택의 직접공급보다는 지원대상 가구들에 대한 주거비보조금 지원을 제안하고 임대료 규제의 문제점을 지적하였다.

1) 주택정책의 목표 및 정부개입의 범위 설정

(1) 현황과 문제점

지난 30년 동안 우리나라의 주거수준은 양적·질적인 측면에서 획기적으로 개선되었다. <표 5>에 요약되어 있는 몇 가지 통계지표를 보면 1980~2010년 기간 중 빈집을 포함한 총 주택재고는 543만 호에서 1,468만 호로, 인구 1,000명당 주택 수는 141에서 302로 각각 크게 증가하였으며, 1인당 주거면적도 6.8m에서 22.9m로(2005년) 3배 이상 증가하였다. 온수와 수세식 화장실을 보유한 가구의 비율도 각각 10%에서 97%, 18%에서 97%로 크게 상승하였다.

<표 5> 국민 주거여건의 변화 추이

	단위	1980	1985	1990	1995	2000	2005	2010
전국 주택 재고	천호	5,434	6,271	7,357	9,570	11,472	13,223	14,677
1인당 주거면적	m^2	10.1	11.3	13.8	17.2	20.2	22.9	–
1세대당 주거면적	m^2	45.8	46.4	51	58.6	63.1	66	–
방 1개 보유	%	–	32.6	25.8	12.3	7.9	6.5	7.6
온수시설 보유	%	9.9	19.9	34.1	74.8	87.4	95.8	98
수세식 화장실 보유	%	18.3	33.1	51.3	75.1	87	94	97
주택보급률	%	74.4	69.8	72.4	86.0	96.2	105.9	112.9
인구 천 명당 주택 수	호	142.1	150.9	169.5	214.5	248.7	279.7	302

자료: 통계청, 『인구주택총조사』, 각 연도
국토해양부, 『2009 주택업무편람』, 『2003 주택업무편람』

그러나 이러한 주거수준의 양적・질적 개선에도 불구하고 주택에 대한 국민들의 불만은 여전이 남아 있다. 여기에는 현재까지도 높은 가격수준, 아파트를 위주로 한 획일화된 주거형태, 비효율적인 임대주택시장, 그리고 주택가격 상승을 통하여 재산증식을 할 수 있었던 계층과 그렇지 못한 계층 간의 갈등이 일조한 것으로 판단된다.

지난 30년 동안 정부는 신도시 건설을 포함한 대규모 택지 공영개발과 국민주택기금의 확충 등을 통해 신규주택 공급의 확대와 절대적인 주택부족 문제 해소에 기여하였다. 그러나 이 과정에서 주택부문에 대한 재정지원은 거의 없이 택지개발을 독점하고 분양가 상한제, 청약제도 등 각종 규제를 통해 어디에 집을 어떻게 지어 누구에게 어떤 방식으로 팔 것인지 등 전 과정을 정부가 통제해 왔다.

우리나라 주택정책의 또 하나의 특징은 단기 주택가격 안정이라는 정책목표에 휘둘려 왔다는 점이다. 주택가격 안정을 위하여 정부는 시장여건에 따라 경기부양, 공급확대, 투기억제 정책을 반복적으로 그리고 빈번하게 사용해 왔다. 예를 들면 1967년과 2007년 사이 정부가 발표한 부동산정책은 총 59건에 달하고, 이 중 31건이 양도소득세 강화 등을 통한 투기억제 정책, 17건이 규제완화를 통한 부동산시장 활성화 정책이었다. 11건이 공공임대주택 공급 등 주거복지정책에 속한다. 우리나라의 주택가격상승률은 주요 외국에 비하여 결코 높은 편이 아니었으나 일부 지역의 집값 상승에 대한 들끓는 여론과 언론 보도의 영향을 받아 단기적인 시장개입을 남발하였고 이들 단기 대책들이 장기적으로는 공급위축과 가격급등으로 이어졌다.

(2) 주택시장에 대한 정부개입 범위와 정책목표의 재정립

우리나라의 주택부문은 인구의 고령화 및 핵가족·소가족화 등 중요한 변화에 직면하고 있다. 통계청 자료에 따르면 1985~2010년 기간 중 65세 이상 인구의 비중은 총인구의 4.3%에서 11.3%로 증가하였고, 이 추세는 향후 더욱 가속화할 것으로 예상된다. 같은 기간 동안 가구 수는 957만에서 1,734만 가구로 증가하였고, 특별히 1인, 2인 가구 비중이 각각 6.9%에서 23%, 12.3%에서 24.3%로 증가한 반면, 5인, 6인 가구는 19%에서 6.2%, 12.4%에서 1.4%로 크게 감소하였다. 가구주의 혼인상태는 미혼 또는 이혼 가구 비중이 9.8%에서 21.7%로 증가한 반면 유배우자 가구는 79.7%에서 66.6%로 감소하였다. 이러한 환경변화로 인하여 소비자 기호를 충족시킬 수 있는 다양하고 탄력적인 임대 및 자가 주택 공급이 요구되고 있다.

〈그림 13〉 가구원수별 가구 비중의 변화(1985~2010년)

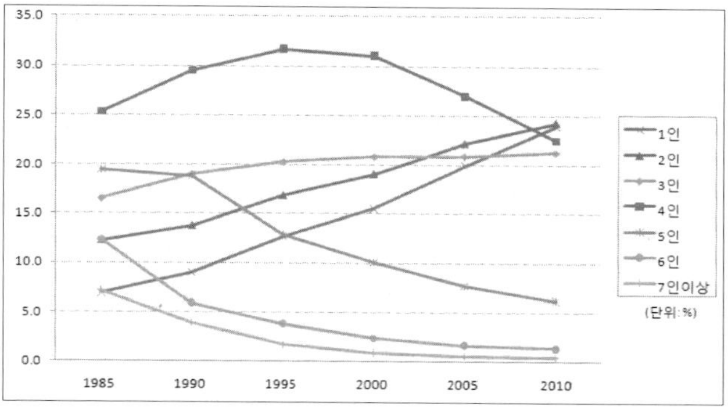

자료: 통계청, 인구주택총조사 전수, KOSIS, 해당년도; 통계청(2011),
"주택 수요 변화에 대한 연구"에서 재인용.

어느 나라든지 주택정책의 기본 방향은 소득수준으로 감당할 수 있고 소비자기호를 충족시킬 수 있는 지역·유형·점유형태별로 다양화된 주택이 공급될 수 있는 시장 여건을 조성하는 한편, 저소득층 등 소외계층의 기본 주거조건을 충족시킬 수 있도록 지원하는 것이라고 할 수 있다. 우리나라에서도 앞으로 예상되는 환경변화를 고려하여 주택정책의 기본 방향을 다음과 같이 재정립할 필요가 있다.

첫째, 정책의 기본목표를 단기적인 집값 안정보다는 '주택시장의 정상화'로 전환할 필요가 있다. 정부가 주택가격의 단기적 안정을 위하여 정책대응을 하는 사례는 다른 나라에서는 보기 힘들고, 설사 단기적으로 가격이 안정된다 하더라도 과거의 예에서 보는 바와 같이 장기적으로는 시장개입의 역효과가 나타날 가능성이 높다. 따라서 정부는 주택이 다른 재화와 마찬가지로 시장의 수요·공급 여건에 따라 가격이 변한다는 사실을 인정하고 이를 국민들에게도 인식시킬 필요가 있다. 또한 정부는 민간이 할 수 있는 영역에 개입하여 민간과 경합하지 않아야 한다. 최근 보금자리 주택 공급을 둘러싼 민간과의 마찰은 되풀이되지 말아야 할 것이다. 정부는 전국 및 주요 지역 주택시장에서 수요에 대응하는 안정적인 공급이 이루어질 수 있도록 지원하는 촉진자(enabler)의 역할에 주력하는 것이 바람직하다. 이를 위하여 불필요한 규제를 철폐하고 시장기능을 활성화하여 민간 건설업체 및 부동산 서비스 업체들이 경쟁을 통하여 품질 향상과 다양한 주거 유형을 개발하여 탄력적으로 공급할 수 있는 시장환경을 조성하여야 한다.

둘째, 정부는 저소득층과 소외계층 등 사회적 약자들의 주거복지를 보장하기 위해 보다 적극적인 지원을 수행해야 할 것이다. 이를 위해서는 소득뿐 아니라 보다 미시적이고 인구·사회적인 요소를 감안하여 지원대상자 선정방식을 개선해야 한다. 앞으로 1~2인 가구, 노인가구의 수와 비중의 지속적인 증가와 베이비붐 세대의 은퇴에 따른 노인 빈곤의 발생 가능성 등을 감안할 때 단순히 주택 서비스만을 제공하는 차원을 넘어 정책대상가구의 '삶의 질'과 연계된 제반 복지 서비스를 제공하는 종합적인 복지정책 접근이 필요하다. 주거복지의 제고에 있어서도 민간의 역할을 강화하여 민관협력을 통한 정책목표 달성을 추구할 필요가 있다.

셋째, 주택이 거시경제에서 차지하는 중요한 비중을 감안하여 주택정책의 목표를 주택시장 자체뿐 아니라 경제시스템 전체의 안정 차원에서 접근할 필요가 있다. 글로벌금융위기 이후 주택시장의 안정이 거시경제 및 금융시스템의 안정을 위한 중요한 정책과제라는 인식이 미국·유럽 등의 국가들에서 확산되고 있다. 주택부문이 거시경제의 안정성에 기여할 수 있도록 관리하기 위해서는 시스템리스크를 동반하는 과도한 주택가격 상승, 주택의 과잉공급, 주택 관련 대출증가 등을 적절하게 모니터링할 수 있는 기제를 구축하고, 이와 같은 상황이 발생할 경우 동원할 수 있는 정책대응 방안을 미리 설정해 두어야 한다. 또한 부동산세제 및 주택금융시장 관련 규제도 주택시장 안정성 및 거시건전성 유지 차원에서 접근하는 것이 바람직하다. 이를 위해서는 과도하고 급격한 규제 강화 또는 완화를 지양하여 시장에서의 불확실성을 줄이는 정책방향이 필요하다고 하겠다.

넷째, 자가주택과 임대주택의 적절한 조합이 달성될 수 있도록 유도하고 주택임대차 시장의 구조변화가 원활히 이루어지도록 관리할 필요가 있다. 장기적으로 주택가격 상승률이 하락하면 주택가격상승을 통한 자본이득을 전제로 한 전세시장이 점차 줄어들고 운용수익 중심의 월세시장이 늘어날 것으로 예상된다. 전체 가구의 30%가 전세로 거주하고 있는 상황에서 향후 전세시장의 조정에 따르는 부작용을 최소화하고, 다양한 계층의 임차수요를 충족시킬 수 있는 탄력적인 임대주택 공급이 이루어지도록 하는 일이 중요한 과제이다. 저소득층 등 정책지원대상의 주거복지 제고뿐 아니라 중간소득층 이상의 소비자들에게도 주거선택의 폭을 넓혀 줄 수 있는 정책방향이 필요하다. 이를 위하여 정부는 공공임대주택을 직접 공급하기보다는 민간임대주택 공급의 활성화에 힘쓰는 한편 임대료 부담능력을 제고할 주택 바우처 제도의 도입을 추진할 필요가 있다.

다섯째, 주택시장 정보인프라 개선을 지속적으로 추진해야 할 것이다. 정부는 주택실거래가격 및 전세 가격, 거래량 통계 등을 공개하여 시장의 투명성을 높이기 위해 노력해 왔다. 이와 함께 공급부문에 대한 통계도 확충할 필요가 있다.

2) 자가보유 지원과 임대부문 정상화를 위한 세제 개선

(1) 현황

지금까지 우리나라 주택정책의 기본이념은 1가구 1주택의 실현에 있었다. 이를 위해 '실수요자'를 대상으로 신규 주택을 공급하여 자가보유를 촉진하는 한편 1가구 다주택 보유를 억제해 왔다.

2010년 센서스 결과에 따르면 우리나라 자가보유율은 61.3%로 나타났다. 2010년 자가보유율 수치가 2005년에 비해 1% 포인트 높은 데 그쳤다는 사실은 자가보유율의 획기적인 증가가 쉽지 않음을 시사한다. 반면 우리나라의 자가보유율은 미국 67%, 일본 61%, 프랑스 56%, 독일 45%, 영국은 70% 등에 비해 크게 낮은 수준이 아니다.

우리나라 임대주택 공급체계를 보면 공공임대주택이 전체 주택에서 차지하는 비중은 4% 정도이고 민간임대주택 공급은 5년 임대 후 분양을 전제로 일부 주택사업자들이 공급하는 건설임대를 제외하면 1가구 다주택 보유자들에 절대적으로 의존하고 있다.

그러나 1가구 다주택 보유 행위는 투기로 간주되어 양도소득세와 종합부동산세가 중과세되며 특정한 조건을 만족시키는 경우에 한해 임대주택사업자로 인정하여 세제상의 불이익이 배제된다.

(2) 임대주택 공급 확대를 위한 세제 개선

앞으로 주택가격 상승에 대한 기대가 하락하고 주택 구입이 활발한 35~54세 인구가 감소함에 따라 주택구입수요가 감소하는 반면 임대공간에 대한 수요는 증가할 것으로 예상되므로 임대주택 공급 확대가 중요한 정책과제로 대두되고 있다. 따라서 1세대 1주택을 전제로 한 자가보유율 제고에 대한 현실적인 목표를 설정하고 개인과 기업에 의한 임대주택의 원활한 공급을 통한 주거안정을 추구하는 한편 1세대 다주택 보유에 대한 양도소득세 중과세 및 종합부동산세 부과 등 세제상 불이익을 해소하고 임대소득에 대해 정상적으로 과세하는 것이 좋겠다.

우리나라 주택시장에서 임대주택과 자가주택은 호환관계에 있으므로 임대주택 공급을 확대하려면 전체 주택 재고를 확대해야 한다. 그런데 공공임대주택 공급 주체인 LH공사의 재정난과 정부 예산제약 등으로 공공임대주택 재고 확충에는 제약이 있고 정부예산 사용의 효율성도 수요 측 보조금에 비해 낮으므로 민간 임대주택의 공급확대에 초점을 맞춰야 할 것이다. 그러나 현재의 수익구조하에서 기업형 임대사업자에 의한 임대주택 공급확대나 기관투자자들에 의한 민간 임대주택 사업에 대한 투자 증대는 기대하기 어렵다. 따라서 임대소득에 대한 정상적인 과세를 전제로 1가구 다주택 보유자에 대한 세제상의 불이익을 해소하여 안정적인 공급확대를 도모하는 것이 현실적인 대안이다.

참여정부 시기에 도입된 1가구 다주택 보유자에 대한 양도소득세 중과세와 종합부동산세는 우리나라 특유의 조세로서 효율성과 공평성 측면에서 문제를 지니고 있다. 1가구 다주택 보유자에 대한 양도소득세 중과 및 종합부동산세는 민간임대사업자의 수익률을 저하시킴으로써 민간임대주택의 공급과 유지를 어렵게 만들고 있다.

MB 정부가 출범한 이후 경제위기 극복을 위한 부동산세제 개선의 일환으로 2009년부터 2010년 말까지 2년간 한시적으로 1가구 다주택 보유자에 대한 양도소득세 중과가 유보되었으며 2010년 말에는 시한이 2012년 말까지로 2년 연장되었다. 또한 일정한 조건을 충족하는 임대사업자들에 대해서는 종부세의 적용이 배제되고 있다. 그러나 임대주택사업은 장기적인 의사결정을 요구하므로 안정적인 제도와 정책이 필요하다. 주택경기와 주택가격 동향에 따라 임대사업자 지정요건과 세제 및 세제 지원 수준을 변동하는 현행 우리나라 방식은 안정적인 사업여건을 제공하지 못한다. 따라서 임대소득에 대해 소득세를 부과하는 한편 양도소득세 중과세를 정상과세로 전환하는 것이 바람직하다. 종합부동산세에 관해서는 당초 2010년 11월까지 지방세인 재산세에 통합하는 방안을 추진한다고 발표했었으나 이후 지방재정 위축과 부자 감세 등 반대여론에 의해 좌절된 바 있다. 현실적으로 종합부동산세 폐지가 불가능하다면 임대주택에 대한 비과세를 제도화할 필요가 있다.

(3) 전세제도의 월세제도로의 원활한 이행 유도

전세제도는 주택이 절대적으로 부족하고, 인플레이션이 높은 반면 금융시장과 주택금융이 발달되지 않았던 시기에 자생적으로 생겨난 우리나라 특유의 임대차 제도이다. 전세제도하에서 임대인은 안정적인 월세 대신 매각 시 자본이득에 의존하기 때문에 장기적인 임대사업을 유지하기 어렵다. 전세제도는 집값의 절반에 해당하는 목돈을 보유한 중산층 임차인에게는 월세에 비해 유리한 제도지만 보증금을 조달하기 어려운 가구에게는 불리한 제도이다.

최근에 주택가격 상승률이 낮아지고 금리가 하락하면서 전세가 월세로 전환되는 사례가 늘고 있으나 현행 정책과 제도는 월세에 비해 전세가 유리하도록 되어 있다. 임차인에 대한 전세금 융자제도가 있고 임대인 입장에서는 월세수입은 과세대상이지만 전세보증금에 대해서는 세금이 부과되지 않는다.

그러나 현재의 전월세 환산 이율 구조하에서 전세보증금에 대해 과세하면 전세보다 월세의 경우 임대인의 세금부담이 더 높으며 임차인의 부담도 전세보다 월세의 경우 더 높다. 따라서 전세의 월세로의 점진적 전환을 유도하려면 임대인에 대한 임대소득 과세와 함께 임차인에 대한 임대료 소득공제를 통해 월세와 전세 계약방식하의 세금부담이 같아지도록 제도를 개편해야 할 것이다. 또한 임대료 부담능력이 낮은 소득계층에 대해서는 임대료 보조금 제도를 도입하는 방안을 고려할 필요가 있다.

3) 안정적인 주택금융제도 구축

(1) 현황

우리나라 주택금융은 경제규모에 비해 매우 작은 편이었으나 1997년 외환위기 이후 양적으로 크게 성장하였다. 우리나라 주택금융시장은 소비자의 주택구입자금을 지원하는 주택담보대출 시장과 개발프로젝트의 자금조달을 담당해 온 부동산 PF대출 시장으로 구성되어 있다. 주택담보대출 잔액은 2011년 1/4분기 현재 365조 원(은행권 289.8조 원 +비은행권 74.9조 원)으로 GDP 대비 31%, 전체 가계대출의 약 50%에 달하고 있다. 부동산 PF대출 잔액도 2005년 이후 급격하게 증가하여 2009년 6월 84조 원에 달하였으며 이후 감소하여 2010년 말 현재 66조 원에 이르고 있다. 이 절에서는 소비자 주택금융제도의 개선에 대해서 논의하고 부동산 PF의 개선방안에 대해서는 다음 절에서 살펴본다.

(2) 소비자 주택금융제도의 개선 방안

주택담보대출 시장이 확대되면 금융을 통한 주택구입 용이도가 향상되지만, 미국·일본의 사례에서 보는 바와 같이 방만한 대출심사와 신용집중 현상은 자산가격의 버블, 경우에 따라서는 시스템리스크와 실물경제의 침체를 초래할 수도 있다. 일본의 경우 1980년대 버블형성기에 담보가치의 120%에 달하는 부동산대출이 제공되었고 이러한 대출 증가로 투자 목적의 주택구입이 증가하였다. 미국의 경우 2002~2006년 기간 중 서브프라임 시장에서 신규대출이 복리기준 연평균 29%의 경이적인 성장을 기록하였지만 2006년 중반 이후 주택가격이 하락하면서 대출금 상환에 대한 연체가 늘고 모기지 시장의 자금경색으로 이어졌다. 우리나라에서 이와 유사한 방만한 대출행태가 관찰되고 있지는 않으나, 주택담보대출 시장의 안정적인 발전과 이를 통한 서민의 주택구입 용이도를 높이기 위해서는 해결해야 할 과제들이 있다.

첫째, 거시건전성 및 금융소비자 보호 차원에서 금융당국의 지도·감독을 통하여 주거용 모기지 상품의 구조를 더욱 안정적으로 유도할 필요가 있다. 우리나라는 스페인, 아일랜드, 호주 등과 함께 대표적인 변동금리 모기지 시장으로 분류되지만 이들 국가에 비해서도 변동금리 모기지의 비중(95%)이 매우 높다. 이에 더하여 만기가 짧고

차환리스크(rollover risk)가 매우 큰 '3년 만기 원금거치형 모기지'가 현재에도 대출잔액의 약 40%를 차지하고 있어서 시장여건의 악화, 감독환경의 변화에 따라 차입자의 부도리스크가 급증할 수 있는 구조적인 문제를 안고 있다. 또한 이자율 조정 기간(3개월)이 짧고, 고정금리 상품과 변동금리상품에 모두 조기상환 벌금이 적용되며, 이자율 조정 상한이 없어 외국에 비해 차입자가 과도한 대출리스크를 부담하고 있다([그림 13] 참조). 이러한 대출상품 구조를 개선하기 위해서는 모기지 시장에서 안정적인 기준상품이 될 수 있는 '프라임모기지 상품'을 정하고 정부가 이의 확대를 유도할 필요가 있다. 예를 들면 만기가 10년 이상이고, 초기 3~5년 동안 고정금리를 적용하고 조기 상환에 대한 벌금이 없는 하이브리드 모기지 상품을 정부가 자기자본 규제, 자금조달 지원, 공공모기지 보험 등을 통하여 시장점유율을 확대하는 방안을 고려할 수 있다.

<그림 14> 연령대와 순자산 5분위·상환방법별 담보대출 비중

(1) 연령대·상환방법별

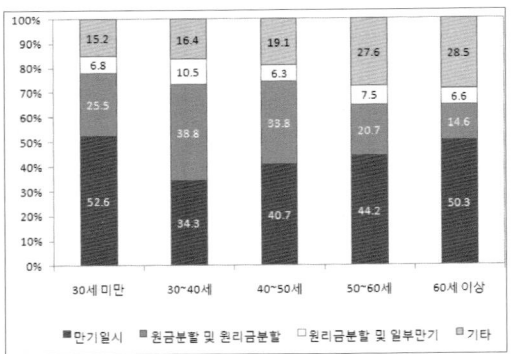

(2) 순자산 5분위·상환방법별

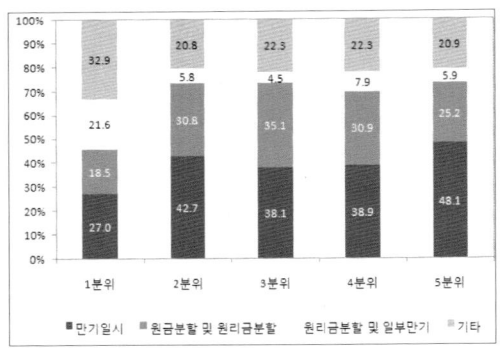

자료: 2010년 가계금융조사 결과 보도자료(2010년 12월 29일자), 한국개발연구원(2011),
"부동산시장 동향분석: 2011년 2/4분기"에서 재인용.

둘째, 창의적인 대출심사기준, 자본시장을 통한 자금조달, 공공모
기지 보험 도입 등을 통하여 주택금융 서비스를 점진적으로 저소득·
저신용층의 실수요자에게 확대할 필요가 있다. 예컨대 1,000만 명이
넘는 청약저축 가입자 정보를 활용하여 이들 중 생애 최초 주택구
입자 등 지원대상자를 선별하고 이들을 위한 대출 프로그램을 보급

하는 방안을 고려할 수 있다. 독일 등 유럽 국가에서는 주거용 모기지 대출의 주요 심사기준으로 일정 기간 청약예금을 요구하고, 이를 통해 사전에 차입자의 저축행태를 파악하여 대출리스크 관리에 활용하고 있다. 우리나라에서도 이러한 대출심사 기준을 적용하여 실수요자를 선별하고 이들의 필요에 부합하는 모기지 상품 개발에 활용할 수 있을 것이다. 또한 우리나라에서는 아직 활성화되지 않은 모기지 보험 시장의 확대를 통하여 재산이나 소득 또는 신용등급이 낮은 차입자를 위한 대출 프로그램을 활성화하고, 국민주택기금과 주택신용보증기금 등 기존의 주택금융기관을 활용하는 방안을 고려할 수 있다.

셋째, 우리나라의 주택담보대출 기관들은 예금을 통한 단기적인 자금조달 방식의 비중이 90%를 상회하고 있어 모기지 시장의 안정성 측면에서 주택저당증권(MBS: Mortgage Backed Securities), 커버드본드 등 자본시장을 통한 장기적인 자금조달을 확대할 필요가 있다. 미국의 서브프라임 MBS 시장에서 관찰된 다양한 도덕적 해이 문제가 발생하였고 우리나라에서도 향후 MBS 시장의 성장과 함께 이에 대한 경계가 필요하겠으나, 현재의 유동화상품 시장여건은 이와 같은 사회적 비용을 우려하기보다는 MBS 시장의 정착과 발전을 통해 유동화 제도의 순기능을 확산하는 데 주력할 단계로 판단된다. 장기 자금조달원을 개발하기 위해서는 미국, 덴마크, 스페인 등 장기 유동화 상품의 비중이 높은 시장에 대한 분석이 필요하다. 특히 개별 모기지 대출과 자금조달을 위하여 발행하는 채권을 연계하여 리스크 관리를 하는 덴마크 방식을 참고할 필요가 있다. 또한 3~6개월 이후 일정 물량의 대출을 2차 시장에 판매한다는 약속에 따라 유동화기관이 대출자금을 사전에 제공하는 미국의 TBA(To Be Announced)와 같은 선도계약 방식은 중소규모의 대출기관에 안정적으로 자금을 공급하는 장점이 있다. 우리나라에서도 프라임 모기지의 대출을 2~3금융권으로 확대하기 위해서 고려해 볼 수 있는 자금조달 방식인 것으로 생각된다.

넷째, 주택담보대출 시장에서 과도한 대출증가 또는 신용경색으로 인하여 발생할 수 있는 시스템리스크의 관리를 위하여 위에서 언급한 사항 이외에도 거시 건전성 관련 규제의 개선방안을 고려할 필요가 있다. 현행 DTI, LTV 규제를 보다 정교하게 다듬는 한편 안정적인 모기지 상품의 확대를 위하여 차별화된 규제를 도입할 수 있을 것이다. 여기에는 바젤 III 협약에서는 단기 변동금리 일시상환 모기지와 같은 리스크가 큰 상품에 대하여 상대적으로 높은 위험가중치를 적용하고 있어 이 협약이 시행되면 앞에서 언급한 프라임 모기지 시장의 확대에도 도움이 될 수 있다. 이러한 차별화된 규제를 시행하기 위한 전제조건으로 상품 및 대출심사조건으로 구분되는 여러 다양한 모기지 상품의 대출리스크에 대한 정량적인 지표가 확보되어야 하며 대출상품의 총량적인 리스크를 보여 주는 모기지스코어 등 지표의 산정과 이를 위한 대표성 있는 자료의 구축도 필요할 것이다.

마지막으로 주택담보대출시장에서 금융소비자보호장치가 필요하다. 이는 대출기관과 금융소비자 간의 정보의 비대칭성 문제를 완화할 수 있는 방안으로 학계에서 오래전부터 제기되어 왔고, 글로벌금융위기 이후 미국, 영국 등에서 실제로 제도적인 장치를 마련하고 있는 사안이다. 미국의 2010년 Dodd—Frank Act에는 차입자에 대한 설명의무 강화(상품의 이자율 및 신용 리스크에 관하여), 사기대출(predatory lending) 및 고비용대출의 방지 등을 통한 모기지 상품 소비자 보호가

정책과제로 포함되었다. 미국에서는 이 법안 제정에 이어 여러 감독기관에 분산되어 있던 금융소비자 기능을 일원화하여 연방준비은행 산하의 독립기구인 금융소비자보호국을 설립하였고, 리스크 프리미엄이 일정 수준을 초과하는 '고비용 모기지(high cost mortgage)'의 차입자에 대해서는 의무적으로 상품리스크 및 개인 신용관리에 대한 상담을 받게 하고 있다. 우리나라에서도 고위험 모기지 대출에 대한 소비자 교육을 강화하고 이를 제도화함으로써 금융소비자 보호를 강화하고 이를 주택금융 서비스를 더 많은 소비자들에게 안정적으로 확대할 수 있는 장치로 활용할 필요가 있다.

4) 신축적인 주택공급

(1) 현황

우리나라 주택공급제도는 주택이 절대적으로 부족했던 시기에 실수요자에 대한 대량 공급을 뒷받침할 목적으로 도입된 이래 주택 수급 상황이 본질적으로 달라진 후에도 크게 달라지지 않았다. 공공부문의 택지공급 독점, 분양가 규제와 부차적인 규제, 재건축에 대한 규제들이 여전히 공급제도의 골간을 이루고 있다. 앞으로 주택시장의 환경변화에 대응할 신축적인 공급을 유도하기 위해서는 공급제도의 근본적인 개편을 고려할 필요가 있다.

(2) 주택 수요에 부응하는 민간부문 택지 및 주택개발 활성화

1989년에 200만 호 건설계획이 시작된 이래 외환위기 시기를 제외하고 인허가 기준으로 매년 50만 호 이상의 주택이 공급되어 왔다. 그러나 2008~2010년 3년간 주택인허가 건수가 40만 호 미만으로 크게 감소했으며 그에 따라 올해부터 입주량도 전년대비 60% 수준으로 크게 줄었다. 반면에 상당한 규모의 미분양 주택이 쌓여 있고 특히 수도권 외곽에 준공 후 미분양이 해소되지 않고 있다. 이는 절대적인 공급부족이 해소된 이후 규모와 위치 등 질적인 수급 괴리가 심각한 문제로 대두되고 있음을 시사한다. 이와 함께 노령화의 진전에 따른 노령층 거주 주택의 공급도 과제이다.

정부의 주택종합계획에 따르면 2018년까지 보금자리주택을 중심으로 공공부문에서 매년 15만 호의 신규공급이 계획되어 있으나 최근의 LH의 자금사정 등을 고려할 때 공급목표를 달성할 수 있을지 분명치 않다. 안정적인 주택공급을 위해서는 적정규모의 민간공급이 필수적이며 이를 실현하기 위해서는 기존의 공급 관련 제도와 규제를 재평가하여 개선방안을 마련할 필요가 있다.

〈표 6〉 공급과 거래량 변수에 대한 기초통계

	주택재고량(2009년 말)		인·허가 발행(2011년 1/4분기)			
	총 호수 (1,000호)	인구 1,000명당 호수	총 발행 호수 (A)	전년 동기 대비(%)	장기평균1) (B)	장기평균 대비 발행량 (A/B)
전국	14,456	297	70,529	42.3	119,585	0.59
서울	2,479	247	14,611	102.7	19,329	0.76
경기도	3,092	270	16,331	−15.5	34,951	0.47
5대 광역시	3,352	291	15,703	120.6	28,467	0.55

	아파트 거래량(2011년 5월)				아파트 입주물량(2011년 5월)			
	총거래량 (C)	전년 동기 대비(%)	장기평균1) (D)	장기평균 대비거래량 (C/D)	총입주량 (E)	전년 동기 대비(%)	장기평균1) (F)	장기평균 대비물량 (E/F)
전국	79,139	27.5	77,821	1.02	18,023	−43.2	25,463	0.71
서울	6,474	46.2	9,309	0.70	1,415	−54.2	4,345	0.33
강남	3,619	68.9	4,833	0.75	384	937.8	2,278	0.17
강북	2,855	24.9	4,476	0.64	6,310	21.8	2,359	2.67
경기도	16,175	14.2	19,862	0.81	5,841	−62.0	8,194	0.71
5대 광역시	21,582	12.8	19,401	1.11	1,031	−66.2	4,966	0.21

주: 1) 장기평균은 2000년 1월 1일 이후 현재까지의 평균값임.
자료: 부동산 114(REPS), 국토해양부; "부동산시장 동향분석: 2011년 2/4분기"에서 재인용.

　절대적인 공급부족이 해소됨에 따라 기존 대규모 택지개발 위주의 사업보다는 실질적 수요가 있는 지역의 토지이용규제를 완화하여 다양한 유형의 주택공급을 유도하는 것이 주택공급의 효율성을 높이는 방안이다. 최근 정부는 도시 1~2인 가구들을 대상으로 하는 준주택과 도시형생활주택 등 새로운 주거의 개념을 도입하고 정책을 통해 변화를 유도하고 있으나 기존의 신규 공급물량에 비해 미미할 뿐 아니라 정책에 의한 쏠림현상이 일어날 가능성도 있다.

　보금자리주택은 주변의 비슷한 기존주택에 비해 낮은 가격에 신규주택을 공급한다는 점에서 수요자들에게 매력적이지만 토지수용 이전에 사전청약을 받으면서 2기 신도시의 미분양을 증대시켰으며 사업추진 주체인 LH공사의 자금난을 가중시키는 등 문제를 초래했다. 또한 보금자리주택을 분양받으려고 대기하는 수요자들로 인해 임차시장에서 임대료 불안이 야기되었고 보금자리주택이 공급되는 인근지역에서 신규주택을 공급하는 민간사업자들이 분양에 애로를 겪고 있다. 최근 LH공사의 재정부담 완화를 위해 보금자리주택지 내 택지를 원형지 방식으로 민간에 공급하는 방안이 발표되고 여당에서는 지구지정폐지 후 임대주택공급을 공급하는 방안을 추진하는 등 다양한 해결방안이 제시되고 있으나 본질적으로 정부가 민간과 경합하지 않도록 업무영역을 조정할 필요가 있다.

(3) 재건축, 재개발 및 도시정비 활성화

도심 재개발과 재건축은 도시 내 주택공급은 물론 도시공간구조의 개선을 위해서도 중요하다. 종전의 재개발정책은 도시기반시설의 정비에 필요한 규모를 실현하지 못한다는 한계가 있어 뉴타운 사업을 통한 도시정비가 추진된 바 있다. 정비사업지구는 정부의 법적·기술적 판단하에 노후주택에 대한 재정비가 필요한 지역에 지정되므로 정비사업이 원활하게 진행될 수 있도록 정책적으로 유도할 필요가 있다.

뉴타운구역의 경우 초기 기대가 컸으나 부동산 시장 침체, 기반시설에 대한 기부채납 및 일반분양분의 분양가하락으로 사업추진에 어려움을 겪고 있다. 특히 뉴타운 및 재개발구역의 경우 장기간 방치할 경우 슬럼화 가능성이 있어 사업추진 가능성을 신속히 판단하여 사업추진 여부 및 후속조치를 마련해야 할 것이다. 이 경우 서울시에서 제안한 휴먼시티 등 지자체에서 기반시설을 제공하고 주택에 대해서는 자력개발을 할 수 있는 방안도 고려할 필요가 있다.

재건축의 경우 MB 정부 출범 이후 일부 규제를 완화하였으나 일반분양분에 대한 분양가 상한제와 개발이익환수제 등 핵심규제가 남아 있다. 이들 규제를 해소 내지 완화하여 재건축을 활성화하는 한편 사

업 출범 시기를 조율하여 전월세 시장에 미치는 충격을 최소화해야
할 것이다.

(4) 노령화에 따른 노령인구 거주 주택의 리모델링 등 지원

영국과 미국 등의 노령인구 주거행태를 보면 노령층은 오래 살아
온 주택과 주거지에서 가능한 한 거주하기를 원하며 노령층일수록
외곽보다는 도심을 선호하는 경향이 있다. 따라서 평생 거주할 수 있
는 신규주택의 건설을 유도하는 한편 기존주택의 적절한 리모델링을
통해 고령자들도 편안히 거주할 수 있는 시설과 디자인을 갖춘 주택
을 공급할 수 있도록 정책적으로 지원할 필요가 있다. 정부는 노인주
택 개조기준을 마련하고 고령자용 임대주택을 추진하고 있으나 아직
그 성과는 미미한 실정이다.

노인주택에 대한 다양한 주거대안의 개발과 함께 노령층 가구들이
선택할 수 있는 대안들에 대한 정보를 제공하는 것도 중요한 과제이
다. 국가가 이러한 정보시스템을 구축하고 지방정부도 연계시켜 노령
가구들의 합리적인 선택을 지원하고 있는 영국의 사례를 참고할 필
요가 있다.

(5) 부동산 PF제도의 개선

부동산 개발금융제도 개선의 핵심과제는 시행사 등 개발업자에 의
한 과도한 레버리지를 방지하는 것이다. 이를 개선하기 위해서는 다
음의 몇 가지 과제를 고려해 볼 수 있다.

첫째, 자본구조의 건전성을 높여야 한다. 장기적으로 SOC금융처럼 사업비 대비 자기자본비율을 20~30%로 높이고 선투입한 후, 나머지 사업비는 사업진행에 따라 타인자본이 후투입하도록 하면 대주는 담보를 통해 채권을 회수할 수 있게 되어 시공사의 채무보증을 요구할 필요성이 약해지기 때문이다. 둘째, 분양시점을 기성률 10%, 20%, 30%, 50%, 70% 등으로 늦춰서 점진적으로 후분양제도로의 이행을 모색할 필요가 있다. 분양시점이 늦춰지면 자기자본 투입이 증가하고, 금융구조의 안정성은 높아지기 때문이다. 셋째, 대한주택보증의 부보비율을 현실적으로 조정하여 수분양자의 도덕적 해이를 줄일 필요가 있다. 현재 환급이행의 부보비율('계약금＋중도금' 전액)을 '계약금＋중도금'의 90%, 80%, 70% 순으로 낮춤으로써, 분양계약을 파기하기보다 준공하는 것이 유리해지도록 개편할 필요가 있다. 넷째, 자기자본 모집을 활성화할 수 있는 제도를 구축할 필요가 있다. 이를 위하여 공신력 있는 GP(General Partner)가 사업 전체를 책임지고 추진하되, 재무이익을 추구하는 LP(Limited Partner)가 주주로 참여하는 투자도관체를 고려할 수 있을 것이다.

5) 주거복지 확충

(1) 현황

현행 주거복지정책의 기본 틀은 소득기준을 중심으로 공급자와 수요자 양 방향에서 지원하는 체제로 되어 있다. 소득 5분위 이하 가구를 지원대상으로 하여 임대료 지불능력 취약계층인 소득 1~2분위에게는 영구임대주택, 다가구 매입, 전세임대주택, 국민임대주택 공급(공급 측면)과 임대료 차등화 등을 통해 지원하고, 자가 구입능력 취약계층인 소득 3~4분위에게는 국민임대, 10년 공공임대, 중소형 공공분양 주택 공급(공급 측면)과 전세자금 또는 주택구입자금 지원(수요 측면) 등을 지원하고 있다. 이 밖에 저출산, 고령화에 대응하기 위해 신혼부부에게는 중소형 분양주택 또는 임대주택을 특별 공급하고, 다자녀가구에게는 주택구입 또는 전세자금 융자 한도 확대, 우대금리 적용 등을 지원하며 고령자에게는 무장애 고령자용 임대주택공급, 65세 이상 노부모 부양 무주택 세대주에게는 공공분양주택과 국민임대주택을 특별 공급하고 있다.

또한 정부는 2004년에 최저주거기준을 제정하고 최저주거기준 미달 가구의 해소를 위한 다양한 정책 조합을 시행하고 있다. 그 결과 최저주거기준에 미달하는 가구의 비율은 1995년 이후 지속적으로 하락하고 있다. 그러나 2008년 주거실태조사 결과에 따르면 전체 1,588만 가구의 13.0%인 206만 가구가 최저주거기준에 미달된 것으로 나타났다.

(2) 기본 방향

인구사회구조의 변화로 인해 주택 수가 세분화·차별화될 것으로 예상되므로 주거복지정책의 기본방향도 보다 미시적인 측면을 고려할 필요가 있다. 한편 저소득층의 주거문제는 본질적으로 빈곤과 저소득의 문제이므로 주거 서비스와 교육, 고용지원 등 다양한 복지 서비스를 연계한 종합적인 사회복지정책 차원에서 접근하여야 할 것이다. 또한 연령층별로 세분화된 정책 조합을 제공하는 것이 바람직하다. 예컨대 저소득 노인가구에 대해서는 주거와 함께 돌봄(care), 의료 서비스를 제공하고, 청년층 저소득 가구에게는 주거와 고용을 연계한 정책이 필요하다. 따라서 정책 추진체계도 국토해양부 및 보건복지부 등 관련 부처와 지방자치단체, 사회단체, 민간 부문 간의 역할분담과 효율적인 협력체계가 요구된다.

(3) 주거복지정책 수단의 합리화

한정된 재원과 행정능력을 감안할 때 정책수단의 효율적 조합은 주거복지정책의 효과성을 높이는 데 매우 중요하다. 주요 주거복지정책수단으로는 공공임대주택의 직접공급, 정책지원대상가구들에 대한 주거비보조금, 그리고 임대료 규제 등을 들 수 있다.

공공임대주택 건설은 정부가 직접 통제할 수 있는 임대주택 재고를 확보하여 정책대상 계층들에게 시장임대료보다 낮은 임대료에 제공하는 접근방식이다. 그러나 비용 효과성 측면에서 투입되는 재원에 비해 수혜자들이 느끼는 편익이 매우 낮은 것으로 알려져 있으며 관리에도 어려움이 따른다. 특히 오랜 기간 동안 공공임대주택 재고를 축적한 일부 유럽 국가와 달리 우리나라는 비교적 단기간에 공기업인 LH공사를 통해 임대주택을 확대하는 방식을 추진해 왔으나 재원 조달에 애로를 겪고 있다.

경제학 이론과 미국 등의 실증적 경험은 공공임대주택 건설보다 지원대상 가구에 대한 임대료 보조가 더 낮은 비용으로 동일한 편익을 제공한다는 사실을 보여 준다. 임대료 보조는 소득 및 재산, 가구 구성 등의 기준에 입각하여 지원대상 계층을 설정하고 이들에게 보조금을 지급하여 소득의 일정 비율을 초과하는 임대료 부담을 완화시키는 방식으로 미국의 주택 바우처(housing voucher)가 대표적인 사례이다. 우리나라의 경우에도 국토부가 바우처 제도의 실험적 도입을 추진해 왔으나 예산당국의 반대로 아직 실현되지 못하고 있다. 반면에 서울시에서는 2011년부터 월 5만 원 정도의 바우처를 도입하고 이를 점차적으로 확대한다는 방침이다.

임대료 보조제도가 저소득층 주거문제 해결에 기여하기 위해서는 저가 주택의 공급이 원활히 이루어져야 한다. 만일 저가 주택이 제대로 공급되지 않으면 임대료 지원의 효과는 주로 임대료 상승으로 나타나기 때문이다. 따라서 바우처 제도의 도입과 함께 민간에 의한 임대주택 공급이 활성화될 수 있는 환경을 구축할 필요가 있다. 이를 위해서는 앞에서 제안한 대로 1가구 다주택 보유자들의 임대사업자로서의 기능을 활용하는 방안을 고려해야 할 것이다.

마지막으로 최근 국회에서 도입을 검토하고 있는 전월세 상한제 형태의 임대료규제는 정치적으로는 매력적인 수단이지만 저소득층 주거문제 해결에 도움이 되지 않고 장기적으로 부작용이 많은 제도이다. 일반적으로 임대료규제는 단기적으로는 임차인을 보호할 수 있으나 중장기적으로는 임대주택의 신규공급을 위축시키고 기존 임대주택의 질적 저하를 초래하여 전체 임차가구들의 주거수준을 떨어뜨릴 가능성이 높다. 뿐만 아니라 현재 논의되고 있는 전월세 상한제는 고가 전세 세입자를 포함한 전체 임차인에게 적용되어 사회적 약자들의 주거복지정책으로 볼 수 없다. 선진국들의 경험을 보면 임대료 규제가 한번 도입되면 철폐하기가 매우 어렵다. 이러한 문제점들을 감안할 때 전월세 상한제 도입은 자제하는 것이 바람직하다.

제5부

고용, 복지와
문화

제1장

일자리 창출을 위한
노동시장체제 정비

조준모

─요약─

노동분야는 크게 공정한 노사관계 구축, 일자리를 위한 노동시장체제 정비, 취약근로계층 사회안전망 내실화 등 준수 가능한 보호체제 확립 3대 소과제를 설정하고 이에 구체적인 세부정책주제들을 제시했다.

첫째, 공정한 노사관계 구축의 경우 노사관계 법 준수와 질서를 확립해야 한다. 집권 후에 복수노조와 근로시간면제제도를 흔들거나 편법적인 대응에 정부가 물러선다면 우리 노사관계가 무원칙과 후진화의 함정에 빠질 것임을 유의해야 한다. 복수노조 시대의 공정한 노사관계 질서 구축을 위한 노동정책이 요구된다. 복수노조 및 근로시간면제제도의 법시행 과정에서 생산적이고 합리적인 노사관계 질서가 구축될 수 있도록 그에 맞는 정책 추진 인프라 구축이 시급하다.

둘째, 일자리 창출을 위한 노동시장체제 정비가 필요하다. 먼저 고용정책의 패러다임을 분명히 해야 한다. 고용친화적 성장이 이루어지지 못하고 대기업 성장이 국내 고용과 내수를 진작시키지 못하는 현상이 심화되어 노동시장 이중구조화가 고착된 상황을 직시하고 이를 보정하기 위한 정책적 노력이 필요하다. 또한 종합적인 고용정책 수립을 위해 어느 부처가 어디로 통폐합되든지 간에 적어도 고용정책 컨트롤 타워 기능을 강화하고 단위별로 시스템적인 고용정책을 수립해 혈세가 낭비되는 정책구조의 개혁이 시급하다. 우리나라 노동시장 유연성 제고에서 제일 중요한 요소는 집단적 노사관계법에서의 교섭력 균등원칙 확립을 도모할 수 있도록 하는 것이다. 이를 위한 구체적인 수단으로서 파업 시 대체근로의 허용, 파업조합운영의 민주성을 제고하기 위한 절차적 규제 강화, 노동조합 재정의 운영의 투명성 제고 방안 등을 추진할 필요가 있다.

마지막으로 취약근로계층 사회안전망 내실화 등 준수 가능한 보호체제 확립방안으로 고용보험, 산재보험 및 최저임금 제도의 개선을 통하여 노동시장의 효율적인 사회보장인프라로 자리매김해야 한다. 사회안전망의 확충과 함께 실직자(구직자)의 원활한 노동시장 진입(복귀) 및 정착을 위하여 세밀하고 적극적인 지원정책(activation)을 마련할 필요가 있다.

1) 공정한 노사관계 구축

(1) 노사관계 법과 질서 확립

가. 현상

그간 노사단체로부터 비판을 받더라도 대한민국의 미래 비전을 위한 긴 호흡의 노동행정, 경제를 생각하는 노동정책을 펴면서 어떤 역경이 닥쳐와도 노사 어느 쪽에도 휘둘리지 않고 공정한 노사관계 규칙을 정립하고자 하는 역대 정부의 정책의지가 부족한 경우가 많았다.

노동계와 정치권의 타협은 한국의 노사관계를 진전시키기보다는 후퇴시켰다는 평가가 더 적절하다. 참여정부에서 K 장관은 친노동 정부답게 법원칙을 후퇴해서라도 노동계를 안는 정책태도를 취하였다. 이어서 들어선 김대환 장관은 법과 원칙을 세워 이전의 장관들과는 다른 태도를 취하였다. 이어서 들어선 L 장관은 친노동이라기보다는 인기영합적인 정책태도를 취하였다. 한마디로 노동정책이 갈 之 자형 정책이었다. MB 정부 들어 전반기 노사관계 정책은 행정적으로는 법과 원칙을 내세웠지만 정치적으로는 한국노총과 타협하는 것이었다. 이에 쌍용차 사태와 같은 사건들에 법과 원칙으로 대응함으로써 노사관계가 전국단위 대중운동으로 번져 나가지 않도록 하는 데 상당 부분 기여했다. 오히려 과도한 전투적 노동운동의 비용을 현장단위 근로자에 전가시켰던 상급단위 노동운동가에 대한 국민적 염증이 커졌다고 판단된다. 그러나 행정적으로는 법과 원칙을 지켜 나갔지만 정치적으로 한국노총 출신 국회의원들이 다수 여의도에 입성하고 '환노위'에 배치되면서 입법과정에 노동계가 영향을 미칠 수 있는 창구 역할을 했다. 복잡한 노동입법에 전문성이 떨어지는 여당은 어차피 현장감이 강한 이들의 의견에 의존할 수밖에 없는 형국이어서 이들의 영향력은 급속도로 증가했다. 후반기에 들어서 근로시간 면제 제도와 복수노조 창구단일화의 폐지를 공약으로 내세운 한국노총 신임집행부가 들어서면서 MB 정부와 한국노총 간의 관계는 소원하게 된다. 행정적으로는 법과 원칙을, 그러나 정치적인 소통은 이전만 못했지만 이미 정치적으로 얻을 것은 얻었고 원내 진입한 노동계의 입장에서는 정치적으로 큰 소득을 얻을 것은 없었다.

선거 때마다 정치권은 노동계를 안아야 승리할 수 있다는 강박관념 같은 것을 가지는 형국이다. 따라서 사전의 공약이 사후적으로 공익정책을 하는 데 발목을 잡는 경향이 높다. 물론 양대 노총 모두 다 적으로 등지고 정국을 끌어가는 데 부담될 수는 있어도 합리성, 공익성 그리고 법과 원칙을 전제로 한 범주 내에서 대화와 타협이 이루어져야지 법과 원칙을 흔드는 무절제한 밀약이 이루어지는 방식은 줄곧 우리 노사관계를 후퇴시켜 왔다.

공공부문 노사관계는 민간부문 노사관계 개혁의 선도적 역할을 해야 하며 국민의 이익을 보호하는 관점이 민간기업에 비해 강하게 요구될 수밖에 없다. 그러나 선거 때마다 '생존권 사수'를 부르짖으며 선거를 앞둔 단체장을 위협해 '신도 모르는 단체협약'을 맺는 경우가 많았다. 공공부문 노동조합이 허용된 이후 지자체장과 노동조합이 무절제한 단체협약이 난무하는 상황에서 MB 정부가 이 부분을 바로잡겠다고 나선 부분은 높이 평가한다. 그러나 그 과정과 성과가 너무 노사관계를 기계주의로 접근했기 때문에 경직적인 비판으로부터 자유롭지는 못하다. 즉 정량적인 지표에 맞추다 보니 노사관계의 자율

책임 영역이 마치 재단하듯이 정량실적주의로 이루어지는 숨 막히는 노사관계였다는 비판도 있다. 그러나 이러한 10% 단점에도 불구하고 방만·방종으로 치달을 수 있는 공공부문 노사관계를 공익의 관점에서 비판하고 공개하고 바로잡으려는 노력은 지속되어야 할 것이다.

나. 정책제언

내년 총선과 대선에 후보자들은 복수노조 창구단일화와 근로시간면제제도를 흔들기 위한 일부 상급노동계와 밀약을 맺을 가능성이 있다. 이렇게 되면 집권 후에도 밀약이 두고두고 담보로 잡혀 노사관계의 법과 원칙은 실종되게 된다.

물론 법과 원칙이 대화와 타협이라는 기조를 실종시켜서는 곤란하다. 노동계가 노사정위원회라는 창구 안에 들어올 경우 정부는 밀어붙이기 식 정책 관철이 아니라 참여 노동계와 의견조율을 통하여 소통의 당근을 만들어 가는 자세가 필요하다.

집권 후에도 복수노조와 근로시간면제제도를 흔들거나 편법적인 대응에 정부가 물러선다면 우리 노사관계가 무원칙과 후진화의 함정에 빠질 것임을 유의해야 한다.

공공기관 단체협약 사이트를 개설해 행정관청별 보충협약을 포함한 모든 단체협약을 게시해 국민이 유리알같이 들여다볼 수 있도록 해야 하며 공공기관 노동조합 운영과 재정도 투명성 확보와 노조 간부 보수 등을 공개하고 조합비 일괄공제에 대해 조합원 동의를 정기적으로 구하는 절차를 마련할 필요가 있다는 점은 더 말할 나위 없다. 전반적으로 공공부문 노사관계는 지금의 기조를 지속적으로 유지하되 방만을 잡는 방식에서 합리적 노사관계의 장(play ground)을 만들어 협력적 노사관계를 통해 열매를 수확해 가는 모델 확산이 필요하다.

(2) 복수노조 시대의 공정한 노사관계 질서 구축을 위한 노동정책의 중요성

가. 현상

복수노조 허용과 근로시간면제제도의 도입은 사업장 노사관계뿐만 아니라 전국단위 노사관계까지 폭넓은 변화를 예고하고 있다. 이 과정에서 노-사, 노-노 간의 다양한 갈등과 중층화된 노사관계의 형성으로 이어질 가능성이 높다. 현재 우리나라 노사관계는 선진화/후진화의 교차점에 처한 상황이다.

복수노조 허용 이후에 한 달이 지난 현시점에서 노사관계 지형변화는 주로 ① 과도하게 전투적인 상급단체에서 온건 합리적 노조들의 이탈, ② 과도한 어용노조에서 건강한 비판노조의 이탈, ③ 어용노조 설립, ④ 두 노총(더 이상 양대 노총 아님)의 세 대결에서 비롯된 노조분리, ⑤ 방탄노조 등 기타의 유형을 들 수 있다. ④의 경우 주로 버스와 택시사업장이어서 일시적인 노사관계 지형의 균형점을 찾는 현상이고, 어용노조 또한 이내 ②번 트랙으로 변화될 것이어서 지속 가능하지 않고, 전체적으로 완전어용노조를 세운 경우는 소수에 불과하다고 판단된다. ⑤의 방탄노조란 회사 내 성과부진, 부적응자들에 의해 만들어진 노동조합으로서 자신들의 인사고과상 불이익을 방탄하기 위한 목적으로 만들어진 노조로 종업원의 지지를 못 받아 태생적으로 극소수 노조원만이 가입하게 되어 유형으로 논의할 가치조차 없다. 대다수는 ①과 ②이고 이 가운데서도 ①이 상대적으로 다수라 판단된다.

따라서 건강한 비판세력으로서 그리고 건강한 조력자로의 노동조합 즉 합리적 노동운동에 대한 조합원 수요에 누가 먼저 부응하는가가 복수노조시대에 노사관계의 중원을 차지할 것으로 판단된다.

이런 지형에서 노사관계 정책은 친노동－친자본이 아니라 공정한 심판자로서의 자세를 잃어서는 안 된다. 소수의 시끄러운 외침을 과장해서 해석해서도 안 되고 침묵하는 다수 조합원의 조용한 민심을 외면해서도 안 된다.

나. 정책제언

복수노조 설립 시 교섭창구 단일화 및 단체협약의 공정한 운영 등 새로운 노사관계 질서 구축과정에서 정부는 교섭대표노조 결정, 공정대표의무에 대한 시정명령 등 노사관계 질서구축에 중요한 역할을 담당하게 될 것이다. 교섭대표노조의 결정, 부당노동행위 구제, 공정대표의무 이행 여부에 대해 공정한 기준을 제시하고, 또한 이를 토대로 공정한 판단을 할 때, 노사 당사자들도 이를 수용하고, 새로운 제도변화에 맞는 노사관계 관행을 형성해 나갈 수 있을 것이다. 특히 복수노조 및 근로시간면제제도 법시행 과정에서 공정하고 합리적인 기준을 제시하고 정책을 추진하는 것이 더욱더 중요하다. 정부가 이렇게 복수노조 및 근로시간면제제도의 법 시행 과정에서 생산적이고 합리적인 노사관계 질서가 구축될 수 있도록 그에 맞는 정책 추진 인프라 구축이 필요하다. 나아가 집단적인 노사관계 정책 업무 개편, 노동위원회 기능을 강화하는 등 정책 업무시스템 개편도 추진될 필요가 있다.

2) 일자리 위한 노동시장체제 정비

(1) 성장과 고용의 선순환 고리 회복과 주변부 노동시장의 3대 함정 해소

가. 현황

"참여정부의 고용정책은 패러다임 논의하다 날 샜다"는 말과 같이 정책의 집행과 효과를 위해서 실사구시(實事求是)적인 고민이 부족했다. 위원회 정부답게 토론과 쟁점이 정가의 화두였다. 그러나 고용 없는 성장에 대응한 현장에 약발이 있는 정책은 무엇일까는 많이 부족했다.

MB 정부의 고용정책은 글로벌 경제위기 이전과 이후로 나누어 볼 수 있다. 전반부에는 고용정책 부재가 바른 평가이다. 즉 노동정책입안세력 가운데 좌파청산이 핵심 화두였고 이 과정에서 고용정책의 전문성이 말살된 측면이 강하다. 정작 고용정책에 몰두할 역량과 전문성이 부족하였고 노동정책의 핵심에 청와대 비서관이 우뚝 서게 된다. 이 당시 고용정책은 매우 단순했다. 즉 '무자식이 상팔자'라는 속담과 같이 (무)無정책이 (상)上정책, 성장이면 고용은 자동으로 해결된다는 식의 발상이 팽배하였다. 그러나 글로벌 위기에 들어서면서 외환위기 때 유행했던 공공근로, 행정인턴 등 고용뉴딜정책이 만들어지게 된다. 이후로 국정기조가 따뜻한 행정으로 바뀌면서 국가고용전략위원회가 만들어지고 뒤늦게나마 고용문제의 심각성에 매달리게 된다.

앞서 두 정부의 스와트(SWOT)분석을 하여 향후 정부의 정책기조는 고용에 대한 고민을 현재보다는 좀 더 일관되게 좀 더 생산적으로 그리고 머리(패러다임)와 발(정책의 현장전달)이 같이 갈 수 있는 정책이 필요하다고 본다.

나. 정책제언

고용친화적 성장이 이루어지지 못하고 대기업 성장이 국내 고용과 내수를 진작시키지 못하는 현상이 심화되어 노동시장 이중구조화가 고착된 상황을 직시하고 이를 보정하기 위한 정책 노력이 필요하다.

OECD는 우리나라 노동시장의 3대 함정을 비정규직 함정, 저숙련 함정, 비경제활동 함정으로 지적하고 있으며 먼저 비정규직 함정은 한번 비정규직이 되면 좀처럼 정규직으로 전환되기 어렵다는 것이다. 우리나라에서 비정규직에서 정규직으로 전환하는 비중은 OECD 평균%의 절반 수준으로 우리나라 비정규직 함정의 깊이가 OECD 제국들에 비하여 더 깊음을 알 수 있다.

두 번째 함정은 저숙련 함정인데 우리나라 재직근로자의 직업훈련 참가율은 OECD 국가 중 최하위 수준이며 직업훈련체계는 훈련 참여율이 매우 낮다는 점 외에도 계층 간 직업능력 개발의 불균등이 심화하고 있다는 추가적인 문제점을 안고 있다. 직업훈련 참여의 정도에도 양극화가 완연하여, 직업훈련의 양극화 → 생산성 양극화 → 취약계층 저숙련 함정에 집락화(cluster)라는 악순환을 발생시키게 된다.

마지막으로 비경제활동 함정은 여성과 고령자 계층에서 깊게 나타나는데 높은 출산육아 비용은 여성으로 하여금 비경제활동 함정에 빠지게 한다. 연령대별 여성 고용률 곡선은 30대에서 함몰하는 후진국형 M 자 곡선으로 나타난다. 여성의 비경제활동 함정은 대체로 근로시간 제도가 경직적일수록, 보육시설로의 접근성이 제한될수록 깊어진다. 한편 고령자의 경우 연령차별 및 경직적인 연공서열 보수체계로 인하여 근로자 생애가 50세 전후에서 번지점프화한다는 점, 그리고 지식기반경제에 적합한 기술을 보유하고 있지 못하다는 점 외에도 계속근로에 대한 세제상 인센티브 부재, 고령자를 위한 직업능력개발 프로그램 부재, 고령자 근로 시 연금수급액 감소 등은 고령자의 비경제활동 함정을 더욱 깊게 한다.

고용정책은 전술한 3대 노동함정 해소에 초점을 맞추어야 하며 이를 위한 고용전략도 큰 틀에서 수정이 필요하고 백화점식 고용정책은 자제되어야 한다. 명의의 처방은 문제의 근원을 정확히 진단하고 효과적인 처방을 내놓는 것이다. 현재에는 많은 고용전략 아이디어가 난무하다 보니 정책지도가 산만하게 얽혀서 개별정책의 효과성 검증도 어려운 모습이다. 3대 함정 해소와 같이 특단의 대책이 필요한 부분에 정책역량을 집중해 가야 한다.

(2) 고용정책의 컨트롤 타워 기능 재정립

가. 현황

재정을 통한 일자리 지원 사업은 주로 취약계층을 대상으로 적절한 정책수단(보조금·훈련·창업지원 등)을 동원해 노동시장 내 취약계층의 고용능력을 제고하는 다양한 정부정책을 의미한다. 이들 사업의 예산편성권을 가지는 기획재정부 밑에 각 사업 부처가 따로따로 전달체계를 가지고 정책이 전달되다 보니 수요자인 국민 중심의 정책이 펼쳐지지 못하고 있다. 결과적으로 정책공급자 중심의 붕어빵 정책이 양산되고 설상가상으로 지방자치단체는 중앙부처가 만든 일자리 사업을 표절해 가는 현상마저 발생하고 있다. 이런 일자리 정책 수립 구조로는 그 효과성을 담보받을 수 없을뿐더러 혈세를 낭비할 수밖에 없다.

나. 정책제언

이러한 구조 개혁을 위해 첫째, 중앙정부 차원의 각종 일자리사업을 고용노동부가 실질적으로 총괄·조정할 수 있도록 관련 조직과 기능을 정비하는 것이 필요하다. 따라서 중앙과 지역 간의 일자리대책 조정기능이 강화돼야 한다.

중앙부처별 일자리사업 계획 수립 단계에서 지자체의 의견수렴 메커니즘을 강화하고 고용노동부 차원에서 부처 간 유사·중복 일자리사업을 사전에 조정함으로써 지역 수요에 부응하는 일자리사업 수립을 모색·촉진하는 것이 필요하다. 지자체 일자리사업 담당조직이 기업·대학 등과 연계하고 고용지원센터 등 관련 기관의 전문성을 활용하면서 지역 내 취약계층을 중심으로 취업상담·알선, 교육훈련, 취업, 사후관리 등 서비스를 유기적으로 제공하는 지원체계가 시급하다. 현장기반 사업 설계를 위해 적정수준의 지역재량권을 보장해 주고 성과에 따라 지역재량권 범위를 조정해 가는 자율책임형 행정구조가 수립돼야 한다.

MB 정부 초기 인수위원회 논의에서 그러했듯이 차기 정부에서 고용·산업·교육·복지 등 유관부처의 통폐합 논의가 다시 불거질 것이며 종합적인 고용정책 수립을 위해 어느 부처가 어디로 통폐합되든지 간에 적어도 고용정책 컨트롤 타워 기능을 강화하고 단위별로 시스템적인 고용정책을 수립해 혈세가 낭비되는 정책구조를 개혁하는 것이 시급하다.

(3) 우리나라 노동시장 유연화의 노사관계 맞춤형 정책방향

가. 현황

우리나라에서 노동시장을 판단하는 데 통으로 접근해서는 곤란하다. 노동시장 내 여러 생태계군이 존재하고 각각의 생태계는 좀처럼 통합되지 못하는 모습이다. 이것을 필자는 '카스트 노동시장'이라 칭하고자 한다. 한번 어느 특정 카스트에 소속되면 좀처럼 다른 카스트 내 신분으로 이동할 수 없는 상태를 의미한다.

가장 핵심의 핵심 노동시장이라 할 수 있는 부분은 역시 '브라만'이다. 브라만이란 '신도 모르는 직장인'이라는 공공부문에 해당된다. 그 외곽을 둘러싼 부분이 '정규직＋유노조＋대기업'을 들 수 있다. 이는 인도 카스트제도의 크샤트라에 해당된다. 최하위층인 수드라는 '비정규직＋무노조＋소기업'에 해당된다. 공공부문의 경우 유연화의 초점은 임금과 기능적 유연성인 내부노동시장 유연화로 대변될 수 있으므로 나머지 민간시장과 성격이 다르다. 결국 우리나라 노동시장 유연화의 핵심은 이러한 카스트 노동시장구조 타파로 대변될 수 있다. 물론 상위층의 노동시장에서는 과도한 경직성이 하위층 노동시장에서는 과도한 고용불안이 병존하는 노동시장이다. 이런 노동시장구조를 무시한 채 '정규직＋유노조＋대기업'만을 보고 우리나라 노동시장은 과도하게 경직하다는 식으로 '비정규직＋무노조＋소기업'만을 보고 우리나라 노동시장은 과도하게 유연하거나 불안하다는 식의 주장은 견강부회식 해석이다.

우리나라 노동시장 유연화의 핵심은 바로 이러한 카스트 노동시장구조 개혁이 핵심과제이다. 하위 노동시장에는 견고한 그리고 사각지대 없는 사회안전망을, 상위 노동시장에는 과도한 경직성을 해소하는 정책처방이 필요하다.

그간 노동시장 유연화 논의가 단순히 해고 관련 규제를 어떻게 할 것인가, 비정규직 입법 탈규제 등 근로시간제도의 탄력성 제고 등 노동시장 전체의 문제로 전개되어 왔다면, 우리나라의 노동시장 유연화 정책은 가장 경직적인 부분의 유연화가 시급한 것으로 파악되고 있다.

나. 정책제언

무엇보다도 노사관계 지형변화에 따른 맞춤형 노동시장 유연화 전략이 필요하다. 노동시장 유연화 정책을 추진할 경우 가장 경직적인 대상에 가장 적합하고 효과적인 정책을 강구해야 한다. 따라서 가장 경직적인 대기업 정규직 유노조 부분의 경직성을 해결하는 방법은 해고법제 등 개별적 노사관계법보다는 집단적 노사관계법의 탈규제가 효과적이며 이들 정책이 무엇보다 우선적으로 추진되어야 한다.

일반적으로 해고 관련 법제의 유연화는 유연화의 대상을 지나치게 확대할 가능성이 있다. 특히 해고 관련 법제의 유연화는 '대기업＋유노조＋정규직' 노동시장의 중층적 고용보호 구조에 미치는 효과는 간접적일 수밖에 없다.

우리나라 노동시장 유연성 제고에서 제일 중요한 요소는 집단적 노사관계법에서의 교섭력 균등원칙 확립을 도모할 수 있도록 하는 것이다. 이를 위한 구체적인 수단으로서 파업 시 대체근로의 허용, 기업단위의 복수노조제도와 근로시간면제제도의 안착, 파업조합운영의 민주성을 제고하기 위한 절차적 규제 강화, 노동조합 재정의 운영의 투명성 제고 방안 등을 추진할 필요가 있다.

3) 취약근로계층 사회안전망 내실화 등 준수 가능한 보호체제 확립

(1) 고용보험, 산재보험 및 최저임금 제도의 개선

가. 현황

저출산·고령화, 청년실업의 증가, 고용형태의 다양화, 노동시장 양극화의 심화, 광범한 고용보험 사각지대 등을 해소하기 위한 복지 확충 차원에서 구직급여 수급요건 완화, 구직급여 소정급여일수의 확대, 구직급여 수준의 인상, 자발적 이직자에 대한 구직급여 지급, 실업부조의 도입 등에 대한 요구가 증대하고 있다.

그러나 고용보험제도는 이렇게 '동태적'인 노동시장 변화 모습에 너무나도 '정태적'인 모습이다. 그 원인 중 하나는 고용보험에 일반회계 투입을 최소화하고 기금방식으로 기업을 통한 사업의 전달체계를 가지고 있기 때문이다. 기업중심의 전달체계는 불가피하게 거대한 사각지대를 유발할 수밖에 없다. 예컨대 주중 30시간씩 세 가지 직장에서 단시간 근로자의 경우 총 90시간을 일하지만 고용보험 가입이 안된다. 왜냐하면 각각의 직장에서 고용보험 최소근로시간 60시간에 미달하기 때문이다. 속인적인 근로프로파일이 불비한 상태에서 이와 같은 고용보험 사각지대가 유발될 수밖에 없는 구조이다. 또한 기금방식이다 보니 기금에 기여한 자와 기여하지 않은 자를 구분할 수밖에 없고 자영업자, 특수고용직 등은 임의가입으로 처리할 수밖에 없는 상황이다. 출산육아 등 모성보호의 경우에도 고용보험기금에서 지출되다 보니 고용보험에 가입하지 않은 여성의 모성보호는 국가가 등

한시한다는 모순에 빠지게 된다. 직업훈련은 또 어떠한가? 중소기업은 어차피 일하기 바쁜 상황에서 별도의 훈련시간을 할애하기 어려운 처지라 고용보험료는 세금과 같이 여겨질 수밖에 없다. 결과적으로 고용보험 훈련 사업이 대기업 중심으로 편중 사용되어 형평성에 어긋난다는 비판이 제기되고 있다. 처음으로 사회에 진입하려는 학교 졸업자와 고령자의 경우 고용보험 대상에서 벗어나는 문제도 있다. 따라서 현행의 고용보험제도만으로 노동시장 유연화와 저출산-고령화라는 큰 파고를 넘기에는 너무나도 역부족으로 보인다.

산업재해보험제도는 노동법에 너무 속박되다 보니 근로자성을 인정받아야 산업재해보험제도 등 4대 보험에 접근성이 높아진다. 반대로 4대 보험에 가입되면 근로자성이 높아져서 노동법 적용 가능성까지 높아진다. 이런 것들이 소용돌이를 유발하고 있다. 반면 그 핵심 진원지인 노동법은 너무나도 경직적이고 유연하게 개정하기도 정치적으로 쉽지 않다. 노동법상 경직성이 전체 사회보장법으로 전이되는 모습이다.

산업재해보험제도 등 사회보장제도를 노동법으로부터 자유롭게 해야 한다. 그리고 사회보장제도를 국민의 보편적인 수급권으로 정착시켜 주어야 한다. 근로자성-사용자성의 논쟁으로부터 벗어나 그리고 노동 관련법으로부터 벗어나 보편적인 보험제도로 정착될 필요가 있다.

최근 최저임금위원회에서 노사위원들이 사퇴하고 일부 노동계가 최저임금위원회를 점거하는 사태가 벌어진 바 있다. 노동계는 평균 근로자 임금의 50%로 최저임금을 올려야 한다는 주장이고, 경영계는 최저임금이 100원만 올라도 사용자가 추가로 부담해야 하는 비용이

1년에 6,100억 원에 달해 최저임금 인상안을 꺼린다. 이 시점에서 현재 최저임금제도가 목적에 맞게 기능하는지 냉철히 평가할 필요가 있다. 최저임금제도 목적은 최저임금법 제1조에 기술돼 있듯이 임금의 최저수준을 보장해 근로자 생활 안정을 꾀하는 것이 주된 목적이다. 여기서 최저임금법에 명기된 근로자란 취업자 외에도 취업을 희망하는 실업자와 비경제활동인구를 포함한다.

통계청 경제활동 부가조사에 따르면 2001년부터 2010년까지 최저임금 평균 인상률은 10%로 같은 기간 명목임금상승률 5.8%를 훨씬 웃돈다. 그러나 아이러니하게도 최저임금제도 보호를 받지 못한 근로자는 지속적으로 증가해 2010년에는 200만 명에 달하며 비율도 11.6%에 이른다. 미국 사례를 보면 최저임금 미만율이 높으면 몇 년간 최저임금을 인상하지 않을 정도로 '최저임금의 역설'이 발생하지 않는 정책적 처방을 내놓고 있다. 최저임금에 미달되는 근로자 특성을 보면 19세 이하가 55.2%로 가장 높고, 다음으로 60세 이상이 44.2%로 과도한 최저임금 인상이 노동시장 약자인 청년과 고령자를 최저임금 사각지대로 내모는 문제가 발생하고 있다.

또 한 가지는 최저임금 고용 효과다. 외국 경제학계 분석을 보면 경쟁노동시장구조 아래에서 최저임금 상승이 고용을 감소시킴은 분명하고 사용자가 수요 독점 지위를 가지는 노동시장구조에선 최저임금 고용 효과는 뚜렷하지 않은 것으로 나타난다. 즉 최저임금이 적정 수준을 넘어서 인상될 때마다 고용 파괴는 불가피하며 최저임금 미만이라는 탈법과 불법에 노출되는 근로자도 동시에 증가함을 알 수 있다. 결국 과도한 최저임금 인상은 취직에 성공한 근로자에게는 도움을 줄지 몰라도 일자리를 잃거나 신규 진입할 잠재근로자에게는 도리어 취업 가능성을 반감시키게 된다.

　최저임금의 소득 분배 개선 효과를 살펴봐도 회의적인 결과를 볼 수 있다. 최저임금 인상은 최하위 1분위 소득을 가진 저소득 가구보다 2~7분위에 속하는 가구 소득을 높이는 데 더 크게 기여한다. 1분위 소득 개선에 기여하는 정도는 상위 8~9분위나 집단의 소득 개선에 기여하는 정도와 유사한 것으로 나타난다. 최저임금 수혜 대상 근로자들이 예상과 달리 소득 분배 개선을 목적으로 최저임금제도를 사용할 때는 바람직한 효과를 기대하기 어려울 뿐 아니라 보호하는 계층이 아닌 다른 계층에 대한 엉뚱한 임금 인상 효과를 초래하기도 한다. 이는 최저임금 결정 기준이 기본급과 통상임금 기준이어서 다양한 정기적 보너스조차 가산되지 않아 급여가 2,000만 원 수준인데도 최저임금에 미달하는 사례가 발생하기도 한다. 이런 현상은 근본적으로 우리나라 임금제도와 최저임금제도의 경직성에서 기인한다. 최저임금을 현재와 같이 노사 간 정치적 정쟁의 산물로 결정해서는 곤란하다. 최저임금법 정신, 즉 '취약 근로자 임금의 최저생계 보장'을 잊어서는 안 된다.

나. 정책제언

　동태적 노동시장 변화에 대응한 고용보험사업 개편이 필요하다. 고용안정·직업능력개발사업 및 모성보호급여를 실업급여 및 다른 사회보장제도와 연계하여 '취업⇔취업', '취업⇔실업', '취업⇔교육훈련', '취업⇔출산·육아·가사', '취업⇔은퇴' 등 노동시장이행의 각 단계에서의 사회적 위험을 최소화하고 성공적인 노동시장 이행을 지원하는 제도적 장치로서 기능할 수 있도록 개편해야 한다. 또한 직업능력개발의 시장실패 현상이 일어나고 있는 중소기업근로자, 비정규직 근로자, 중고령자, 경력단절여성, 장애인 등에 대해 집중 지원하는 방식으로 직업능력개발사업의 개선방안을 강구해야 한다. 또한 조기재취업수당제도의 효과성에 대한 평가 및 개선방안도 제시해야 한다. 기업지원 중심의 고용보험제도가 근로자 프로파일링 중심의 제도로 재설계되는 것이 고용보험법상 취지에 맞으며 전술된 이행노동시장의 동태적 변화에 대응해 갈 수 있을 것이다.

고용기간 내지 근로시간의 길이에 관계없이 고용보험 및 구직급여의 적용범위를 확대할 필요가 있다. 이는 사용자의 보험료부담 회피행위를 규제하고, 고용불안정에 대처하는 사회안전망의 확대에 기여할 것이다. 다만 근로자의 모럴 해저드(단기취업과 구직급여의 반복수령)를 방지하기 위한 수급요건 제한 방안도 함께 검토할 필요가 있다. 또한 고용보험제도에 단기고용을 이용하는 사용자에게 그로 인한 고용불안정을 보상하도록 하는 차원에서 위험률에 따른 보험료할증제도의 도입도 필요하다. 불안정고용을 이용하는 사용자에 대하여 고용위험률을 고려한 고용보험료부담 부과방식의 모델을 발굴해야 한다. 추가로 걷힌 할증보험료의 활용방법으로서 단기피용자에 대한 구직급여 지급 외에도 직업능력개발사업에 대한 지원을 확대할 수 있다. 특히 파견이나 사내하청의 경우에는 취업 장소를 제공하는 사용사업주/원청회사의 보험료 지급 연대채무제도 도입도 적극 검토되어야 한다. 전체적으로 사회안전망의 확충과 함께 실직자(구직자)의 원활한 노동시장 진입(복귀) 및 정착을 위하여 세밀하고 적극적인 지원정책(activation)을 마련할 필요가 있다.

자영업자, 비정규직 등 고용보험 사각지대의 실태 분석 및 사각지대

해소를 위한 대안으로서 실업보험저축계좌제(unemployment insurance savings account)의 도입 가능성을 검토해야 한다. 고용보험 사각지대의 해소를 위한 대안으로서 실업부조 도입에 대한 요구도 커지고 있으나 이의 현실성이 부족한 상황에서 한국형 대안으로 실업보험저축계좌제를 검토할 필요성이 커지고 있다. 이는 임금근로자 중심의 현행 사회보험 수혜자를 자영업자, 비정규직, 저소득층을 포함한 국민 일반에게까지 확대할 수 있는 방안이다. 또 산업구조 개편이나 구조조정 등으로 인해 소득이 줄어든 개인을 위해 소득상실액의 일부를 보상해 주는 제도로, 개인의 책임에 기반을 두면서도 위험을 효과적으로 감소시키는 시장친화적인 사회안전망이라고 할 수 있다.

일부 특수고용직의 산업재해보험제도 적용과 마찬가지로 사내하청근로자에게도 원청의 산업재해보험제도 가입의 책임성을 명확히 해야 한다. 그러나 이러한 책임성 부여가 사용자성과 직영근로자성을 강화시키는 결과를 초래하지 않도록 산업재해보험제도를 여타 노동법으로부터 절연시켜 보편적인 사회안전망 기능을 하도록 재설계할 필요가 있다.

최저임금 인상 시 노동시장 취약계층인 청년과 고령자 고용 파괴 부작용에 대한 치열한 고민이 전제되어야 하며 근로장려세제(EITC) 같은 개별적이고 시장친화적인 제도와 유기적으로 연계해 제도를 운영해야 한다. 현재의 최저임금방식은 노동시장적 관점보다는 노사관계 조정적인 결정이 과도하게 개입할 수 있는 결정구조를 가지고 있어 최저임금결정방식에 있어 과학과 공익적인 결정이 이루어지도록 결정구조의 변화가 이루어져야 한다.

(2) 사내하청과 파견법 개정 시 균형 잡힌 정책 수립

가. 현황

사내하청을 근로권 보호와 같이 노동법적인 문제의 좁은 시각으로 보지 않고 경제구조, 우리나라 산업구조 등 종합적이고 균형 잡힌 시각이 모아져야 바른 해법이 나올 수 있다. 시장과 경제, 사회의 환경과의 상호작용을 무시할 수 없는 상황에서 법원의 판결이 근로권 보호에만 매달리다 보니 경제 및 노동시장에 미치는 효과 등에 대한 고려는 미흡할 수밖에 없었다.

사내하청의 불법시비의 원천 법은 파견법이다. 이는 불법파견을 처벌하는 방식의 사내하청의 규제방식이다. 그렇다면 파견과 도급의 구별기준 정립만으로 문제가 해결되는가? 노동시장적 관점에서 구별기준을 아무리 엄격하게 정의하더라도 파견과 도급의 구별이 분명하게 해결되지 않는다는 현실적인 문제가 발생한다.

파견과 도급의 구별기준을 개별사안에 적용하기에는 현실적으로 모호한 측면이 있다. 엄격한 규제를 받고 있는 근로자 파견사업과 거의 무규제에 가까운 도급사업 간의 규제불균형 문제, 즉 외부노동력의 이용이라는 점에서 근로자 파견과 기능이 유사한 사내하도급(노무하청)이 도급으로 평가되면 거의 완전한 자유를 보장받고 원청에게도 아무런 비용이 부과되지 않는다. 반면에 파견으로 평가되면 그 반대로 불법파견으로 인한 법률효과까지 부담하게 된다. 사실상 이처럼 all or nothing이라는 현행 시스템의 문제가 중심적인 배경이 되고 있다. 만약 규제 수준과 법률효과에서 양 제도에 큰 차별성이 없다면 그 구별이 명백하게 나타나는 사례를 제외하고 양 제도의 경계선상에 있는 사안에 대하여 엄격히 그 구별을 행해야 할 실익이 줄어들 것이며, 오히려 이는 당사자 계약관계 선택의 문제로서 인정될 여지 도 있다.

또한 파견법이 만들어진 과정을 보면 현재의 파견법은 본연 기능범 위를 넘어서 확대 활용되고 있음을 알 수 있다. 사내하청규제법으로 비적용업종에 광범위하게 활용될 가능성을 염두에 두고 만들어졌던 가? 법원은 당시 상황에 맞게 만들어진 법에 대해 과도하게 시간이 경 과한 현실까지 끌어와서 과도하리만큼 충실하게 해석하고 있다. 제조 업의 생산벨트라인에서 사내하청근로자와 정규근로자가 혼재공정을 하는 것 자체를 반도덕적으로 여긴다. 그러나 외국에서는 혼재공정 자 체가 문제가 아니라 도급의 목적에 맞는 법률관계 내지 행위인지가 문제로 된다. 특히 노동법적 책임이 없는 사내하도급과 노동법적 책임 이 있는 파견 간의 조정을 고려하고 있다. 이 때문에 제조업 파견도 허용되고 파견기간도 비교적 자유스럽다. 파견제도의 글로벌스탠더드 는 방치한 채 우물 안 개구리 식 입법을 가지고 법률 게임을 하는 모 습은 국익에 전혀 도움이 되지 않는다. 이런 상황은 기업의 글로벌 경 쟁력 약화 외에도 고용창출을 저해할 뿐이다. 파견제도 유연화와 더불 어 기업의 고용창출 확대가 동시에 사회적으로 고려되어야 한다.

노사정위에서 사내하도급 공익위원안이 마련되었지만 일본의 사 내하도급 가이드라인의 경우 사내하도급의 사용자성을 피해 갔다는 점, 제조업에 한정되었다는 점, 제조업의 경쟁력을 공히 걱정했다는 점, 그리고 파견 등이 일본에서는 우리보다 광범위하게 인정된다는 점이 우리와 다르다. 이런 다른 점을 직시하여 노동과 경제의 균형 잡힌 정책시각으로 문제를 풀어 가야 한다.

나. 정책제언

「근로자참여 및 협력증진에 관한 법률(근참법)」상 사내하청 협의권 보장 등 사내하청 근로자 보호가 현재보다는 깊숙이 이루어질 경우 파견법의 개정이 필요하다. 이는 네거티브방식으로의 전환 혹은 상용형 파견법에 한해 네거티브 방식 등 글로벌스탠더드에 준하는 제조업을 포함한 파견법 업종 제한의 탈규제로 진행되어야 할 것이다.

최근 기업경쟁력의 요체는 기술경쟁력 못지않게 핵심부문에의 집중효과를 높여 인건비 절감, 노무관리기능의 적정화, 고용조정에 수반하는 리스크의 분산 등을 도모하는 데 있으며, 이를 위하여 아웃소싱, 사내하도급, 파견 등 다양한 방법을 도모하고 있다. 특히 근로자파견은 그 사용요건과 책임이 명시되어 있어 가장 안정적이며 이미 전 세계적으로 보편화된 간접고용방식이다. 그러나 우리나라에서는 1998년 처음 시행된 이후 근로자 파견의 허용대상이 본질적으로 변하지 않은 채 포지티브 리스트방식으로서 매우 제한적으로만 인정되고 있어 노동시장의 유연성 요구와는 거리가 먼 제도로 운영되고 있으며, 따라서 근로자 파견수요가 있음에도 법률상 파견이 허용되지 않는 업무나 업종에서는 그와 같은 규제를 면탈할 목적으로 사내하도급이라는 형식을 활용하는 경우도 적지 아니하다. 근로자 파견은 이미 선진국을 중심으로 부분적인 차이가 있긴 하지만 대체로 대상의 제한 없이 전면적으로 허용하는 추세이다. 일부 부작용에 대해서는 그에 대하여 법적·사회적 규제를 가하되, 파견제도의 기본 틀 자체는 유지되거나 확대하는 방향으로 전개하고 있다. 따라서 근로자파견의 확대시행은 규제의 현실화라는 관점에서 적극적으로 모색해야 한다.

무엇보다도 먼저 파견대상 업무를 확대(장기적으로 네거티브 리스트 방식 활용)해야 한다. 이와 병행하여 사용사업주는 인건비 외에 직업능력개발기금, 고용안정기금 등 파견대가와 구별하여 별도의 법정비용을 부담하고 이를 기금화하여 파견근로자의 과도적 휴업기간에 사용할 수 있는 방안을 강구해야 한다. 영세·소규모 기업에는 대형화를 유도해야 한다. 상용직 파견의 경우는 실질적으로 정규직 근로자이므로 파견규제의 대상에서 제외할 필요가 있다.

제2장

지속 가능한 복지 · 사회정책

김원식*, 김태일, 신의철, 유길상, 최 균, 최성은

-요약-

 사회보장제도의 1차적 목적은 빈곤층의 보호에 있다. 그리고 예방적으로 빈곤으로의 하락을 막기 위한 사회안전망을 구축하여 빈곤으로의 추락을 방지하고 빈곤으로부터 탈출하도록 지원하게 한다. 이를 통하여 우리는 양극화로 무너져 가는 중산층을 유지 복원하게 되어 건전한 사회를 지속 가능하게 한다.

 문제는 복지지출이 재정적자로 이어지고 이의 조달이 해외에서 이루어짐에 따라 국가파산으로 이어질 수 있다는 것이다. 국가파산은 글로벌경제하에서 우리나라뿐 아니라 다른 나라에까지 경제위기

* 제1저자: 김원식
* 교신저자: 김태일, 신의철, 유길상, 최균, 최성은

를 파급시킨다. 결과적으로 과잉복지는 복지시스템을 붕괴시킨다.

사회보장 시스템의 확대에 가장 큰 문제는 서비스 공급 주체의 확보이다. 사회 서비스의 공급이 부족할 경우 서비스 가격이 상승하고 이는 정부의 부담으로 전가되면서 서비스의 질이 하락하게 된다.

서비스의 공급은 정부만 담당하기에는 한계가 있으므로 사회보험을 민간에 개방해야 한다. 이를 위하여 연금은 국민연금, 퇴직연금, 그리고 개인연금으로 다층화해야 한다. 건강보험 역시 국민건강보험뿐 아니라 민영건강보험도 국민들의 건강보장 사업에 참여시켜야 한다. 지금까지 질병에 대하여 진료 정책만 있었으나 이제는 질병이 있는 환자나 가족의 경제생활 지원정책을 도입해야 한다. 이를 위해서는 국민건강보험과 민영건강보험에서 '상병급여'의 개념을 정립하고 도입해야 한다.

최근 선진 복지국가들은 소비 중심이었던 복지국가를 재편하는 과정에서 복지와 고용 그리고 교육 서비스를 통합하거나 연계하는 방향으로 사회 서비스의 전달체계를 개혁하고 있다. 이는 복지－고용－교육의 통합을 통해 정책의 효과성을 극대화하기 위한 것이다.

통합적인 복지－고용 서비스 전달체계의 구축을 위해서는 중앙정부 차원에서 정부부처별로 나누어져 있는 프로그램과 전담기관을 통합하고 지역조직(지방자치단체 및 지역고용지원센터)은 현장밀착형 서비스를 제공해야 한다. 이를 위하여 대민 서비스 부처(서비스코리아)를 신설하고, 각 부처의 지역조직을 흡수·통합해야 한다. 이를 통해 정부부처의 업무소관에 관계없이 해당 서비스를 원하는 국민집단에 맞추어 재분류하고 조정할 수 있다.

이제는 개인들의 사회 서비스 선택권을 부여해야 한다. 이를 위하여 사회 서비스 부문에 바우처를 활성화시켜야 한다. 한편 바우처 등 시장화된 서비스 공급방식의 단점 즉 소비자 선택권이 보장되지 않는 상황에서 서비스 질이 낮아지고 공급자에게 수요자가 종속되는 것을 보완하는 방안으로서 지역사회기반의 자원조직(voluntary organization)을 활성화해야 한다.

의료기관들이 상호 전략적 제휴를 통해 통합의료체계를 구축해야 한다. 통합의료체계는 일정 인구집단의 건강을 임상적으로, 재정적으로 책임지기 위해 가장 적합한 연속선상의 의료 서비스를 관련 조직 간에 조정, 제공하는 네트워크 체계를 뜻한다. 이를 통하여 지불상환제도도 현재의 행위별 수가제에서 선불상환제, 총액계약제 등 다양하게 운영해야 한다.

실업급여의 사각지대 해소를 위해 자발적 실업자에 대한 실업급여 지급, 실업부조제도 도입 등을 검토해야 한다. 고용보험사업에 '구직자 맞춤형 취업지원사업(가칭)'을 신설해야 한다. 이의 재원은 기존의 여러 부처가 분산적으로 추진하고 있는 재정지원 일자리 사업의 예산과 기존 고용보험 사업 중 효과가 낮은 사업의 재원을 우선적으로 활용한다.

적극적 노동시장정책의 추진에 있어서 부처별·재원별 칸막이 현상에 의한 사각지대 해소를 위해서는 고용안정·직업능력개발 사업의 적용대상을 고용보험 피보험자뿐만 아니라 특수형태 근로

종사자, 자영업자를 포함한 취업자 전체로 확대한다. 모든 취업자의 평생직업능력개발 지원을 통한 노동시장의 기능적 유연화 및 더 나은 고용으로의 이행을 촉진할 필요가 있다.

사회보장제도의 확대와 질적 개선에는 예산에 대한 통제가 필수적이다. 국가재정의 경직성은 바로 사회보장제도에서 나오기 때문이다. 따라서 보다 명료하고 단순한 사회보장정책목표하에 사업과 예산이 책정될 필요가 있다. 예산절차에 있어서도 성과주의 예산의 정착과 강화를 통하여 지출의 효율성을 강화할 필요가 있다. 한편 사회복지사업의 경우 대부분 사무적 집행은 일선 지방자치단체에서 이루어지나 재원은 중앙과 지방자치단체가 나누어 부담하게 되는 것에서 중앙과 지방의 입장이 첨예하게 대립되는 상황들이 발생하여 문제가 되고 있다. 중앙정부의 성과주의 예산의 정착과 더불어 지방자치단체의 성과관리강화를 위한 시스템 개선과 성과주의 예산 정착이 되어야 한다.

사회보험의 시스템 개혁에 필요한 앞으로의 과제는 사회안전망에 참여할 수 있는 모든 주체를 포함하는 사회보험시스템을 구성하는 것이다. 즉 정부 뿐 아니라 기업, 자치단체, 시민단체, 개인들이 서로 유기적으로 적극 사회보험 서비스의 제공에 협력하고 질을 극대화하는 데 최선을 다해야 한다. 그리고 그 운영방법에서 민간부문의 혁신적 수단들을 활용하는 데 적극적이어야 한다.

1) 서론

사회보장제도의 1차적 목적은 빈곤층의 보호에 있다. 그리고 예방적으로 빈곤으로의 하락을 막기 위한 사회안전망을 구축하여 빈곤으로의 추락을 방지하고 빈곤으로부터 탈출하도록 지원하게 한다.

사회보장제도 가운데 빈곤층의 보호를 위한 제도는 현재 시행되고 있는 기초생활보장제도의 전단계로서 1960년대 도입된 생활보호법이다. 생활보호법은 빈곤층의 욕구를 개별적으로 보호하다가 2000년 모든 국민들에게 기초생활비를 보장하는 기초생활보장법으로 전환되었다. 그러나 기초생활보장제도는 빈곤층들의 근로유인을 없애고 제도 내에 안주하게 하는 문제들을 낳았다. 따라서 이들에게 근로유인을 제공하여 빈곤에서 탈출하도록 하는 정책수단이 필요하다.

사회안전망을 구축하기 위한 제도는 1977년부터 도입된 국민건강보험(국민의료보험)을 시작으로 도입되기 시작한 4대 사회보험(장기노인요양보험제도를 포함하면 5대 사회보험)이다. 근로자들을 산재로부터 보호하기 위하여 산재보험, 건강보장을 위하여 국민건강보험, 노후생활의 안정을 위하여 국민연금, 근로자들을 실업의 위험으로 보호하기 위하여 고용보험, 노후생활의 요양을 위하여 장기노인요양보험을 도입하였다. 이들 제도들은 거의 모두 대기업, 정규직 중심으로 도입되면서 제도적으로 전 국민들에 대하여 순조롭게 우리 사회에 정착된 것은 사실이다. 그러나 이 과정에서 비정규직의 적용이 부진하고, 직장가입자와 지역가입자로 구분하여 도입하는 과정에서 실질적인 혜택의 대상이 되어야 하는 저소득근로자나 저소득 자영자의 참여가 부진하다. 즉 사회보험의 적용이 실질적인 도움이 필요한 계층은 배제되고 있다고 볼 수 있다. 게다가 사회보험이 도입된 후 우리 사회의 변화가 도입 초기와는 달라졌다. 따라서 사회보험시스템 및 서비스 공급체계의 전면적 개편이 불가피하다. 그렇지 못할 경우 사회보험의 재정적자가 증대하고 적자는 조세로 메우게 될 가능성이 높다. 이는 바로 국가부도로 이어질 것이다.

그리고 또 한편으로는 빈곤층에 포함되지는 않는 일반 국민들의 가계를 불안하게 하는 복지성 사회 서비스에 대한 수요들이 나타나기 시작하였다. 예를 들면, 주택, 육아, 교육, 노인요양 등을 들 수 있다. 우리 사회에서 이러한 수요는 급격히 증가하는 반면 서비스에 대한 공급은 매우 제한적일 수밖에 없다. 왜냐하면 일반적으로 노동집약적이고, 기술개발 등으로 생산성 향상이 어렵기 때문이다. 사회적 서비스에 대한 국민적 욕구가 증대함에 따라 이를 정부가 책임져 주기를 원하는 계층이 늘어나기 시작하였다. 그리고 급기야는 '무상복지'라는 명분으로까지 이어지고 있다. 국민들의 생활이 복지성 사회 서비스 부문으로 인하여 더 어려워지고 이러한 서비스의 공급이 선거의 쟁점이 됨에 따라 무상복지는 더욱 힘을 얻을 수밖에 없다. 그러나 이러한 서비스 공급을 정부가 담당하기에는 재정이 턱없이 부족하고 경우에 따라서는 남유럽 국가의 재정파탄으로 이어질 수밖에 없다. 그리고 정부의 획일적인 양적 확대는 질적 부실로 이어질 수밖에 없고, 다양한 질적 수요를 만족시킬 수도 없다.

그러나 한편으로 이러한 서비스를 개인들의 책임으로 돌리기에는 개인들의 부담이 너무 커질 수 있다. 왜냐하면 이러한 서비스는 단순히 양적 공급에 의하여 만족되기보다 수혜자들이 항상 질적 수준을 만족도의 기준으로 삼기 때문이다. 그리고 비용부담이 높아질수록 서비스의 질적 수준이 더 높아지는 특성이 있다. 따라서 복지성 사회 서비스는 양과 질을 모두 만족시켜야 하기 때문에 정부예산의 투입에도 충분한 성과를 얻기가 매우 힘들다. 따라서 복지성 사회 서비스는 정부뿐 아니라 수혜자를 만족시킬 수 있는 민간부문의 서비스 공급을 유도해야 한다. 그래서 개인들이 공급자의 서비스 수준과 이에 대한 비용부담 의사를 조합하여 정부가 최소한의 비용으로 서비스 질과 양의 조합을 제공할 수 있도록 해야 한다. 일반적으로 서비스 공급자들은 정부, 민간 영리기관, 종교단체 등 비영리기관, 시민단체를 포함한 자원봉사단체 등이 될 것이다.

정책적 측면에서 우리나라의 사회보장제도는 1960년대 빈곤의 추방(poverty eradication)에서, 빈곤함정(poverty trap)으로부터의 탈출, 사회적 배제(social exclusion)로부터 사회적 포용(social inclusion)으로 진화하고 있다. 이에 맞추어 사회보험의 성격도 단순히 사회적 위험으로부터 당사자들을 보호하는 데 그치지 않고 사회적 위험을 예방하고 사회보장제도의 대상자들의 만족도를 높이는 형태의 적극적 시스템으로 변화해야 하는 시점에 있다. 현재 국민들은 빈곤층들까지도 단순한 양적 확대보다는 질적 만족을 요구하고 있다.

문제는 복지지출이 재정적자로 이어지고 이의 조달이 해외에서 이루어짐에 따라 국가파산으로 이어질 수 있다는 것이다. 국가파산은 글로벌경제하에서 우리나라뿐 아니라 다른 나라에까지 경제위기를 파급시킨다. 결과적으로 과잉복지는 복지시스템을 붕괴시킨다.

2) 사회보장 서비스의 공급과 전달체계의 개선: 중앙정부, 자치단체, 그리고 민간

(1) 현황과 과제

최근 선진 복지국가의 경우 복지국가 재편과정에서 복지와 고용 그리고 교육 서비스를 통합하거나 연계하는 방향으로 사회 서비스의 전달체계를 개선하여 정책의 실효성을 제고시키기 위한 노력을 기울이고 있다. 이는 복지-고용-교육의 통합을 통해 정책의 효과성을 극대화하기 위한 노력의 일환으로 파악할 수 있다.

근로빈곤층이 증가하고 있는 우리 사회의 상황을 감안할 때, 고용 서비스를 포함한 포괄적인 복지제도, 사회 서비스 확대를 고려한 전달체계, 복지-고용의 통합을 고려한 전달체계 등의 재설계가 필요한 시점이다. 특히 복지와 고용의 연계를 통한 유기적인 상호 보완체계의 구축은 미래의 불확실성하에서 사회경제적 재생산 구조를 안정적으로 형성함으로써 정치적 민주주의와 지속적인 경제성장을 담보할 수 있고, 이는 바로 국민의 생활보장을 가능케 하는 기반이 될 수 있다.

최근 보건복지부의 일자리친화적 복지정책은 대부분 차상위계층 이상으로 정책대상을 확대하고 있으며, 고용노동부도 근로빈곤층을 사회안전망으로 유인하기 위해 다양한 정책을 추진하고 있으나 단기적 처방에 그치는 등 관련 부처의 유사한 정책들이 충돌하거나 서로 연계되지 못하고 있는 실정이다. 이와 같이 고용, 직업훈련, 고용 관련 복지 서비스는 중앙부처는 물론 지역 단위에서도 상호 연계나 조정이 없이 이루어져 낭비적 요소가 많을 뿐만 아니라 서비스의 효율성도 낮은 실정이다. 따라서 복지－고용 서비스를 연계하여 원스톱 서비스를 제공하기 위한 제도적 장치가 필요하다.

가. 사회복지 서비스

공공 사회복지전달체계는 공공부조 및 사회복지 서비스정책의 집행을 지방자치단체에 위임하는 구조로 정착되어 복지 수요 증가, 패러다임 변화 등 환경적 변화에 조응하지 못하고 있는 실정이다.

지방자치단체 복지부서는 국민기초생활보장제도 등 중앙정부에서 기획된 공공부조(현금급여 중심)를 단순 집행하는 기관으로 자리매김해 왔으며, 최근 현금급여와는 전달방식이 다른 서비스 제도들이 확대되는 등 업무수행 방식의 변화가 요청되고 있으나 이에 적절히 대응하지 못하고 있을 뿐만 아니라, 다양한 일자리친화적 복지제도가 신규 도입되는 과정에서 유사 대상 및 기능의 제도가 단시간에 확대되어 행정업무의 증가 및 중복현상이 심화되고 있다.

특히 복지 서비스를 공급하는 각 부처별·사업별 공급자 위주의 사업수행 방식은 수요자 중심의 통합적인 복지 서비스 제공에 한계로 작용하고 있으며, 전달과정상의 비효율성을 확대하고 있다.

나. 고용 서비스

고용노동부의 고용지원센터를 중심으로 한 공공 고용 서비스는 근로빈곤층에 국한된 특화서비스(취업지원)라기보다는 여성, 고령자, 청년층 등 취약계층을 대상으로 포괄적으로 서비스를 제공하는 방식이다.

한편 2008년부터 시작된 취업성공패키지프로그램이 근로빈곤층(최저생계비 대비 150% 미만의 소득자 대상) 특화 사업으로서 추진되고 있으나, 다음과 같은 문제점들이 지적되고 있다.

첫째, 해당 프로그램 과정에서 전담자 부족 등으로 미스매칭 문제해결 및 일자리 연계를 위한 심층상담이 이루어지지 못하고 있다(가족적 요인 및 신용불량 등 개인적 사유, 동기부족, 희망소득불일치 등).

둘째, 관련 행정기관(특히 지방자치단체) 또는 관련 민간조직과의 유기적 연계와 업무협조가 필요하지만 이런 업무협조가 원활하지 않으며 타 기관과의 관계로 인하여 추가적인 업무 발생, 인력·공간·재정 부족 등 문제가 발생하고 있다.

셋째, 근로빈곤층을 위한 일자리는 단기적 노무가 아닌 사회적 일자리 등 중장기적인 일자리가 중심이 되어야 하며 근본적인 구직취약성을 극복하기 위해 훈련을 통한 직무기술 습득이 필수적임에도 불구하고 적절한 훈련서비스가 연결되기 어려운 구조이다.

(2) 사회안정서비스의 공급

저소득층의 보호를 위해 이들의 기초생활을 보장하면서 동시에 이들이 고용시장에 참여할 수 있도록 지속적 지원이 필요하다. 기초생활보장제도는 최저생계비의 보장보다는 개별적 니즈에 따른 지원으로 전환해야 한다. 근로빈곤층에 대해서는 사회보험료를 지원하여 사회보험에 대한 참여를 높여야 한다.

퇴직금제도는 퇴직연금제도로 일원화하고 저소득층들이 노후생계비로 활용할 수 있는 기반으로 삼는 데 도움이 되도록 정부가 지원해야 한다.

현재 도입되고 있는 근로장려세제(EITC: Earned Income Tax Credit)는 저소득층들의 근로욕구를 높이는 데 효과적이나 단순한 현금성지

급보다는 자산형성이나 보험상품 구입 등 공공과 민간의 타 복지제도의 연계를 통하여 적립하도록 유인하는 것이 필요하다.

이를 위해서는 저소득층에 대한 고용장벽을 허물어야 한다. 즉 차별 없는 사회가 되어야 한다. 우리나라의 뛰어난 IT, 정보통신 등의 발달은 작업환경의 개선, 다양한 작업수단의 개발로 이어진 것이 사실이다. 이는 과거 노동시장에 참여할 수 없었던 저소득층들이 고용시장에 참여하여 소득을 얻을 수 있는 기회가 많아지게 하고 있다. 그리고 바이오기술 등은 저소득층으로 전락하게 된 주요 원인인 건강문제들을 해결할 수 있도록 하여 고용시장에 대한 참여를 가능하게 하고 있다. 따라서 이들이 현재의 생활에 안주하지 않고 사회생활에 적극 참여할 수 있도록 해야 한다.

사회보험은 크게 두 개의 축을 가진다. 첫째는 고용과 저축의 축이다. 고용을 극대화하여 소득을 창출하며 이를 저축으로 연결시켜서 노후에 사용할 연금으로 이어 가는 것이다. 이 축을 지속적으로 유지하기 위해서는 고용시장의 유연성과 효율성, 자본시장의 건전성과 투명성이 필요하다.

둘째는 건강의 축으로 항상 건강을 관리하게 하여 건강한 생활을 하게 하면서 예상치 않은 질병에 대해서는 가계경제에 영향을 미치지 않게 원활한 진료비를 조달하게 하는 것이다. 건강관리는 직장에서 혹은 평소의 생활에서 모두 이루어져야 하고 노후에까지 유지되도록 해야 한다. 이 축을 유지하기 위해서는 효율적인 의료시장이 형성되어야 하고, 사업장에서의 산업안전 부분의 개선과 정착이 필요하다. 그리고 고령자들을 위한 양질의 요양시설이 확보되어 있어야 한다.

문제는 이러한 문제들은 정부가 부분적으로만 제공할 수 있을 뿐 국민 모두를 위한 시스템으로 해결할 수 없는 것이라는 데 있다. 즉 정부는 저소득층을 위한 최소한의 서비스를 제공할 수 있는 시스템만 갖출 수 있을 뿐 저소득층 이상에 대해서는 민간부문이 충분한 서비스를 제공할 수 있도록 유인을 제공할 뿐이어야 한다.

자본시장은 영역을 세계로 확대시켜서 선진 금융상품에 대한 접근도를 제고해야 한다. 국내 자본시장도 더욱 투명해야 하고, 소비자 보호에 항상 노력을 기울여야 한다.

의료시장도 단순히 환자의 유치에만 집중할 것이 아니라 새로운 의료기술을 통하여 진료비를 억제할 수 있도록 노력하고 정부는 이를 지원해야 한다. 요양시설에 대해서는 노인 간병의 태만을 감시하면서 서비스를 표준화하고 등급화하여 서비스에 대한 질과 보상을 연계해야 한다.

그리고 이러한 역할은 정부만 하기에는 한계가 있으므로 사회보험을 민간에 개방해야 한다. 이를 위하여 연금은 국민연금, 퇴직연금, 그리고 개인연금으로 다층화해야 한다. 아울러 현재 도입되어 있는 기초노령연금은 국민연금과 점진적으로 통합해야 한다.

건강보험 역시 국민건강보험뿐 아니라 민영건강보험도 국민들의 건강보장 사업에 참여시켜야 한다. 국민건강보험의 보장성을 지나치게 높이게 되면 진료에 있어서 도덕적 해이가 불가피하고 이는 국민의료비의 증가로 이어진다. 민영건강보험의 존재는 의료공급자의 진료를 이중으로 견제한다는 의미가 있다. 의료공급자 체계의 개선에 있어서 의료기관의 투명한 운영이 필요하다. 그리고 개인병원이 법인화되도록 영리병원의 허용이 필요하다. 영리병원은 일반적 영리적 성격이 아니라 공공성을 함께 유지하도록 하는 유인을 주는 것이 필요하다. 예를 들면 환자에 대하여 사회적 기여를 할 경우 더 많은 혜택을 제공한다.

지금까지 질병에 대하여 진료 정책만 있었으나 이제는 질병이 있는 환자나 가족의 경제생활 지원정책을 도입해야 한다. 이를 위해서는 국민건강보험과 민영건강보험에서 '상병급여'의 개념을 정립하고 도입해야 한다.

(3) 신사회안전망: 서비스코리아

새로운 사회보장 서비스 전달체계의 구축 원칙은 다음과 같아야 한다.

첫째, 지역사회 내 복지－고용 서비스의 제공 형태를 공급자 중심에서 수요자 중심으로 전환해야 한다. 이는 기존의 복지－고용 서비스 제공 주체가 지방자치단체, 보건복지부, 고용노동부 등으로 분산되어 있어 지역주민들의 접근에 혼란을 초래하고 있기 때문이다. 따라서 초기상담 정보의 집합과 의뢰체계의 조정 기능을 일원화시켜 수요자의 욕구 해결과 편익을 극대화하는 것이 바람직하다. 따라서 복지－고용 서비스의 연계 및 통합 제공을 위한 업무수행구조 개선이 필요하며, 이를 통해 대민 서비스 기능 향상, 초기상담과 서비스 연계 강화, 사례관리의 효과성 제고, 공공과 민간과의 협력을 통한 통합서비스의 제공이 가능할 것이다.

둘째, 복지－고용 서비스 수용자에게 제공할 수 있는 서비스를 종합적으로 관리할 수 있는 통합관리체계를 구축해야 한다. 이는 서비스 제공 주체별 보유 정보체계의 상이성으로 인해 서비스 제공기관 간 연계가 현실적으로 불가능하고, 제공 주체별로 제공 가능한 서비스의 종류와 내용이 단편적이어서 수요자의 욕구를 통합적으로 해결하는 데에 일정한 한계가 있기 때문이다.

셋째, 효율적인 복지-고용 서비스 인프라의 구축으로 서비스 수요자의 특성에 맞는 맞춤형 서비스 프로그램을 개발하고, 대상자를 특성별로 분류하여 차별화된 서비스를 제공하도록 해야 한다. 이를 위해서는 심층적인 사례관리가 필요한 수요자를 선별해 내는 체계의 형성이 필요하다. 또한 공동 매뉴얼의 개발 및 활용이 이뤄져야 하는데, 이를 통해 근로빈곤층을 대상으로 복지-고용 서비스를 제공할 경우 서비스 제공기관들 간의 연계 원활화, 세부적인 업무 분담과 연계, 표준화된 서비스의 제공 등이 가능할 것이다.

특히 저소득계층에 대한 자활·자립 지원, 서비스 제공과 관리를 위해 사례관리체계가 통합적으로 이뤄져야 하는데, 이를 통해 맞춤형 서비스가 제공되고 국민의 복지체감도가 향상될 것이기 때문이다.

넷째, 지역사회 내 복지-고용 서비스 제공기관 간의 새로운 파트너십을 형성해야 한다. 즉 개별 제공기관의 역량만으로는 수요자의 욕구를 해결하기 위한 서비스의 제공에 한계가 있으므로 지역사회 내 다양한 파트너들 간의 파트너십 형성이 필요하다. 이를 위해서는 지역노동시장을 중심으로 한 노동시장 정보통합시스템의 구축, 민간과 공공 간의 협력적 연계체계 구축 및 거버넌스의 방향성 확립이라는 요건이 선결되어야 한다.

이상의 원칙들이 제대로 작동하기 위해서는 다음과 같은 요소가 필수적이다.

첫째, 사례관리체계가 원활하게 작동할 수 있도록 해야 한다. 최근 정책의 효과성 제고를 위한 수단의 하나로 사례관리가 강조되고 있는데, 이는 복지-고용 연계프로그램의 운용에서도 중요한 역할을 할 것으로 예상된다. 특히 근로빈곤층과 저소득가구의 경우 복합적인 욕구를 지니고 있고, 이의 해결을 위한 개별 가구 및 개인 특성을 고려한 다양한 서비스 연계 등 사례관리가 절실하게 필요하다.

둘째, 사회복지통합전산망의 적극적인 활용이 필요하다. 사회복지통합전산망의 실질적 목적은 복지수급자 중심의 복지행정의 효율화에 두고 있으나, 근로빈곤층 복지를 위해 보건복지부, 지방자치단체(시·군·구), 노동부의 각종 프로그램과 정보와의 연계도 중요하게 추진되어야 한다.

마지막으로 서비스코리아의 실천방향은 다음과 같이 구체화될 수 있다.

통합적인 복지-고용 서비스 전달체계의 구축을 위해서는 중앙정부 차원에서 정부부처별로 나누어져 있는 프로그램과 전담기관을 통합하고 지역조직(지방자치단체 및 지역고용지원센터)은 현장밀착형 서비스를 제공해야 한다. 이를 위해서 가장 이상적인 전달체계의 모형은 Service Canada 모형이다. 이를 준거모델로 하여 전달체계의 모형(서비스코리아)을 제시하면 다음과 같다.

우선 대민 서비스 부처(서비스코리아)를 신설하고, 각 부처의 지역조직을 흡수·통합해야 한다. 이를 통해 정부부처의 업무소관에 관계없이 해당 서비스를 원하는 국민집단에 맞추어 재분류하고 조정할 수 있다는 장점을 지니고 있다. 특히 목표집단에 따라 정책목표 달성을 위해 정부가 제공하는 중복 또는 누락 서비스 확인, 추가서비스를 개발할 수 있는 장점이 있다.

서비스코리아의 추진을 위해서는 부처 신설에 따른 추가 행재정 비용 부담, 지방조직의 통폐합에 따른 업무 혼란, 대민 서비스 공무원의 업무재배치에 따른 전문교육훈련 필요 등과 같은 부담을 져야 하는 한계를 지니고 있다.

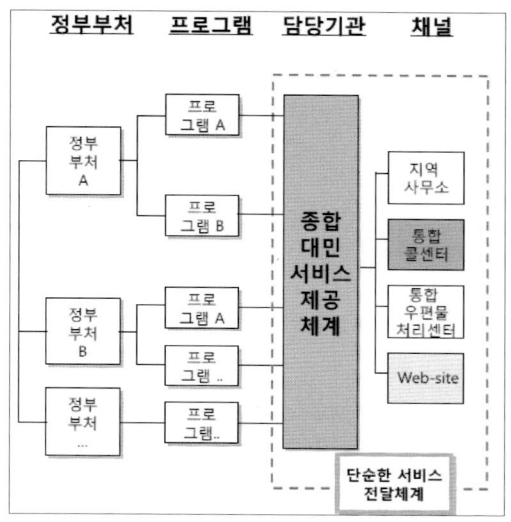

서비스코리아의 설치로 인해 복지-고용 서비스의 연계를 통한 통합서비스의 제공이 가능함으로써 대상자에게 복지-고용 서비스의 원스톱 제공, 대상자 통합관리로 정책의 효율성 제고, 포괄적 서비스의 제공으로 생활상의 욕구 충족도 향상 가능, 체계적이고 통합적인 지역사회 내의 자원관리 가능, 공공-민간 및 민간-민간 간의 협력체계 구축 등과 같은 효과를 거둘 수 있을 것이다.

〈표 7〉 복지-고용 서비스 연계제도 개선의 기대효과

기존체계	개선체계
◦ 대상자에 대한 서비스의 분리 제공 　- 복지 서비스 　- 고용 서비스 ◦ 대상자 관리의 이원화 　- 중복과 누락 　- 연계 및 의뢰체계 미흡	◦ 대상자에게 복지 　-고용 원스톱서비스 통합 제공 ◦ 대상자 통합관리로 정책의 효율성 제고 　- 사후관리, 사례관리의 효율성 증대 　- 자원의 효율적 사용
◦ 생활상의 욕구 충족 미흡 　- 복지 및 고용정보의 접근성 제한 　- 파편화된 서비스 이용 　- 정책체감도 저하	◦ 포괄적 서비스의 제공으로 욕구 충족 가능 　- 정책체감도 향상 　- 풍부한 정보 제공
◦ 지역사회 자원관리체계 분산 ◦ 자원제공체계 간의 연계 미흡	◦ 체계적이고 통합적인 자원관리 가능 ◦ 공공-민간, 민간-민간 간의 협력체계 구축

3) 사회 서비스의 효율화: 바우처와 서비스의 질적 개선

(1) 현황과 과제

가. 사회투자적 복지제도의 핵심

사회 서비스는 새로운 사회 위험에 대한 대응으로 확대된 복지제도인데, 새로운 사회적 위험에 대한 대비는 사회투자적 복지국가라는 개념과 맞물려 이루어지고 있다. 사회투자적 복지국가는 전통적인 사회복지제도가 경제성장과 선순환하지 못하며 새로운 사회적 위험에 적절히 대응하지도 못한다는 비판에 따라 대안으로 제시된 복지체계이다. 이의 특성을 요약하면 "일을 통해 복지를 해결하게 하고, 가난한 집에서 태어났더라도 낙오되지 않게 하며, 노동시장의 참여자들이 부단히 상향 이동하여 더 나은 삶을 영위할 수 있도록 하는 것"이다.

가능한 한 많은 사람이 일자리를 갖고 또 더 나은 일자리로 옮기는 것을 장려하기 때문에 교육과 훈련을 강조한다. 여성 취업률을 높이려면 가사부담을 덜어 주는 것이 중요하므로 육아 및 노인부양의 사회 서비스 제공을 강조한다. 그리고 불우한 환경의 아이들도 뒤처지지 않도록 하기 위해 아동에 대한 투자를 강조한다.

사회투자적 복지국가를 강조하는 정도와 실제 제도의 구축수준은 국가에 따라 다르지만, 거의 모든 복지국가들은 이를 지향하고 있다. 보육, 노인 돌봄, 아동에 대한 교육, 직업훈련 등 사회 서비스는 사회투자적 복지의 핵심 내용이다. 아울러 사회 서비스 제공은 그 자체가 일자리 창출, 특히 여성 일자리 창출에 기여하므로 직접적으로 고용증대에도 기여한다. 이러한 특성으로 인하여 사회 서비스는 비록 절대적인 재정규모에서는 전통적인 사회보험보다 작지만, 정부의 적절한 복지 역할이라는 측면에서는 가장 중요한 복지 영역에 해당한다.

나. 정부 - 서비스 제공자 - 수혜자의 삼각관계

사회보험과 공공부조의 복지제공 방식은 현금 급여이다. 이에 비하여 사회 서비스는 '대인 서비스'라는 현물 급여가 원칙이다. 현물 급여이므로 복지 전달은 정부, 서비스 제공자, 수요자의 삼각관계로 이루어진다. 이처럼 정부와 수혜자 사이에 서비스 제공자가 놓이기 때문에 다양한 문제가 발생한다. 이의 핵심은 어떻게 하면 서비스 제공자가 수혜자에게 사회 서비스 본연의 목적을 충족하는 서비스를 제공하게 할 것인가, 즉 어떻게 하면 양질의 서비스를 차별 없이, 그리고 비용 대비 효율적으로 제공하게 할 것인가이다.

(2) 우리나라 사회 서비스의 고유한 특징

가. 사회 서비스의 급속한 확대

2000년대 이후 사회 서비스 종사자 규모는 급속히 증가하였다. 예를 들면 2004~2010년 6년 동안 전체 산업 종사자 규모는 5.6% 증가하였으나 '보건 및 사회복지사업' 종사자 규모는 95.4% 증가하였다. 이처럼 사회 서비스가 급속히 증가한 원인에는 수요 측 요인과 공급 측 요인이 있다.

전술하였듯이 사회 서비스는 새로운 사회 위험에 대한 대응으로 대두된 것이다. 선진국들의 경우 20세기 후반부터 후기산업사회 및 가족 해체와 고령화라는 경제사회 환경변화로 새로운 위험이 출현하였다. 이에 비하여 우리나라는 1990년대 말의 외환위기 이후 새로운 사회 위험 문제가 본격화되었다. 우리 사회가 저출산 고령화, 가족해체, 고용불안정, 일과 가정의 양립 곤란 등을 심각한 사회문제로 인식하게 된 것은 2000년대 들어와서인 것이다. 이러한 사회문제에 대응하기 위하여 사회 서비스가 급속히 확대되었다(수요 측 요인).

사회 서비스 확대는 '일자리 창출' 효과를 갖는다. 후기산업사회의 특징인 제조업의 일자리 감소 현상이 2000년대 이후 우리 사회에도 두드러졌다. 기존 제조업 일자리는 감소하는 반면, 여성의 노동시장 참여 욕구는 증대됨에 따라 제조업 이외 분야의 일자리 창출이 절실한 상황에서 사회 서비스 확대는 신규 고용 창출과 여성 노동력 흡수에 매우 효과적인 수단이 되었다(공급 측 요인).

나. 여전히 작은 규모

2000년대 이후 사회 서비스 인력이 대폭 증가하였지만 우리나라의 사회 서비스 인력은 다른 국가들에 비하여 여전히 적다. 아래의 표에는 보건복지인력 규모의 OECD 평균과 우리나라 통계가 제시되어 있다.

〈표 8〉 인구 1,000명당 보건복지분야 종사자 규모

(OECD 평균은 2008년 기준, 한국은 2010년 기준)

국가	인구 1,000명당 종사자 규모	공공인력 비율
OECD 평균	47.0명	52.9%
한국	23.0명	10.0% 미만

* 공공인력비율: 보건복지분야 전체 종사자 중 공공부문 종사자 비율
출처: ILO 홈페이지

보건복지인력 중에서 의사와 간호사 등 의료 인력을 제외하면 거의 대부분이 사회 서비스 인력에 포함된다. 따라서 이 표의 통계는 다른 OECD 국가들의 경우 우리나라보다 사회 서비스 인력 규모가 훨씬 크다는 것을 보여 준다.

다. 민간에 의한 서비스 공급

선진국들의 경우 사회 서비스 공급에서 민간의 역할이 확대되고 있다. 과거에는 정부가 직접 서비스를 제공하는 방식이 주도적이었으나, 점차 정부가 재정 지원을 하고 민간이 서비스 제공을 담당하는 방식이 증가하고 있다. 이에 비하여 우리나라는 처음부터 서비스 제공을 거의 전적으로 민간이 담당해 왔다. 즉 선진국들의 경우는 사회 서비스 전달의 '민영화'가 최근 추세이고 논란이 되는 데 비하여, 우리나라는 원래부터 민영화된 서비스 전달체계를 갖고 있었다.

민간에 의한 사회 서비스 공급이 우리나라 사회 서비스의 주요 특징

이라는 것은 앞의 표를 봐도 알 수 있다. 보건복지인력 중 공공의 비율이 OECD 평균은 절반을 넘는 데 비하여 우리나라는 10% 미만이다.

라. 바우처 등 수요자의 선택 보장

정부가 재정지원을 하고 민간이 서비스를 제공하는 경우에도 구체적인 전달방식은 다양한데, 대표적인 것은 보조금, 계약, 바우처 방식이다. 보조금은 정부가 서비스를 제공할 민간기관을 선정하고, 이 기관의 운영비를 보조하는 것이다. 계약은 정부가 민간기관과 서비스 제공에 대해 계약을 맺는 것이다. 보조금과 계약이 정부와 서비스 공급기관 사이에서 이루어지는 것인 데 비하여 바우처는 정부가 공급기관이 아닌 서비스 이용자의 이용료를 지원한다는 점에서 차이가 있다. 우리나라 사회 서비스 프로그램 중에서 가장 규모가 큰 노인장기요양제도, 사회 서비스바우처제도, 보육지원제도는 모두 명시적인 바우처 혹은 실질적으로 바우처와 동일한 기능을 하는 방식을 택하고 있다.

바우처가 우리나라 사회 서비스 공급의 주된 방식이 된 데에는 사회 서비스 공급을 급속히 확대해야 하는데 이를 위해서는 민간 참여를 유도하는 것이 공공이 직접 담당하는 것보다 쉽기 때문인 측면이 작용했다. 예를 들어서 보육지원의 경우 국공립 보육시설 확충에 대한 요구는 전문가나 수요자 양측에서 매우 많았다. 그러나 단기간에 보육시설 이용률을 크게 높이는 데는 국공립 보육시설 확충보다는 민간보육시설의 확충이 비용 대비 효율적이며, 또한 국공립 보육시설 확충에는 민간보육업자들이 반대한다는 것이 국공립 보육시설 확충보다는 보육료 지원을 통한 민간보육시설의 확충을 택하도록 하였다.

(3) 정책방향

가. 변화된 행정방식에 적합한 운영체계 정립

현대국가는 대부분 복지국가이다. 복지국가는 국민에게 복지를 제공하는 것이 가장 중요한 국가 기능으로 여겨지는 국가를 말한다. 국민에게 제공되는 복지는 현금과 서비스가 있다. 연금급여, 실업급여, 기초생활급여 등의 현금급여제도를 효율적·효과적으로 운영하는 것은 매우 중요하다. 그러나 현금이전 프로그램의 운영에는 많은 인력이 필요하지 않다. 그리고 이의 효율성과 효과성에는 운영 또는 관리적 측면보다는 프로그램 설계가 더 큰 영향을 미친다. 그러나 서비스 제공은 다르다. 국민에게 서비스, 특히 대인 서비스를 제공할 때는 많은 인력이 소요된다. 그리고 어떻게 운영·관리하는가에 따라 효율성과 효과성은 크게 달라진다. 따라서 효율·효과적인 사회 서비스 제공은 향후 우리나라 행정의 운영과 관리에서 가장 중요한 문제가 된다.

전술하였듯이 우리나라는 정부가 재정을 지원하고 민간이 서비스 공급을 담당하는 구조를 갖고 있기 때문에 '어떻게 하면 서비스를 전달하는 민간이 정부의 의도대로 충실하게 역할을 수행하게 할 것인가'라는 주인－대리인 문제가 발생한다. 따라서 효율적·효과적인 사회 서비스 제공이 이루어지도록 행정의 운영과 관리를 설계하고 수행하는 것은 더욱 중요하며 또한 어렵다.

사회 서비스 공급방식이 과거의 보조금 지원에서 바우처 또는 계약 방식으로 전환된 데는 서비스 공급의 효율성과 효과성 향상이 중요한 이유가 된다. 분명히 보조금 지원방식보다는 계약 및 바우처 방식이 서비스 공급의 효율성과 효과성 향상에 유리한 측면이 있다. 그러나 계약 및 바우처 방식이 본래의 의도대로 사회 서비스 공급의 효율성과 효과성 향상을 가져오려면 그를 위한 전제조건이 충족되어야 한다.

바우처 방식의 경우 수요자와 공급자 사이 정보비대칭 문제가 해결되어야 하며, 복수의 공급자가 경쟁을 해야 한다. 또한 수요자가 주체적으로 선택권을 행사할 수 있어야 한다. 계약의 경우 성과를 제대로 평가하고 그 결과에 공급자가 종속되어야 한다. 이런 조건이 충족되지 못하면 바우처나 계약은 소기의 목적을 달성하기 어렵다. 그런데 이러한 조건을 충족한다는 것이 쉬운 일은 아니다. 계약을 맺은 민간기관이 제공하는 서비스의 성과를 제대로 평가하기는 매우 어렵다. 수요자의 정보 부족을 해결하고, 공급자 간의 경쟁을 조성하는 것도 어렵다.

비록 방식은 보조금 지원에서 바우처 또는 계약방식으로 전환되었지만 행정체계는 바우처와 계약방식의 장점을 살릴 수 있는 여건을 조성하는 데 적합하게 변화되지 못한 것 같다. 향후 행정에서는 이러한 여건 조성을 성공적으로 이끄는 것이 매우 중요하며 이를 위한 체계가 정비되어야 한다.

바우처의 경우 공급자 간 경쟁 유도를 위해 공급자 수가 적은 지역은 공급자 수를 늘리고, 수요자 선택권을 강화하도록 수요자에게 정보를 제공하는 것도 필요하다. 그러나 이러한 방법은 수요자의 특성과 지역여건상 일정한 한계가 존재할 것이다. 이 경우 결국은 재정지원과 함께 감독 책임을 맡고 있는 정부가 서비스 제공자에 대한 모니터링과 규제를 적절히 할 수밖에 없다. 계약의 경우에는 정부의 서비스 제공자에 대한 모니터링과 규제 역할이 더욱 중요하다.

결국 바우처든 계약이든 서비스 제공 민간기관의 서비스 품질과 성과 평가를 담당하는 조직이 훨씬 전문화되고 확대되어야 한다. 또한 계약 체결에 부정이 개입하지 못하도록 하는 감시장치가 더욱 정비되어야 한다. 이를 위해서는 사회 서비스 업무를 총괄하는 (가칭) 사회 서비스청을 설립하는 것도 검토할 수 있을 것이다. 그리고 이의 하위조직으로서 지역 단위의 지역복지센터 혹은 지역고용지원센터 등과 연계하여 체계적이고 종합적인 원스톱 서비스를 제공하게 할 수 있을 것이다.

한편 사회 서비스 공급의 질적 수준을 높이기 위한 정부 역할과 관련하여 사회 서비스의 일정 비율은 공공부문이 직접 공급을 담당하게 하는 것이 중요하다는 주장이 있다. 공공부문이 공급의 일정 비율 이상을 점유하는 상태에서 양질의 서비스를 제공하면 나머지 민간부문의 공급도 공공부문의 서비스 질에 맞춰 가게 된다는, 즉 공공부문이 서비스 공급의 질적 수준을 선도하며 기준 역할을 한다는 논리이다.

보육시설의 경우 국공립 시설이 민간시설보다 서비스 수준이 더 높아서 민간시설은 여유가 있는 반면에 국공립 시설은 대기자가 밀려 있다는 것은 잘 알려진 일이다. 현재는 국공립 시설의 비율이 전체의 10% 정도로 워낙 낮기 때문에 국공립 보육시설을 이용하는 것이 예외적인 상황이므로 국공립 시설이 민간시설을 선도하는 역할을 못 하고 있다. 그러나 이 비율이 대폭 높아져서(가령 30% 정도) 국공립 시설을 이용하는 것이 어렵지 않게 택할 수 있는 대안이 된다면 지금보다는 훨씬 민간시설을 견제하고 선도하는 역할을 할 수 있을 것이다.

한편 바우처 등 시장화된 서비스 공급방식의 단점－소비자 선택권이 보장되지 않는 상황에서 서비스 질이 낮아지고 공급자에게 수요자가 종속되는 것－을 보완하는 방안으로서 지역사회기반의 자원조직(voluntary organization)을 활성화하는 것도 효과적일 것이다. 이는 지역사회 주민들이 자발적으로 참여하는 공동체(사회적 기업, 지역 NGO 등)가 해당 지역사회 서비스의 공급에 비중 있는 역할을 하는 것을 의미한다. 이 조직이 직접 공급을 담당할 수도 있고 혹은 시장적 공급자와 수요자의 연계 역할을 할 수도 있다.

나. 아동 청소년에 대한 사회투자적 지원 확대

앞에서 사회 서비스의 일반적인 특징으로서 보육, 노인 돌봄, 아동에 대한 교육, 직업훈련 등 사회 서비스는 사회투자적 혹은 적극적 복지의 핵심 내용을 구성한다고 하였다. 이러한 사회 서비스의 특성과 사회 서비스 제공이 직접 일자리 창출에 기여한다는 측면에서 사회 서비스는 성장과 선순환하는 복지체계를 구성하는 데 핵심이 된다.

지금까지 이루어진 우리나라의 사회 서비스도 이러한 사회투자적 성격을 갖고 있기는 하다. 보육, 노인장기요양 등은 여성의 가사 부담을 덜어 줌으로써 일과 가정의 양립을 가능하게 하며, 해당 서비스 제공을 위한 일자리 창출에 기여한다. 그러나 사회투자의 중요한 요소인 인적 자본 능력의 확충이라는 면은 다소 부족하다. 이를 위해서는 성인에 대한 직업훈련 및 재교육, 그리고 아동과 청소년에 대한 교육투자가 중요하다. 물론 직업훈련과 방과후 학교 등 사회 서비스는 이러한 측면을 갖고 있다. 하지만 충분하지 않다. 향후에는 이러한 인적 자본 확충을 위한 사회 서비스가 더욱 확대될 필요가 있다. 특히 부모 등 부양자가 충분한 교육투자를 하기 어려운 위치에 있는 아동과 청소년들이 뒤처지지 않도록 하는 교육과 돌봄 서비스의 제공은 지금보다 훨씬 강조될 필요가 있다.

일찍부터 대규모의 사회 서비스 정책을 실시해 왔던 사회민주주의 국가들은 물론이고, 자유주의 복지체제로 분류되는 영미권 국가들도 아동에 대한 조기개입의 중요성을 인식하고 미래의 국가성장동력에 대한 사회적 투자라는 개념으로 아동정책을 시행하고 있다. 이의 대표적인 정책이 미국의 Head Start 사업과 영국의 Sure Start 사업이다.

우리나라도 불우 환경의 아동과 청소년들을 위한 드림 스타트 사업을 시행하고 있다. 이 사업은 지역사회 내 보건복지자원을 연계하여 빈곤 아동 개개인에게 조기에 통합적 사례관리를 통한 '맞춤형 통합 서비스'를 제공함으로써 아동들이 빈곤에서 탈출할 수 있는 능력을 키우는 것을 목적으로 한다. 2006년 희망 스타트 사업이라는 이름으로 시작되었으며, 2007년 16개 시범사업지역을 선정한 후 계속 사업지역을 넓혀서 2010년에는 130개 지역으로 확대되었다. 시군구별 빈곤가구 밀집지역에 거주하는 기초생활수급가정과 차상위층 가정 등 취약계층의 임산부 및 0~12세 아동을 대상으로 하며, 통합사례관리 시스템을 통하여 개인별 맞춤 서비스가 제공된다. 사업 지역당 1~2개 읍면동이 지원되는데, 1개 지역에서 대상 아동은 300명 이내이다.

드림 스타트 사업은 바람직하다. 그러나 규모가 너무 작다. 미국의 Head Start 사업의 2006년 예산은 68억 달러로서 아동 1인당 7천 달러 이상이 지원되고 있다. 영국의 Sure Stare 사업은 2007~2008년 기간에 정부 예산만 18억 파운드가 투입되었으며 여기에 민간재원이 더해졌다. 이에 비하여 우리나라의 2011년도 드림 스타트 사업 예산은 372억 3,600만 원이다.

우리나라의 경우 중산층 이상 자녀들은 대부분 공교육 이외에 다양한 형태의 사교육을 받고 있다. 이런 현상이 바람직한 것은 아니다. 그러나 이와 같은 자녀 투자의 현격한 계층별 차이는 아동 청소년의 계층에 따라 이후의 삶에 큰 영향을 미치고 있는 것이 사실이다. 소위 "개천에서 용 난다"는 빈곤 대물림의 차단과 공평한 출발 기회의 보장은 우리 사회가 오랜 세월 지지해 온 가치였으며, 사회통합을 유지시키는 중요한 버팀목이었다.

빈곤 아동에 대한 투자를 대폭 확대함으로써 이들이 낙오하지 않게 하는 것이 향후 사회정책의 시급한 과제라는 데는 대부분 동의할 수 있을 것이다. 이를 위해서는 가칭 '취약계층 아동 조기지원법' 같은 근거 법률을 제정하는 것이 도움이 될 것이다.

다. 사회 서비스 공급의 산업화 유도

현재의 노인 돌봄이나 보육 서비스 시장에는 영세 기관들이 난립되어 있다. 이런 상황에서는 서비스 제공기관들이 공급능력을 키우기 어려울뿐더러 행정기관도 이들을 적절히 모니터링하기 힘들다. 서비스 제공기관의 공급능력을 확대하려면 제공기관의 규모를 키우는 것이 필요하다. 또한 행정기관의 모니터링 측면에서도 대규모 기관이 더욱 용이하다.

서비스 제공기관의 대규모화는 브랜드화로 이어질 수도 있을 것이다. 브랜드화하는 서비스 제공기관은 영리기관일 수도 비영리기관일 수도 있다. 가령 대기업 복지재단이나 종교계 혹은 시민단체 등 제3섹터에서 운영하는 비영리기관들을 브랜드화할 수도 있을 것이다. 혹은 미국, 캐나다, 영국, 호주에서 사회 서비스를 제공하는 영리기관인 막시무스(MAXIMUS)처럼 영리기관을 브랜드화하는 것도 검토할 만하다. 특히 막시무스는 각 지역의 소규모 서비스 제공기관과 네트워크를 형성하여 서비스를 제공하고 있는데 이러한 대규모 거점기관과 소규모 제공기관을 연계하는 네트워크 방식도 서비스 내용에 따라서 효과적일 수 있다.

사회복지분야에서는 사회복지 '산업화'라는 말에 거부감을 갖는 경향이 있다. 분명히 공공성이 핵심가치인 사회복지의 '시장화' 혹은 '산업화'에는 경계해야 할 측면이 있다. 그러나 사회 서비스는 대부분 민간에 의한 전달이 이루어지고 있으며, 그 방식도 바우처나 계약 등 '시장화'되어 있으며 이런 추세를 되돌리기는 어렵다. 이런 상황에서는 어떻게 하면 시장화의 장점을 살리면서 공공성을 담보할 것인가를 고민하고 그 방법을 강구해야 한다. 전술한 정부의 적절한 모니터링과 규제는 공공성 담보를 위한 방법에 해당한다. 그리고 산업화는 시장화의 장점을 살리는 방법에 해당한다.

4) 의료공급 시스템의 개혁

여기에서는 의료 서비스 제공체계와 관련된 주요 문제점들에 대해 의료전달체계의 효율화 측면, 건강사업의 국민건강 개선방안 및 진료체계와의 연계성 강화 측면에서 현황과 문제점을 기술하고, 그 해결을 위한 접근방안에 대해 기술하고자 한다.

(1) 현황 및 문제점

가. 의료전달체계의 효율화 측면

우리나라는 일차 진료의사(PCP: Primary Care Physician)의 개념이 거

의 존재하지 않는 것으로 판단된다. 즉 환자들은 그들이 필요하다고 믿는 의료 서비스 제공자와 진료수준을 스스로 결정하고, 그것이 의원, 병원 혹은 대학병원이건 거의 제한 없이 이용하고 있다.

또한 우리나라 의료제공체계는 1, 2, 3차 의료기관 수준 간 서비스 제공이 분절되어 있다. 의원급, 병원 및 종합병원급 의료기관은 인력, 시설 측면에서 상호 배타적이고, 유사한 수준의 서비스를 제공함으로써 경쟁하기도 한다. 특히 오늘날에는 만성질환과 같이 지속적인 치료와 관리가 필요한 질병이 많은 부분을 차지하고 있는데 우리나라는 이에 대응하는 적절한 의료 서비스 전달체계를 갖추었다고 보기 어렵다.

우리나라에서 의료기관 간 서비스 분절이 일어나는 주된 이유는 수가지불체계의 영향이다. 우리나라는 행위별 수가제로 의료기관이 제공하는 서비스 행위마다 진료비를 상환받는 구조이며, 따라서 의료기관 간 협력보다는 의료기관마다 개별적으로 의료 서비스가 제공되는 유인구조를 갖는다. 또 다른 원인으로는 폐쇄형 병원체계로 판단된다.

나. 건강사업의 국민건강 개선방안 및 진료체계와의 연계성 강화

우리나라의 질병구조를 살펴보면 만성병 중심으로 되어 있다. 만성질환은 사전 예방과 악화방지가 질병관리를 위해 효과적인데 현행 질병발생 후 치료 중심의 서비스 제공체계가 문제점으로 지적되고 있다.

이를 심화시키는 요인으로 우리나라의 수가지불체계는 행위별 상환제로서 제공자가 예방 서비스보다는 치료 서비스 중심의, 또한 더욱 많은 의료 서비스를 제공하도록 유인하는 구조를 가지고 있다(cost −plus system). 게다가 국민건강보험체계의 급여범위에 예방 서비스가 포함되어 있지 않아 이 또한 의료제공자의 예방 서비스 제공을 저해하는 요인으로 작용하고 있다.

상기한 이유들로 인하여 (진료비 지불방식 및 보험급여의 범위) 예방 서비스는 전적으로 공공부문에 의해 제공될 수밖에 없는 형편인데, 공공부문의 보건의료시설이 10% 정도만을 차지하고 있는 현실에서 효과가 매우 제한적일 수밖에 없다.

(2) 정책방향

가. 의료전달체계의 효율화 측면

의료전달체계의 효율성 문제를 해결하기 위해서는 제도적인 접근은 물론 개념적인 접근도 필요할 것으로 사료된다.

가) 일차의료의 개념 및 정책 확립

일차의료의 개념이 부재한 원인 중 주요한 것은 국민의 정서로 생각되는데 무조건 전문의, 대형 의료기관을 선호하는 경향이다. 이를 바로잡기 위해서는 국민을 대상으로 질병을 관리하는 데 있어서 일차-이차-삼차 의료의 특성에 대한 체계적이며 장기적인 교육이 필요하다.

나) 이음새 없는 진료제공체계 도입: 통합의료체계

미국은 선불상환제(prospective payment system)의 도입 이후 소비자 선택에 의해 인두제(capitation)가 의료시장의 대부분을 차지하면서 의료기관들이 상호 전략적 제휴를 통해 통합의료체계를 구축하였다. 통합의료체계(IDS: Integrated Delivery System)는 "일정 인구집단의 건강을 임상적으로, 재정적으로 책임지기 위해, 가장 적합한 연속선상의 의료 서비스를 관련 조직 간에 조정·제공하는 네트워크 체계"로 정의된다.

통합의료체계의 성과에 대해서는 찬반양론이 모두 있음에도 불구하고 미래 의료 서비스 제공체계의 전반적인 움직임은 통합의료체계의 방향으로 흐르는 듯하다. 이와 같은 측면에서 우리나라도 향후 이러한 통합의료체계의 도입을 고려해 보는 것이 필요할 것으로 사료된다.

나. 건강사업의 국민건강 개선방안 및 진료체계와의 연계성 강화

상기한 바와 같이 치료 중심 제공체계의 한계를 극복하고 만성병 질환관리를 위한 의료 서비스 제공체계를 구축하기 위한 방안들로는 예방 서비스의 건강보험 급여화, 공공보건기관의 조정자로서 역할 재조정, 그리고 새로운 지불상환제도의 모색 등이 필요하다.

가) 예방 서비스의 건강보험 급여화

예방 지향적 의료 서비스 제공체계를 구축하기 위해서는 우선 보험체계 내에 예방 서비스 급여를 인정해야 한다. 일부 건강검진 서비스를 제외하고는 국민건강보험에 의해 급여가 인정되는 예방 서비스 항목이 없다. 따라서 성인 및 기타 모든 예방접종뿐만 아니라 만성질환의 관리를 위한 상담, 보건교육, 일반적 건강검진 서비스 등도 보험급여화하는 노력이 우선적으로 필요하다.

나) 공공보건기관 역할의 재조정: 서비스 조정자

공공부문 보건의료기관은 양적 측면에서 그 역할이 매우 제한적이다. 따라서 이들의 역할을 제공자로서보다는 민간부문 제공자들의 만성질환관리 및 예방 서비스 제공에 참여토록 하고 조정·매개해 주는 역할로 변화시켜야 한다.

다) 새로운 지불상환제도의 모색

미국, 캐나다 등 만성병 질환관리가 잘되고 있는 국가들은 공통적으로 선불상환제 등 다양한 진료비 지불상환제도를 시도하고 있다. 단, 진료비 지불체계 변화는 의료 서비스 제공자의 저항이 예상되는바, 이러한 역작용을 최소화하기 위해서는 전체 인구보다는 노인인구부터 단계적으로 접근하거나 의료 서비스 제공체계 내 조직 간 관계의 변화로 인한 이득(예를 들면 의사의 리더십 강화 등)을 이해시키거나 제공자의 참여를 이끌어 내는 접근이 필요할 것으로 사료된다. 또한 계약방식도 기존의 국가 중심 강제적 방식이 아닌 의료 서비스 이용자가 자유롭게 의료기관뿐만 아니라 보험자도 선택할 수 있는 자유계약형의 경쟁방식이 전제되어야 하며, 새로운 지불제도의 도입은 현행 진료비 심사평가절차를 간소화하고, 의료제공자에게 자유로운 진료역량을 부여할 수 있다는 점도 성공적 도입전략이 될 수 있다.

그 외에 이 글에서 다루지 못한 의사-한의사, 의사-약사 등 주요 의료 서비스 제공자 간 갈등은 최종 소비자에게 효과적인 서비스가 전달되기 어렵게 한다. 동서의학 통합모형은 다양하고 소비자가 만족하는 서비스를 제공할 뿐만 아니라 향후 의료시장개방과 관련하여 외국 의료기관과의 경쟁에 효과적인 전략이 될 것으로 판단된다. 의약분업으로 인한 부작용과 의사－약사 간 갈등은 선택형(임의형) 직능 간 모형을 통해 직능 간 협력을 촉진하고, 약물 서비스 이용의 불편함을 완화할 수 있을 것으로 기대한다. 또한 응급의료전달체계의 확립, 의료 및 정보기술의 의료제공체계 내 도입, 제공자의 공급 과잉, 의료기관의 대형화, 의료의 자율성 침해, 유사의료행위로 인한 국민건강 침해 등 이슈들은 기존과 같은 정부 주도 혹은 이해당사자 간 대결구도의 접근보다는 제공자 상호 간 이해 및 기능화합을 우선하는 가치를 통해 의료 서비스 제공정책이 설계되어야 할 것이다.

5) 고용과 복지의 연계

(1) 현행 고용보험 사각지대 현황

가. 실업급여의 사각지대

고용보험제도는 다른 사회보험과 마찬가지로 행정적인 적용 가능성 등을 고려하여 일정 규모 이상의 상용근로자부터 단계적으로 적용범위를 확대해 왔다. 이에 따라 실업에 대한 사회적 보호가 더 필요한 영세기업근로자, 학교를 갓 졸업한 청년실업자, 특수형태 근로종사자 등 비정규직 근로자, 자발적 이직자로서 저소득 장기실업자, 자영업 실업자 등은 실업급여 사각지대에 놓여 있다. 2010년 8월 현재 실업급여 사각지대는 좁게는 447만 명, 넓게는 1,413만 명에 달하는 것으로 추정되고 있다(그림 16 참조).

〈그림 16〉 고용보험 실업급여 사각지대 추정(2010년 8월)

15세 이상 총인구 4,065만 명(100%)							
비경제 활동인구 1,582만 명 (38.9%)	경제활동인구 2,484만 명(61.1%)						
	실업자 83만 명 (2.0%)	취업자 2,401만 명(59.1%)					
		비임금근로자 696만 명 (17.1%)	임금근로자 1,705만 명(41.9%)				
			적용 제외 270만 명 [15.8%]	적용대상 1,435만 명 [84.2%]			
					실제 가입자 988만 명 [68.8%]	미가입자 447만 명 [31.2%]	
공식적으로 제외		적용의 사각지대		고용보험 수혜대상	고용보험 수혜자	실제 사각지대	

자료: 유경준. "사회보험사각지대의 현황과 쟁점". 한국개발연구원. 2011. 10.

이와 같은 실업급여 사각지대가 발생하는 주요 원인은 첫째, 고용 보험의 당연적용 대상자이지만 고용보험료 부담 등을 우려하여 가입 을 기피한 미가입자가 많다는 점, 둘째, 임금근로자 중 월 60시간 미 만의 단시간 근로자, 가사노동자, 비임금근로자 등 고용보험법에서 적용을 제외하고 있는 사람이 상당수 있다는 점, 셋째, 실업급여 수급 요건을 충족하지 못하는 실업자가 상당수 있다는 점 등이다.

나. 취업애로계층에 대한 적극적 노동시장정책의 사각지대

2011년 2/4분기 현재 취업애로계층은 <표 9>에서 보는 바와 같이 1,844천 명으로서 실업자의 2배를 초과하고 있으나 이들에 대한 체계 적인 고용 서비스 및 노동시장정책의 제공이 매우 제한적으로만 이 루어지고 있다.

(단위: 천 명)

		2010					2011	
		연간	1/4	2/4	3/4	4/4	1/4	2/4
취업	애로계층	1,921	2,204	1,863	1,807	1,767	2,097	1,844
	청년층	491	556	479	488	439	531	472
· 실업자		920	1,130	868	831	807	1,028	865
· 비경활인구*		583	612	550	587	589	668	604
	취업준비	72	78	74	71	63	72	75
	쉬었음	213	235	191	207	220	261	217
	기타	298	299	285	309	307	335	312
· 불완전취업자*		419	462	445	389	370	401	375

* 비경활인구는 비경활인구 중 취업의사와 능력이 있는 자에 한함.
* 불완전취업자는 노동시장적 사유(일거리가 없어서, 사업부진·조업중단)로 주 36시간 미만 취업한 자 중 추가 취업희망자

자료: 고용노동부

　　적극적 노동시장정책의 사각지대가 발생하고 있는 것은 적극적 노동시장정책 프로그램에 대한 일반재정과 고용보험기금의 칸막이 현상과 책임 회피가 주요 원인인 것으로 지적되고 있다. 사업주가 부담하는 고용보험의 고용안정·직업능력개발사업의 재원으로 고용보험 피보험자 이외의 계층을 대상으로 노동시장정책을 추진하는 것은 경영계가 반대하고 있다. 정부는 고용보험기금으로 고용보험 미가입 취약계층을 대상으로 적극적 노동시장정책을 추진하는 것을 꺼리면서도 일반재정으로 필요한 재원을 확보하지도 못하고 있어 노동시장정책의 추진에 있어서 광범한 사각지대가 발생하고 있는 것이다. 노동시장정책의 사각지대는 비정규직, 영세기업근로자, 자영업자 등에 대한 적극적인 노동시장정책과 맞춤형 서비스를 시행하는 데 어려움으로 작용하고 있다.

(2) 고용보험 사각지대 해소 방안

가. 취업지원프로그램 참여조건부 (가칭) '취업활동수당' 제도 도입

실업급여의 사각지대 해소를 위해 자발적 실업자에 대한 실업급여 지급, 실업부조제도 도입 등을 검토할 수 있다. 그런데 자발적 실업자에 대하여 실업급여를 지급할 경우 실업자 수가 증가하고 근로의욕을 저하시키는 등 노동시장 질서를 문란케 할 우려가 있고, 성실하게 일하는 다수의 근로자들이 자발적 실업자에 대한 실업급여 지급을 위하여 더 많은 고용보험료를 부담하여야 하는 문제가 발생하므로 이러한 대안은 매우 신중할 필요가 있다. 또한 실업부조제도는 실업자 사회안전망을 강화하는 측면에서는 효과가 크지만 매년 막대한 재정 부담을 줄 뿐만 아니라 이른바 '복지병' 유발로 인한 노동력 공급 감소 등이 제도를 시행한 모든 국가에서 발생하고 있는 점을 감안하여 매우 신중하여야 한다.

그러나 우리 사회에서 양극화의 문제가 갈수록 심각해지고 있으며, 실업자에 대한 사회안전망이 아직 미흡하다는 점에서 현재의 실업급여 사각지대 문제를 계속 방치하기도 곤란한 상황에 있다. 이러한 점을 고려할 때, 선진국에서와 같이 현금급여 중심의 실업자 소득보장제도가 갖는 부작용을 최소화하고 실업자의 조기 취업을 촉진하기 위해 맞춤형 취업지원 서비스를 받는 일정 소득 이하의 실업자를 대상으로 (가칭)'취업활동수당'을 도입하여 고용보험 사각지대에 있는 비정규직, 신규학졸자, 자영업자 등을 위한 한국적 고용안전망을 강화할 것을 제안한다. 취업활동수당을 지급받기 위해서는 ① 고용센터에 구직등록을 하고, 고용센터 등이 제공하는 맞춤형 고용 서비스를 제공받아 스스로 취업을 위해 노력하는 등 구직활동을 성실히 할 것, ② 일할 수 있는 능력과 상태에 있을 것, ③ 일정소득 이하의 구직자일 것, ④ 고용센터의 사례관리자가 맞춤형 고용 서비스의 참여를 통해 재취업하기 위해서는 지급이 필요하다고 판단한 구직자일 것 등 요건을 갖추어야 할 것이다. 취업활동수당의 지원기간은 6개월 범위 내에서 취업지원 프로그램에 참여하는 동안 지급하되, 사례관리자가 필요하다고 인정하는 경우 3개월 범위 내에서 연장이 가능하도록 취업활동수당 수급자가 맞춤형 취업지원 프로그램을 적극적으로 활용하여 취업할 수 있는 유인을 제공할 필요가 있다. 취업활동수당의 지급액은 구직급여 상한액의 50%(60만 원/월) 범위 내에서 구직자의 연령, 재산, 부양가족 수 등을 고려하여 결정하는 것이 바람직할 것이다.

나. 고용보험사업에 (가칭) '구직자 맞춤형 취업지원사업' 신설

<표 10>에서 보는 바와 같이 우리나라는 고용보험사업과 일반재정을 통해 다양한 재정지원 일자리 사업을 시행하고 있다. 그러나 이러한 사업들이 부처별·재원별로 분절적이고 비체계적으로 수행됨으로써 효과성이 낮다. 따라서 기존에 산발적으로 수행되고 있는 관련 프로그램과 재정지출을 집약하여 (가칭) '구직자 맞춤형 취업지원 사업'으로 체계화할 것을 제안한다.

사업구분	부처수 (개)	사업개수 (개)	예산 (억 원)	주요 사업내용 (부문별 부처의 일자리사업 예산비중)
합계	24	202	92,736	고용노동부 67%, 복지부 13%, 행안부 5%
① 직접 일자리 창출	18	97	30,894	희망근로, 사회 서비스 일자리, 사회적 기업 등 (복지부 38%, 행안부 16%, 산림청 13% 등)
② 직업능력 개발훈련	16	41	11,676	실업자·재직자 직업훈련(재학생 제외) (고용노동부 89%, 지경부 5% 등)
③ 고용 서비스	6	32	3,896	취업지원, 패키지사업, 장애인 취업지원 등 (고용노동부 92%, 복지부 4% 등)
④ 고용장려금	2	18	7,387	신규고용촉진장려금, 고용유지지원금 등 (고용노동부 94%, 지경부 6%)
⑤ 창업 지원	2	10	1,386	실업자 창업지원, 시니어 창업교육 등 (중기청 90%, 고용노동부 10%)
⑥ 실업급여 등	1	4	37,497	실업급여, 체당금 지원 (고용노동부 100%)

주 1) 사업개수는 예산과목 기준임. 단, 제주도 광특회계 4건, 농특 1건은 건수에서 제외하되 예산 67억 원은 포함
　　 (노인일자리, 사회적 기업, 신규실업자, 자치단체 직업능력개발 지원, 농어민훈련)
　2) 고용 서비스에 장애인 직접재활 및 지원고용 포함, 고용장려금에 일자리 나누기 포함

자료: 국가재정운용계획 분야별 작업반(2011),
『2011~2015년 국가재정운용계획 고용분야 종합 보고서』.

　　장기실업자들은 일반적으로 구직기술, 이력서나 자기소개서 작성 방법, 직업에 대한 태도, 직업수행능력, 구인정보 탐색방법 등이 미흡할 뿐만 아니라 생계곤란, 가족과의 갈등과 같은 복합적이고 다양한 취업장애요인을 동시에 가지고 있는 특성이 있다. 따라서 이러한 복합 취업장애요인을 가지고 있는 장기실업자에 대해서는 어느 한두 개의 취업장애요인만을 제거해 주는 단편적인 프로그램 제공만으로는 취업에 성공하기 어렵고, 취업하더라도 금방 다시 실업이 되는 것이 일반적이다. 따라서 취약실업자에 대해서는 조기에 인지하고 개입

하여 복합적인 취업 장애요인을 해소해 주기 위하여 사례관리자(case manager)에 의한 맞춤형 서비스가 필요하다. 실업자의 다양한 취업장애요인을 제거해 주기 위한 맞춤형 서비스를 원스톱으로 제공하는 것이 바람직하다는 것은 여러 선진국의 고용 서비스 개혁 사례가 입증하고 있다. 이러한 맞춤형 서비스를 취업애로 계층에 제공하기 위하여 고용보험사업에 (가칭)'구직자 맞춤형 취업 지원사업'을 신설할 필요가 있다.

'구직자 맞춤형 취업 지원사업'에 필요한 재원은 기존의 여러 부처가 분산적으로 추진하고 있는 재정지원 일자리 사업의 예산과 기존 고용보험 사업 중 효과가 낮은 사업의 재원을 우선적으로 활용하고, 추가적으로 필요한 재원을 일반재정에서 고용보험기금에 출연하여 조달하는 것이 바람직할 것이다. 현행 고용안정사업 중 고용창출과 유지에 별 효과가 없는 사업은 취업자 맞춤형 서비스로 대폭적으로 통폐합하여 취업취약계층에 대한 심층적인 상담을 통해 취업장애요인을 맞춤식으로 제거해 주는 종합고용 서비스 차원에서 다른 고용지원제도와 연계하여 서비스를 제공할 필요가 있다.

다. 고용보험의 고용안정·직업능력개발사업을 피보험자 중심에서
    전체 취업자로 적용대상을 확대

적극적 노동시장정책의 추진에 있어서 부처별·재원별 칸막이 현상에 의한 사각지대 해소를 위해서는 고용안정·직업능력개발사업의 적용대상을 고용보험 피보험자뿐만 아니라 특수형태근로종사자, 자영업자를 포함한 취업자 전체로 확대하여 모든 취업자의 평생직업능력개발 지원을 통한 노동시장의 기능적 유연화 및 더 나은 고용으

로의 이행을 촉진할 필요가 있다. 이러한 제도 개선을 통해 취약취업자에 대하여 맞춤형 서비스를 체계적으로 제공함으로써 취약취업자들이 더 나은 고용상태로 지속적으로 이동해 갈 수 있도록 지원해 갈 필요가 있다. 근로 빈곤층에 대하여 사례관리자에 의한 심층상담, 취업자 직업능력개발훈련 지원, 보육서비스 지원 등 고용·복지 연계 종합고용 서비스를 제공하여 취약취업자의 상향 이동을 지속적으로 지원하는 것은 취업한 이후에도 더 나은 고용으로의 이행을 통해 사회 양극화를 해소하기 위한 국가의 기본적인 책무라 할 수 있다.

또한 고용보험사업을 현재와 같이 공무원 입장에서 다양한 프로그램을 개발하여 나열해 놓고 근로자와 기업이 활용할 수 있도록 하고 있는 공급자 중심의 방식에서 수요자인 취업자와 기업이 필요로 하는 서비스를 맞춤형으로 제공하는 방식으로 전환할 필요가 있다.

라. 적극적 노동시장정책 사업에 대한 일반재정의 매칭펀드 분담

새로 도입될 (가칭)'취업활동수당'과 모든 취업자를 대상으로 적용이 확대될 고용안정·직업능력개발사업은 사업주의 고용보험료 부담액에 상응한 금액 이상을 일반재정에서 부담하도록 하여 부처별·재원별 칸막이 현상을 제거함으로써 실업급여 및 적극적 노동시장정책의 사각지대를 해소하는 것이 바람직하다.

마. 실업급여의 개선

기존 실업급여의 틀 속에서 부분적인 제도 개선을 통하여 실업급여의 사각지대를 해소하기 위한 노력도 병행되어야 한다.

첫째, 경영상 사유에 의한 무급휴직에 대해서도 실업급여를 지급할 필요가 있다. 현재는 무급휴직자라도 근로계약관계는 지속되므로 실업자로 인정되지 않아 실업급여 수급자격을 인정하지 않고 사업주에 대해서만 무급휴직기간 중의 건강보험료 등 실비만 지원하고 있다. 그런데 무급휴직으로 인하여 근로소득의 단절이 있다면 이를 '사실상의 실업'으로 인정하여 실업급여를 지급할 수 있도록 개선할 필요가 있다.

둘째, 고용보험 피보험기간 산정기준을 현재의 '일(日)' 단위에서 캐나다 등에서와 같이 '근로시간' 단위로 변경하여 여러 사업장에서 단시간으로 근로하는 근로자의 고용보험 적용 사각지대를 해소할 필요가 있다. 현재는 여러 사업장에서 근로하는 단시간 근로자의 경우 주된 하나의 사업장에서의 근로시간만을 기준으로 하여 1주에 15시간 이상 일하는 단시간 근로자에 대해서만 실업급여의 수급자격을 인정하고 있다. 그런데 1주에 10시간씩 일하는 4개의 사업장에서 근로하여 주 40시간을 근로하는 단시간 근로자의 경우에도 현행 고용보험법에서는 고용보험 적용대상에서 제외되고 있다. 이처럼 노동시장에 정상적으로 참여하고 있는 단시간 근로자의 경우에는 고용보험 적용범위에 포함하는 것이 당연하며, 이를 위해서는 현재의 단시간 근로자에 대한 고용보험 적용단위를 개선하는 것이 시급하다. 과거에는 업무 전산화가 미흡하여 단시간 근로자에 대한 시간단위의 근로기록 관리가 쉽지 않았으나 전산화가 잘 되어 있는 오늘날에는 단시간 근로자에 대해서도 시간단위의 고용관리가 가능하게 되었으므로 피보험단위 산정기준을 근로시간단위로 변경하더라도 행정적으로 가능할 것으로 판단된다.

6) 사회보장제도의 효과성과 예산

(1) 사회보장재정의 현황과 전망

가. 우리나라 사회보장지출의 현황과 국제비교

우리나라의 사회보장지출은 사회보험의 도입과 확대, 경제위기 시의 사회안전망 강화와 재정지출확대과정에서 양적인 급성장을 이루어 왔다. 건강보험, 국민연금, 고용보험, 산재보험 등 4대 사회보험이 비교적 빠른 기간 내에 정착 및 확대되었고, 경제위기를 거치며 국민기초생활보장제도가 도입되었다. 최근 들어서는 저출산 고령화 등 인구구조변동 국면에 따른 보육지원 강화와 제5의 사회보험이라 불리는 노인장기요양보험 및 기초노령연금의 도입으로 사회보장재정의 규모가 더욱 팽창하였다. 2011년 기준 우리나라의 사회보장지출은 국민건강보험공단의 건강보험지출을 포함하여 약 122조 원에 이르고 있다. 이는 건강보험지출을 포함한 정부 총지출의 약 36%에 이르는 규모이다.

우리나라 사회보장지출은 규모 면에서는 GDP 대비 7.5%(2007년 기준)로 OECD 국가 평균인 19.3%의 약 38% 수준인 것으로 나타나고 있다. 하지만 우리나라 사회보장지출의 증가속도는 이들 나라들에 비하여 무척 빨라서, 1990년대 이후 OECD 국가들의 사회보장지출 연평균 증가율이 약 0.52%인 데 반하여 우리나라 사회보장지출의 연평균 증가율은 약 5.93%에 달하고 있다. 또한 연금성숙도, 인구고령화율 및 국민소득, 국민부담률 수준을 고려하면 OECD 국가들과의 규모적 차이도 상당히 줄어든다. 우리나라의 연금성숙기를 2030년으로 가정하여 연금성숙도 4%를 반영하면 사회복지지출 수준은 약 11.5%로 OECD 평균의 약 60% 수준이다. 고령화율과 국민소득을 고려하여도 OECD 국가와의 차이는 감소한다. 인구고령화율 10%를 기준으로 보았을 때 공공사회복지지출은 선진국가들의 약 45~68% 수준이다. OECD 국가들과의 비교 시 우리나라 복지지출은 낮은 수준이기는 하지만, 정부 주도하의 높은 경제성장률을 바탕으로 경제성장을 단기간 내에 이루어낸 후발산업국가로서 우리나라의 재정투자는 경제성장에 집중하여 왔다는 점에서 1900년대 초반에 산업화로 인한 경제성장의 혜택과 그늘을 경험한 유럽국가들의 경우와는 상이할 수 있다. 또한 분단 상황하에서 국방부문에의 재정지출 확보 필요라는 특수한 여건도 존재한다. OECD 국가들의 일반정부지출의 재원배분을 살펴보면 이러한 여건상의 차이가 잘 드러나고 있다. 우리나라의 경우 국방비 비중이 8.9%로 이스라엘, 미국에 이어 세 번째로 높고, 경제지출 비중은 21.8%로 아이슬란드 다음으로 높다. 우리나라의 일반정부 총지출 대비 사회보장지출은 약 25.4%로 OECD 평균 48.2%의 약 53% 수준이다. 이로 미루어 보건대 국민소득수준에 비하여 정부의 총지출 규모 자체가 OECD 국가들 중에서 멕시코 다음으로 가장 낮은 수준이서 복지지출의 GDP 대비 비중도 상대적으로 더욱 낮게 나타나는 측면도 있다.

나. 인구고령화와 사회보장지출 전망

우리나라의 사회보장지출은 향후에도 급속하게 증가할 것으로 전망된다. 인구고령화와 저출산현상 등 인구구조 변화는 고령화 관련 지출의 급속한 증가를 가져올 것으로 예측할 수 있다. 고령화와 소득 증가 등으로 인한 의료비 증가는 건강보험지출, 기초노령연금 및 노인장기요양보험의 급속한 증가를 가져올 것이다. 2011년 현재 약 38조 원으로 전체 사회보장지출의 약 31%를 차지하는 건강보험지출의 경우 2015년경에는 약 48~58조 원까지 증가할 것으로 전망되고 있다. 장기요양보험의 경우 2009년 약 1조 9,000억 원에서 2015년경에는 약 3.4~5.5조 원까지 증가할 것으로 전망되고 있다. 2011년 현재 약 10조 원인 국민연금지출도 연금급여의 본격화와 고령화의 심화 등으로 인해 2015년경에는 약 15.4~17.1조 원으로 증가할 것으로 전망되고 있다. 이렇듯 고령화 관련 지출이 증가하게 되면 정부재원 배분의 조정만으로는 이를 충당하기는 어려워질 것으로 예측되어, 정부지출규모와 복지지출 규모 증가와 이에 따른 국민부담률의 증가가 발생할 것으로 예상된다. 국민부담률의 증가와 사회보장재정의 확대에 선행하여 사회보장지출의 효과성과 효율성을 제고할 필요가 있다.

(2) 사회보장지출의 효과와 비효율성의 문제

성장을 담보로 한 적절한 재분배정책은 소득분배의 개선, 빈곤율 완화 등을 통한 양극화 완화와 사회통합을 도모할 수 있다. 이는 또한 선순환적인 성장을 가능하게 하는 원동력이 되기도 한다. 성공적인 사회보장제도는 성장의 과실을 적절히 분배하여 사회통합을 도모하고 성장과 복지지출의 선순환구조가 이루어질 수 있도록 한다. 우리나라 사회보장제도는 서구 선진국에 비하여 매우 단시간 내에 규모적인 측면에서 괄목할 만한 성장을 하였고, 또 사회보험을 근간으로 하는 사회안전망체계가 비교적 잘 발전하여 왔다고 보인다. 그러나 이러한 규모적 팽창과 다양한 사회보장제도의 도입에도 불구하고,

우리나라의 분배상황은 외환위기 이후 악화추세에 있는 것으로 나타
나고 있다. 가처분소득을 기준으로 본 지니계수는 1990년에는 약 0.26
선이었던 것이 외환위기 이전에는 소폭 개선의 추세를 보였으나 외
환위기를 겪으며 악화추세에 있다. 지니계수는 외환위기 당시 1999년
에는 약 0.29까지 급격히 악화되었다가 2000년에는 1990년 수준 가까
이 회복하였으나 이후 악화추세로 접어들어 2010년에는 외환위기 당
시 수준과 유사한 수준으로 악화되었다. 상대빈곤율(중위소득 50%
미만)로 살펴본 분배상황은 더욱 악화되는 추세가 뚜렷하게 나타난
다. 1990년에는 약 7.1% 수준이었으나 외환위기 때 급증한 이후 감소
한 것을 제외하고는 지속적으로 증가추세를 보여 2010년에는 약
12.5% 수준까지 증가한 것을 볼 수 있다.

〈그림 17〉 우리나라 가구 가처분소득의 지니계수 추이(1990~2010)

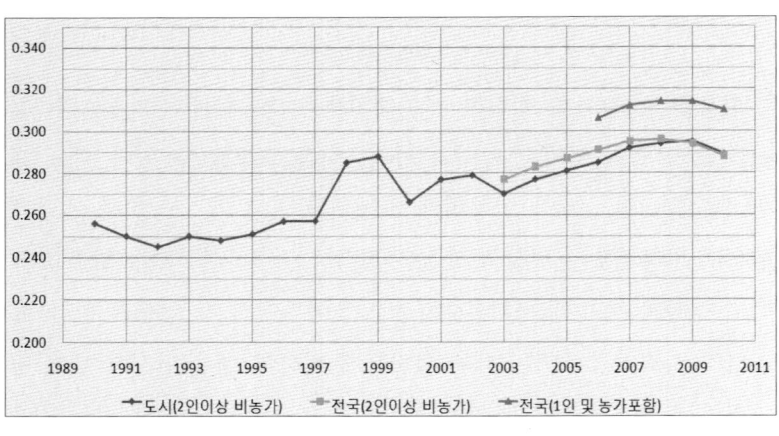

자료: 통계청(2010). 소득분배지표.

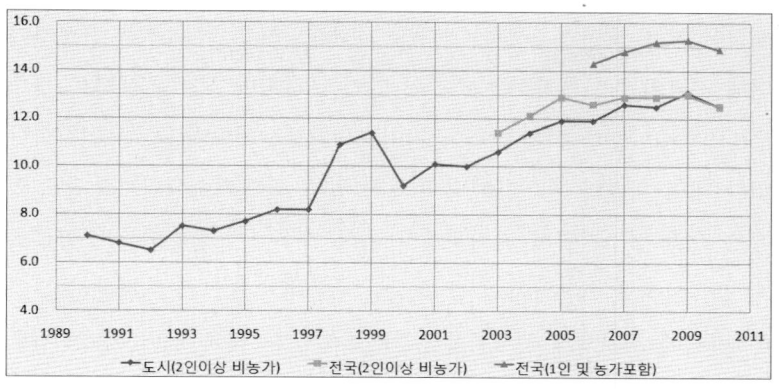

〈그림 18〉 상대빈곤율의 추이(1990~2010)

＊도시(2인이상 비농가) ＊전국(2인이상 비농가) ＊전국(1인 및 농가포함)

*가처분소득 기준, 중위소득 50% 미만

자료: 통계청(2010), 소득분배지표.

　이로 미루어 볼 때 우리나라 사회보장제도와 재정지출이 빈곤 완화와 소득재분배상황 개선에 충분한 효과를 내지 못하고 있음을 알 수 있다. 이러한 근간에는 사회보장제도 사각지대에 있는 빈곤층의 문제와 고용시장의 문제 등 사회보장제도의 구조적 취약점도 있고, 사회보장 전달체계상의 비효율성 문제와 복지의존도와 근로의욕 저하 등 비효율성을 초래하는 제도상의 문제점들도 내재해 있다. 일반적으로 공공부조적 성격의 복지프로그램은 복지의존도 및 근로의욕저하를 가져와 비효율성을 초래하기가 쉽기 때문에, 수급자의 자활노력을 유도하여 탈수급할 수 있도록 제도적 유인을 제공하여야 할 필요성이 있다. 그러나 현행 국민기초생활보장제도는 최저생계비 이하의 수급자가구에게 최저생계비와 가구소득의 차액만큼 생계급여를 지급하는 방식이어서, 근로에 부정적 유인을 제공하고 있다. 또한 생계급여수급자가구에게는 의료급여와 교육급여, 주택급여 등 혜택이 통합적으로 제공되기 때문에 계속해 제공수급자로 남으려는 유인을 제공하는 문제점이 있다. 국민기초생활보장제도 내에도 근로능력이 있는 근로자에 대해 근로의무를 부과하는 조건이 있기는 하지만 실효성은 낮은 것으로 나타나고 있다. 이에 따라 국민기초생활보장제도의 근로유인강화를 위한 제도 개편의 필요성이 대두되고 있다. 국민기초생활보장제도 외에도 각종 정부지원이 최저생계비 이하 가구에게 집중되는 공공부조제도의 설계도 빈곤가구의 탈수급을 저해하는 요인으로 작용하고 있다. 반면에 최저생계비보다 높은 차상위층 가구나 근로빈곤층의 경우는 공공부조제도 수혜의 사각지대로 남아 있다는 문제점도 있다.

다음으로 사회보장지출의 비효율성을 일으키는 요인 중 하나는 부처 간 연계의 부족과 역할의 중첩을 들 수 있다. 보건복지부, 고용노동부, 여성가족부, 국토해양부, 교육부, 행정안전부, 보훈처 등 여러 부처의 사업과 역할이 중첩되는 경우가 있다. 예를 들면 고용과 복지에 관한 사업들이 고용노동부와 보건복지부 부처별로 상이한 정책목표를 가지고 별도로 추진됨에 따라 고용과 복지의 유기적 연계에 장애물로 작용하기도 한다. 보육사업의 경우도 여성가족부에서 보건복지부로 주관부처가 이동하기도 하였지만, 여전히 아동, 청소년 등의 사업영역에서는 여성가족부와 보건복지부 부처별로 사업들이 추진되고 있어 부처 간 역할의 조정이 필요하다. 또 복지부의 보육 및 아동에 대한 지원과 중복적인 성격의 교육부 사업들도 종종 있어 왔다. 주택 관련 지출의 경우 국토해양부가 주무부서인 관계로 저소득층에 관한 주택지원, 바우처 등 사업까지 포괄함에 따라 과거 자산조사기준부터 새로운 기준에서 시작하게 되는 비효율적인 측면도 있었다. 이렇듯 부처 간 역할이 중첩되는 분야에서는 사업의 중복과 역할정립의 불명확성에 따른 필요사업의 추진력 부족 등 문제가 발생하게 된다.

(3) 정책방향

사회보장지출과 경제성장의 선순환이 일어나기 위해서는 사회보장지출이 양극화 해소, 빈곤율 감소 등 분배상황의 개선을 통한 사회통합을 강화할 수 있어야 한다. 그러나 각종 분배지표에 나타난 우리나라 사회보장지출의 효과성은 그다지 고무적이지는 않다. 사회보장지출의 효과성을 제고하기 위하여서는 먼저 공공부조제도가 복지의 존도를 높이거나 근로유인을 저해하지 않도록 제도를 개선할 필요성이 있다. 국민기초생활보장제도의 경우 현재의 통합급여형태를 개별급여로 전환하여 탈수급 유인을 높여 줄 필요가 있다. 생계급여 수급자격과 더불어 의료, 교육, 주거 등의 혜택이 동시에 패키지로 주어지지 않도록 의료급여와 교육급여 등 현물급여는 의료와 교육에 대한 수혜자격을 따로 마련하는 개별급여 체계로 전환할 필요성이 있다. 한편 최저생계비 이하 가구에 각종 정부지원이 몰리는 중복적인 제도 도입을 지양하고, 사회복지통합관리망 강화 등을 통한 중복수혜 등 폐해를 방지하여야 한다.

또한 부처 간 역할이 중첩되는 사업영역에 관한 역할조정과 유기적 연계가 필요하다. 노인일자리사업, 사회 서비스 일자리사업, 자활사업 등에 관한 보건복지부와 고용노동부의 역할 정립과 유기적인 연계는 노동과 복지의 연계라는 주요 과제를 위해 선행되어야 할 과제이다. 부처에 따라 상이한 정책목표를 가지고 추진되는 연관사업들은 보다 통일된 정책목표하에 통일되게 추진될 필요성이 있다. 또한 보다 명료하고 단순한 사회보장정책 목표하에 사업과 예산이 책정될 필요가 있다. 예산절차에 있어서도 성과주의 예산의 정착과 강화를 통하여 지출의 효율성을 강화할 필요가 있다. 한편 사회복지사업의 경우 대부분 사무적 집행은 일선 지방자치단체에서 이루어지나 재원은 중앙과 지방자치단체가 나누어 부담하게 되는 것에서 중앙과 지방의 입장이 첨예하게 대립되는 상황들이 발생하여 문제가 되고 있다. 중앙정부의 성과주의 예산 정착과 더불어 지방자치단체의 성과관리강화를 위한 시스템 개선과 성과주의 예산 정착이 필요하다.

7) 결어: 따뜻하고 안정된 사회로

지속 가능하고 효율적으로 사회안전망으로서의 역할을 수행하기 위해서는 전체적인 사회보장제도의 방향이 설정되어야 한다.

첫째, 사회적 위험을 최대한 억제하고 빈곤층의 자립능력을 제고할 수 있도록 효율적으로 개혁하는 데 초점을 맞추어야 한다. 즉 빈곤의 박멸(poverty eradication)을 복지의 최우선정책으로 해야 한다. 이는 사회보장제도의 발전과 정착을 저해할 수 있는 교란 요인을 제거하는 것이다.

둘째, 국민소득의 증가에 따른 사회보장 서비스에 대한 수요의 증가에 대비하여 사회보장 서비스의 양적·질적 공급확대를 꾀해야 한다. 이를 위해서는 사회보장 인프라의 효율적 공급을 위한 통폐합뿐 아니라 민영화도 과감히 추진해야 한다. 사회보장 서비스의 공급이 충분히 이루어지지 않으면 서비스 단가가 올라서 구매 가능한 서비스의 양이 준다. 또한 사회보장 서비스의 효율성 제고는 관련 서비스 산업의 경쟁력 제고를 의미한다. 즉 국민연금제도의 안정적 정착은 금융산업의 경쟁력과, 국민건강보험의 발전은 우리나라 의료산업의 경쟁력과 직접적으로 이어진다. 그리고 사회보장 관련 서비스의 질적 개선을 도모해야 한다. 현재 사회보장에 대한 욕구는 양적인 문제가 아니라 질적인 만족이다.

셋째, 기존의 사회복지시스템 및 투자 방향은 단순히 수혜 확대 중심으로 설정하는 것보다는 서비스의 지속 가능성을 제고하는 방향으로 유도되어야 한다. 서비스가 질적으로나 양적으로 제대로 제공되지 않으면 사회보장에 대한 신뢰가 하락함과 동시에 정부의 신뢰도 떨어져서 다른 정책의 불신으로 이어진다.

사회보장의 시스템 개혁에 필요한 앞으로의 과제는 사회안전망에 참여할 수 있는 모든 주체를 포함하는 사회보장 시스템을 구성하는 것이다. 즉 정부뿐 아니라 기업, 자치단체, 시민단체, 개인들이 서로 유기적으로 적극 사회보장 서비스의 제공에 협력하고 질을 극대화하는 데 최선을 다해야 한다.

첫째, 정부는 사회보장 정책에 있어서 선도적 역할을 담당하면서 사회적 위험발생을 최소화시켜서 사회보장제도가 지속 가능하게 해야 한다. 이 경우 국민들은 사회보장비용의 부담을 최소화하면서 개인들의 만족도를 극대화시킬 수 있다.

둘째, 기업복지제도를 활성화하여 다층 사회보험제도를 구성할 필요가 있다. 공적 사회보험은 정부가 모든 국민들에 대하여 획일적인 제도를 도입한 것이다. 따라서 각 개인들의 사정에 따른 사회적 위험에 대비하는 데에는 한계가 있다. 따라서 각 개인들이 속한 직장이나 협회를 통한 2차적 사회보험제도를 보완할 필요가 있다. 즉 민간 사회보험제도로서 민영건강보험, 퇴직연금, 생명보험, 민영산재보험 등을 활성화해야 한다. 민간 사회보험이 중심이 된 기업복지제도는 생산성 제고의 차원에서 기업들이 도입하게 된다. 이는 한편으로 공적 사회보험제도의 부담을 덜어 주면서 위험을 분산시키는 기능을 한다.

셋째, 사회보장제도의 운영에서 지방차치단체의 참여를 늘리고, 이를 위하여 운영 주체를 다원화할 필요가 있다. 사회보장제도는 지역의 환경에 따라 다양한 형태로 운영되도록 하는 것이 효과적이다. 이를 위하여 사회보장제도는 자치단체에서 유연하게 운영될 수 있도록 하는 것이 필요하다. 이 경우 자치단체는 지역주민의 보호를 위하여 다양한 복지투자를 능동적으로 하게 될 것이다. 이는 지역 간 격차를 줄이는 부수적 효과도 낳는다.

넷째, 자발적 복지시스템을 발전시켜야 한다. 사회보장제도의 급여는 노동집약적 사회적 서비스의 성격이 강하다. 따라서 사회보장 서비스를 시장성에 의지하여 제공할 경우 비용 상승요인이 크다. 따라서 지역의 자원봉사나 비영리기관들의 참여를 유도하여 저가의 서비스가 제공될 수 있도록 할 필요가 있다.

사회적 위험은 모든 국민들이 언제든지 당면할 수 있는 매우 보편적인 위험이다. 따라서 이 위험을 정부에게 책임지도록 한다면 국가재원이 사회안전 부문에만 편중되어 경제성장에 한계가 될 수 있다. 따라서 사회적 위험을 적절히 억제하면서 자원을 적절히 분산시킬 수 있는 공공과 민간 간의 역할 분담이 필수적이다. 또한 사회보험 관련 서비스가 언제든지 원활히 공급될 수 있는 시장이 전제되어야 제도가 지속 가능하다. 아무리 급여의 보장성이 높다고 해도 서비스의 공급이 제대로 되지 않으면 사회보험은 제 기능을 다할 수 없다. 따라서 사회보험 개혁에 있어서 지속 가능성을 위해서는 민간과 공공 간의 조화와 서비스의 민간 참여 활성화는 필수다.

제3장

문화·예술정책

이종원

－요약－

　문화예술정책은 근본적으로 질 높은 삶의 가치를 중시하고 다양성을 존중하며 소외계층이 없도록 배려해야 한다. 다양한 예술을 창작할 수 있도록 예술가에게는 환경과 여건을 제공하고, 국민에게는 양질의 다양한 예술콘텐츠를 낮은 비용으로 향유할 수 있도록 제공하여, 예술에 대해 담론하고 삶의 가치와 만족도를 높일 수 있도록 해야 한다. 뿐만 아니라 일반 국민들이 예술활동에 참여할 수 있도록 다양한 환경을 제공하여 문화민주주의를 이뤄 나가야 하는데, 이와 같은 목적을 달성하기 위해 다음 5가지 정책과제를 제시한다.

　첫째, 심화되는 사회적 양극화와 과도한 개인주의로 인한 공동체성 손상, 특히 다문화적 상황의 전개로 인하여 사회통합이 필요한 점을 감안하여 다양성의 존중과 통합을 문화예술정책의 이념적 가치로 한다. 개성과 다양성의 존중 및 이를 위한 개인과 사회의 관용과 이해력 제고, 문화예술 창의력과 욕구의 다양성 증진, 문화예술 생태계 보존을 통한 지속 가능한 문화정책 기반 조성, 정신적·문화적 풍요와 경제적 부가가치 창출, 예술인복지법의 적극시행을 통한 예술인 지위와 위상 제고 및 복지확대 등을 위해 노력한다.

둘째, 예술가들이 안정적으로 창작에 전념할 수 있도록 정책비전을 설정하고, 예술창작 현장과의 끊임없는 소통을 통해 수시로 유연하게 정책실행과정을 보완한다. 문화예술 지원재정을 대폭 확대하되, 직접지원과 간접지원, 집중지원과 소액다건 지원, 사전지원과 사후지원을 병행함으로써 창작의 기반을 견고하게 한다. 공정한 심사에 의한 지원 결정을 함으로써 신뢰를 구축하고, 공공문화예술활동을 항상 열린 공간으로 운영한다. 정부 여러 부처에 혼재되어 있는 다문화사업을 통폐합하고 협의체를 구성하여 운영한다. 문화예술교육은 교과과정 커리큘럼으로 제도화하고 그 전문성을 확보해 나간다. 입장료 등 문화행사 참여비용의 지원정책은 지원대상을 전 국민으로 확대하는 방향으로 개편해 나간다.

셋째, 지역의 고유문화를 발굴·계승하여 창조적 발전을 꾀하고, 지역문화와 지역발전의 핵심전략으로 지역축제를 활성화하며, 예술가들에게 창작을 위한 연수와 체험기회를 확대한다. 지역의 문화적 역량강화를 위해 소외계층의 문화향수 기회를 확대하고 창작과 발표활동을 지원한다. 이러한 지역문화의 진흥은 가급적

지방정부와 지역주민이 주도적인 역할을 하도록 한다. 「지역문화
진흥법」 제정, 문화행정 전문가 채용확대, 국립문화행정연수원 설
립, 지역문화발전을 위한 재정확대, 민간 참여의 활성화, 지역주민
참여형 예술행사의 개최 및 지원, 문화원 기능강화를 통한 지역문
화 활성화 등을 위해 노력한다.

넷째, 국제 문화예술 교류를 활성화하고 우리 문화예술의 국제
적 위상을 제고하기 위해 국내 개최 국제예술축제 확대, 국제 예
술축제 참여 지원, 재외 한국문화원 등 거점공간의 충분한 확보
및 조직 운영의 효율화, 해외주재 국가 조직 간의 네트워크 강화
등을 도모한다. 아울러 남북한 문화예술 교류의 활성화를 위해서
도 노력한다. 북한 사회가 아무리 폐쇄적이라 하더라도 디지털 기
반의 정보화 사회로의 진행, 선택적 의지와는 관계없이 확산되는
세계화의 흐름에서 벗어나기는 어려우므로 다양한 교류방안을 탐
색한다.

다섯째, 생활수준의 향상, 노동시간의 축소에 따른 여가시간의
증가, 문화생활에 대한 수요 확대 등 사회 문화적 환경의 변화는
필연적으로 문화행정 내지 문화 거버넌스의 질적인 변화를 요구
하고 있다. 중앙과 지방의 유기적 균형과 협력이 개선되어야 하며
기존의 다양한 문화공간이나 관련 시설의 활용을 효율화해야 하
는 것은 물론, 도시계획 수립이나 대단위 주택단지조성, 택지개발
등 사업단위에서도 도서관이나 공연장, 전시장, 체육시설 등 포괄
적 개념의 문화공간을 설치하도록 제도화하는 일, 시청이나 주민
센터, 각급 학교 같은 공공시설이나 업무시설에서도 강당이나 로

비 등을 주민들이 활용할 수 있도록 하는 일 등이 요구되고 있다. 문화예술위원회의 위상 제고, 예술원 운영 활성화 등 문화예술기관의 역할 강화도 필요하다.

1) 문화예술정책의 이념

(1) 이명박 정부의 문화예술정책이념과 성과

이명박 정부는 국정지표에서 궁극적 목표는 잘사는 국민, 따뜻한 사회, 강한 나라를 내용으로 하는 '선진일류국가 달성'을 표방하고 있다. 흔히 시장경제를 바탕으로 능률과 효율성을 추구하는 것으로 잘 알려져 있는 이명박 정부는 정책의 중점을 경제에 둔 것으로 알려져 있다. 이것은 기본적으로 경제를 중시하는 측면도 있지만 실용성을 추구하는 정부의 성격과도 맞물려 있다.

정부의 국정기조에 따라 문화정책도 선진일류국가 달성을 지향하며 능률과 효율성을 추구하는 방향으로 전개되어야 하나 문화영역의 특성상 반드시 국정기조와 일치한 것은 아니다. 정부 출범 초기 표방한 '품격 있는 문화국가'를 지향하며 대한민국의 정통성 수호 차원에서부터 문화산업의 진흥에 이르기까지 문화정책의 스펙트럼을 다양하게 전개하였다. 물론 여기에는 역사해석이나 관점의 차이에 따라 논쟁의 여지가 있을 수 있다. 그러나 이명박 정부의 출범을 가능하게 했던 현실정치적 요구가 있었을 것이기 때문에 그에 대한 조응인 것으로 평가된다. 구체적으로 대한민국관 건립, 한글기념관 건립 및 조성 등과 같은 사업은 대한민국의 정체성을 분명히 하려는 정책결과를 가져왔다고 보인다. 국가의 품격을 높이려는 노력은 예술에 대한 정책적 지원에서의 변화를 통해 예술수준을 높이려는 시도로 나타났다. 선택과 집중, 간접지원, 사후지원, 생활 속의 예술진흥 등은 지역의 역량강화 및 중앙 집중의 분산, 나누어먹기 식이 아닌 성과를 올릴 수 있는 작품에 대한 지원표명, 그리고 미래의 문화예술 향수자 개발을 통한 문화예술 진흥토대 마련 등을 지향한 것이었다.

이명박 정부의 문화정책 가운데 문화나눔을 중심으로 한 복지정책적 성격의 정책이 있다. 나눔은 단지 문화예술영역만이 아니라 사회통합의 이념하에 시행된 것으로 보인다. 문화예술정책 영역에서도 나눔을 지향하는 정책이 자주 언급되었다. 그러나 이것이 하나의 문화로 우리 사회에 정착된 흔적은 아직 찾아볼 수 없다. 어느 의미에서 나눔문화가 정착되었다면 가장 대표적인 정책이 될 수도 있었을 것이다. 이러한 복지정책적 성격은 문화바우처를 강조한 데서도 드러난다. 집권 초기에 감소되었던 문화바우처 예산이 다시 대폭 늘어나고 정책적 지원이 이루어진 데서 알 수 있다. 그러나 문화바우처 정책이 효과적이고 효율적으로 본래 목표를 달성하고 있다는 평가는 아직 없다.

이명박 정부는 정부출범 초 광우병파동에 따른 촛불시위와 이어지는 세계금융위기로 인하여 문화예술 본연의 정책을 전개하기보다는 위기 수습을 위한 역할이 더 강조되는 정책이 전개되었다. 경제적 위기와 고용의 사회적 문제 등에 부응하는 문화예술정책을 크게 모색한 것 등이 그것이다. 그러는 가운데 인사문제를 둘러싼 각종 논란과 잡음은 비전에 따른 문화예술정책 실행에 장애로 작용했다. 상당기간 문화예술계에 내적으로 축적되어 있던 다양한 갈등이 정권교체와 더불어 등장한 보수주의 이념과 충돌하면서 갈등을 증폭시킨 점도 있었다.

(2) 미래 환경변화와 새로운 문화예술정책 수요

문화정책 수립의 배경이 되는 미래 우리나라의 환경변화는 대체로 현재 진행되고 있는 몇 가지 변화가 보다 심화되면서 이에 대한 직간접적인 해결을 요구하는 것으로 진행될 것으로 보인다.

우선 끝을 모르게 발전하는 정보통신기술과 자유무역 등은 세계화를 더욱 심화시킬 것이며 국가들 사이의 거리도 더욱 줄어들 것이다. 그러나 동시에 국가 간 양극화는 더욱 심화되어 지속적 갈등요인으로 작용할 것이다. 이로 인해 나타나는 노동과 이민 등과 같은 현상은 문명 간, 국가 간 갈등요인이 될 것이다. 이러한 현상은 선진제국에서 나타나는 저출산 고령사회화 현상과 맞물려 문화정책적 해결을 위한 과제가 된다. 한편 문화예술은 경제와 산업에서의 발전을 위해, 사회의 갈등해소를 위해, 그리고 개인의 삶의 질 향상을 위한 기능과 역할이 더욱 강조될 것이다.

이런 정책적 환경과 관련하여 '지속 가능성'의 가치는 더욱 중요한 의미를 가지게 된다. 문화정책에서의 지속 가능성의 개념은 저출산 고령사회, 고용 없는 성장과 사회 양극화 등 현상 등에 적극 대응하면서 문화국가를 달성하여야 한다는 점에서 그 의의를 갖는다. 과거 지속적 성장이 가능하던 국가적·사회적 여건에서의 문화정책과 다르게 위기와 갈등에 직면한 현실에서 문화국가가 되기 위해서 필요한 방향과 전략을 모색한다는 의미에서 지속 가능한 문화정책이 되어야 한다는 것이다. 그런 의미에서 향후 문화정책은 그러한 여건에서 새로운 정책수요가 발생할 것으로 예상되며 이에 부응하여야 한다.

(3) 미래 문화예술정책의 이념과 방향

가. 미래 문화예술정책의 이념

중장기적 문화정책 여건을 고려하여 지속 가능성 개념에 비추어 보면 우선 개인의 자유와 공동체성이라는 관점에서 양자가 적절히 조화되어야 한다. 두 원칙은 우리나라의 저출산 고령사회 현상, 사회 양극화 현상, 다문화사회화 현상 등이 야기하는 시대적 과제에 비추어 문화정책의 방향과 과제를 설정하는 중요한 관점이 되어야 한다. 이런 의미에서 미래 문화정책은 눈앞에 놓인 문화계의 문제해결을 지향했던 이명박 정부와 다르게 중장기적으로 심화될 국가적·사회적 문제를 겨냥하여 중장기적인 해결을 지향한다는 의미에서 문화정책의 이념적 목표와 방향설정을 분명히 하여야 한다. 따라서 중장기적인 차원의 이념적 목표는 심화되는 사회적 양극화와 과도한 개인주의로 인한 공동체성 손상, 특히 다문화적 상황의 전개로 인하여 사회통합이 필요한 점을 감안한다면 다양성과 통합은 매우 중요한 가치가 된다. 그렇다고 해서 개인의 자유가 위축되어서는 아니 되는 만큼 개성의 존중이 요구된다. 개성의 존중은 창의성과 깊은 연관성을 갖는 만큼 아무리 강조해도 지나치지 않은 가치이다. 문화정책은 결국 이러한 이념적 가치를 지향하고 북돋우기 위한 역할을 수행하여야 한다. 그것이 또한 문화정책이 지속 가능할 수 있도록 하는 기반이 되기도 한다.

나. 문화예술정책의 방향

문화예술정책의 방향으로는 ① 개성과 다양성의 존중 및 이를 위한 개인과 사회의 관용과 이해력 제고, ② 문화예술 창의력과 욕구의 다양성 증진, ③ 문화예술 생태계 보존을 통한 지속 가능한 문화정책 기반 조성, ④ 정신적·문화적 풍요와 경제적 부가가치 창출에 기여 등을 들 수 있다.

다. 문화예술정책의 추진전략

문화예술정책의 추진전략으로는 ① 개인과 집단(사회)의 가치를 함께 고려, ② 다양한 사회구성 주체의 참여유도, ③ 세계 관점에서 우리 문화의 역할과 역량을 제고, ④ 관용과 이해증진을 통한 사회갈등 조정의 문화정책 지향, ⑤ 역할과 기능의 탈집중과 전문성 강화 등을 들 수 있다.

2) 예술지원 정책

(1) 예술창작 환경변화

21세기의 정치, 경제, 사회, 기술의 변화는 예술창작의 방식과 소재의 변화는 물론이고 유통의 새로운 방식들을 창조해 내고 있다. 특히 기술의 혁신적 변화는 라이프스타일을 바꾸고 개성과 취향까지를 변화시키고 있다. 소비되지 않는 예술작품이 아니라 대중화를 위한 작품을 제작하는 경향으로 급속하게 이동하고 있는 추세를 보이고 있다. 스마트제품의 시장점유와 이로 인한 소셜 네트워크는 커뮤니케이션의 수단을 혁신적으로 바꾸어 놓았다. 지방문화 활성화계획에 따라 종합문화예술회관, 미술관, 박물관의 건립은 이제 마무리 단계에 와 있으며, 지역의 예술창작과 소비(향유)환경을 지대하게 변화시켰다. 소비자들은 대체로 담론을 거부하고 감각적이며 즉흥적인 가벼운 소재와 웃을 수 있는 작품을 선호하는 경향으로 돌아서 있다.

유엔미래포럼(한국지부)은 『2018년 한국미래전망』에서 저출산, 고령화, 다문화사회, 신직접민주주의, 여권 신장, 체험하는 소비자(트라이슈머), 움직이는 소비자(트랜슈머), 집단지성 등의 변화를 전망했다. 뿐만 아니라 스마트 미디어, 빈부격차, 국지적 전쟁과 테러, 기후의 변화, 과학기술의 발전, 에너지 문제 등은 예측하기 어려운 불확실한 미래와 삶의 현실적 문제로 상존하고 있다. 또한 문화부와 문화관광연구원은 "2011년도 문화예술 10대 트렌드"에서 신기술의 발전(스마트 컬쳐, 전자책 시대), 문화자원의 확보 경쟁, 다국적 다문화사회, 착한예술, 문화예술교육, 베이비붐 세대의 문화집권, 지역문화의 활성화, 문화예술이 일자리 만든다 등 10대 트렌드를 발표하였다. 변화의 핵심은 신기술과 다문화, 창조사회, 거버넌스와 글로벌 사회문화 등이다. 이와 같은 변화 현상은 수요의 니즈가 바뀌고 이에 대응한 생산(창작) 또한 수요의 요구에 부응하는 대중예술로 모습을 바꾸어 가고 있으며, 공공지원의 방식도 간접지원과 집중지원 방식으로 바뀌었

고, 공연장과 연계한 공연장 상주단체지원제도의 시행, 국립예술단체
의 법인화 등 창작환경의 지각이 빠르게 변화하고 있다.

(2) 예술창작 지원방향 및 과제

예술창작의 지원방향은 창작환경과 정권의 정책기조에 따라 바뀌
어 왔다. 창작환경은 예술창작에 대한 공공의 지원정책과 발표공간의
확보 등이라 할 수 있다. 여기에 제작자들은 소비자들의 소비 트렌드
를 시장환경으로 고려할 것이며, 정권의 정책기조는 예술창작자들에
게 창작비용을 직접 지원하느냐, 간접지원을 중심으로 하느냐 또는
집중지원 정책으로 선택된 소수의 예술창작에게 집중 지원하느냐, 집
권정부가 진보냐 보수적 성향이냐에 따라서도 예술창작자들은 영향
을 받아 왔다.

정책의 기조는 1970~1980년대까지는 민족문화와 전통문화 중심으
로 문화기반 시설확충이 중점 지원정책으로 창작자를 지원하는 '문
화의 민주화'정책을 추진하였다. 1990년대에 들어서는 정보화 사회,
예술의 산업화와 예술 향수 차이 극복을 위한 정책들이 추진되었다.
21세기 참여정부에 와서는 아마추어와 일반인들의 예술활동 참여를
적극 지원하는 '문화민주주의' 정책이 기조를 이루었으며, 이명박 정
부는 간접지원, 선택과 집중지원을 정책의 기조로 하고 있다.

정책의 변화에 따라 예술창작자와 제작자들은 혼돈스러워하거나
불평불만을 끊임없이 제기해 왔으며, 이러한 문제는 결국 심사의 불
공정성 문제로 귀착되고 예술지원기관에 대한 불신의 원인을 제공해
왔다. 뿐만 아니라 지원 여부와 금액의 불안정성, 예술가의 정치적 성

향에 따라 지원수혜가 달라지고 있다는 현상을 인식한 예술가(제작자)들은 제작에 새로운 활로를 찾는 등 정부정책 자체에 불신을 갖게 되는 원인이 되어 왔다.

이러한 문제점들을 개선하고 예술가들이 안정적으로 창작에 전념할 수 있도록 정책 비전을 설정하고 실행에 있어서 편중되지 않고 공정한 심사에 의한 지원결정을 함으로써 신뢰를 구축하고 끊임없는 소통을 함으로써 수시로 유연하게 실행과정을 보완해야 한다. 미래에 대한 비전과 철학을 바탕으로 예술현장과 상시 함께하고 소통하며 믿음을 함께 나누어야 한다.

지원방향에 있어서, 이전 정부의 지원방향들은 정권의 성향이 우선시되고, 후차적으로 예술시장이나 환경이 고려되는 모양을 보여 왔다. 정부가 무엇보다 신중하게 고려해야 할 사항은 예술창작환경과 시장환경이다. 따라서 향후의 지원방향은 창작자가 안정적으로 창작작업에 매진할 수 있도록 직접지원과 간접지원의 병행, 집중지원과 소액다건 지원의 병행, 사전지원과 사후지원의 병행이다. 이때 각 병행 지원정책 간의 비중 조절이 매우 중요하며 이 적절한 조절에 실패하는 경우에는 병행정책의 실패를 가져오게 된다. 이러한 방식의 정책으로 예술가들에게 정치적 영향을 최소한으로 하고 안정적으로 창작여건을 제공해야 하며, 또한 예술가에게 창작 동기를 부여하고, 예술활동에 대해 경제적으로 적절한 보상을 받으며, 예술가를 예우하는 사회로의 변화정책이 추진되어야 한다.

(3) 기초·기반 문화의 지원확대

문학, 시각예술, 무용, 연극, 음악, 전통예술 등 순수예술을 산업이나 상업적 측면과 대조하여 기초예술이라는 표현을 도입하였다. 이러한 기초예술이나 순수예술은 생산비용이 회수되지 않는 공공재이면서도 대표적인 시장실패 작품이고 공·사의 편익을 만들어 내는 가치재로 인정되기 때문으로 공공지원의 당위성을 유도해 왔다. 따라서 이러한 순수 기초예술의 공공지원은 필요하다고 인정해 왔으며 더욱 확대 지원하는 것이 세계적인 추세이다. 순수 기초예술이 복합적·산업적·대중적이며 고부가가치를 창출하기 위한 상품으로 발전하기 위해서는 순수 기초예술의 기반이 튼튼하고 활성화되어 있을 때 가능한 것이므로 기초예술을 중심으로 지원의 확대는 당위성을 가진다. 순수 기초예술이 무엇인지를 정의하고, 지원대상 분야를 명확하게 하여 안정성 있게 지속 지원해야 하며 이에 소요되는 재원을 대폭 확대해야 한다.

(4) 계층 간 문화격차 해소와 향유 지원

문화예술 향수실태조사 결과와 여가생활조사 결과 자료에는 특징적인 현상이 나타나고 있는데, 그것은 소득과 학력이 예술 향수 정도와 여가시간을 어떻게 보내느냐에 연관성이 있는 것으로 나타난다. 소득과 학력이 낮은 계층(하위계층)의 경우 예술 향수 정도가 매우 낮게 나타나고 있으며, 여가생활을 보내는 데 있어서도 텔레비전을 보는 시간이 소득과 학력이 높은 계층(상위계층)보다는 많게 나타나고 있다. 그 원인으로는 돈이 없고 시간이 부족하다는 응답이다. 소득과 학력 차이에 의한 예술 향수의 차이와 여가시간을 텔레비전에 의존하는 현상은 짧은 기간 내에 개선되기 어려운 문제점을 안고 있기도 하다.

중앙과 지방의 지역 간 차이, 성별이나 나이 등의 차이는 유의미하지 않을 정도로 그 격차가 줄었다. 그러나 상위계층과 하위계층 간의 차이는 4배 정도로 매우 큰 차이를 보이고 있다. 이러한 현상은 같은 국가에서 삶을 살면서 바람직하지 않은 여러 다른 문제점들로 나타날 수 있다. 국민적·국가적 이슈에 대해 합의나 컨센서스를 형성하는 데 있어서도 그러하고, 범죄나 사회 안전에도 도움되지 않는다. 헌법 10조(인간으로서의 존엄과 가치를 가질 권리와 행복을 추구할 권리), 11조(누구든지 성별·종교 또는 사회적 신분에 의하여 정치적·경제적·사회적·문화적 생활의 모든 영역에 있어서 차별을 받지 아니할 권리), 34조(인간다운 생활을 할 권리) 등에 대한민국 국민으로서 누구나 동등하게 예술을 향유할 권리를 부여하고 있으며, 헌법 전문(~정치·경제·사회·문화의 모든 영역에 있어서 각인의 기회를 균등히 하고~)에도 문화향유에서의 국민들의 기회균등을 규정하고 있다.

예술 향수의 격차는 소득과 학력뿐만 아니라 지역적·공간적으로 특수한 경우, 군인, 경찰 등 특수한 업무를 수행하는 사람들과 장기체류 외국인 근로자, 장애우 등도 마찬가지로 예술 향수 정도가 매우 낮다.

이러한 문제점을 개선하기 위해 현재 문화바우처 제도와 지역순회 공연 지원, 사랑티켓 지원 등 사업을 추진하고 있다. 문화바우처 제도의 경우 가구당 5만 원 상당의 문화비를 사용할 수 있도록 해 왔으나 2012년도부터는 가구 내 청소년 수에 따라 최고 35만 원까지 확대할 계획으로 예산을 2010년 67억 원이던 문화바우처 예산을 347억 원으로, 2012년에는 512억 원으로 대폭 증액하였다. 이로써 기초생활수급자 170만 명, 차상위계층 327만 명이 혜택을 받게 되었으며 청소년 60만 명이 추가적으로 혜택을 받게 된다고 문화부는 밝혔다(2011.9.19). 그러나 이러한 제도의 개선과 예산의 집행에도 불구하고 여전히 소외계층은 존재하며, 이 제도 또한 완벽한 것은 아니다. 따라서 동 제도의 개선 및 보완(예술관람의 동기부여, 동 제도의 확인 및 평가와 개선)으로 효과를 극대화하고, 사업을 개선하여 수혜대상을 대폭 확대해야 한다.

사랑티켓 지원제도의 경우, 수혜대상을 대폭 축소(연령제한)함으로써 지방의 예술축제 등에 큰 영향을 미치고 있어 이 제도 또한 개선과 보완이 필요하며, 재원과 지원대상의 확대가 요구된다. 많은 예산을 투여하는 지역순회공연지원사업도 내실을 기하도록 개선해야 하며, 특히 시설이 열악한 지역들이므로 낭비성 시설비를 줄이고 작품의 질을 높이기 위해 이동용 공연차량(무대, 조명, 음향, 객석이 탑재되는 차량)을 제작·지원하는 것이 필요하다.

(5) 다문화 사회의 소통과 협력의 증진

우리나라가 다문화 국가인가에 대한 물음에 머뭇거릴 것이다. 다문화 국가는 인구의 5% 이상이 외국인일 때 다인종, 다문화 국가로 본다(OECD 기준). 2009년 5월 현재 외국인이 1백만 명이 넘은 것으로 조사(교과부)되어 약 2%의 외국인이 체류하고 있는 것으로 나타나 다문화 국가로 분류되지는 않는다. 그러나 장기체류 외국인 근로자, 외국인 신부, 그 가정에서 태어난 2세대 등을 고려하면 다문화에 대한 정책의 필요성은 시급하다. 다문화에 대한 프로젝트들이 교과부, 고용노동부, 문화부 등에 혼재되어 있으며, 혼재된 다문화 지원사업의 정책적 일관성, 지향목표, 추진방식 등이 효과를 높이기 위해서는 다문화 사업 관계자 협의체를 구성하여 일관성을 유지하고 중복을 피하며 목표설정과 효과를 극대화하기 위한 방식과 평가제도 등을 도입해야 한다. 또한 다문화 사업비 예산이 매우 적어 이를 증액하여 실질적인 효과를 거둘 수 있도록 사업을 개선, 보완해야 한다. 추진필요 사업으로는 다문화 가정의 법률적 보호 장치와 정체성 강화 교육, 학교 다문화 교육 지원체계 구축, 프로그램 개발 보급 및 운영비 지원, 추진사업의 평가체계 마련 등이 추진되어야 한다.

(6) 문화예술 교육의 개선

문화경제학의 창시자 존 러스킨(John Ruskin)은 "한 필의 말이라도 탈 수 없거나, 한 폭의 그림이라도 감상할 수 없다면 부가 아니다"며 인간 중심의 부의 고유가치와 사용할 능력을 갖는 것이 중요함을 강조하였다. 문화적 삶의 질을 높이기 위해 예술교육의 필요성을 강조한 것이다.

초기 문화예술교육정책 목표는 "국민의 문화적 삶의 질을 향상한다"는 것으로 문화적 창의성 제고, 문화적 정체성 강화, 문화적 다양성 확대, 문화적 해득력 등의 제고를 목표로 하고 있다. 문화예술교육에 대해서는 "예술적 이해를 통해 자신을 표현하고 사회를 이해하는 보다 넓은 개인적·사회적 맥락 속에 위치한 교육"으로 개념을 정의하고 교육 목표를 직관력의 향상, 창의력의 증진, 문화예술의 직간접 기능, 풍요로운 삶의 기반과 질의 향상으로 설정하였다. 이러한 정책 목표를 달성하기 위해 5,000여 명의 예술 강사에 의해 8개 장르(국악, 연극, 영화, 무용, 만화·애니메이션, 공연 디자인, 사진)를 유·초·중·고교생, 소외계층·지역주민 등에게 예술교육을 시행하고 있다. 2012년도 예산 반영액은 총 567억 원이며, 기대효과는 현장 예술인의 일자리 창출(예술 강사 일자리 5,326명 지원), 문화예술교육을 통해 학생들의 문화적 감수성과 바른 인성을 갖춘 창의 인간 육성, 장애인, 노인, 소년원생, 재소자 등 사회 취약계층에 대한 문화예술교육 확대를 통한 문화격차 해소 등을 기대하고 있다. 이와 같은 목표와 기대효과를 달성하기 위해서는 몇 가지 개선이 필요하다.

우선, 장기적 목표설정이 필요하며, 5,000여 명의 일시적 일자리 창출이 아니라 교과과정에 커리큘럼으로 자리해야 한다. 그리하여 이들이 정규직 교사로서 전문성이 확보되는 예술교육을 실행해야 한다. 현재의 예술 강사들에 의해 아동·청소년이 예술에 어떻게 접근하는가 하는 문제를 전문가들은 늘 우려해 오고 있다.

예술교육은 정치한 목표와 과정을 설계하고, 전문가에 의한 교육과 이 과정의 평가를 거쳐 시스템의 순환과정을 점검하여 지속적인 보완이 필요하다. 예술교육진흥원에 의한 예술교육은 예술전문가를 양성하는 것이 아니며 예술을 이해하고 접근하는 단계로 누가, 무엇을, 어떻게 가르칠 것인가 하는 문제가 장기적이고 진정한 교육의 수준에서 예술교육의 전반적인 시스템이 개선되어야 할 것이다.

3) 지역문화진흥정책

지역문화정책의 목적은 지역정부가 지역민의 정서적 욕구를 충족시키기 위한 활동을 지원하고 지역의 문화전통을 계승하며 개성 있는 지역문화를 발전시키는 데 있다. 이러한 목적을 달성하기 위한 문화정책의 범주 설정은 각 지역주민들의 문화수요의 특성, 각 문화부문들의 시장성, 문화요소들 간의 연관성, 사회발전의 단계 등을 고려하지 않으면 안 된다. 또한 지역문화가 지역경제의 활성화, 나아가 지역발전의 동력이 될 수 있기 위해서는 무엇보다도 지역주민의 문화적 역량을 키우는 장기적이고 체계적인 문화정책이 있어야 한다. 그러기 위해서 가장 먼저 필요한 것은 문화지표 조사와 이를 통한 중장기 지역문화발전계획을 수립하는 일이다.

(1) 지역문화 특화 발전을 위한 과제

지역문화가 중요한 것은 세상 어디에서도 찾아볼 수 없는 그 지역만의 독특한 고유문화가 존재하기 때문이다. 정책 전반에 걸쳐 이러한 지역 고유의 문화를 발굴하고 계승하며 창조적으로 발전시키는 활동을 진작시키는 것이야말로 지역문화정책의 핵심이 되어야 한다. 잘 만들어진 지역축제가 지역사회를 어떻게 변화시켜 냈는가 하는 사례는 이루 헤아리기 힘들 정도로 많다. 축제는 유·무형의 많은 효과를 창출하며 지역문화 발전, 나아가 지역발전의 핵심전략으로 성장하고 있다. 우리나라는 의외로 지역문화축제가 많다. 대체로 지역명과 그 지역의 특산물, 특산지, 관광명소를 따 축제이름이 만들어진다. 그러나 축제의 프로그램을 보면 해당 지역의 특성을 제대로 살리지 못하고 있다. 지역의 특색을 담기보다는 연예인을 부르거나, 시장을 열거나 하는 식으로 여타 축제 따라 하기에 그치고 있다. 따라서 지역 고유의 문화가 확연히 되살아나는 축제에 정부 지원의 가중치가 주어져야 한다.

(2) 지역의 예술활동 활성화를 위한 과제

각 지자체에 문화재단이 설립되면서, 지역문화예술인 또는 단체가 받을 수 있는 지원금은 양적으로 확대되었지만 창작의 결과에 대한 지원이 대부분이다. 기존의 지원방식은 직접 지원형태와 창작발표에 대한 지원이 대부분이었으나, 앞으로는 창작의 기반, 활동의 기반을 조성할 수 있는 간접지원이 다양한 형태로 이루어져야 한다. 현재 각 지자체 및 지자체가 설립한 문화재단은 문화인력의 역량강화를 위한 실질적인 지원도 늘려 가고 있으나 아직 미미한 수준이다. 예술가들에게 창작을 위한 연수와 체험의 축적, 문화예술을 향유하고 창작할 수 있는 여러 여건과 기반의 조성 혹은 그것과 연계된 프로그램의 개발이 이루어져야 한다. 또한 지역의 문화적 역량을 강화하기 위해서는 소외계층의 문화향수 기회 확대를 넘어 소외계층의 문화예술 창작과 발표활동을 지원할 수 있는 방안이 모색되어야 할 것이다.

(3) 지역문화 향유 확대를 위한 과제

지역문화정책의 수립을 위해서는 지역주민의 문화욕구 조사를 기본으로 지역 내 인적·물적 자원에 대한 각종 조사와 연구를 통해 중장기 문화발전 계획을 세우고 실행을 위한 추진체계를 정비하고 실행에 대한 평가와 환류 체계가 갖추어져야 하는데 이러한 기초적인 과정마저 마련되어 있지 않은 것이 대다수 지역정부의 실정이다. 이로 인해 정책의 일관성이 없고 기존의 문화자원과 인프라를 효율적으로 활용하지 못하고 있다. 문화예술 행사를 기획할 때는 주민 수요조사 결과를 최우선으로 고려하고, 고급예술과 대중예술, 외래문화와 전통문화, 다양한 장르가 다양하게 공급되어야 하며 문화소외 계층이 생기지 않게 연령별·계층별로 골고루 배려해야 한다.

(4) 지역문화 균형 발전을 위한 과제

우리 문화의 고질적인 병 중 하나는 도시와 지방 간의 문화격차이다. 문화예술활동에 대한 체계적인 통계가 이루어지기 시작한 1976년부터의 자료를 보면, 전 장르에 걸쳐 50% 이상의 문화행사가 서울에서 개최되고 있음을 알 수 있다. 지역문화 활성화에 대한 관심과 지방자치체로 인하여 문화예술의 지역격차는 많이 완화되었음에도 불구하고 문화의 지역편중은 여전히 우리 문화의 과제로 남아 있다. 지역문화의 균형적 발전을 위해서는 절대적으로 부족한 시설, 소수보다는 다수에게 더욱 필요한 시설, 미래 대응적인 시설, 대규모보다는 근린 생활단위의 시설을 우선적으로 확충해야 하며 지역 간 형평성과 시설이 들어설 지역의 특성 및 주민 욕구를 고려해야 한다. 물론 이에 못지않게 중요한 것은 운영 예산과 인력, 프로그램 등 소프트웨어의 안정적인 확보이다.

(5) 시설공간의 효율적 활용을 위한 과제

많은 지역의 문화시설이 절대적으로 부족하고, 지역주민에 대한 문화정보제공 서비스 체계가 취약하며, 공공문화시설들의 운영에 있어 시설 활용률과 관리의 부실, 문화환경기반의 취약성, 문화예술교육의 후진성 등 숱한 문제점을 안고 있는 것이 지역문화의 현주소이다. 이의 해결을 위해 각급 학교, 동사무소, 사회복지관 등 재활용이 가능한 하드웨어에 대한 철저한 검토를 통해 예산 절감과 친환경적인 정책 시행을 해야 할 것이다. 이와 함께 공연장의 규모와 위치를 재조정하는 것이 필요하다. 각 지자체들이 경쟁하듯 대규모의 문화시설을 짓게 됨으로써 필연적으로 위치가 중심가보다는 부지확보가 가능한 외곽으로 결정되게 된 것은 필히 수정되어야 한다. 소규모 공연장들을 사람들이 많이 모이는 번화가에 위치시킴으로써 지나가는 주민들이 가볍게 들러 감상할 수 있는 문턱 낮은 프로그램들을 정착시켜야 한다.

(6) 지방문화 진흥을 위한 체제의 구축

가. '지역문화진흥법'의 제정

현재 지역문화 관련 사항은 「문화예술진흥법」, 「박물관 및 미술관 진흥법」, 「지방문화원진흥법」 등에 일부 산발적으로 규제되어 있고, 지역문화진흥을 위한 종합적·체계적 법률은 부재하다. 국가의 지역문화진흥의무, 지역문화진흥체계, 지역문화시설, 지역문화재정, 인력 등 지역문화진흥을 위한 법적 제정이 필요하다. 참여정부하에서 추진되다 현재 중단 상태에 있는 '지역문화진흥법'의 재추진이 필요하다.

나. 문화행정 전문가의 채용

일반 행정직 공무원들의 순환보직제로 인해 행정의 전문성과 지속성이 담보되고 있지 못하며 공공문화 시설 사이의 네트워크는 물론 심지어 같은 편제에 있는 부서들 사이에서도 업무 협조가 이루어지지 못하는 경우가 많다. 또한 공무원 중심의 관료주의적 문화행정 행태를 벗어나지 못하고 있으며, 민간부문의 전문성 활용과 참여가 제대로 이루어지지 않고 있다. 문화행정은 누구든 담당할 수 있다는 생각을 버려야 하며, 문화 전문가가 계약직 형태로 문화행정 담당 공무원으로 근무할 수 있는 방안이 마련되어야 한다.

다. 국립문화행정연수원의 설립

지역에는 전문적인 문화인력, 즉 전문활동 문화행정가, 예술경영가, 기획인력 등이 매우 부족하며, 특히 관료 중에는 문화관계 전문인력이 더욱 부족하다. 이들에 대한 전문적인 연수교육을 지속적으로 실시할 수 있는 (가칭)'국립문화행정연수원'이 설립되어야 한다. 더불어 지속적인 연수교육을 통해 자치단체장과 지역문화예산 심의권을 갖고 있는 지방의회 의원들의 문화마인드를 높일 수 있는 방도를 강구해야 한다. 또한 축제 개최 등에 필요한 수준 높은 전문인력이 부족하므로, 최소한 시·도 단위로 인력 풀(Pool)제를 실시할 필요가 있다.

라. 중앙 및 지방 재원의 확보

현재 지역문화발전을 위한 재원은 크게 부족한 상태이다. 이에 대한 중앙 및 지방 정부의 정책의지가 미약하고 투자우선 순위에서 밀리는 실정이다. 자치단체별로 문화예술기금 조성을 위한 조례 제정을 적극화할 필요가 있으며 중앙정부는 이에 대해 정책적 지원을 할 필요가 있다. 또한 지역 문화 발전을 주도할 문화재단의 설립이 가속화되도록 문화재단을 설립한 지자체에 대해 예산상의 인센티브가 주어져야 한다. 지역문화예산의 운영, 집행이 하드웨어 부분에 지나치게 치중되어 있는 반면 이를 운용하는 소프트웨어에 대한 투자는 매우 인색한 것이 문제가 되고 있다.

마. 각급 주체 간 역할 분담

중앙정부(문화체육관광부), 각급 지방자치단체, 한국문화예술위원회, 지역문화재단 간에 기능과 역할에 중복이 많아 비효율성이 문제가 되고 있다. 물론 어떤 사업의 경우에는 상호 경쟁적 구도 속에서 상호 발전이 있을 수 있고, 시행 주체가 많으면 많을수록 좋은 경우도 있을 것이다. 문제는 비효율적인 역할 중복으로 예산의 낭비가 심한 경우이다. 각급 문화예술 진흥 주체 간 역할 분담 문제에 대해 보다 전문적인 검토와 실행이 필요하며, 이를 법제화하는 것도 고려해야 할 것이다.

바. 민간 참여의 활성화

기업이 문화예술행사에 나서도록 주선하는 것도 지방자치단체가 해야 할 일이다. 기업이 공연단체를 지속적으로 후원하도록 하거나 특정 문화예술 프로그램을 후원하도록 한다거나 기업들이 협회를 만들어 기금을 조성하는 것도 검토할 만하다. 이러한 기금을 지역정부의 문예기금의 매칭 펀드로 해서 민관합동의 지역문화재단을 만드는 것도 문화예술행사의 활성화에 크게 기여할 것이다. 지역문화와 연계된 문화산업은 민간기업의 입장에서도 충분히 효과적인 수익사업이 될 수 있기 때문에 이해관계가 유사한 공공기관과 민간기업이 서로 협력하여 지역문화산업을 육성해 나간다면 홍보효과와 수익성 측면에서 효율성을 극대화시킬 수 있을 것이다. 더불어 이에 대한 조세정책상의 특혜도 필요할 것이다.

사. 민관 공동출자 여건의 조성

지방정부가 지역문화 개발을 주도할 경우 지역특성을 살린 장기적·종합적 추진은 가능하나 자금조달, 시장상황 대처 부족 등의 단점이 있고, 민간이 주도할 경우 시장상황에 대해 신속히 대처할 수 있는 장점이 있으나, 영세성, 지나친 이윤추구 등 단점이 있다. 양자의 장점을 혼합한 제3섹터 주도형은 민관 공동 출자 사업으로서 제1섹터인 공공부문과 제2섹터인 민간부문이 공동 출자방식에 의해 공공성과 기업성이 결합된 법인을 설립·운영하는 형태이며, 공공사업의 투자비용분담, 민간부문의 활성화 및 주민참여기회 확대, 과실의 지역 환원 등을 확보할 수 있는 효과가 있다. 제3섹터 사업의 분야는 문화·예술·관광 전 분야를 망라할 수 있으며, 지방정부는 일정 부분 재정 투자와 제도개선 등 법적인 지원을 하고 운영 및 관리는 민간부문이 담당하여 경영의 효율성을 높여야 한다.

아. 지역주민 참여형 예술행사 개최

공연장 등 문화공연을 할 수 있는 공간이 근처에 아무리 많이 있다
하더라도 공연자가 없으면 텅 빈 공간이 될 수밖에 없다. 그렇다면
외부에서 예술인들을 끌어와야 하는데 자치단체의 재정여건상 쉽게
이루어지기 어려울뿐더러 그러한 예술인들의 일정 문제 등으로 인해
현실적으로 불가능한 경우가 많다. 이러한 문제를 극복하고 지역민들
의 문화 향유기회를 확대할 수 있는 방안 중 하나가 지역민 스스로가
예술인으로서 지방 공연에 참여하는 것이다. 공연 참가자들의 예로는
해당 지역의 주민들이 취미로 모여 만든 악단이나, 해당 지역대학의
예술 관련 동아리, 예체능계 교육을 받고 있는 중고등학생·대학생
등을 들 수 있다.

4) 문화교류와 국가이미지 제고 정책

(1) 선진화를 지향하는 국가이미지 제고 차원의 문화예술 교류정책

21세기는 문화와 예술이 개인의 삶을 풍요롭게 하고 국가의 품위
를 높이며 세계화의 흐름 속에서 국민적 정체성과 자부심을 지켜 주
는 역할을 하고 있다. 개인의 창의력 개발과 다양성을 존중하는 문화
민주주의의 확산, 국가발전의 성장에너지로 자원화하는 일, 서로 다
른 문화적 차이와 개성을 인정하며 문화의 세계화를 실현하는 일은
시대적 과제다. 대한민국은 고난의 역사를 헤쳐 나오면서 민주주의와
산업화를 실현한 자랑스러운 나라다. 치열한 역사를 바탕으로 선진화

된 미래로 나가야 하는 동력을 찾아야 하는 일은 멈출 수 없는 과제다. 국제간 교역은 급증하고 있으며, 문화적 교류도 새로운 현상을 만들어 내고 있다.

문화가 어느 방향으로 나아가는가에 따라 사회에 미치는 영향은 실로 대단하다. 대한민국의 국민적 역량을 창의적이며 개방적으로 만들 수도 있고 폐쇄적이며 배타적으로 만들 수도 있다. 이기적이며 타산적으로 만들 수도 있고 이타적이며 공동체적인 가치와 연대를 존중하도록 만들 수도 있다. 문화는 한 나라의 국민적 감성, 동시대적 가치와 정서를 형성하는 핵심요소인 것이다.

보다 선진화된 모범국가로 성장하기 위해서는 국민정서가 개방적이고 진취적이며 대외 지향적이어야 한다. 자유롭고 경쟁적이며 독립적인 가치를 존중해야 한다. 보다 성찰적이며 자기 책임을 앞세우는 의식을 갖추어야 하며 공동체적 가치와 연대를 증진하는 봉사적 태도를 가져야 한다. 대한민국이 자랑스러운 나라, 현재와 미래에 대한 희망을 가질 수 있는 나라, 신뢰하며 사랑할 수 있는 나라가 될 수 있도록 만드는 데 문화와 예술이 기여해야 하는 것이다. 그 바탕을 갖추게 될 때 국민적 자아가 충만하며 공동체적 연대는 더욱 굳건해질 수 있다.

<겨울연가>, <대장금> 등 한국드라마를 통해 가시화된 한국문화의 세계화 현상은 영화, 음악 등으로 확산되면서 한국문화를 알리는 대사 역할을 하고 있다. 한국 대중음악이 보여 주고 있는 K-팝 현상은 우리 문화가 변방의 소외자가 아니라 새로운 트렌드를 이끌어 갈 수 있는 세계의 주역 역할을 할 수 있다는 사실을 증명하고 있다. 작게 보면 해당 공연자나 기업의 활동이지만 넓게는 한국의 이미지와 격을 교류하는 창구역할을 한다. 더불어 그 성과는 한국의 새로

운 이미지를 창출한다. 교역과 교류의 견인차 역할을 하는 것이다. 최근 한국문화의 대내외적 에너지는 온갖 고난과 격변, 파란의 과정을 극복하며 스스로 창출해 낸 자생력의 결과라는 점에서 놀랍다. 국민적 자부심을 가질 만한 성취라고 할 것이다. 특히 주목할 만한 부분은 이 같은 성과들이 민간의 자생적 노력 결과로 나타난 것이며, 위성방송이나 유튜브 같은 뉴미디어 환경과 적절하게 어울리며 세계적으로 확산되고 있다는 점에서 이전에는 예측하거나 경험하지 못했던 일을 실현했다는 것이다. 이는 우리 문화의 개성과 에너지가 세계성을 확보할 수 있다는 것을 확인시켜 준 현상이라고 할 수 있는 부분이다.

더불어 이 같은 현상은 정부의 간섭이나 개입이 아니더라도 변화와 트렌드를 읽어 내고, 그것을 콘텐츠로 재현할 수 있는 역량을 갖출 수 있으며, 문화정책과 행정은 문화적 환경을 조성하며, 창의적인 활동을 할 수 있도록 지원하고 조정하는 방향으로 나아가야 한다는 것을 제시하는 것이기도 하다.

(2) 다문화의 수용과 문화교류

오늘의 문화는 지역과 국가의 경계를 넘어 세계를 하나의 사회로 변화시키는 첨병 역할을 한다. 국가 간, 지역 간, 종교 간, 인종 간, 세대 간 대립과 갈등이 여전히 분쟁의 요소가 되고 있지만 세계를 하나의 사회로 전환시키는 시대적 추세를 가로막지는 못한다. IT 기술의 발달과 더불어 하루가 다르게 변화하는 미디어 환경, 인터넷으로 상징되는 사이버 세계의 확산은 세계를 시공간적 동일체로 만드는 데 결정적인 역할을 한다. 이전에 영화나 텔레비전 같은 올드미디어가 문화세계화의 선두에 섰다면 지금은 IT 기술에 기반을 둔 뉴미디어가 사람들의 환경과 생활을 사실상 주도한다. 이전의 문화적 활동이나 생활이 취미수준의 선택의 대상이었다고 한다면, 오늘의 환경은 생활과 분리하거나 구분하기가 어려울 정도로 일체화·일상화하는 단계로 바뀐 것이다.

현실과 가상의 구분이 무의미하며, 지역이나 국가, 인종, 언어 등 물리적 경계가 더 이상 소통의 장애요인이 되지 않는 세상과 조우하면서 사람과 문화, 물자의 이동은 더욱 빈번하고 확대된다.

우리가 일자리를 찾아 해외 여러 나라로 찾아갔던 것처럼 일자리를 찾아 국내로 들어오는 인력은 늘어나고 있다. 결혼, 이민 등 사유로 증가하는 경우도 많다.

국내의 인구가 저출산 고령화의 진행으로, 노령인구의 증가가 넓게 확산하고 있는 추세에 비추어 본다면 젊은 노동인구의 감소 현상이 심각한 사회문제가 될 수 있다. 부족한 노동력을 외국 인력이 메울 가능성은 더 커지고 있다. 사람의 왕래와 교류는 단지 한 사람의 이동으로 마무리되는 것이 아니라 그로인한 수많은 관계가 이루어지고 갖가지 현상을 수반한다. 우리 문화와 사람이 교류하고 왕래하는 것처럼 국내로 유입하는 사람과 문화도 그만큼 많을 수밖에 없다.

지역적·문화적·국가적 범위 안에서 이루어지던 '우리 문화'의 개념이나 대상은 '우리와 다른' 문화와 사람을 수용하고, 서로 다른 것을 인정하는 공유와 공존의 개념으로 바뀌어야 한다. 제한적이며 폐쇄적인 '우리'가 아니라 개방하고 공존하는 세계화의 구성원으로서의 '우리'가 되어야 하는 것이다.

이러한 요소들은 정책으로도 대응할 수 있어야 한다. 이민제도와 교육, 복지 등 여러 부문의 요소들이 관련되는 부문이기도 하다는 점에서 복합적이다.

(3) 문화예술 교류의 조정 역할 강화

오늘의 사회 문화적 환경변화는 누가 주도하고 이끄는지 분간하고 가늠하기가 어렵다. 생성과 유통, 교류는 대부분 민간 차원에서 이루어진다. 사회 각 분야에서 이루어지는 가치 생산과 유통, 소비의 양상에서 생산자와 소비자를 구분하는 것 자체가 불가능하거나 무의미하다. 오랫동안 관습화하다시피 한 생산자와 공급자, 소비자와 수용자의 관계는 사실상 와해된 상태다. 생산자가 소비자이며 소비자가 생산자 역할을 동시에 하는 현상이 일반화되고 있다. 이 같은 변화는 정책적 관리에서도 변화를 일으킨다. 정부가 수립된 이후 우리는 사회 각 분야에서 정부를 비롯한 공공 영역이 주도하고 관리하는 행정 중심의 정책이 관행처럼 자리 잡았다. 이때의 공공은 관리자이면서 공급자 역할도 했다. 공공 측에서 인정하고 지원하는 분야는 정통이나 주류로 인정받을 수 있었으나 그 외의 것들은 소외되거나 배제되는 현상을 피하기 어려웠다. 관치 경제나 관치 금융이라고 지칭했던 것처럼 문화예술 부문에서도 관치 중심의 구조와 운영이 지속되었다. 민간의 역량이 부족하고, 교류와 소통이 미흡하며 부양의 필요성이 높았던 시기의 그 같은 운영은 불가피했던 측면이 있었으며 현재와 같은 환경을 개발하는 데 상당한 기여를 했다는 점도 간과할 수는 없다. 그러나 디지털 기반의 사회로 전환하고, 민간과 공공의 관계와 역할이 새롭게 재편되고 있는 현재에는 과거와 같은 정부 역할은 기능하기 어렵다. 우위적 입장의 관리자나 공급자의 역할이 아니라 조정자, 지원자의 역할로 바뀌어야 한다. 문화예술 분야에서 본다면 문화예술활동, 문화향수에 대한 지원과 조정, 문화예술 기반의 확대와 지속적인 인력 양성, 교류와 협력에 관한 조정과 지원, 갈수록 다원화되고 있는 국내의 사회문화적 환경에 대한 조정과 미래비전의 제시 등 새로운 역할이 요구된다. 공공과 민간의 역할 분담과 조정, 중앙과 지방의 분권적 균형도 중요하게 고려하고 실행해야 하는 문제다. 문화예술정책과 행정은 조정자, 지원자의 위치에서 역할을 극대화해야 한다.

(4) 남북 간의 예술 교류확대

남북한 간의 교류와 협력, 궁극적으로는 자유민주적 체제로의 통일을 실현해야 하는 문제는 한국이 직면하고 있는 중요한 과제다. 대내외적 환경이 아무리 세계화의 방향으로 나아간다 하더라도 남북의 분단과 대치가 계속되는 한 국민적 행복과 국가의 자긍을 극대화하기는 어렵다. 북한은 경계와 극복의 대상이면서 동시에 교류하고 협력해야 하는 이중적 가치를 동시에 포함하고 있는 현실의 문제다. 더구나 남북한의 문제는 남북한 당사자만의 관계로 유지될 수 있는 것이라기보다는 주변 여러 나라들이 민감하게 관련된 국제적 사안이라는 점에서 더욱 복잡하고 난해하다.

남북한 간의 관계로만 한정한다 하더라도 상황은 정치적 입장에 따라 수시로 변한다. 문화나 경제, 종교 분야의 경우라 하더라도 정책적 기조와 정치 상황에 따라 가변적으로 반응할 수밖에 없다는 상관성이 크다. 그러나 북한 사회가 아무리 폐쇄적이라 하더라도 디지털 기반의 정보화 사회로의 진행, 선택적 의지와는 관계없이 확산되는 세계화의 흐름에서 벗어나기는 어렵다. 시간적 차이가 있을 수 있지만 흐름은 바꿀 수 없다. 그동안 남북 간의 접촉과 교류는 지속적으로 이루어졌다. 김대중, 노무현 정부 당시에는 남북 간 교류 협력이 중요한 국정과제로 다루어졌다. 지금의 정부도 남북문제는 중요한 과제로 다루고 있으며 앞으로의 정부에서도 여전히 중요한 과제로 다루게 될 것은 변함이 없을 것이다. 차이는 북한정권에 대한 위상 설정과 접촉방식의 조정과 대응, 국제관계의 역학관계 등을 고려한 종합적 판단을 어떻게 할 것인가의 문제다. 접촉과 논의 자체가 관심의 대상이 되던 단계를 벗어난 지는 오래되기 때문에 실질적인 성과와 효과로 어떻게 연결할 수 있는가에 대한 논의가 필요하다.

5) 문화예술기관의 역할과 기능재편

(1) 문화예술정책의 수립과 집행

　문화는 정신적 가치와 방향을 아우르면서 유형의 성과로 발전시켜야 하는 단계로 전환하고 있다. 이전의 문화가 무형적 가치 지향이었던 것에 비해 오늘의 문화는 형태화되며 구체적인 가치로 환원되는 시대와 대면하고 있는 것이다. 곧 문화는 시대의 총체적 표현이며 집합적 활동이다.

　예술의 개념이나 대상 또한 문화적 영역과 궤를 같이한다고 할 것이다. 문화와 예술을 개념적으로 분리할 수 있는 것이라기보다는 문화는 예술을 포괄하며, 예술은 문화를 실현하며 반영하는 것이라는 점에서 자웅동체적 관계라고 할 수 있는 것이다. 문화가 성장, 발전한다는 것은 예술이 그러하다는 것이며, 예술이 성장 발전한다면 한 나라와 국민의 문화적 수준이 함께 성장, 발전한다는 개념으로 받아들인다고 해서 이의를 제기하기 어렵다.

정부는 문화예술과 문화산업을 구분하여 각각 문화예술진흥법과 문화산업진흥기본법을 제정하여 정책의 근간으로 삼고 있다. 그러나 각각의 법에서 정의하고 있는 분야의 개념과 대상은 약간의 차이를 보이고 있다.

문화예술진흥법은 "문화예술의 진흥을 위한 사업과 활동을 지원함으로써 전통문화예술을 계승하고 새로운 문화를 창조하여 민족문화 창달에 이바지함을 목적으로 한다"(제1조 목적)고 규정하고 있다. 구체적 대상으로서 '문화예술'이란 문학, 미술(응용미술을 포함한다), 음악, 무용, 연극, 영화, 연예(演藝), 국악, 사진, 건축, 어문(語文) 및 출판을 말하며(2조 용의의 정의) '문화산업'이란 문화예술의 창작물 또는 문화예술 용품을 산업수단에 의하여 기획·제작·공연·전시·판매하는 것을 업(業)으로 하는 것을 말한다고 정의한다.

이에 비해 문화산업진흥기본법은 "문화산업의 지원 및 육성에 필요한 사항을 정하여 문화산업 발전의 기반을 조성하고 경쟁력을 강화함으로써 국민의 문화적 삶의 질 향상과 국민경제의 발전에 이바지함을 목적"으로 한다고 규정하며 문화산업을 다음과 같이 정의하고 있다.

'문화산업'이란 문화상품의 기획·개발·제작·생산·유통·소비

등과 이에 관련된 서비스를 하는 산업을 말하며, 다음 각 목의 어느 하나에 해당하는 것을 포함한다고 정의하며 10가지 분야를 적시하고 있는데 영화·비디오물과 관련된 산업, 음악·게임과 관련된 산업, 출판·인쇄·정기간행물과 관련된 산업, 방송영상물과 관련된 산업, 문화재와 관련된 산업, 만화·캐릭터·애니메이션·에듀테인먼트·모바일문화콘텐츠·디자인(산업디자인은 제외한다)·광고·공연·미술품·공예품과 관련된 산업, 디지털문화콘텐츠, 사용자제작문화콘텐츠 및 멀티미디어문화콘텐츠의 수집·가공·개발·제작·생산·저장·검색·유통 등과 이에 관련된 서비스를 하는 산업, 전통적인 소재와 기법을 활용하여 상품의 생산과 유통이 이루어지는 산업으로서 의상, 조형물, 장식용품, 소품 및 생활용품 등과 관련된 산업, 문화상품을 대상으로 하는 전시회·박람회·견본시장 및 축제 등과 관련된 산업이다. 다만, 「전시산업발전법」 제2조 제2호의 전시회·박람회·견본시장과 관련된 산업은 제외한다. 앞의 규정에 해당하는 각 문화산업 중 둘 이상이 혼합된 산업 등이 그 내용이다. 전통적 개념의 문화, 예술 분야는 물론이고 새롭게 등장한 디지털콘텐츠나 게임, 전시회 박람회, 축제 등도 대상으로 포함하고 있다. 문화예술진흥법에서 다루고 있는 문화예술과 문화산업을 아우르면서 활동을 통해 이루어지는 모든 과정과 결과물을 대상으로 포괄하고 있는 것이나 다름없다.

　문화예술진흥법이 문화예술의 의미와 가치적 요소에 무게중심을 더 두고 있다면 문화산업진흥기본법은 구체적 활동과 성과를 지향하는 산업적 가치를 더욱 강조한다. 대상에서도 문화예술진흥법이 정의하는 문화예술의 영역은 디지털문화가 등장하기 이전의 전통적 영역, 즉 장르분류의 개념으로 한정하고 있는 측면이 있다. 이에 비해 문화

산업진흥기본법은 디지털환경에서 논의되고 유통될 수 있는 거의 모든 분야를 아우른다. 법의 명칭이 다른 만큼 인식과 대상을 규정하는 부분에서도 차이가 드러나는 것이라고 할 수 있다.

정보통신기술의 혁신적인 발전에 기초하며 동시에 병행하고 있는 문화상품은 단순히 유형의 재화로 한정되지 않는다. 개성적인 문화, 창의적인 아이디어, 독특한 트렌드 등 서로 소통하고 유통할 수 있는 이미지나 감성적 느낌까지 아우르기 때문이다. 이런 관점에서 본다면 문화콘텐츠는 구체적인 상품이기도 하면서 문화적 현상과 활동의 총화 그 자체이기도 하다. 바탕을 이루는 관념적 가치와 구체적 유통대상으로서의 결과물인 상품이 동시적 양면성을 드러내고 있는 것이다. 서로 분리해서 따로 정의할 수 있는 것이 아니라 특정 국가의 동시대적 문화적 트렌드와 가치가 구체적 결과물로 체화된 것이 콘텐츠 상품이며, 그 상품은 문화적 트렌드와 가치를 구현하고 확장하는 데 다시 기여한다. 주부(主副)와 선후(先後), 표리(表裏)를 분리하거나 구분하기는 점점 더 어려워진다. 그만큼 문화와 문화콘텐츠는 결과와 본질, 실제와 가상, 생산과 소비가 동시에 진행되는 첨단의 영역이자 개념인 셈이다.

문화콘텐츠의 또 다른 특징은 제조업처럼 재화나 소재를 소진시키면서 제품을 생산하는 것이 아니라 문화적 요소와 창의적 아이디어를 혼합하여 무한정의 재생산과 확산이 이루어진다는 것이다. 쓰면 쓸수록 가치와 만족이 줄어드는 수확체감의 법칙이 아니라 반복성, 지속성, 상호 간섭과 창의적 영향력을 주고받으며 그 가치를 확장하는 수확체증의 현상을 만들어 내기 때문이다. 문화콘텐츠 산업이 구체적 상품으로서 확장되고 있는 것은 물론 미래를 이끌 성장동력산업으로 인식되고 있는 이유이기도 하다. 이런 이유로 우리나라는 물론 세계 각국이 문화콘텐츠 개발과 시장 확대를 통한 포괄적 문화산업의 육성과 지원에 경쟁적인 노력을 기울이고 있다.

문화예술정책의 수립과 시행은 보수적 개념의 예술과 디지털화, 산업화 환경에서 이루어지는 산업으로서의 예술 모두를 아우를 수 있어야 한다. 현재의 문화정책 수립과 집행도 그런 인식을 전제로 하고 있다.

오히려 지금의 정책적 과제는 모든 영역을 정책의 대상으로 삼는 무한대의 책임구조에서 벗어나 정부의 역할과 민간의 역할에 대해서 새롭게 조정하며, 조종과 지원자로서의 역할도 최소화하는 단계로 나아갈 필요가 있다. 조정자, 지원자로서의 정부 역할은 유지한다고 하더라도 민간의 역량을 확대하면서 정부의 개입은 줄이는 방향으로 나아갈 필요가 있다. 더불어 한 부처 내에서만 주무하면 가능했던 정책 운영이 여러 부처가 공유하고 협력관계를 유지해야 하는 필요도 증대하고 있다. 부처 간의 업무조정과 협력체제를 유지하는 일이 더 중요한 문제로 떠오르기도 한다. 하지만 이 과정에서 뜻하지 않은 시행착오적 오류를 드러내기도 한다. 정보통신기술을 기반으로 하는 새로운 문화현상이 이전의 경험으로는 가늠하기 어려운 혁신적 변화이기 때문에 가능과 한계의 범위를 누구도 예측하기 어려우며, 워낙 다양한 분야와 요소가 상호 간섭이나 결합을 통해 진행되기 때문에 누가 어느 영역에서 대응하고 조정해야 하는가에 대한 구분도 복잡한 문제로 나타나고 있다. 문화산업진흥기본법에서 진흥의 주체로서는 문화체육관광부를 지정하고 있지만, 방송 통신에 관한 사항은 방송통신위원회로 업무를 분리시키고 있으며, 지식경제부도 많은 분야를 따

로 담당하고 있으며 교육과 과학분야 업무를 주무하는 교육과학기술
부도 많은 분야를 공유하고 있다. 이로 인해 각 부처 간에도 업무 전
담의 적정성이 제기되거나 당위 여부를 떠나 주도적 우위를 차지하
기 위한 갈등이 드러나는 부분은 문화 또는 문화콘텐츠 산업을 이루
는 요소들의 종류와 범위가 그만큼 복합적이며, 선례를 찾기 어려운
새로운 현상이라는 점에 기인한다고 볼 수 있다. 그렇다고 특정한 요
소들을 분리해서 관리하거나 반대로 통합적으로 일괄관리한다고 하
더라도 그 경계와 효율을 담보하기 어렵기는 마찬가지다.

　정보통신기술과 문화가 무한대로 간섭하고 결합하는 현대적 현상
의 핵심은 통합과 융합을 어떻게 활용할 수 있는가, 어떻게 해야 발
전적인 대응을 할 수 있는가로 집중된다. 수많은 요소가 교차하고 간
섭하거나 융합해야 하는 현상에 대응하기 위해서도 정책과 업무의
통합 또는 융합의 효율을 갖추어야 한다.

(2) 각 기관의 기능과 역할

　문화예술진흥법이나 문화산업진흥기본법은 모두 정부와 지방자치
단체의 의무와 책임에 대하여 명시하고 있다. 진흥과 육성의 주체로
서의 역할을 규정하고 있는 것이다. 각각 법적 근거에 따라 문화예술
위원회, 한국콘텐츠진흥원이 주무 기구로서의 역할을 하고 있으며
「영화 및 비디오물의 진흥에 관한 법률」에 근거하여 영화진흥위원회
가 설립되어 있다. 문화예술위원회는 문예진흥원을 폐지하고 새로 설
립한 기관이며 한국콘텐츠진흥원은 방송영상진흥원, 문화콘텐츠진흥
원, 게임산업진흥원, 문화콘텐츠센터, 소프트웨어진흥원, 디지털콘텐

츠사업단 등 각 분야별로 세분화되어 있던 6개 기관을 통합하여 새롭게 발족한 것이다. 영화진흥공사 대신 설립된 영화진흥위원회는 영화진흥 업무를 다루고 있는데, 영화와 기타 콘텐츠를 구분하는 것이 타당한지에 대한 논의가 제기되고 있는 상태다.

또한 지역별로 문화재단이 설립되어 지역문화활동의 지원에 나서고 있다. 서울문화재단을 비롯하여 경기문화재단 같은 조직들이 그 사례다. 문화예술위원회는 전통적 개념의 예술분야 즉 기초예술이라고 일컫는 영역에 대한 지원을 담당하며 한국콘텐츠진흥원은 게임, 애니메이션 등 문화예술위원회가 관장하는 분야와 영화, 방송 분야(드라마제작 관련 업무 일부는 담당)를 제외한 영역을 지원대상으로 설정하고 있다.

기관의 구성으로 본다면 이전에 정부가 직접 시행하던 여러 가지 사업이나 관리기능을 분야별 전문 기관으로 분산하고 정부는 관리와 조정, 기관별 기획과 집행을 나누는 구조로 분권화하고 있다는 점에서는 타당성을 갖는다.

그러나 민간역량의 성장이 확대되고, 문화의 산업화가 크게 진행되면서 공공 영역에서 감당해야 할 역할이 점점 축소되고 있는 추세다. 산업화가 진행될수록 자율과 경쟁을 기반으로 하는 자립이 중요한 가치로 대체되기 때문이다.

이 같은 구조 속에서 기초예술 분야와 문화산업영역을 이원적으로 구분하여 별도의 정책대상으로 다루어야 하는가에 대한 부분은 의문이다. 또한 영상, 게임, 출판 등 콘텐츠 영역 전반을 정책대상으로 설정하면서도 영화와 방송을 범주에서 구분하여 별도의 영역으로 다루고 있는 것은 효율성보다 정략적 판단이 반영되어 있는 결과라는 지적을 할 수 있다.

정부와 민간, 공공 영역과의 분산과 유기적 협력관계를 전제로 하는 기능과 구조를 새롭게 조정할 필요성이 대두되고 있는 것이다.

(3) 예술기관의 거버넌스 확대

'거버넌스'라는 용어와 개념은 정부의 역할에 대한 새로운 인식과 개념이 변화하는 추세를 반영하고 있다. '국가경영' 또는 '공공경영'이라고도 축약할 수 있는 이 개념은 정부의 역할이나 행정을 통치나 지배적 관리 주체로서 인식하기보다는 공공조직에 의한 행정 서비스를 제공하는 봉사와 서비스의 담당 주체로 보는 것이다. 국가 또는 정부가 구성하고 있는 통치기구로서의 조직체를 가리키는 '거번먼트(government)'와 구별하여 지역사회에서부터 국제사회에 이르기까지 여러 공공조직에 의한 행정 서비스 공급체계의 복합적 기능을 '거버넌스'로 구분하는 것이다. 거번먼트가 통치·지배라는 의미를 강조하는 하드시스템이라면 거버넌스는 그 시스템에 제공하는 내용적 역할을 조정하고 배분하며 관리하는 경영의 뉘앙스가 강하다. 거버넌스의 영역에는 단순히 정부뿐만 아니라 준정부조직을 비롯하여 반관반민(半官半民)·비영리·자원봉사 등 조직이 수행하는 공공활동 즉 공공서비스로 분류할 수 있는 모든 영역을 아우르는 측면도 강하다.

문화예술영역에서의 거버넌스는 주무부처인 문화체육관광부를 비롯하여 산하 기관들, 지방정부와 관련 조직, 단체들, 관련 공공시설 등 활동과 운영을 통해 국민과 지역주민들에게 제공하는 지원과 서비스 공급의 유기적인 조직화 또는 네트워킹이라고 할 것이다.

문화행정과 서비스의 확대는 문화 분야의 기본적인 방향이자 목표이기도 하다. 생활수준의 향상, 노동시간의 축소에 따른 여가시간의 증가, 문화생활에 대한 수요 확대 등 사회 문화적 환경의 변화는 필연적으로 문화행정의 질적인 변화를 요구하고 있다. 문화 거버넌스의 확대와 개선은 국민적 문화생활과 수준을 높이는 시대적 흐름이기도 하다.

(4) 문화예술 관련 공공 인프라의 활용성 확대

문화적 환경에서 본다면 디지털 기반 환경이 확산되고 장르와 경계를 넘는 시공간적 글로벌화 현상이 빠르게 진행되고 있다. 이에 비해 우리 사회의 구성은 중앙 집중과 지방의 공동화 현상이 쉽게 해소되지 않으며, 출산율의 감소로 인한 젊은 세대의 감소가 가속되고 있는 것과 비례해 노령인구의 비중은 급속하게 높아지고 있다. 국내로 이주하는 외국인들의 숫자도 증가추세이며 이로 인한 국민적 구성에도 큰 변화를 보이고 있다. 생활 속 문화예술의 수요는 지속적으로 증가하더라도 그 내용과 방향에서 많은 변화를 담아야 하는 것을 뜻한다. 이는 수요의 변화이며 조정과 관리 측면에서도 면밀하게 대응해야 한다는 것을 뜻한다.

이 같은 추세에서는 중앙과 지방의 유기적 균형과 협력이 개선되어야 하며 기존의 다양한 문화공간이나 관련 시설의 활용을 효율화해야 하는 것은 물론 도시계획 수립이나 대단위 주택단지조성, 택지개발 등의 사업단위에서도 도서관이나 공연장, 전시장, 체육시설 등 포괄적 개념의 문화공간을 설치하도록 제도화하는 일, 시청이나 주민센터, 각급 학교 같은 공공시설이나 업무시설에서도 강당이나 로비

등을 활용하여 주민들이 이용할 수 있는 문화공간으로 연결하는 일
도 중요하게 고려할 수 있다. 활용 가능한 모든 시설을 문화예술활동
의 기반으로 이용하는 것은 인프라의 효율을 극대화할 수 있는 방안
이다.

제4장

세계시민의 탄생과 국격의 고양

손동현

─요약─

　'창조적 선진화'라는 국가적 과제를 완수하기 위해서는 정부가 가시적인 정책을 수립·실행해 나가는 것이 중요하지만, 그에 못지않게 국민 각자가 눈에 보이지 않는 정신적 자세를 가다듬는 것 또한 반드시 필요한 일이다. '창조적 선진화'의 과제 수행을 '세계시민'의 탄생과 '국격'의 고양이라는 관점에서 생각해 볼 때 국민 각자는 어떤 지적·정신적 각성이 있어야 할지, 그리고 이를 유도하고 진작시키기 위해서는 정부로서는 어떤 정책을 수립 시행해야 할지 생각해 본다.

　1980년대부터 광범하게 확산된 정보혁명은 세계화를 수반하면서 21세기를 새로운 문명이 시작되는 세기로 만들고 있다. 이와 같은 문명사적 전환기에 시대에 뒤지지 않고 오히려 시대를 선도하려 한다면, 한국인은 단순히 훌륭한 '한국인'에 그치지 않고 훌륭한 '세계시민'으로 재탄생해야 할 것이다. 그렇다면 세계시민으로서의 재탄생에는 어떤 각성이 요구되는가? ① 우선 세계시민으로서 '세계사'에 대한 역사의식을 지녀야 할 것이다. 이 역사의식의 내용이 되어야 할 것은 특히 '지역사의 종합으로서의 보편적 세계사에 대한 인식'과 '정보화·글로벌화·융복합화 등 문명사적 조류에 대한 인식' 두 가지다. ② 인간적 보편가치를 실현하는 하나의 보편사가 전개된다 하더라도, 각 문화군 및 지역의 문화 다양성은 보존 유지되어야 하며, 각자는 범세계적 문화풍토의 이해를 위해 노력하여야 할 것이다. ③ 공동체를 인류공동체로 확장한다면, 우리는 거기서 공동체의식과 세계시민의식이 동연적(同延的) 개념이 됨을 보게 되는바, 이 공동체의식, 세계시민의식은 근본적으로 '이타적 이기심', 즉 공동체를 위해 조절된 이기심의 함양을 바탕으로 하는 것이다. ④ 공동체의식이 세계시민의식으로 고양되기 위해서는 '이타적 이기심'을 바탕으로 하는 인류애적 도덕심이 필요하며, 여기에는 인간적 보편가치에 대한 소신이 뒷받침되어야 한다.

대다수의 국민이 위에서 말한 바와 같은 역량을 가질 때 우리나라의 국격은 그에 걸맞게 고양될 것이지만, 이를 유도하고 진작시키기 위한 정부정책도 필요할 것이다. ① 중고등학교 교육과정에서 문과와 이과를 구분하여 학업을 수행하도록 하는 것을 철폐한다. ② 고등학교 교육과정에 '인문교과군'을 설정하여 문학, 역사, 철학, 문화, 현대문명에 관한 학습을 포함시킨다. ③ 국가적 차원의 인문정책을 연구, 수립, 시행케 할 (가칭)인문정책연구소를 설립한다. ④ 초중고 교육과정을 통해 도덕교육이 충실히 이루어지게 하기 위해 실효성 있는 프로그램을 개발 운영하도록 적극 지원한다. ⑤ 한국학중앙연구원에 한국학에 관한 연구뿐 아니라 시대정신의 연구, 국민정신의 연구, 가치관의 연구 등 과제를 부여하고, 그 성과를 다양한 교육과정과 다양한 공공적 활동에 제공하도록 한다. ⑥ 대학의 교양교육을 강화하여 위에서 제시한 정신능력의 함양에 기여토록 한다. ⑦ 공공의식, 세계시민의식의 함양을 위해 중등 및 고등교육 기간 중 학생들로 하여금 학생자치 활동, 동아리 활동, 사회봉사 등 실천 활동의 기회를 갖게 한다.

'창조적 선진화'라는 국가적 과제를 완수하기 위해서는 정부가 가시적인 정책을 수립해 이를 실행해 나가는 것이 물론 중요하지만, 그에 못지않게 국민 각자가 눈에 보이지 않는 정신적 자세를 가다듬는 것 또한 반드시 필요한 일이다. 하버드 대학의 석학 조셉 나이(J. Nye) 교수가 강조하듯, 국제관계에서조차 이른바 '소프트 파워'가 핵심적 역할을 하는 터에, 국민적 참여가 요구되는 이러한 과제의 수행이야말로 '정신적 문화적 힘'을 바탕으로 하지 않고선 성취될 수 없을 것이다. '창조적 선진화'의 과제 수행을 시대정신에 걸맞게 '세계시민'의 탄생과 '국격'의 고양이라는 관점에서 생각해 볼 때 국민 각자는 어떤 지적·정신적 각성이 있어야 할지, 그리고 이를 유도하고 진작시키기 위해서는 정부로서는 어떤 정책을 수립 시행해야 할지 생각해 보기로 한다.

1) '세계시민적' 교양의 함양

인류의 문화사에서 볼 때 오늘날 21세기는 분명 새로운 문명이 시작되는 세기다. 1980년대부터 광범하게 확산된 정보혁명이 바로 그 새로운 문명의 산모다. 정보혁명이 새로운 문명의 전기가 된 것은 그것이 의사소통을 비롯한 정보교환의 양상을 획기적으로 변모시켰기 때문이다. 고도로 문명화된 생활이란 인간의 삶에서 사유의 영역이 점차 중심부에 오는 생활, 거기서 산출된 지식이 삶에 풍요와 편의와 안녕을 제공하는 생활이요, 그 사유의 성과물이 많은 사람들에게서 공유되는 생활이다. 의사소통을 비롯한 정보교환의 활동이 삶의 중심에 오는 생활이다. 그러하니 그 정보교환의 활동이 시간적 · 공간적 제약을 획기적으로 극복한다면, 그 문명화된 삶의 근본양식이 역시 획기적으로 달라진 새로운 모습을 갖게 되리라는 것은 당연한 이치다.

인류의 문명사에서 이러한 변혁은 가장 먼저 문자의 사용과 더불어 이루어졌고, 그 다음으로는 활자인쇄술에 힘입은 도서의 보급을 통해 이루어졌던바, 이제 디지털 기술로 말미암은 정보화의 확산은 그 어느 때보다도 광범하고도 신속하게 제3의 변혁을 몰고 온 것이다. 인간의 문화적 삶 전체가 그 근본 양식에서 달라지고 있는 것이다.

문제는 이 '정보화'의 여파가 불가피하게 인류의 사회적 삶을 '세계화'시켰다는 것이다. 정보의 교환에 시간적 · 공간적 제약이 없어짐에 따라 인류의 사회적 삶의 무대는 전 세계로 확장되지 않을 수 없게 되었고 이에 활동공간의 '지구촌화(Globalization)', 즉 세계화는 불가피하게 되었다. 이 시대의 화두인 정보화와 세계화는 이렇듯 불가분의 관계에 있는 것이다.

이와 같은 문명사적 전환기라는 시대적 상황을 고려해 볼 때, 그 가운데서 시대에 뒤지지 않고 오히려 시대를 선도(先導)하려 한다면, 한국인은 단순히 훌륭한 '한국인'에 그치지 않고 훌륭한 '세계시민'으로 재탄생해야 할 것이다. 그렇다면 세계시민으로서의 재탄생에는 어떤 각성이 요구되는지, 달리 말해 세계시민으로서 갖추어야 할 새로운 가치관의 정립을 위해서는 어떤 지적·정신적 역량을 함양해야 할지 숙고해 보자.

이들은 세계화시대에 한국인이 지녀야 할 덕목이라고 볼 수도 있고, 한국인이 추구해야 할 문화생활의 공공적 목표라 할 수도 있다.

(1) 역사의식

우선 세계시민으로서 '세계사'에 대한 역사의식을 지녀야 할 것이다. 21세기 초라는 현대의 문화사적 상황을 고려해 볼 때, 이 역사의식의 내용이 되어야 할 것은 특히 다음 두 가지다.

첫째, 지역사 종합으로서의 보편적 세계사에 대한 인식이다. 인류는 각 지역마다, 국가마다 다른 역사를 전개해 왔지만, 이들이 '하나의 보편사'로 수렴되어 온 것이 인류역사의 발전상이다. 이는 인간이 실현해야 할 보편가치가 존재하며, 이것의 공유가 점차 확장되어 왔음을 말하는 것이다. 그러나 인류는 아직도 하나의 보편사를 실현하지 못하고 있는데, 특히 현대에 이를 가로막고 있는 것은 동서양 문화 사이의 거리, 아랍문명권과 서구문명권 사이 갈등, 선진국들과 후진국들 간 괴리, 전근대적─근대적─탈현대적 문명의 불협화 등등이다. 교양 있는 세계시민이라면 이러한 갈등이나 괴리나 불협화가 극복하여야 할 시대적 유산이지 결코 방치하거나 강화시켜야 할 자산이라고 생각해서는 안 될 것이다. 지구상의 많은 대립과 전쟁이 이로부터 유래한다는 점, 인류의 평화공존을 위해서는 이들이 언젠가는 극복되어야 한다는 점이 신념화되어야 하고 이를 위한 노력에 모두 동참해야 할 것이다. 제2차 대전 후 국제질서를 규정하다시피 했던 이데올로기적 대립이 평화를 위협하고 발전을 저해했다는 사실을 인식하고 이를 뛰어넘은 세계사적 경험이 우리에게 희망을 준다.

둘째는 문명사적 조류에 대한 인식이다. 특히 현대문명이 전환기를 맞고 있다는 점에 대한 인식이다. 많은 학자들이 이미 70년대부터 '제3의 파도'니 '정보사회'니, '탈현대'니 '글로벌화'니 하는 말들로 이 문명사적 전환을 말하고 있거니와, 이러한 개념의 내용을 문명사적 전환이라는 메가트렌드에 연관시켜 이해하는 역사인식을 가져야 할 것이다. 20세기 후반, 디지털 기술의 발전은 무엇보다도 인간의 커뮤니케이션 생활에 혁명적인 전기를 마련했는데, 이를 사람들은 산업혁명을 능가하는 '정보혁명'이라 부른다. 시간적·공간적 제약을 벗어나는 커뮤니케이션이 삶의 양식 전체를 바꾸어 놓고 있거니와, 전 지구를 하나의 생활권으로 만드는 '글로벌화' 현상과 인간의 욕구 및 욕구충족 방식을 바꾸어 놓는 '융복합화' 현상이 바로 그 결과라 하겠다. 공동체의 삶도 바뀌어 탈조직화·탈중심화·탈영역화 등 현상이 광범하게 퍼져 나가고 있다. 한국인은 다행히도 이러한 문명사적 전환에 잘 적응하고 있다.

(2) 문화 이해

  세계가 하나의 '지구촌'이 되어 다문화적(multi-cultural), 교류문화적(inter-cultural) 활동이 보편화되어 가는 현대사회에서 이러한 새로운 범세계적 문화풍토를 이해하는 것도 세계시민이 되는 요건 중 하나라 하겠다. 인간적 보편가치를 실현하는 하나의 보편사가 전개된다 하더라도 각 문화군 및 지역의 문화 다양성은 보존 유지되어야 할 것이다. 어떤 문화든 수준의 차이는 있겠지만, 실현하고자 하는 보편가치와 이의 실현태인 다양한 현상을 함께 지니고 있기 때문이다. '글로벌화'의 영향으로 권역 간, 지역 간 문화 교류가 활발해진 오늘날 문화의 보편성과 특수성에 대한 이해는 이런 점에서 필수적이다. 문화적 정체성은 견지하되 타 문화 수용을 통해 문화적 풍요성을 도모하는 개방적 자세는 일단 특수한 문화의 다양성을 존중하는 바람직한 태도이지만, 이는 더 나아가 이 문화 다양성을 통해 보편적 문화가치를 실현한다는 이념에 가까이 다가가는 것이다. 즉 문화상대주의를 수용하면서도 문화적 보편가치를 추구하는 변증법적 태도가 그것이다. 지역적으로 권역에 따라 다양하게 편차를 보이는 현실의 여러 사회적·도덕적 규범을 이해, 체험함으로써 인간의 존엄성에 바탕을 둔 보편적인 규범적 가치의 본질을 더 깊이 파악할 수 있는 것이 하나의 예가 될 것이다.

(3) 공동체의식 = 세계시민의식

  세계시민이기 이전에 한 국가공동체의 일원이라 해도 공동체의식을 갖는 것은 필수적인 것이다. 어느 누구나 사적 개인으로서만은 생을 영위할 수 없고 오직 어떤 공동체의 일원으로서 살 수밖에 없는 것이 본성상 인간의 운명이기 때문에 그렇다. 흔히 생각하듯 인간은 개인으로 태어나 공동체에 편입되는 존재가 아니라, 공동체 안에서 태어나 성장함으로써 비로소 인간이 되는 그런 존재인 것이다. 그런데 자신의 삶을 특정 국가공동체의 일원으로 국한시키고 거기에 요구되는 특정 공동체의식을 공동체의식의 전부로 이해한다면 이는 자칫 폐쇄적인 민족의식이나 국민의식으로 흐를 우려가 있다. 공동체를 인류공동체로 확장한다면, 우리는 거기서 공동체의식과 세계시민의식이 동연적(同延的) 개념이 됨을 보게 된다. 공동체의식이란 인간의 개인성과 사회성의 복합성에 대한 의식이요, 좀 더 구체적으로는 사익과 공익의 조화에 대한 인식이다. 이 공동체의식, 세계시민의식은 근본적으로 '이타적 이기심', 즉 공동체를 위해 조절된 이기심의 함양을 바탕으로 하는 것이다.

(4) 인류애적 도덕성

공동체의식이 세계시민의식으로 고양되기 위해서는 '이타적 이기심'을 바탕으로 하는 인류애적 도덕심이 필요하다. 그리고 여기에는 인간적 보편가치에 대한 소신이 뒷받침되어야 한다. 인간의 존엄성은 물론 인간 스스로 보위코자 할 때 견지되고 실현되는 것이다. 그런데 이때의 인간은 유적 존재로서의 인간이지 개체적 존재로서의 인간이 아니다. 우리가 각자 자신만의 인간 존엄성을 견지하고 보위하려는 노력을 기울인다면 이는 분명 실패할 것이다. 오히려 서로가 상대방의 인간 존엄성을 견지하고 보위하려고 하면 모두의 존엄성이 지켜질 것이다. 세계시민이 될 사람은 단서나 조건이 붙지 않는 인간성 그 자체에 대한 긍정적 시인의 감정, 근원적 인간애(philanthropy)가 있어야 한다. 인간 존재 자체에 대한 신뢰와 애정이 없이는 인간의 모든 삶은 황폐해질 것이다. 실용적 유익과 무관한 인간성 자체에 대한 신뢰와 애정을 토대로 하는 이 도덕성은 인간을 자연적 현실을 넘어 문화적 이상을 지향하게 하는 토대로 모든 대립과 갈등을 화해시켜 투쟁을 사랑으로 변화시키는 힘이다.

2) 정부의 지원 정책

대다수의 국민이 위에서 말한 바와 같은 역량을 가질 때, 우리나라의 국격은 그에 걸맞게 고양될 것이다. 물론 국민 각자의 이러한 지적·정신적 함양은 정부의 정책을 통해 직접 그 성과를 거두기는 어려울 것이다. 그리고 이는 결국 따지고 보면 교육의 문제이므로 정책을 세운다 해도 교육정책 전반에서 반영되어야 할 일이다. 그러나 몇 가지 보다 구체적인 방책도 마련할 수는 있다.

① 새 시대의 시대정신에 걸맞은 균형 잡힌 가치관의 정립을 위해 중고등학교 교육과정에서 문과와 이과를 구분하여 학업을 수행하도록 하는 것을 철폐한다.

② 소홀히 되고 있는 인문교양교육을 강화하기 위해 고등학교 교육과정에 구체적으로 '인문교과군'을 설정한다. 여기에는 문학, 역사, 철학, 문화, 현대문명에 관한 학습을 포함시킨다. 역사 교

과에서는 국사와 세계사를 통합해 학습하도록 하고, 역사적 관점에서 현대에 대한 학습도 하게 한다.

③ 인문교양교육뿐 아니라 다른 국가사업에서도 인문정신의 관점에서 인문적 가치가 실현될 수 있도록 한다. 이를 위해 국가적 차원의 인문정책을 연구·수립·시행케 할 (가칭)인문정책연구소를 설립한다.

④ 초중고 교육과정을 통해 도덕교육이 충실히 이루어지게 하기 위해 교과교육뿐 아니라 비교과교육에서 내외에 실효성 있는 프로그램을 개발 운영하도록 적극 지원한다. 이에 도움이 되도록 대학에서 인문학을 연구한 석·박사 학위 취득자들로 하여금 일정한 연수교육을 받은 후 도덕 교사로 활동하도록 한다.

⑤ 한국학중앙연구원에 한국학에 관한 연구뿐 아니라, 그 창립 당시의 정신을 살려 시대정신의 연구, 국민정신의 연구, 가치관의 연구 등 과제를 부여하고, 그 성과를 다양한 교육과정에, 그리고 다양한 공공적 활동에 제공하도록 한다.

⑥ 대학의 교양교육을 강화하여 위에서 제시한 정신능력의 함양에 기여토록 한다. 이를 위해 교양교육을 전담하는 교육기관을 설립케 하고, 그 안에 전담 교원을 두도록 한다. 그 교육과정에 위에서 제시한 정신능력을 함양할 수 있도록 다양한 교과목을 개발·운영하도록 한다.

⑦ 공공의식, 세계시민의식의 함양을 위해서는 중등 및 고등교육 기간 중 학생들로 하여금 사회봉사 등 실천활동의 기회를 의무적으로 갖게 한다. 또한 학교생활 자체가 이러한 실천활동의 무대가 되도록 학생자치 활동, 동아리 활동 등 다양한 사회적 체험을 하게 한다.

저자약력(가나다순)

강석훈(姜錫勳)

서울대학교 경제학과에서 학사학위를 취득 후 미국 위스콘신대학교에서 경제학 박사학위를 취득하였다. 대우경제연구소 연구위원 역임 후 성신여자대학교 교수로 재직 하였으며, 현재 19대 국회의원으로 활동하고 있다.

주요 논저로는 「개방화, 기술진보와 노동소득분배율」(2006), 「인구구조와 자산선택 - 부동산자산을 중심으로」(2005), 『세계화 2막 - 한국형 세계화의 새 구상』(2010, 공저), 『시장경제적 관점에서 보는 한국경제의 발전경험 평가와 정책제언』(2011, 공저), 『한국산업의 나아갈 방향과 새로운 산업정책 과제 모색』(2010) 외 다수의 논저가 있다.

강선주(姜善珠)

서울대학교 외교학 학사와 석사(1987, 1992), 미시건 주립대학교에서 정치학 박사학위(2000)를 취득하였다. 미국 University of North Texas에서 정치학과 조교수(2001-06)를 거쳐 2007년부터 외교안보연구원에 부교수로 재직하고 있다. 「부산 세계개발원조총회(HLF-4)의 성과와 글로벌 원조체제 전망」(2012), 「금융위기 이후 ODA 논의 동향: DAC와 G20 서울정상회의를 중심으로」(2011) 등 다수의 ODA 및 글로벌 거버넌스 관련 국내 연구와 「European Journal of Political Research」(2007), 「The Journal of Politics(2005), 「Journal of Peace Research」(2004)에 국외 연구논문이 있다.

김경환(金京煥)

서강대학교 경제학과에서 학사, 미국 프린스턴대학교 경제학과에서 석사와 박사를 취득하였다. 미국 시라큐스대학교 경제학과 조교수를 거쳐 현재 서강대학교 경제학부 교수로 재직 중이다. 또한 국민경제자문위원회 위원, 기획재정부 부동산가격안정심의위원회 위원, 세제발전심의위원회 위원 등으로 활동하고 있다. 주요 연구 관심 분야는 도시경제학 및 부동산경제학이다. 아시아부동산학회 회장, 한국주택학회 회장, 한국지역학회 부회장을 역임했고 현재는 한국부동산분석학회 회장을 맡고 있다.

주요 저서는 『도시경제』(2009, 공저), 『부동산경제학』(2010, 공저), 『미래지향적 수도권정책』(2002, 공저) 등 다수의 저서와 「The Global Financial Crisis and the Korean Housing Sector: How is this time different from the Asian Financial Crisis?」(2011), 「고령화와 주택시장: 은퇴 전후 주택소비 변화를 중심으로」(2011, 공저) 등 다수의 논문이 있다.

김도종(金道鍾)

연세대학교에서 정치학사, University of South Carolina에서 국제정치학 석사, 그리고 Arizona State University에서 정치학 박사학위를 취득하였다. 현재 명지대학교 정치외교학과 교수로 재직 중에 있다. 주요 연구분야는 정치변동, 한국정치 등이며, 최근 주요 논문으로는 「한국정당정책연구소 운영성과 분석 및 발전방안 모색」(2011), 「한국의 민주화운동에 대한 재평가: 동원화와 국가의 연성화」(2010), 「한국정치와 정치불신」(2004) 외 다수가 있다. 저서로는 『한국현대정치사론』(2012), 『Political Change in Korea』(2008, 공저) 외 다수가 있다.

김성배(金聖培)

서울대학교 조경학과 졸업하고, 미국 UCLA에서 도시계획학 석사. 미국 하버드대학교에서 도시계획학 박사를 취득하였다. 현재 숭실대학교 사회과학대학장으로 재직하고 있다. 한국지역학회 회장으로 활동하고 있으며, 대통령자문 정부혁신지방분권위원회위원을 역임하였다. 주요 논저로는 『국토 50년』(공저), 「공공서비스 전달의 적정 거버넌스 모형의 모색」, 「분권형 지역발전체제의 구축」, 「비교제도분석법을 통해 정책연구의 방법론적 확장」, 「An Optimal Governance Model of Land Use」, 「Governing Mega-Economic Regions」 등이 있다.

김원식(金元植)

서강대학교 경제학과 졸업 및 동대학원 경제학 석사, 미국 Texas A&M 대학교 경제학 박사, KDI 연구원, 독일 프리드리히 에버트 재단(FES) 주한사무소 초빙연구원, 21세기근로복지연구회 초대 회장, 한국사회보장학회 회장, 한국연금학회 초대회장, 대통령실 보건복지비서관실 정책자문위원, 대통령직속 사회통합위원회 위원, 노사정위원회 세대간상생위원회 위원장, 건강보험정책심의위원회 위원, 국민연금심의위원회 위원, 고용보험위원회 위원, 고용보험평가전문위원회 위원장, 현재 건국대학교 경제학과 교수. 주요 저서로는 『외국의 고용보험제도』, 『한국의 퇴직금제도와 기업연금제도 도입방안』, 『2000년대를 위한 사회보험제도』, 『재정학과 시장경제(역)』, 『지속가능한 평생 복지사회의 구축』 등 다수 SBS FM "김원식의 경제레이더" 진행.

김재천(金載千)

연세대학교 경영학과에서 학사, 예일(Yale)대학교 국제대학원과 정치학과에서 석사를 취득하였고 예일(Yale)대학교 정치학과에서 정치학 박사학위를 취득하였다. 현재는 서강대학교 국제대학원 교수로 재직 중에 있으며, 외교통상부 정책자문위원을 역임하였고 현재는 명예정책자문위원으로 활동하고 있다. 주요관심분야는 '미국 외교정책', '국제관계 이론', '국제안보와 평화', '비교정치' 등이다. 주요저술은 『CIA 블랙박스』(2011), 『미국의 선거와 또 다른 변화: 2010년 중간선거』(2011, 공저), 『2008년 미국 대선을 말한다』(2009, 공저) 외 다수의 저서가 있으며, 논문은 "클라우제비츠 이론으로 본 「테러와의 전쟁」(2009), 「부시 행정부의 세계전략(Grand Strategy)과 미국의 이라크와 북한에 대한 외교정책」(2006), 「The First American Secret War: Assessing the Origins and Consequences of Operation AJAX in Iran」(2006) 외 다수가 있다.

김태일(金泰逸)

서울대학교 경제학과 졸업. 미국 카네기 멜론대 정책학 박사. 경희대학교 조교수 역임. 고려대학교 정부학연구소 소장 역임, 현재 고려대학교 행정학과 교수, 주요 논저로는 『복지재정과 시민참여』, 「복지에 대한 정부역할 인식의 비교 분석」, 「한국 사회서비스의 특징과 전망」, 「불균형 성장론 관점에서 본 정부의 역할」 등이 있다.

모종린(牟鍾璘)

미국 코넬대학교 경제학과를 졸업하고 캘리포니아 공과대학에서 석사학위, 스탠퍼드대학교에서 정치경제학으로 박사학위를 받았다. 미국 텍사스오스틴대학교 조교수를 역임하고 1996년부터 연세대학교 국제학대학원 교수와 미국 스탠퍼드대학교 후버연구소 연구위원으로 활동하고 있다. 주요연구분야는 국제정치경제와 비교정치경제이다. 최근『Does the United States Need a New East Asian Anchor?: A Case for United States-Japan-Korea Trilateralism』(2010),『시장경제와 외국인투자 유치』(2010),『영어상용화와 국가경쟁력: 영어공용화 논쟁을 넘어서』(2010) 등 저술을 발표했다. 세계화연구센터 홈페이지(www.rig.or.kr)를 통해 국내외 세계화 이슈에 대한 에세이와 논문을 게재하고 있다.

박명호(朴明浩)

동국대학교에서 정치학사, University of Wisconsin에서 정치학 석사, 그리고 Michigan State University에서 정치학 박사학위를 취득하였다. 현재 동국대학교 정치외교학과 교수로 재직 중에 있다. 주요 연구분야는 정치과정, 비교정치 등이며,『공천 과정에서의 여론조사의 바람직한 역할에 대한 시론』(2011),『재보궐 선거 정치참여에 관한 시론 재보궐 선거 정치참여에 관한 시』(2006),『국고보조금제도의 개선과 선거공영제의 검토 국고보조금제도의 개선과 선거공영제의 검토』(2005) 등 다수의 연구업적이 있다. 저서로는『현대비교정치이론과 한국적 수용』(2009, 공저)과『제4회 지방 선거 현장 리포트』(2007, 공저) 등이 있다.

박시원(朴是愛)

연세대학교 정치외교학과 B.A. 연세대학교 국제대학원 국제협력학 M.A., Lewis and Clark Law School J.D. 한국환경정책평가연구원 부연구위원(2009~2012)을 역임하였고 현재는 강원대학교 법학전문대학원 조교수로 재직 중이다.
주요논문은「미국 EPA의 온실가스 규제권한에 관한 대법원 판결의 시사점」,「온실가스 감축의무 협상동향 및 대응방향 연구」(공저),「Post-2012 측정·검증·보고(MRV) 체계수립에 대한 국제동향 분석 및 우리나라의 대응전략 연구」(공저),「The Power of Presidency in UN Climate Change Negotiations: Comparison between Denmark and Mexico」 등이 있다.

박휘락(朴輝洛)

연세대학교와 미 국방대학원에서 석사학위를 취득한 후 경기대학교에서 국제정치 박사학위를 취득하였다. 국방대학교 교수 및 육군대령으로 예편한 후 현재 국민대학교 정치대학원 초빙교수로 재직 중에 있다. 주요 연구분야는 북한핵, 국방개혁, 군사전략이고, 최근 주요 논문 및 저서로는「북한의 군사도발 억제를 위한 한국의 과제: 천안함과 연평도 사례의 교훈을 중심으로」(2012),「북한의 핵·미사일 위협에 대한 한국의 미사일 방어대책」(2012)의 논문이 있고,『평화와 국방』(2012),『한국 국방의 도전과 대응』(2012, 공저),『평화를 원하거든』(2012) 등의 저술이 있다.

봉영식(奉英植)

연세대학교에서 정치외교학 학사학위를, 펜실베이니아대학에서 정치학 석·박사학위를 취득했다. 2007년부터 2010년까지 미국 워싱턴 DC의 아메리칸대학교 국제학 조교수로 재직했고, 웨슬리칼리지에서 박사 후 과정, 윌리엄스칼리지에서 한국학 조교수로 지냈다. 현재는 아산정책연구원 선임연구위원으로 근무하고 있다. 주요 연구분야는 '인권민주주의', '동아시아 도서 분쟁', '한미동맹 및 반미주의'이다. 주요 논문으로는 「In Search of the Perfect Apology: Korea's Responses to the Murayama Statement」 in Kazuhiko Togo, ed., Japan and Reconciliation in Post-war Asia: The Murayama Statement and Its Implications(2012)와 「Past Is Still Present: The San Francisco System and a Multilateral Security Regime in East Asia」 Korea Observers(2010) 등이 있다.

손동현(孫東鉉)

서울대학교 철학과 졸업, 독일 Mainz대학교에서 철학, 교육학, 신학 수학, 철학박사 학위 취득. 독일 Mainz대학 및 미국 Brown 대학교 초빙 교수 역임. 성균관대학교 학부대학 초대학장, 한국철학회 및 한국교양교육학회 회장, 경제인문사회연구회 인문정책자문위원 등 역임하였다. 현재 성균관대학교 철학과 교수. 주요 저역서로는 『Die Seinsweise des Objektivierten Geistes』, 『역사의 인식』, 『비판이론』, 『존재론의 새로운 길』, 『문화학이란 무엇인가』, 『중등도덕교육의 현실과 문제』 등이 있다.

신도철(申道撤)

서울대학교 법학과 졸업하고 서울대학교 경제학석사, 미국 시카고대학교에서 경제학박사를 취득하였다. 한국개발연구원 연구위원과 미국 버클리대학교 교환교수를 거쳐 현재는 숙명여자대학교 경제학부 교수로 재직하고 있다. 한국법경제학회 회장과 지역발전위원회 위원을 역임하였고 현재는 국민연금기금운용위원회 위원으로 활동하고 있다. 주요 논저로는 「Economic Growth, Engel's Law, and Structural Transformation」, 「불법행위법의 경제적 분석」, 「범죄와 형벌의 경제적 분석」, 「우리나라 변호사 인력의 수급에 관한 연구」, 『규제의 역설』(공저), 『21세기 새로운 지역발전정책 패러다임』, 『공동체자유주의』(공저) 등이 있다.

신의철(申義澈)

가톨릭의과대학교 졸업. 동대학원 예방의학 의학박사. 현재 가톨릭의과대학교 예방의학/보건대학원 보건행정 및 관리학 교수. 미국 노스케롤라이나대학교 보건정책 및 행정학 객원교수. 주요 논저로는 『국가경영의 변화와 미래전략』, 『우리나라 의료제공체계의 주요 이슈와 개선책』, 『국민건강보험공단의 효율적 관리운영모형』, 『노인요양보장체계의 효율화에 대한 소고』, 『경제자유구역 내 외국인병원 진입유형 및 접근전략』, 『병원조직관리론』(역서), 그리고 『World Health System』, 『Public Health Administration』 등이 있다.

안준모(安峻模)

연세대학교에서 경영학 학사, Texas A & M University에서 경영정보학 석사를 취득하고 뉴욕주립 대학교에서 경영학 박사를 취득했다. 캘리포니아대학교(샌디에고)에서 연구교수를 거쳐 현재 건국대학교 정보통신 경영 교수로 재직하고 있고, 정보통신부 소프트웨어 산업육성전략 자문교 수로 활동하고 있다. 주요 연구논문은 「DEA모형을 이용한 인큐베이터의 운영 효율성 평가에 관 한 연구」(2002년), 「정보통신 벤처 인큐베이터 관리자 교육프로그램내용에 관한 연구」(2002년), 「한국 IT 아웃소싱서비스 산업구조 분석을 통한 연구주제」(2002년) 등이 있고, 주요 저서는 『e비 즈니스와 아웃소싱 전략』(2002년), 『글로벌 IT 아웃소싱』(2003년), 『IT 아웃소싱 방법론』(2007년) 등이 있다.

오승렬(吳承烈)

한국외국어대학교 졸업 후, 국립대만대학교와 홍콩중문대학교에서 경제학 석사와 박사 학위를 취득하였다. 통일연구원에서 선임연구위원을 역임 후 현재 한국외국어대학교 중국학부 교수 겸 중국연구소 소장으로 재직 중에 있다. 주요 연구분야는 중국경제, 북한경제, 동북아경제협력 등 이며, 최근 주요 논문 및 저서로는 「한중FTA와 양국 정부의 역할」(2012), 「중국 농민공 회류 및 민공황 현상 병존의 경제적 함의」(2011), 「중국 제12차5년 계획의 대외전략적 함의」(2011), 「중 국 위안화 국제화의 제약요인 연구」(2010), 「북·중 경제관계의 정치경제적 분석」(2010) 등 다수 의 논문이 있으며, 『중국의 발전과 거시경제정책: 성장과 불확실성의 딜레마』(2007), 『동아시아 공동체』(2008, 공저) 외 다수의 저술이 있다.

유길상(柳吉相)

고려대학교 경제학과 졸업하고 미국 하와이대에서 경제학 박사를 취득하였다. 고용보험연구기획 단 총괄간사로서 고용보험제도 설계, 한국노동연구원 부원장. 한국사회보장학회 회장. 한국이민 학회 회장 역임하였다. 현재 한국기술교육대학교 테크노인력개발전문대학원장 겸 교수로 재직 중 이다. 주요 저서로는 『고용보험제도 도입방안 연구』, 『고용보험제도와 적극적 노동시장정책』, 『실 업급여 수급자의 특성과 재취업 행태』, 『고용보험제도의 평가와 발전방향』, 『실업급여 수급요 건의 국제비교』, 『실업자 사회안전망의 국제비교』, 『고실업시대의 실업대책』, 『근로복지제도의 실태와 정책과제』, 『저숙련 외국인력의 노동시장 분석』, 『조기재취업수당의 효율성 평가』, 『고 용서비스 전달체계 해외사례연구』 등이 있다.

유호열(柳浩烈)

고려대학교 정치외교학과에서 학사 및 석사를 취득하였고 미국 오하이오주립대학교에서 정치 학 박사학위를 취득하였다. 통일연구원 연구위원을 거쳐 현재 고려대학교 북한학과 교수로 재 직 중이며 행정대학원장을 역임하였다. 북한연구학회장, 한국정치학회부회장을 역임하였고 2013년 정치학회장으로 활동할 예정이다. 현재 통일부정책자문위원, 청와대외교안보정책자문위 원, 민주평통 기획조정분과위원장, (사)코리아정책연구원 원장과 바른사회시민회의 공동대표로 활동하고 있다. 주요 저서로는 『북한의 급변사태와 우리의 대응』(2007, 공저), 『북한연구의 성 찰』(2005, 공저), 『북한 사회주의 건설과 좌절』(2005), 『현대북한체제론』(공저) 외 다수의 저술 과 논문이 있다.

윤문섭(尹文涉)

고려대학교에서 학사와 석사학위를 취득 후 KAIST에서 경영공학 박사학위를 취득하였다. KIST 선임연구원, 국가과학기술위원회 전문위원을 역임 후 현재 STEPI 선임연구위원으로 재직 중에 있으며, 한국환경산업기술원 비상임이사, 고려대학교 에너지환경대학원 겸임교수, 환경정책포럼 상임위원 등의 활동을 하고 있다. 주요 연구분야는 과학기술정책, 기술경영, 기술기획 등이며, 최근 주요 논문 및 저서로는 『지방정부가 주도하는 지역 연구개발활동 활성화 방안』(2012), 『차세대 에코이노베이션사업 기획』(2010), 『신성장동력 비전과 발전전략』(2008, 공저) 등 저술이 있다.

이기우(李琦雨)

독일 뮌스터대학교 법학박사. 대통령 자문 정부혁신지방분권위원회 위원, 지방정책연구소 소장, 현재 대통령소속 지방행정체제개편추진위원회 위원, 인하대학교 법학전문대학원 교수 및 원장, 정석학술정보관장. 경실련정책위원장. 주요 저서로는 『지방자치법』(2007년), 『지방분권과 시민참여』(2003년), 『지방자치이론』(1994), 『연방주의적 지방분권에 관한 연구』(2010), 『Die Kommunalaufsicht in BRD und in Korea』(1990) 등이 있다.

이용환(李龍煥)

성균관대학교 행정학과에서 학사, 동 대학원에서 경제학 석사 및 행정학 박사를 취득하였다. 전경련 상무, 전경련 국제경영원 전무(부원장), 사법시험위원회 위원, 최저임금심의위원회 위원, 국민연금심의위원회 위원, 한반도선진화재단 사무총장을 역임한 후 현재는 한반도선진화재단 부설 한선정책연구원 연구원장으로 재직 중에 있으며, 동국대학교 사법경찰대학원 객원교수로 활동하고 있다. 주요 저서로는 『21세기 사랑의 충전소 '공동체'를 세우자』(2007년), 『선진화 시대의 빈곤정책-새로운 모색』(2008년), 『실업시대 희망사전』(2010년), 『큰 복지 작은 복지』(2011년) 외 다수의 저서와 논문이 있다.

이종원(李鍾遠)

국민대학교에서 영문학, 경희대학교에서 문화예술경영학, 세종대학교에서 예술학 박사학위 취득하였다. 한국문화예술위원회 예술진흥위원, 아르코예술극장장, (재)대학로문화재단 상임이사 겸 대학로예술극장장 역임하였다. 현재는 한국공연예술컨설팅연구소 대표, 한국문화경제학회 이사, 세종대학교 공연예술대학원 공연예술매니지먼트학과 초빙교수로 재직 중에 있다. 주요 연구분야는 예술정책, 공연장 운영, 예술축제 등이며, 주요 저서로는 『세계화 시대의 문화와 관광』(공저), 『공연예술이 지역경제에 미치는 효과 연구』, 『대학로 복합공연장의 운영방향 연구』, 『공연장 상주예술단체 평가지표 개발』(공저), 『공연예술창작기금사업 성과평가 및 환류연구』, 『제23회 거창국제연극제에 대한 관람객 인식조사 및 경제적 파급효과 연구』 등이 있다.

정성철(鄭聖哲)

연세대학교에서 경제학 학사학위 취득 후 미국 하와이주립대학에서 경제학박사 학위 취득하였다. 과학기술정책연구원(STEPI)에서 연구위원, 원장을 역임하였다. 주요 연구분야는 과학기술정책이며, 최근 주요 논문으로는 「From Capacity-building to Innovating: Role of International Linkages in Korean Science and Technology Development」(2011), 「Innovation, Competitiveness and Growth: Korean Experiences」(2010) 등이 있으며 다수의 보고서 그리고 역서로는 『부의 기원(The Origin of Wealth)』(2006)이 있다.

조 만(曺 滿)

연세대학교에서 학사를 취득후 미국 아메리칸대학교에서 석사, 펜실베니아대학교에서 경영학박사학위를 취득하였다. 2007년 이전에는 미국 모기지유동화 기관인 페니메(1992~2007), 존스홉킨스대학교(2004~2007), 그리고 세계은행(1991~1992)에서 근무하였다. 2007년 이후 KDI 국제정책대학원의 교수로 재직 중이며, 2011년 4월부터는 KDI의 실물자산연구팀장을 겸직하고 있다. 주요 연구 분야는 부동산금융, 자산유동화, 주택가격 및 주택시장, 그리고 리스크관리이고, 최근에는 미국유럽 금융위기의 원인과 교훈, 그리고 부동산거시경제의 연계성에 대한 연구를 진행하고 있다. 최근 주요 논문은 「부동산정책의 종합적 검토와 발전방안 모색」(2008), 「서민금융회사의 건전경영 유도 방안」(2010), 「글로벌 금융위기 이후의 한국경제 구조조정 과제: 서비스산업 선진화를 중심으로」(2012) 등 다수의 논문과 저서가 있다.

조영기(趙寧基)

건국대학교 경제학과에서 학사, 동 대학교 대학원에서 경제학 석사 및 박사를 취득하였다. 현재는 고려대학교 북한학과 교수, 한반도선진화재단 선진통일연구소 소장으로 활동하고 있으며, 통일부정책자문위원, 자유민주연구학회장으로도 활동하고 있다. 주요 저서로는 『북한의 경제제도와 관리』(공저, 2006), 『선진화시대의 사회통합』(2009) 등 다수의 저서가 있으며, 주요논문으로는 「새로운 통일방안의 모색: 선진화통일방안」(2009, 공저), 「북한경제의 정상화방안」(2010), 「계획적·균형적 가치법칙에 대한 소고」(2010) 등 다수 논문이 있다.

조준모(趙俊模)

연세대학교 경제학과에서 학사, 미국 Chicago 대학교 경제학과에서 석사와 박사를 취득하였다. 숭실대학교 경제학과 교수를 거쳐 현재 성균관대학교 교수로 재직 중이며, 동 대학교 경제연구소의 HRD센터장과 교무처장으로 활동하고 있다. 또한 중앙노동위원회 공익위원과 최저임금심의위원회 위원으로도 활동하고 있다. 주요연구관심분야는 '노동시장', '노사관계', '법 경제' 등이며, 한국경제학회 사무차장을 역임했고 현재는 산업관계연구 및 노사관계학회의 편집위원장으로 활동하고 있다. 대표저서는 『한미FTA와 고용』(2011), 『고용과 성장』(2009) 등 다수가 있으며 최근의 논문들로서 「How Do Labor Unions Influence the Gender Earnings Gap? A Comparative Study of the Us and Korea」(2011), 「Affirmative Action and Corporate Compliance in South Korea」(2010), 「Deregulation of Dismissal Law and Unjust Dismissal in Korea」(2007) 등 저명학술지에 다수 논문들이 있다.

최 균(崔 鈞)

서울대학교에서 학사와 석사학위를 취득 후 동대학원에서 사회복지학 박사학위를 취득하였다. 현재 한림대학교 사회복지학부 교수로 재직 중에 있으며, 국무총리실 사회보장심의위원회 위원, 보건복지부 저출산고령사회 대책실무위원회 위원, 국가보훈처 국가보훈위원회 위원 등의 활동을 하고 있다. 주요 연구분야는 사회복지정책 분석 및 평가, 노동복지 등이며, 최근 주요 논문 및 저서로는 「다차원적 접근을 통한 빈곤 분석」(2011), 「근로빈곤층 지원정책의 효율적 전달체계 개편」(2011), 「사회복지서비스 공공전달체계 개선을 위한 복지-고용 연계방안」(2010), 「한국 빈곤정책의 현황과 과제」(2009) 등 다수의 논문이 있으며, 『서울컨센서스』(2011, 공저), 『노인장기요양보험법령 정비방안』(2012, 공저) 외 다수의 저술이 있다.

최성은(崔誠恩)

서울대학교 농업생명대학 학사, 미 New York University 경제학 석사와 미 Syracuse University에서 경제학 박사를 취득하였다. 한국보건사회연구원 연구위원을 거쳐 현재는 한국조세연구원 연구위원으로 재직하고 있으며, 기획재정부 국고보조사업 평가위원과 한국사회보장학회 이사로 활동하고 있다. 주요논문으로는 「Income Tax and Older American Workers' Job Transition into Self-Employment"」, Korea and the World Economy(2012). 「이전지출의 사회후생효과에 관한 연구」, 『재정학연구』 제4권 4호(2011) 등 다수의 논문이 있고, 「보건복지정책수요조사 및 분석방안」(2011), 「선진4국과 우리나라 사회보장체계 비교연구」(2011) 등 다수의 보고서가 있다.

최진욱(崔鎭旭)

한국외국어대학교에서 학사를 미국 신시내티대학교에서 정치학 박사학위를 취득하였다. 통일연구원 선임연구위원 및 기획조정실 실장으로 재직 중이다. 한국정치학회 부회장, 민주평통 상임위원, 중앙일보 한반도포럼 위원을 맡고 있다. 주요 연구관심 분야는 북한정치·행정, 남북관계, 재외동포이며 최근에는 북한 당·군관계의 변화, 미·북관계, 김정은 체제 등을 연구하고 있다. 저서로는 『현대북한행정론』(2008)과 『김정일정권과 한반도 장래』(2005)가 있으며, 편저로는 『한반도 통일과 주변 4국』(2010)과 US-China Relations and Korean Unification(2011)이 있다. 이외 다수의 연구보고서와 논문이 있다. 통일연구원 북한연구센터 소장, 남북협력연구센터소장, 리츠메이칸대 국제관계학부 객원교수(2006)와 북한연구학회 총무이사(2008)를 역임한 바 있다.

최창현(崔昌鉉)

성균관대학교 행정학과에서 학사, 뉴욕주립대 록펠러 행정대학원에서 행정학박사를 취득하였다. 동 대학에서 객원교수와 RPI 테크노경영대학원 초빙교수 역임하였으며, 현재는 한국조직학회 회장직을 맡고 있으며, 관동대학교 행정학과 교수로 재직 중이다. 주요 저서로는 『복잡계로 바라본 조직관리』, 『복잡계와 동양사상』, 『복잡계이야기』, 『조직사회학』외 다수의 저술과 논문이 있다.

홍후조(洪厚祚)

고려대학교 교육학과에서 학사와 석사를 취득 후 미국 University of Wisconsin-Madison에서 박사를 취득하였다. 한국교육과정평가원과 한국교육개발원 연구위원, 인하대학교 교수를 거쳐 현재 고려대학교 교육학과 교수로 재직 중에 있다. 『알기 쉬운 교육과정』, 『교육과정의 이해와 개발』, 『최신교육학개론』 외 30여 책의 공저가 있고, 「국가교육과정기준 개발 연구 패러다임 전환」 외 60여 편의 논문이 있다.

대한민국의 길

초 판 인 쇄 | 2012년 10월 26일
초 판 발 행 | 2012년 10월 26일
편 저 자 | 한반도선진화재단
펴 낸 이 | 채종준
펴 낸 곳 | 한국학술정보㈜
주   소 | 경기도 파주시 문발동 파주출판문화정보산업단지 513-5
전   화 | 031) 908-3181(대표)
팩   스 | 031) 908-3189
홈 페 이 지 | http://ebook.kstudy.com
E - m a i l | 출판사업부 publish@kstudy.com
등   록 | 제일산-115호(2000. 6. 19)

ISBN   978-89-268-3869-3 93340 (Paper Book)
            978-89-268-3870-9 95340 (e-Book)